이승만의
네이션빌딩

—대한민국의 건국은 기적이었다

이승만의 네이션 빌딩

Nation Building

—대한민국의 건국은 기적이었다

김용삼 지음

북앤피플

| 간행사 |

이승만 대통령의 건국(建國)과 호국(護國)

건국대통령 이승만에 대한 저술이 봇물 터지듯 이루어지고 있습니다. 제가 원장으로 재직하기 시작하여 지금까지 저희 '연세대 이승만연구원'이 출판한 책들만 해도 두 자리 수에 이릅니다. 비단 저희 연구원만이 아닙니다. 이기수 전 고려대 총장이 회장으로 일하는 '사단법인 건국대통령이승만박사기념사업회' 그리고 인보길 전 조선일보 편집국장이 회장으로 일하는 '사단법인 건국이념보급회' 산하 '이승만포럼' 등도 최근 이승만 대통령에 관해 주목할 만한 저술을 꾸준히 출판하여 왔습니다.

저술의 형식과 내용도 다양합니다. 전문적 학술서적에서부터 대중적 교양서적에 이르기까지, 구체적 사료의 발굴부터 논쟁적 해석까지, 시각적 사진부터 문학적 소설까지, 그리고 만화부터 국제적 비교연구까지 정말이지 다양한 방식과 내용이 저술의 쏟아지고 있습니다. 그럼에도 불구하고 이승만 대통령에 대한 대중의 인식은 크게 변하지 않고 있습니다. 대중을 향한 설득과 호소에 여전히 큰 장애가 존재하기 때문입니다.

여러 가지 걸림돌이 있습니다. 대표적으로 중고교 학생들이 공부하는 교과서입니다. 대한민국의 성공을 설명하는 데에는 인색하고 문제점을 부각시키는 일에는 적극적인 '이상한' 교과서가 판을 치고 있기 때문입니다. 또한 이를 바로 잡아야 할 교육을 담당하는 행정도 문제가 많습니다. 일선의 교사들, 그리고 이들을 양성하는 교육체계 또한 문제가 심각합니다. '비정상의 정상화'를 위해 해야 할 일들을 살펴보면 갈 길이 여전히 멀다는 생각을 하지 않을 수 없습니다.

이 책은 대한민국 현대사를 둘러싸고 추진되고 있는 '비정상의 정상화'에 없어서는 안 될 중요한 역할을 할 책입니다. 학계의 최신 연구 성과를 반영하면서도 그 내용을 독자들에게 알기 쉽게 전달하고 있습니다. 예컨대 남북분단의 원인이 스탈린과 김일성에 있다는 사실을 뒷받침하는 공산권 자료의 소개, 나아가서 대한민국 건국과정에서 불거진 갈등, 특히 소련의 간첩이 득시글거리던 미 국무성과 이승만의 갈등 등의 쟁점을 최근 학계의 연구 성과를 동원해 명쾌하게 설명하고 있습니다.

책을 통해 이승만 대통령의 건국과 호국에 관한 업적이 보다 많은 국민들에게 가감 없이 알려지고 또 정당하게 평가받기를 기대

합니다. 오랜 시간 원고를 준비하느라 수고하신 김용삼 기자의 노고에 경의를 표하며 삼가 감사의 말씀을 드립니다. 또한, 짧은 시간에 엄청난 분량의 원고를 검토하여 출판이 마무리될 수 있도록 도와 준 오영섭 박사께도 감사의 말씀을 드립니다.

2014. 5. 27

연세대학교 이승만연구원 원장 류석춘

차례

大統領就任

| 서문 |

우리가 이승만을 알아야 하는 이유

필자는 한 시절 한국 사회를 뒤흔들었던 1958년생 개띠다. 이승만 시대에 태어났지만 젖먹이 때라 그의 얼굴조차 기억하지 못했고, 초·중·고와 대학 시절에는 박정희 정권을 경험했다. 초등학교 시절엔 "증산, 수출, 건설"이나 국민교육헌장을 따라 외웠고 "잘 살아보세"와 10월 유신을 찬양하는 구호들을 거의 날마다 들었다. 고등학교 시절엔 교련 시간에 각반 차고 목총 들고 각개전투와 총검술 16개 동작을 배웠고, 체력장이란 이름으로 고무에 쇳덩이를 박은 가짜 수류탄 투척 훈련도 했다.

그러나 "때려잡자 김일성, 무찌르자 공산당, 이룩하자 유신과업" "멸공 방첩"을 목청을 높여 외쳐도 반공이 뭔지, 공산주의가 무엇이 문제인지를 실감하기 힘들었다. 아니, 알아들을 수 있도록 설명해주는 자료나 사람이 없었다는 것이 맞는 말일 것이다.

서점엘 가면 온통 대한민국을 부정하는 책들이 널려 있었다. 박정희는 독재자, 이승만은 더 큰 독재자라는 말들이 유행처럼 떠돌았다. 당나라를 끌어들여 백제와 고구려를 무너뜨리고 삼국통일을 한 신라, 그 외세의존적 삼국통일의 기운을 이어받아 친일파와 미국이라는 외세를 또 다시 등에 업고 탄생한 남한은 '태어나지 말았어야 할 나라'로 매도됐다. 한국사의 정통성은 남한이 아니라 고구려와 발해를 거쳐 친일파를 청산하고 무장독립운동에 앞장선 빨치산들이 건국한 북한으로 이어진다는 주장들이 난무했다.

이승만에 대한 부정적인 평가는 지식인들 사이에서 봇물 터지듯 이어져 왔다. 장준하는 이승만을 '희대의 협잡꾼이자 정치적 악한(惡漢)'으로, 문인 신상초는 '교활하기 짝이 없는 에고이스트'로, 언론인이자 독립기념관장을 지낸 김삼웅은 이승만의 죄악상으로 '분단 책임, 친일파 중용, 한국전쟁 유발과 예방 실패, 독립운동가 탄압, 헌정 유린, 정치군인 육성, 부정부패, 매관 경제, 양민 학살, 극우 반동, 언론 탄압, 정치 보복' 등 무려 12가지를 제시했다. 이승만 비판에 앞장섰던 언론인 송건호는 이승만에 대해 다음과 같이 비판했다.

'이승만은 여러 일을 했다고 볼 수도 있겠지만, 그가 범한 많은 과오 중에서도 민족으로부터 용서받을 수 없는 것은 외세의 국가 이익 추구에 편승하여 이 나라를 분단하는 데 앞장섰다는 것이다. 그리고 일제 때 민족을 배반한 친일역적들을 싸고돌아 민족정기를 흐려놓은 점과, 12년의 통치기간에 이 나라를 자주 아닌 열강 예속으로 전락시켰다는 사실도 들어야 할 것이다. 이승만의 집권기간 동안 그로부터 직접 간접으로 혜택 받아 영화를 누린 층은 어떻게 생각할지 모르나 오늘 한반도가 겪고 있는 민족의 수난은 다름 아닌 이승만의 지도노선에 일단 책임이 있다는 것을 개탄하지 않을 수 없다.'[1]

박정희와 전두환 정권 시절에는 『전환시대의 논리』나 『8억 인과의 대화』 같은 서적이 금서(禁書)로 지정되어 있었다. 그런 책들을 몰래 구해서 돌려가며 보는 스릴도 약간은 낭만적이었다. 적당한 좌파적 생각이 없으면 '개념 없는 부르주아'로 매도됐으니, 시대와 타협하며 살기 위해서는 대강은 좌파적 사고를 갖는 게 당연했는지도 모르겠다.

민족이니 국가니 하는 복잡하고 추상적인 개념들은 군대 가서야 질서정연하게 제 자리를 잡게 되었다. 필자는 해군 수병 205기로 입대하여 북한 간첩선을 6척이나 격침시킨 우리 해군의 주력 전투함인 충무함에 근무했다. 1980년 11월의 어느 날 새벽, 칠흑 같은 어둠에 쌓인 남해 욕지도 앞바다에서 필자가 타고 있던 충무함을 비롯한 아군 함정들과 북한 간첩선 간에 교전이 벌어졌다.

조명탄이 터지고 함포가 불을 뿜었고, 간첩선도 기관포를 난사하며 저항했다. 이 와중에 아군 함정에서 쏜 함포가 간첩선에 명중했다. 일부는 즉사했고, 바다로 뛰어든 무장 게릴라들은 수류탄을 꺼내 들고 끝까지 저항하다 전원 사살됐다.

필자의 눈앞으로 날아오는 기관포탄의 궤적, 무장 게릴라들의 최후를 보면서 민족이나 북한에 대한 허상이 깨졌다. 저들은 같은 민족이기에 앞서 나를 죽이기 위해 남파된 적(敵)이었다. 내 집 안방에 침입하여 만행을 저지른 살인강도를 같은 민족이라고 해서 용서해야 하는가? 이런 생각에 밤잠을 설쳤다.

"공산주의는 인륜을 무너뜨린다"

간첩선과의 교전을 체험하면서 북한과 공산주의에 대한 낭만적인 생각이 잘못이었는지도 모른다는 각성을 했다. 북한에서 공산주의를 뜨겁게 체험한 후 혈혈단신으로 월남한 부친에게 물었다. "공산주의가 왜 나쁘냐"고, "공산주의 세상이 되면 무엇이 달라지느냐"고. 부친의 답은 평범했다.

"공산주의 사회가 되니까 인륜이 무너지더라."

어제까지 소작 붙여달라고 애원하던 소작인들이 어느 날 제 세상이 왔다고 빨간 완장 차고 나타나 패륜행위를 저지르는 것을 두 눈 뜨고 볼 수 없었다고 한다.

"공산주의는 인륜을 무너뜨린다"는 말을 듣고 그때부터 독서를 다시 시작했다. 세계 문학전집부터 다시 꺼내 들었다. 엉덩이에 땀띠가 나도록 책상에 붙어 앉아 고시공부 하듯 세계 문학전집을 두루 읽은 다음 이영희 교수의 글이나 조정래 작가의 장편소설 『태백산맥』을 비롯한 좌파 서적들을 들여다보았다.

'대한민국 의식화의 스승'으로 추앙받는 이영희의 『8억 인과의 대화』, 『10억 인과의 대화』는 대약진운동과 문화대혁명을 '인류가 나아가야 할 진정한 희망의 길'이라고 주장하는 서구와 일본 좌파들의 글을 모아놓은 것이다. 그러나 그들은 대약진운동과 문화대혁명의 와중에 수 천 만 인민이 굶어죽고 매 맞아 죽은 사실에는 눈을 감았다.

숱한 세계의 좌파 지식인과 언론인들도 러시아에서 10월 혁명이 일어나 공산당이 집권한 후 아르메니아, 아제르바이잔, 그루지야를 병합하면서 500만 명을 의도적으로 굶겨 죽인 사실에 대해 침묵했다. 1929~33년 사이 소련은 또 다시 500만~1500만 명을 굶겨 죽였다. 대약진운동과 문화대혁명을 체험한 공산 중국의 사정도 소련의 자국민 학살 사례와 별반 다르지 않았다.

수많은 대학생과 청년들을 좌파 역사관에 물들게 한 조정래 작가의 장편소설 『태백산맥』은 대한민국 현대사 왜곡의 상징과도 같은 작품이다. 필자는 월간조선 기자로 재직하던 시절 『태백산맥』의 무대였던 전남 보성, 벌교, 율어 일대를 찾아가 조정래에게 해방공간과 6·25 시절의 현황에 대해 조언을 한 분들을 인터뷰했다. 그 분들은 "조정래가 우리가 해준 이야기를 거꾸로 뒤집어서 소설을 썼다"고 증언했다.

『태백산맥』은 이승만을 친일파 앞잡이, 정통성 없는 대한민국은 태어나지 말았어야 할 나라로 묘사하고 있다. 소설에 등장하는 좌익적 인물이나 빨치산, 인민군은 선(善)이고 우익적 인물이나 국군, 빨치산을 토벌하는 청년단은 악(惡)으로 묘사된다.

소설은 그 근본이 픽션(fiction), 즉 허구 혹은 꾸며낸 이야기다. 따라서 허구 혹은 꾸며낸 이야기에 대해 이러쿵저러쿵 비판을 한다는 것이 논리에 맞지 않는다. 그런데 무슨 까닭인지 조정래 작가는 『태백산맥』이라는 꾸며낸 이야기를 써 놓고는 언론과의 인터뷰에서 "잃어버린 현대사의 복원"이라고 주장했다. 즉 『태백산맥』은 꾸며낸 이야기가 아니라 살아 있는 역사라고 주장한 것이다.

역사는 창작될 수 없는 것이다. 따라서 소설 『태백산맥』이 현대사라면 그 내용이 '역사적 사실(historical fact)'에 부합되느냐가 생명이다. 그런데 조정래 작가는 그 시대를 살았던 사람들의 증언을 거꾸로 뒤집어서 썼으니, 역사를 왜곡한 것이 된다. 필자가 조정래 작가와 만나 이 부분을 질문하자 "나는 대한민국에서 세금을 제일 많이 내는 작가다. 언론이 세금 많이 내는 작가를 보호해 줘야 하는 것 아닌가" 하고 말했다.[2)]

자기 조국의 뿌리를 부정하는 작품을 읽은 수많은 대학생과 청년들은 그릇된 역사관에 함몰되었고, 그 중 일부는 대한민국 체제를 뒤흔드는 운동권 혹은 반체제 저항인사가 되어 차디찬 감옥에서 청춘을 썩히는 신세가 됐다. 대한민국은 태어나지 말았어야 한다고 주장하는 작가의 작품이 너무나 잘 팔려 이 나라에서 세금을 제일 많이 내는 작가로 대접 받는 것은 참혹한 아이러니다.

해방 후사(解放後史) 제대로 알아야

60여 년 전으로 시계바늘을 돌리면 다음과 같은 정황이 나타난다. 나치 독일과 파쇼 일본과의 전쟁을 위해 소련과 동맹을 맺은 루스벨트 대통령은 카이로와 얄타에서 한국의 신탁통치를 예고함으로써 한반도에서 소련이 영향력을 행사할 수 있도록 문호를 개방했다.

불과 일주일간의 대일전(對日戰) 참전으로 한반도의 절반을 점령한 스탈린은 이승만이나 임시정부 요인들이 환국하기도 전인 1945년 9월 20일, 소련의 점령지역인 북한에 공산 단독정권 수립을 비밀 지령하고 한반도 전체를 공산화할 기회를 엿보고 있었다. 미군정은 신탁통치를 반대하는 이승만을 실각시키고 좌우합작 정부를 세우기 위해 노력한다. 그런데 소련이 점령하여 좌우합작 정부가 수립됐던 체코슬로바키아, 루마니아, 헝가리, 알바니아 등 동유럽의 나라들은 예외 없이 공산화되었다.

이승만은 무법천지나 다름없던 해방공간에서 좌익과 남한 공산주의자들과의 거센 투쟁, 미군정과의 갈등 속에서 남한 만이라도 임시정부를 수립해야 한다고 외쳤다. 좌익과 공산당들의 5·10 제헌의원 선출을 위한 총선을 방해하기 위한 파괴와 폭동, 선전선동에도 불구하고 기적처럼 대한민국 정부가 수립된 것은 1946년부터 일관되게 남한에 정부를 수립해야 공산화를 막을 수 있다고 외친 이승만의 승리였다.

미국은 자신들의 세계전략상 신생 대한민국은 많은 비용과 병력을 투입해가면서까지 지켜야 할 전략적 가치가 높지 않다고 판단했다. 그리하여 한국 문제를 유엔에 상정하고 유엔 주관 하에 남한에 대한민국을 건국한 다음 철수했다.

이승만이 건국 대통령에 오른 첫째 원인은 그에 대한 국민적 지지였고, 둘째는 미국 최고 명문대학 세 곳에서 엘리트 교육을 받은 국제정치학 박사로서 세계사의 흐름을 꿰뚫어보는 통찰력이었다. 반면에 김구는 냉엄한 국제정세의 흐름에 대한 안목이 부족해 5·10 총선거를 부정하고 건국에 반대하다가 암살로 비운의 삶을 마감했다.

6·25 남침을 당하자 이승만은 국군과 유엔군을 독려하여 남한의 공산화를 저지했고, 분단을 고착화하는 휴전협정에 반대하기 위해 반공포로 석방이라는 승부수를 던져 미국과 상호방위조약을 체결하는 데 성공했다. 그 결과 국군 20개 사단의 무장이라는 값진 결실을 얻어냈다. 어찌된 영문인지 대한민국을 건국한 이승만은 매국노로 지탄받고, 대한민국의 건국을 반대한 김구는 민족의 영웅으로 추앙받고 있는 것이 오늘의 현실이다.

이승만의 공산주의와의 투쟁을 조명하면서 새롭게 느낀 것은 그의 선견지명이다. 러시아에서 볼셰비키 혁명이 발생하여 공산주의가 태동했을 때 전 세계의 지성들은 공산주의가 인류가 나아갈 새로운 길이라고 미화 찬양하고 나섰다. 단 한 사람, 이승만만이 1923년 3월에 「공산당의 당부당(當不當)」이란 논고를 통해 공산주의의 장단점을 조목조목 지적하고 비판했다.

이승만의 공산주의 비판은 60년이 더 지난 후 소련 공산당 서기장 고르바초프에 의해 옳았음이 확인되었다. 공산주의가 실패할 수밖에 없는 이유를 이승만은 러시아가 식민지 해방운동의 이상국가로 등장한 직후에 정확하게 통찰하고 있었던 것이다.

또 한 가지 기억해야 할 사실은 미국과 영국의 외교기관이나 첩보기관, 행정부에서 암약했던 소련 간첩들의 존재다. 1940~50년대 미국과 영국의 엘리트들 중 공산주의 이상에 젖어 조국을 배반하고 소련을 위해 간첩으로 활동한 반역자들이 많았다. 얄타회담과 유엔 창설의 주역이었던 앨저 히스를 비롯하여 영국 첩보기관 MI6의 서열 3인자 지위에까지 올랐던 킴 필비 등이 대표적 인물이다.

이들의 간첩 행위가 대한민국의 분단과 6·25 동란, 분단을 고착화하는 휴전에 이르기까지 광범위한 영향을 끼쳤다는 사실에 대해 국내 전문가들의 자세한 연구가 필요하다고 본다.

국가건설 시기의 어려움

인민군의 전면 남침으로 국군의 방어선이 무너졌을 때 이승만은 "자유인은 결코 항복하지 않는다"면서 항복 대신 결사항전을 택했다. 공산주의와는 어떤 타협도 거절한 '불후의 고집불통'[3] 이승만이 존재했기에 대한민국이 붕괴되지 않았고, 공산주의의 격렬한 팽창정책을 한반도에서 막아낼 수 있었다.

그 덕분에 일본과 한국과 타이완에서 자유시장경제의 꽃을 활짝 피워 태평양시대의 도래를 가능케 했다. 공산주의에 대한 막연한 환상에 젖어 있던 해방공간에서 이승만이 등장하지 않았더라면 남한 사회는 필연적으로 공산화되었을 것이다.

이승만 시대는 이른바 국가건설(nation building) 시기에 해당한다. 국가건설이란 '근대 국민국가의 기본 인프라를 구축하는 과정'으로 정의된다. 김충남 박사는 현대 국가가 국가로서 기능하기 위해서는 국내외의 적들로부터 나라를 지키는 안보(security), 일반 국민이 세금을 부담하여 국가를 영위할 수 있는 경제적 기반(economy), 그리고 통치 질서를 명문화한 헌법 등 근대적 정치질서(democracy) 등 세 가지가 반드시 구비되어야 한다고 지적한다.

2차 대전 이후 100개가 넘는 나라들이 열강들의 식민지로부터 독립하여 나라를 세웠다. 그런데 모든 것이 부족한 신생 독립국가가 이 세 가지 조건을 한꺼번에 충족시키는 것은 현실적으로 불가능했다. 이승만의 집권기는 국내외의 적들로부터 나라를 지키는 안보능력을 정비하는 시기에 해당한다.

국가 건설 사관에 의해 한국 현대사를 해석하면 대한민국은 이 세 가지 인프라를 역대 정권들이 시대적 분업을 통해 구축했다. 즉 이승만 정부는 공산주의의 거센 도전과 남침 속에서 대한민국을 구하고 한미동맹 결성과 군사력 육성 등 안보의 기반을 구축했다.

박정희와 전두환은 안보태세를 더욱 강화하면서 자립경제의 기반 구축과 여야 합의에 의한 직선제 헌법을 제정함으로써 민주주의를 가능케 하는 물적 토대를 닦았다. 그리고 노태우정부부터 이명박 정부까지 민주주의를 제도적으로 정착시키는 역사적 분업을 통해 국가 건설을 완성했다는 것이다.

이승만은 건국 시기에 헌법을 제정했고, 좌익과 공산주의자들의 공격으로부터 안보와 치안을 담보하기 위해 피눈물 나는 노력을 기울였다. 그러나 경제적 기반과 민주주의를 이끌어갈 수 있는 국민 형성이 부족하여 제대로 된 자유민주주의가 작동하기는 현실적으로 불가능했다. 극심한 안보 위기 등 당면했던 어려움은 간과한 채 자유민주주의를 완벽하게 수행하지 못한 책임을 물어 이승만 시대를 총체적으로 비하, 격하, 폄하하는 흐름이 우리 사회를 지배해 왔다.

세월이 흘러도 의식화 세례를 받은 좌파적 시각의 학자나 운동가, 정치인, 지식인들이 이승만을 공격하는 열기는 식을 줄 모른다. 보수 진영은 대한민국의 건국이 성공적인 작품이었다고 높이 평가하는 반면, 진보 진영은 건국이란 개념 자체를 용인하지 않는다. 그들은 건국이라기보다 민족의 분단을 초래했다는 이유로 '남한만의 단독정부 수립'이라고 부른다.[4]

필자는 좌파의 이승만에 대한 집요한 공세는 그가 냉혹하고 무서울 정도로 좌익·공산주의와 목숨 건 싸움을 벌여 대한민국이라는 지구상에서 가장 성공한 국가를 수립한 주인공이기 때문이라고 생각한다.

어떤 논리의 외피를 쓰고 있든 좌파들의 공격은 “이승만은 국토를 분단하고 독재를 한 인물이니 비난 받아 마땅하다”는 논리로 수렴된다. 그가 친일파를 등용했다든가, 민주주의를 말살한 독재자라고 하는 주장은 이승만의 부정적 측면을 돋보이도록 하기 위한 보조수단이다. 이승만이 격하되어야 그가 수행한 국가 건설이 상처를 입게 된다.

건국을 부정하는 세력들과의 싸움

한국 사회의 10대에서부터 50대 초반 세대까지는 이승만에 대해 기억이 거의 없다. 따라서 새로 입력되는 정보가 정확하고 올바른 것이면 이승만은 긍정적인 인물로 각인될 것이고, 비우호적인 내용이 주를 이루면 그는 한국 현대사에서 존재해서는 안 될 위험한 인물로 인식될 수 있다. 오늘날 이승만을 두고 벌이는 좌우 격돌은 그에 대한 체험이 부재한 젊은이들의 머릿속에 어떤 정보를 입력시키느냐를 놓고 싸우는 주도권 쟁탈전이다.

이승만은 무(無)에서 유(有)를 창조하듯 해방과 미군정기의 혼란, 세계 최하위 수준의 경제 상황, 공산주의자들의 끈질긴 방해공작을 딛고 대한민국을 건국한 지도자다. 공산주의와 투쟁하며 나라를 건국하고 기습 남침을 당하고도 나라를 지켜낸 그의 존재는 어떤 비판이라도 넘어설 수 있는 가치를 지닌다.

지금 우리 사회에서는 대한민국 건국을 축복이라고 생각하는 세력과, 건국을 분단의 시작이라고 부정하고, 개인보다는 민족을 앞세워 역사를 통일 지향적으로 바라보아야 한다는 통일지상주의 세력과 내전을 방불케 하는 치열한 싸움이 벌어지고 있다. 좌파들에게 대한민국의 현대사는 반민중, 반민족, 반민주로 점철된 더러운 역사, 다시 써야 할 역사일 뿐이다. 이들과의 싸움에서 승리해야만 대한민국의 명실상부한 선진화가 가능하다.

한국은 제2차 세계대전 이후 탄생한 신생 국가들 중에서 산업화와 민주화, 국가안보라는 3대 과제를 달성하고, 인구 5000만 명이 넘고 1인당 GDP가 2만 달러를 넘은 나라에게 주어지는 20-50 클럽에 가입한 성공한 나라다. 그 성공의 출발점은 대한민국의 건국인데, 이를 부정하면 무엇이 남는가.

대한민국을 부정하는 세력들과의 싸움에서 이기려면 로버트 프리만 버츠가 지적한대로 민주시민교육이 필요하다. 버츠가 말한 민주시민교육의 핵심 콘텐츠는 첫째, 건국의 역사와 이념(국민의 영혼, 국가가 지향하는 목표), 둘째, 헌법의 정체성(헌법의 내용과 정신, 법치주의), 셋째, 민주시민이 갖춰야 할 덕목(국민의 국가에 대한 법적 지위, 권리와 의무, 권한과 책임 등)이다.

필자는 졸고를 통해 이승만이 대한민국을 어떻게 건국하고 지켜냈는지를 밝히고자 노력했다. 이승만에 대한 연구와 공부는 우리 사회 도처에서 활개 치면서 대한민국의 기둥뿌리에 도끼질을 해대는 '내부의 적'들과의 전쟁에 필요한 전략적 지침이자 핵심 가치관이다. 우리가 이승만을 공부해야 하는 중요성이 바로 이것이다.

2014년 5월

필자 김용삼 쓰다

01

난세의 혁명가

족보에 관심 없는 아이

'강한 자가 이기는 게 아니라, 이긴 자가 강한 것이다.'

바둑계에서 회자되는 잠언이다. 이승만은 1948년 7월 건국 대통령으로 선출돼 1960년 4월 시민혁명으로 권좌에서 물러나기까지 대한민국을 이끈 최고 권력자였다. 바둑계의 잠언을 따르면 이승만은 강해서 집권한 것이 아니라 집권했기 때문에 강자가 된 것이다.

이 잠언은 이승만에게는 잘 어울리지 않는다. 해방 공간에서 학문적 식견이나 지명도, 국제정세에 대한 이해도, 사건의 본질을 꿰뚫어보는 통찰력, 위기 돌파력, 권력에 대한 의지, 정치력과 용인술에서 그를 넘어서는 인물을 발견하기 힘들기 때문이다.

영국 속담에 '왕이 길을 잃고 방황하면 백성들이 그 대가를 치른다'는 말이 있다. 한 사람의 지도자가 그 나라의 흥망을 좌우한다. 미국 대통령 린든 존슨은 "대통령은 감옥살이보다 더 어려운 자리"라고 토로했다. 해리 트루먼은 "대통령직을 맡고 처음 몇 달 동안은 호랑이 등에 탄 것 같아서 계속 달려야 했다. 그렇지 않으면 호랑이에게 잡아 먹혀버릴 것만 같았다"고 토로했다.

그렇다면 '달리는 호랑이 등에 올라탄' 이승만은 어떤 인물이었을까?

그는 양녕대군의 16대손으로 조선 말기에 태어났다. 그는 모친에게 천자문을 배웠는데, 나이 여섯 살에 천자문을 모두 외웠고, 일곱 살에 시를 지어 동네에서 신동(神童) 소릴 들었으며, 성장해서는 천재 소릴 들었다. 왕족의 후예였으니 가문의 족보에 관심을 가질 법도 하건만, 이승만은 족보를 애지중지한 부친과는 달리 관심조차 보이지 않았다. 그는 족보에 새겨진 '빛나는 과거'보다는 '오늘의 현실'에 집착하는 스타일이었다. 족보와 관련하여 이승만은 다음과 같은 시각을 가지고 있었다.

'나는 어린 시절에 우리나라 양반들이 자기 집안의 족보나 예부터 내려오는 명문 집안들의 족보를 들여다보면서 귀중한 시간을 허비하는 것을 너무나 많이 보았다. 그들은 자기나 자기 가족의 생계를 위하여 일을 하지 않고 옛날 공을 쌓은 어느 누구의 21대 후손이라거나 42대 후손이라고 내세우며 자기를 위해서나 나라를 위해서는 손끝도 움직이지 않고 그저 동포의 등을 쳐 먹고 살았는데, 나는 이런 것을 참으로 싫어했다.

나의 선친도 아름다운 책장에다 24권으로 된 우리 집안 족보를 모셔놓고 늘 들여다보면서 우리 집안 본가 줄이 어떻게 되었고 지파가 어떻게 되었다는 것을 훤하게 통달하고 있었고, 나도 자신처럼 될까 해서 여러 번 그 이야기들을 되풀이하여 주었는데, 내가 관심을 보이지 않았더니 퍽 낙심했다.'[5]

이승만의 성장기는 조선의 국운이 다하여 숨이 끊어지기 직전의 비참한 모습들이 적나라하게 드러난 시기였다. 1882년 조선의 군대는 군사반란(임오군란)을 일으켰고, 양반 관리들은 쇠락한 국운을 탓하며 청나라, 일본, 러시아 등 외세를 업고 권력투쟁을 일삼았다. 1884년 개화파들이 주동이 된 갑신정변 쿠데타가 3일천하로 막을 내렸고, 동학 농민봉기가 전라도와 충청도를 휩쓸어 민심이 흉흉했다.

조선 조정은 농민봉기를 진압할 힘조차 없어 청나라에 원병을 청했다. 청나라와 일본은 동학 농민봉기를 진압한다는 명분으로 한반도에 군대를 파병했다가 충돌하여 청일전쟁이 벌어졌다. 1894년 7월 25일 일본군은 서해 풍도 앞바다에서 청국 군함을 기습 공격함으로써 청일전쟁이 시작됐다. 청군은 근대식 무기와 체계적인 훈련으로 무장된 일본군에 연전연패하여 강화조약에 나섰다.

전쟁에서 패하여 조선에 드리웠던 청나라의 보호막이 제거되자 일본의 노골적인 간섭을 피할 수 없었다. 500여 년 명맥을 이어오던 중국을 이용한 안보의 틀(사대주의)이 무너지자 고종과 명성황후는 미국과 러시아 등 열강의 힘을 빌려 일본을 견제하고자 했다.

고종과 명성황후의 친러 · 반일정책에 직면한 일본은 1895년 10월 8일 새벽 칼잡이들을 경복궁으로 보내 명성황후를 잔인하게 살해하고 시신을 불태웠다. 생명의 위협을 느낀 고종은 러시아 공사관으로 탈출(俄館播遷)하는 등 역사의 격류가 이어진다. 국운이 기울고 외세가 판을 치는 난세였다.

'정치적 자유'에 눈을 뜨다

이승만은 청일전쟁이 일어난 다음해인 1895년, 20세의 나이에 배재학당과 연을 맺는다. 이듬해 선교사 겸 의사 올리버 애비슨을 만나 상투를 자르고 의사이자 장로교 선교사인 윌리엄 아더 노블,[6] 벙커 등에게서 서양 학문을 배웠다. 당시 배재학당의 교사들은 대부분 서양 선교사들이었다. 배재학당은 국제적 분위기의 학교였을 뿐만 아니라 '배재대학'이라 불릴 정도로 학문적 수준이 높았다.[7]

이승만이 배재학당에 들어간 이유는 영어를 배우기 위해서였다. 이승만과 영어의 만남은 그의 인생행로뿐만 아니라 앞으로 태어날 대한민국에 지대한 영향을 미쳤다. 영어를 매개로 미국과 접촉하면서 그는 서구지향 노선을 밟기 시작한다. 그는 서구가 밟았던 근대적 산업화의 길만이 부강한 나라를 건설할 수 있다고 믿었다.

그는 영어를 통해 민주주의에 눈을 떴고, 미국 유학의 기회가 열렸다. 미국 유학을 통해 이승만은 앞으로 다가올 태평양 시대를 예감하고 미국의 힘을 이용해 러시아와 일본을 물리쳐 독립을 쟁취한다는 외교 독립노선을 형성하는 계기가 된다.

이승만은 동급생들보다 영어 실력이 월등하여 한국에 온 서양인들의 한국어 교사로 선발된다. 이승만이 가르칠 첫 번째 학생은 나이 40에 가까운 중년의 미국 여의사 조지아나 화이팅이었다. 이승만은 오전엔 화이팅에게 우리말을 가르치고, 오후엔 그녀로부터 영어와 기독교, 서양 정치사상, 과학기술문명 등을 배웠다. 이후 이승만은 영어와 질긴 인연을 이어간다. 나이 여든이 넘어서도 이승만은 새 영어단어를 손바닥에 써가지고 다니며 외우곤 했다.[8)]

이승만은 입문한 지 6개월 만에 영어회화에 군색함을 느끼지 않을 정도가 되었고, 배재학당 벙커 교사의 초청으로 모교의 영어교사로 취직하게 되었다. 또 알렌이 개설한 서양식 병원인 제중원에서 외국인 선교사, 의사들과 교류하며 서양 문명과 미국식 민주주의, 만민평등사상에 눈을 뜨게 된다. 미국에서 돌아온 서재필[9)]로부터 세계 지리, 역사, 정치학, 토론과 웅변술 등을 배웠다.

서재필은 조선 학생들에게 토론 훈련을 하기 위해 협성회라는 토론 모임을 결성했다. 이승만은 협성회 창설 멤버 13인 중의 하나였다. 1898년 1월에는 한글전용의 주간지 『협성회 회보』를 발간했는데, 이승만은 이 신문의 주필로 필봉을 휘둘렀다. 후일 협성회는 독립협회로 성장했고, 주간으로 발간되던 『협성회 회보』는 1898년 4월 9일 제호를 『매일신문』으로 바꾸고 발간주기도 일간으로 바꾸었다. 이것이 한국 최초의 일간지였다. 이승만은 『매일신문』의 사장 겸 주필로 활동했다.

그는 『제국신문』[10]의 창간에도 참여하는 등 언론인으로 활동한다. 이승만은 미국으로 망명한 이듬해인 1913년 9월 1일 하와이에서 『태평양잡지』라는 순 한글 월간잡지를 창간하여 주필로 활동했으며, 1930년에는 잡지의 제호를 『태평양주보』로 바꾸었다.

이승만은 영어를 배우기 위해 배재학당이 입학했으나, 그곳에서 영어보다 더 귀중한 '정치적 자유'를 깨닫게 됐다고 자서전에서 밝히고 있다.[11] '정치적 자유'에 눈을 뜬 청년 이승만은 세습 왕정을 타도하고 민주주의 도입을 위해 급진적인 혁명가의 길을 걷는다. 그는 명성황후가 왕궁에서 일본인 낭인들에게 무참히 시해되었다는 충격적인 소식을 듣고 개화파의 집결지였던 독립협회와 만민공동회[12]에서 개혁 운동에 동참하게 된다.

이승만은 독립협회가 추진하는 각종 정치개혁운동의 선봉에 섰다. 특히 1898년 3월부터 시작된 만민공동회를 이끌어가는 '거리의 투사'로 변신했다. 독립협회가 날이 갈수록 세력이 불어나자 위기감을 느낀 조정은 보부상 깡패들을 끌어 모아 황국협회를 설립하고 만민공동회를 견제하고 나섰다. 이승만은 보부상 패거리와의 대결에서 만민공동회의 선봉장 역할을 맡는다.[13]

만민공동회는 유교적 정치체제의 근본적인 변혁, 즉 인민주권을 구현하는 군민공치(君民共治) 체제 수립을 목표로 설정했다는 점에서 기존의 개화운동과는 달리 구한말 대중적 개혁운동을 획기

적이고 혁명적인 수준으로 끌어올렸다.[14]

쿠데타 모의 발각돼 체포

이승만은 24세 되던 1899년 1월 9일, 급진개혁파의 영수 박영효와 내통하여 고종 폐위와 입헌군주제 정부를 수립하려는 쿠데타 모의에 가담했다는 혐의로 체포됐다. 고종을 퇴위시키고 의화군(義和君) 이강(李堈)을 새 임금으로 옹립하려 했던 이 쿠데타가 사전 발각되어 이승만을 비롯한 관련자들이 검거된 것이다.[15]

1월 30일 그는 최정식, 서상대와 탈옥을 했으나 몇 시간 만에 붙잡혀 다시 수감됐다. 밀반입된 육혈포를 소지하고 있던 최정식은 탈옥을 제지하는 간수를 쏘고 도주했다가 4월 하순 평안남도 진남포에서 체포됐고, 서상대는 중국으로 탈출했다.

재판에서 최정식은 간수를 육혈포로 쏜 죄로 사형, 이승만은 '태(笞) 일백 및 종신 징역' 판결을 받았다. 간신히 사형을 면한 이승만은 5년 7개월 간(1899년 1월 9일~1904년 8월 9일) 혹독한 수감생활을 한다. 그는 자서전에서 감옥에 끌려가는 장면을 담담하게 기록하고 있다.

'칼을 뽑아 쥔 많은 장정들이 나를 둘러싸고 끌어갔다. 내가 병영에서 기다리는 동안 어떤 병정이 나에게 물 한 잔을 갖다 주면서 위안해주었다. 나는 경무청으로 끌려갔는데 그곳에서 박달북에게 고문을 당했다. 그는 왕당파로 나와 가장 원한에 사무치는 원수였다. 박은 황실에 연락하여 황제로부터 고문을 하라는 지시를 전화로 받았다. 그들은 나를 캄캄한 방에 눕혀 놓았는데 다음날 아침까지 무슨 일이 있었는지 알지를 못했다. … 최정식이 사형되는 날, 그는 교수대로 끌려가면서 나더러 "이승만 씨 잘 있으시오. 당신은 살아서 우리가 같이 시작한 일을 끝맺으시오" 하고 말했다.'[16]

서소문 근처의 한성감옥에 수감된 이승만은 무게 10kg이나 나가는 형틀을 목에 달고 두 손은 수갑에 묶이고, 발은 형틀에 끼워진 채 7개월을 지냈다. 감옥에서 있었던 일화를 이승만은 다음과 같이 기록하고 있다.

'사형선고를 받은 살인수가 나와 같은 형틀에 얽매여 있었다. 어느 날 아침 간수와 사형 집행리와 순검이 갑자기 감옥 문을 열고 우리 방으로 뛰어 들어왔다. 방안에 있던 죄수들이 모두 나를 쳐다보았다. 나는 사형 집행리에게 넘겨질 것을 기다리고 있었다. 그런데 그들이 형틀을 열고는 살인수를 끌어내고 나는 다시 형틀에 잠가버렸다. 나는 "이 다음은 나로구나" 하고 독백하면서 오히려 내가 먼저 끌려가서 빨리 끝이 나버렸으면 하는 간절한 소원에 잠겨 있었다. … 나는 7년 동안 감옥에 있으면서 형장으로 끌려가는 동포들을 너무나도 많이 보았다. 어떤 이들은 사형장에 끌려가면서 마치 내가 그들을 구해줄 수 있는 듯 나의 이름을 크게 부르곤 했는데, 내가 할 수 있는 일이란 고작 "가서 편안히 죽으시오" 라고 고함을 쳐주는 것이었다.'[17]

이승만은 감옥생활의 고통을 부인 프란체스카 여사에게 가끔

이야기했다. 감옥생활을 하는 동안 가장 괴로웠던 것은 잔인한 고문을 받은 뒤 살인범과 중죄수만 가두는 흙바닥 감방에 갇혀 있을 때였다고 한다. 프란체스카 여사가 기록한 이승만의 수감 생활의 한 장면이다.

'한번은 감방 밖에서 문이 열리는 소리가 나면서 "승만아!" 하고 떨리는 목소리로 부르시는 아버지의 음성이 들려왔다. "여보시오, 내 자식의 시체를 어서 주시오! 어젯밤에 처형됐다는 말을 듣고 왔으니 어서 내놓으시오."

5년 7개월의 혹독한 수감생활

아들이 처형당했다는 오보를 듣고 옥리에게 사정하는 늙은 아버지의 비통한 음성을 들으며 대통령은 그만 가슴이 내려앉아 고개를 떨어뜨리고 걷잡을 수 없는 슬픔으로 눈물을 흘렸다.

"이 늙은이가 돌았나? 처형은 무슨 처형이오? 당신 아들은 아직 멀쩡하게 살아 있으니 염려 말고 어서 가시오!" 옥리가 대답하는 소리가 들렸다. 그러나 아버지는 아들의 시체를 내달라고 여전히 버티고 계셨다.

대통령은 가만히 듣고 있다가 외쳤다. "아버지, 저는 아직 살아 있으니 안심하시고 어서 집으로 돌아가십시오."

그러자 밖에서 대통령의 이름을 부르는 아버지의 음성이 들렸는데, 덜커덕 하고 문이 잠기는 소리가 들렸다. 그 뒤에도 가족들

이 찾아와서 담 밖에서 목 메이도록 부르는 음성이 아픈 가슴을 미어지게 했다.'[18]

이승만은 수감생활 동안 엄청난 양의 글을 써서 외부로 반출했다. 감옥에서 영어로 된 책을 번역하고 영한사전을 집필했으며, 간수들의 눈을 피해 비밀리에 신문 논설을 써서 밖으로 내보내 『제국신문』에 실었다. 또 한국 최초로 만국공법을 번역했다. 그리고 기독교로 개종하고 함께 수감생활을 하던 죄수와 간수 등 40여 명을 기독교로 개종시켰다.

이승만은 기독교를 조선 사회를 혁신하기 위한 수단으로 생각했다. 그는 예수교를 받드는 나라들이 문명부강 태평안락하다는 사실을 주목했다.[19] 그는 기독교 교화를 통해 시장경제 및 자본주의 사회에 적합한 새로운 인간형이 탄생할 것이라고 생각했다.

1902년 8월, 이승만은 한성감옥서의 옥사장인 김영선의 허락을 받아 옥중학당을 개설하여 수감자를 비롯한 간수들과 그들의 자제, 친지 등 글을 깨우치지 못한 어린이 13명과 어른 40명에게 한글과 한문, 영어, 산학(수학), 국사, 지리, 성경 등을 가르쳤다. 그리고 자신이 읽었던 책들을 모아 감옥 내의 도서실(서적실)을 개설해 운영했다.[20]

당시의 한성감옥은 개화파 인사들의 집합소나 다름없었다. 정부 전복을 기도한 죄로 장호익, 유성준(유길준의 친동생), 이상재(독립협회 간부), 이준(헤이그 밀사사건 주인공), 양기탁, 박용만(후에 하와이에서 사관학교 운영) 등이 함께 옥살이를 했다.

조선을 둘러싼 국제정세는 걷잡을 수 없는 상황으로 치닫고 있었다. 서양 열강 입장에서 볼 때 한국은 열강들을 유혹할 정도로 풍부한 자원을 보유한 것은 아니었다. 그러나 중국이나 러시아, 일본 입장에서 볼 때 한국은 대단히 중요한 존재였다. 이런 이유 때문에 주한 영국 총영사였던 헨리 코번은 영국 외상 에드워드 그레이에게 '한반도의 처지는 인접한 강국 일본, 러시아, 중국 세력의 틈바구니에 끼어 고통 받는 장기판의 졸(卒)'이라고 보고했다.[21]

고종의 아관파천으로 인해 조선에 대한 러시아의 발언권이 강화되기 시작하자 일본이 이 사태를 좌시할 수 없었다. 구한말 한반도의 국제관계에 가장 악영향을 미친 나라는 러시아였다.[22] 러시아는 1858년 아이훈조약을 통해 헤이룽강(黑龍江) 북방의 방대한 지역을 장악했고, 1860년에는 베이징조약을 맺어 연해주 지역을 탈취했다. 러시아와 일본은 한때는 대동강과 원산을 잇는 39도선을 경계로 한반도를 분할하자는 안을 검토했다.

그런데 러시아의 만주 독점과 남하정책은 영국과 미국을 크게 자극했다. 영국은 러시아의 동남진(東南進)을 견제하기 위해 1885년 거문도를 점령했다. 러시아는 1895년 청일전쟁에서 청나라가 일본에 패한 후 랴오둥(遼東)반도를 일본이 차지하려 하자 러시아, 프랑스, 독일의 삼국간섭을 통해 이를 무효화시켰다. 3년 후인 1898년 러시아는 랴오둥반도를 중국으로부터 조차 받아 뤼순(旅順)에 군항을 건설했다.

이어 만주의 북쪽을 횡단하는 동청(東淸)철도[23]를 건설하여 바이칼호 남쪽의 이르쿠츠크와 블라디보스토크를 연결하여 만주를 식민지로 만들 기반을 닦았다. 또 동청철도의 중심지인 하얼빈과 뤼순 군항을 연결하는 남만주철도를 건설하고, 철도 연변의 상당한 토지와 자원을 차지했다.

감옥에서 『독립정신』 집필

만주와 중국 북부를 차지하려는 러시아의 야욕은 한국의 독립에 치명적인 영향을 주었다. 중국에서 이권을 다투던 유럽 여러 나라들을 러시아의 적으로 만들었고, 그들은 러시아에 군사적으로 대항하려는 일본을 지지하게 되었기 때문이다. 러시아의 만주 독점정책에 대한 서양 열강의 위기의식은 1902년 영일동맹으로 가시화되었다. 이 조약은 국제사회에서 일본의 입지를 결정적으로 강화시켜 주었다.

미국도 일본이 동양의 맹주(盟主)로 등장하여 러시아의 동점을 막아내야 한다고 주장했고, 이 과정에서 일본의 한국 점령을 당연한 것으로 여기게 되었다. 결국 러시아의 동진은 한국을 국제적인 고립무원 상태로 빠뜨리는 결과를 가져온 것이다.

1904년 2월 8일 일본 연합함대가 뤼순 항에 주둔하던 러시아 극동함대를 기습 공격함으로써 러일전쟁이 시작됐다. 러일전쟁이 터지자 이승만은 감옥 안에서 끓어오르는 분노를 주체할 길이 없어 『독립정신』을 집필하기 시작했다. 그는 머리말에서 '러일전쟁이 벌어지고 있어 남아로서 세상에 태어나 유익할 일을 할 만한 경륜은 없지만 가만히 앉아 있을 수가 없어' 『독립정신』을 쓰기 시작했다고 밝히고 있다. 『독립정신』은 출옥하기 직전인 1904년 6월 19일에 집필을 마쳤는데, 이 책은 '거적자리와 차꼬(捉錮) 밑에 종종 감추어가며 기록한' 이승만의 처절하고 절박한 외침이다.

이승만은 이 책에서 애국심이 무엇인지, 우리나라가 왜 민주제도로 개혁해야 하는지를 설파하고 있다. 당시는 세습 전제군주가 인민의 생명과 재산에 대한 전권을 쥐고 있는 왕정시대였는데, 왕정의 문제점을 날카롭게 비판하고 민주제도의 장점을 소개했으니, 이는 반체제 선동이나 다름없었다.

이승만은 "문명하고 부강한 나라는 민주주의를 하고 있는 반면, 가난하고 뒤떨어진 나라는 전제군주국가"라면서 부국강병을 위해서는 민주주의가 필수불가결하다고 주장했다. 또 서양 문물을 하루속히 받아들여 제조업을 발전시키고, 외국과 통상하여 나라를 부강하게 만들자고 외쳤다. 29세의 청년 이승만이 감옥에서 집필한 『독립정신』은 유길준, 김옥균, 서재필 등에 의해 시작된 개화론이 근대 민족주의로 체계화되는 전환점을 맞게 하는 기념비적 저서였다.

『독립정신』 원고는 박용만이 미국으로 밀반출하여 1910년 2월 미국에서 출간됐다. 출판 자금 마련을 위해 한인 교포들이 철도 노역이나 농장에서 포도와 오렌지를 따는 노동으로 한 푼 두 푼 돈을 모았다.

이승만은 1904년 민영환 등 혁신파가 정권을 잡자 8월 7일, 120여 명의 죄인들과 함께 특사를 받아 석방됐다. 이원순[24]은 이승만의 석방 장면을 다음과 같이 기록하고 있다.

'간수가 감방 문을 열었을 때 그는 잠시 동안 떨리는 다리로 선 채 벽과 천정, 그리고 마룻바닥을 응시하고 있었다. 가지가지의 비참한 나날과 굴욕을 받았던 장소라고는 하나 많은 추억과 감회가 가득 차 갑자기 그곳을 뒤로 하고 떠날 수가 없었던 것이다. … 고문과 궁핍, 콜레라와 사형집행, 그 위에 혼수상태와 죽음의 손길 속에서 헤매던 그가 자유의 몸이 되었다는 것은 거짓말 같았다.'[25]

이승만은 자신의 감옥생활을 다음과 같이 요약했다.

"나는 6년 동안의 감옥살이에서 얻은 축복에 대해서 영원히 감사할 것이다."

강성학 고려대 교수는 동북아의 국제정치에서 조선은 알자스-로렌과 다르다넬스를 합친 것과 같은 곳이었다고 지적한다.[26] 한반도의 지정학적이고 전략적인 가치가 그만큼 높다는 뜻이다.

일본군은 1904년 8월 28일부터 9월 4일까지 만주 펑텐(奉天)에서 러시아군에게 승리를 거두었고, 1905년 1월초에는 숱한 희생을 치른 끝에 뤼순 요새와 항구를 점령했다. 러시아는 전세를 만회하기 위해 북유럽에 있던 발틱 함대를 지구를 반 바퀴나 돌아 극동으로 파견했으나, 5월 27일 대한해협에서 일본 해군에게 전멸에 가까운 대패를 당했다.

을사늑약으로 외교권 강탈 당해

러일전쟁이 일본의 승리로 끝나면서 한반도에 부동항을 건설하려던 러시아의 야심은 좌절됐고, 일본은 한국을 식민지화하기 위한 조치들을 시작했다. 1905년 7월 27일 일본은 미국과 태프트-가쓰라(桂太郎) 밀약[27]을 맺어 조선병합에 대한 미국의 양해를 얻어냈고, 8월 12일 영국과 제2차 영일동맹을 체결했다. 9월 5일에는 미국의 포츠머스에서 러시아와 강화조약을 체결했다.

일련의 외교적 조치를 마무리한 일본은 1905년 11월 18일, 대한제국과 한일협상조약(을사늑약)을 체결한다. 사회 일각에서는 이완용을 비롯한 을사오적 매국노들이 나라를 팔아먹는 바람에 나라가 망했다고 비난한다. 러일전쟁 당시 일본은 120만 대군과 영국의 지원으로 강력한 함대를 보유하고 있었다. 반면에 1907년 대한제국의 총 병력은 중앙군 4,215명, 지방군 4,305명, 헌병대 265명 등 총 8,785명에 불과했다.[28]

당시는 힘이 곧 정의로 통하던 제국주의 시대였다. 일본의 백만 대군의 위력 앞에서 조선은 나라를 지켜낼 군사력을 보유하지 못했던 것이 구한말 우리의 현실이었다. 한국인들이 이완용과 을사오적에게 망국의 모든 책임을 뒤집어 씌워 비난하는 이유는 그들을 악한으로 몰아감으로써 망국으로 상처를 입은 마음을 보상 받으려는 심리 때문이 아닐까.

을사늑약으로 국권을 잃은 대한제국에 대한 해외의 평은 어떤 것이었을까. 시어도어 루스벨트 대통령의 친구인 조지 캐넌은 『아웃 룩(Outlook)』이라는 잡지(1905년 10월 7일자)에 다음과 같은 글을 기고했다.

'현존하는 한국 정부의 활동 실태는 다음과 같이 요약될 수 있을 것이다. 정부는 국민으로부터 그들이 간신히 생계를 위하여 벌어들이는 모든 것을 간접 또는 직접으로 수탈하며, 실제로 되돌려주는 것은 아무 것도 없다. 생명 재산에 대한 아무런 적절한 보호책도 제공하지 않는다.

눈에 뜨일 만한 아무런 교육시설도 제공하고 있지 않다. 도로건설도, 항만 개량도 하지 않는다. 해안에 등대도 없다. 도로의 청소와 위생에 대하여 아무런 관심도 기울이지 않는다. 전염병의 예방이나 단속 방안도 취하고 있지 않다. 무역과 산업을 장려하는 노력도 없다. 가장 저속한 미신을 장려하고 있다.

현대에 거의 유례가 없을 정도로 인권 문제를 다루는 데 있어 거짓과 부정과 배신과 잔인성과 세상을 비웃는 만행을 일삼는 본보기를 국민에게 보임으로써 그들을 타락시키고 풍속을 문란시키고 있다.'[29]

이승만의 정치 고문이었던 로버트 올리버가 후에 이 기고문을 이승만에게 보여주자 이승만은 이렇게 답했다.

"당신은 왜 내가 7년간의 옥고와 고문을 겪었다고 생각하십니까? 내가 항쟁한 것이 바로 이런 형편들에 대한 것입니다. 그리고 지금도 나는 일본의 한국 지배가 많은 점에서 나을 것이 없고, 어떤 점들은 더 악화되었기 때문에 싸우고 있는 것입니다."

고종의 밀사로 미국행

이승만은 러일전쟁이 한창이던 1904년 8월 한성감옥에서 석방된 후 그 해 11월, 고종황제의 측근인 민영환과 한규설의 밀사로 발탁돼 미국으로 건너갔다. 당시 고종황제를 비롯한 집권세력은 미국의 힘을 빌려 일본의 억압을 물리치고 독립을 보존하려 했다. 이런 이유로 조정은 이승만을 비밀 특사로 미국에 파견한 것이다.

이승만의 역할은 시어도어 루스벨트 대통령과 미 국무장관 존 헤이 등을 만나 조선과 미국이 1882년 체결한 조미수호통상조약에 따라 러일전쟁 종결 후 대한제국이 독립을 보존할 수 있도록 거중조정(居中調停)에 나서달라는 요청을 하는 것이었다.[30] 1904년 11월 4일 제물포를 출발한 이승만은 일본과 하와이를 거쳐 12월 31일 워싱턴에 도착했다.

미국은 1882년 조선과 국교를 맺고 1905년까지 수교를 지속했지만 미국 외교관들은 한국은 빈곤한 나라이고, 한국 사람들은 자치 능력이 없는 민족이라고 생각하고 있었다.[31] 당시 미국의 지도층은 영국과 동맹을 맺은 일본을 지지하고 있었을 뿐 조선에 대한 관심은 거의 찾아보기 힘들었다. 일본의 눈부신 성장에 매료된 시어도어 루스벨트 대통령은 "러시아를 억제하기 위해서 일본이 한반도를 가져야 한다. 일본이 조선을 차지하는 것을 보고 싶다. 조선은 자신을 지키기 위해 주먹 한 번 휘두르지 못했다"고 말하기도 했다.

이승만은 포츠머스 강화회의를 며칠 앞둔 1905년 8월 4일 뉴욕에 있는 '여름 백악관'에서 루스벨트 대통령을 면담했다. 이승만이 루스벨트 대통령을 면담한 날은 태프트-가쓰라 밀약이 성립된 지 8일 후였다. 이승만은 미국과 일본이 이미 한국을 일본에게 넘기는 밀약을 체결한 사실을 까맣게 모른 채 루스벨트에게 "미국 정부는 대한제국의 독립을 유지할 의무가 있으며, 이번 러일 강화회의에서 미국이 중재하여 조선의 독립을 유지시켜 달라"고 요청했다. 루스벨트는 "요구사항을 문서로 작성해 정식 외교 채널을 통해 미국무부에 제출하면 그 문서를 포츠머스 강화회의 석상에 올려놓겠다"는 외교적 수사로 이승만을 돌려보냈다.

이승만은 주미 임시대리공사 김윤정에게 도움을 요청했으나, 김윤정의 비협조로 1905년 9월 미국 포츠머스에서 루스벨트 대통령 주관으로 열린 러일 강화조약에 한국 문제를 상정시키려던 계획이 좌절된다. 미일 간에 체결한 태프트-가쓰라 밀약은 비밀에 붙여져 있다가 19년 후인 1924년, 미국의 외교사학자 타일러 데넷에 의해 그 내용이 폭로됐다. 이 소식을 알게 된 이승만은 미국의 배신행위에 큰 충격을 받았다.

이승만의 대한제국 특사로서의 활동은 아무 결실을 맺지 못했다. 이승만은 이 사건을 계기로 외교 관계에서 힘이 없는 나라가 얼마나 서럽고 험한 꼴을 당하는지, 그리고 강대국들이 흥정의 대상으로 약소국을 팔아넘길 수도 있다는 사실을 뼈저리게 자각하게 된다. 그는 국제관계의 현실에 눈을 뜨기 시작했다. 이것이 훗날 '외교의 신(神)'이라는 평을 듣는 외교 전문가 이승만의 첫 걸음이었다.

이승만이 외교를 통한 독립운동 계획이 좌절된 후의 첫 행보는 수도 워싱턴의 한복판 백악관 바로 옆에 위치해 있는 조지 워싱턴대학에의 입학이었다. 1905년 2월, 당시 그의 나이 서른이었다. 도미(渡美)에 앞서 그는 서울에 있는 미국 선교사들로부터 미국 대학 입학에 필요한 추천서를 받았다. 조지 워싱턴대의 니덤 총장은 이승만에게 전액 장학금을 주는 조건으로 3학년 입학을 허락했다.

이승만은 1907년 6월 5일 조지 워싱턴대학을 졸업하고 1908년 봄 하버드대학에서 석사학위를 마친 후 박사 과정을 위해 프린스턴대학에 입학했다. 1910년 이승만은 프린스턴대학에서 우드로 윌슨[32] 교수의 지도로 「미국의 영향을 받은 영세중립론」이란 논문[33]으로 국제정치학 박사학위를 받았다.[34] 그는 한국인 최초로 미국에서 국제정치학 박사학위를 받은 인물이다.

우드로 윌슨과의 인연

이승만은 미국에서 손꼽히는 최고 명문대학의 학사, 석사, 박사 과정을 단 5년 만에 마치는 진기록을 수립했다. 미국 최고의 엘리트들도 12년 정도 걸리는 과정을 5년에 마칠 정도로 당대 최고의 지성 중 한 사람으로서 이승만은 서양사(특히 미국사), 정치학, 외교학, 국제법 등 근대 학문을 이수한 국제정치학자로 변모했다. 덕분에 미국의 고위 관료나 외교관 등 지도층 인사들은 이승만과 대화 과정에서 그의 탁월한 지성에 압도되었으며 미국인보다 미국의 정치와 역사를 더 잘 아는 이승만에게 경의를 표했다.[35]

이승만이 프린스턴대학 재학 당시 총장이자 그의 박사학위 논문 지도교수가 훗날 제28대 미국 대통령에 오른 우드로 윌슨이었다. 우드로 윌슨 총장은 제자 이승만을 대단히 아껴 자주 자기 집에 초청을 했다. 이승만은 윌슨 총장 가족들과도 가까이 지냈다.

이승만은 박사학위를 받은 후 우드로 윌슨 총장이 베푼 리셉션에서 윌슨에게 등록금을 돌려달라고 농담을 했다. 깜짝 놀란 윌슨 총장이 "그게 무슨 소리냐?"고 묻자 이승만은 "공부를 해보니 국제법은 강대국의 논리일 뿐 현실적으로 존재하지 않는데 그 동안 그런 것을 공부하라고 했으니 등록금을 돌려받아야 할 것 같습니다"라고 말해 좌중을 웃음바다로 만들었다.[36]

이승만의 모교인 프린스턴대학은 2012년 12월 3일 '이승만 기념 강의실'(The Syngman Rhee Lecture Hall)을 만들고 명명식을 가졌다. 이 강의실 벽에는 대한민국의 건국 대통령 이승만 박사의 얼굴이 새겨진 부조 동판이 새겨져 있다. 프린스턴대학은 이승만 기념 학술기금으로 국제관계와 공공정책을 다루는 정기적인 학술대회도 연다고 발표했다.[37]

미국의 3개 명문 대학에서 공부를 하면서 이승만은 미국 정치의 내막을 파악하는 안목을 길렀고, 두 명의 큰 인물과 친교를 나누게 된다. 한 사람은 워싱턴에 근무하던 맥아더 소령이었고, 또 한 사람은 후일 미 국무장관을 역임한 존 포스터 덜레스다. 덜레스와는 조지 워싱턴대학과 프린스턴대학 동문이었는데, 이 두 사람이 후일 한국 현대사에 중대한 역할을 하는 미군의 한국전 참전, 그리고 한미상호방위조약 체결에 결정적인 도움을 주게 된다.

학업을 마친 이승만은 1910년 9월 3일 뉴욕에서 대서양을 건너 영국 리버풀에 상륙한 다음 런던, 파리, 베를린을 거쳐 모스크바에 도착했다. 이어 시베리아 횡단열차를 타고 만주를 거쳐 귀국했다. 그는 서울로 돌아와 뉴욕에 본부를 둔 YMCA 국제위원회가 임명한 황성기독교청년회(통칭 서울 YMCA)의 청년학관 학감(Student Department Secretary)으로 활동하며 강의와 강연을 했다.[38] 이승만은 이 직책으로 뉴욕의 YMCA 국제위원회로부터 월 75달러의 봉급을 받았다.

이승만은 YMCA에서 만국공법, 세계사, 성경 등을 가르쳤는데, 당시 제자들이 후에 그의 비서 역할을 하는 임병직,[39] 이원순을 비롯하여 허정, 정구영, 안재홍, 이한호 등 독립운동과 대한민국 건국에 크게 공헌한 인사들이 대거 포함되어 있었다.

일본에 국권을 빼앗긴 고국에서의 생활은 편치 않은 나날이었다. 1910년 12월, 일제는 기독교계 인사들을 대대적으로 검거하는 '105인 사건'을 벌인다. 105인 사건은 조선 총독 데라우치 마사타케(寺內正毅)가 압록강 철교 준공식에 참석할 예정이었는데, 이 기회를 이용해 기독교 지도자들이 자신에 대한 암살 음모를 꾸몄다는 이유로 기독교 지도자들을 대대적으로 검거한 것이다.[40)]

그들이 노린 기독교 지도자 중의 한 사람이 이승만이었다. 이승만은 서울 YMCA의 총무 필립 질레트[41)]와 뉴욕에서 급히 서울로 온 YMCA 국제위원장 존 모트 박사의 항의로 체포를 면했다. 신변이 위태롭게 된 이승만은 선교사들의 보호 아래 미국 미니애폴리스에서 열리는 기독교 세계 감리교 대회의 한국 평신도 대표로 뽑혀 1912년 3월 26일 출국했다. 그것은 기약 없는 망명길이었다.

조국을 등지고 미국으로…

이승만은 인천에서 배를 타고 도쿄를 거쳐 행사장소인 미니애폴리스로 갔다. 행사가 끝난 후 이승만은 뉴저지에서 프린스턴대학 시절의 스승 우드로 윌슨과 면담했다. 당시 뉴저지 주지사였던 윌슨은 민주당 대통령 후보로 지명된 상태였다. 윌슨에게 한국의 해방을 세계에 알리는 성명서에 서명을 요청하자 윌슨은 제자 이승만에게 이렇게 충고했다.

"나 한 사람의 서명을 받을 생각을 하지 말고, 미국인들의 마음의 서명을 받도록 하시오."

그로부터 해방을 맞기까지 33년 간 이승만은 미국에서 기약 없는 망명생활을 하면서 미국인들의 마음을 얻기 위해 미국의 양심과 여론에 호소하는 외교적 독립운동에 매진하게 된다.

1914년 제1차 세계대전이 발발하여 유럽 열강들이 동아시아에 신경을 쓸 수 없는 상태가 되자 일본은 천재일우의 기회를 맞았다. 영일동맹을 근거로 일본은 1914년 9월 독일에 선전포고를 하고 적도 북쪽의 태평양에 흩어져 있던 독일령 섬들을 점령했다. 또 칭다오(靑島)를 중심으로 한 산둥반도의 독일 조차지 점령을 명분으로 산둥성 일대를 점령했다.

1917년 러시아에서 볼셰비키 혁명이 일어나 혼란상태가 되자 일본은 1918년 10월 시베리아에 대병력을 파병해 1922년 10월까지 시베리아를 점령하는 등 막강한 국력을 길렀다.

1919년 일제의 무단통치에 항거하여 일어난 3·1운동은 한민족의 용기 있는 저항이었다. 그것은 비폭력 무저항주의로 유명한 간디보다 3년이나 앞선 비폭력 무저항의 평화적 시위였다. 조선총독부 연례보고서에 의하면 당시 조선의 전체 인구 1729만 명 가운데 무려 83만 166명이 체포될 정도로 범민족적인 저항이었다.[42]

3·1운동은 이승만의 일생을 바꿔놓았다. 3·1운동 직후 서울(한성정부)과 블라디보스토크(노령 대한국민회의), 상하이(상하이 대한민국임시정부)에서 임시정부가 결성되었다. 세 곳에서 출범한 정부 모두 이승만을 최고 지도자로 추대했는데, 이 세 곳이 통합하여 1919년 9월 6일 이승만을 대통령으로 선출했다. 일본은 상하이 임정 대통령으로 선출된 이승만의 목에 현상금 30만 달러를 걸었다.

국내에서 3·1운동이 벌어지자 이승만은 서재필과 힘을 합쳐 4

월 14일부터 16일까지 필라델피아의 한 소극장에서 제1차 한인회의(The First Korean Congress. 대내적인 명칭은 대한인총대표회의)를 열어 토마스 스미스 필라델피아 시장, 내브라스카주의 노리스 상원의원, 미주리주의 스펜서 상원의원 등 유력 인사들에게 한국인들의 독립 의지를 적극 전파했다.

이때의 행사가 계기가 되어 5월 5일에는 필라델피아에서 '한국친우회(The League of Friends of Korea)'를 설립했고, 미국 내 크고 작은 19개 도시에서 한국친우회를 조직했다. 이 과정에서 이승만은 평생의 친구이자 동지인 존 스태거스 변호사, 프레드릭 돌프 변호사, INS통신의 제롬 윌리엄스 기자 등과 친분을 쌓았다. 이들은 이승만을 도와 미국 내에서 친한(親韓) 여론 조성에 앞장섰다.

이때부터 이승만은 미국 지도층에게 일본의 통치가 한국 기독교를 탄압하고 있다는 점을 적극 부각시켰다. 국제정치적 관점에서 일본의 한국 점령의 불법성이라든가, 미국의 동아시아에서의 상업적 이해를 주장하는 것보다 일본의 기독교 탄압을 주장하는 것이 훨씬 더 효과적이라고 본 것이다.[43]

흥미로운 것은 이승만이 필라델피아 대한인총대표회의에서 신생 대한민국의 헌법에 대한 구상을 했다는 점이다. 이승만은 필라델피아 회의에서 서재필과 함께 「신대한의 비전」을 제시했는데, 이 회의를 계기로 마련된 한민족의 미래 국가상은 1948년 대한민국의 건국에 적지 않은 영향을 끼쳤다.[44]

3·1운동 직후 필라델피아에서 건국 헌법 구상

필라델피아 회의에는 이승만을 비롯하여 서재필, 정한경, 임병직, 조병옥, 장택상, 유일한, 김노디 등 해방 후 남한에서 중요한 역할을 맡게 되는 인사들이 다수 참여했다. 이들은 각종 결의안을 토의 채택한 다음 태극기를 흔들며 시가행진을 하고 독립선언문을 낭독했다. 당시 대회 참석자들이 구상한 새로운 국가의 정부 형태와 운영방법은 다음과 같이 요약된다.

▲민주주의 원칙에 입각한 국가를 건설한다.

▲미국식 공화제 정부를 수립한다.

▲중앙정부는 입법부(국회)와 행정부로 구성된다.

▲국회는 국민을 대표해 헌법과 국법을 제정한다.

▲국회의원은 도의회에서 선출한다.

▲대통령은 국회에서 선출한다.

▲대통령, 부통령, 내각 각료로 구성되는 행정부는 국회에서 제정한 법률에 따라 행정을 한다.

▲인민의 교육 수준이 저급하고 그들의 자치 경험이 부족한 점을 고려해 정부 수립 후 10년 간 중앙집권적 통치를 시행한다.

▲정부 수립 후 10년 간 정부는 국민교육에 주력함으로써 인민이 미국식 공화제 정부를 운영할 수 있도록 만든다.

▲인민의 교육 수준이 향상되고 그들의 민주주의적 자치 경험이 축적되면 이에 맞추어 그들의 참정권을 확대한다.

▲인민이 자치 경험을 쌓을 수 있도록 그들에게 군과 도 등 지방의회 의원 선거권을 부여한다.[45)]

당시 이승만과 서재필을 비롯한 필라델피아 회의 참석자들은 조국이 독립하면 기독교 민주주의 국가를 건설하며, 국가 체제는 미국식 공화제 정부로, 그리고 일반 대중들의 교육수준이 낮으므로 정부 수립 후 10년 간 중앙집권적 통치를 해야 한다는 국가의 청사진을 만들어 열띤 토의를 했다.

이러한 「신대한의 비전」 구상이 헌법은 아니지만 준(準)헌법적 중요성을 지닌 문건으로서 장차 대한민국 정부가 제헌의회를 소집해 본격적으로 헌법을 제정할 때 참고하게 될 중요한 문건이라고 생각했다. 이러한 헌법에 대한 논의가 후에 제헌헌법 제정 과정에서 참고가 되었다.[46)]

3·1운동을 계기로 시작된 이승만의 미국 내에서의 친한 여론조성 활동 결과는 구미위원부 법률고문을 맡았던 프레드릭 돌프 변호사가 1921년 1월 15일자로 위원부에 제출한 보고서에 잘 나타나 있다. 이날 보고서에 의하면 3·1운동 이후 1920년 9월까지 18개월 동안 미국 신문에 실린 한국 관련 보도나 논평은 9000건을 넘었고, 그 중 일본 편향적인 내용은 50건에 불과했다.[47)]

이승만은 1919년 8월 구미위원부를 출범시켰다. 이 기구는 미주와 유럽에서 임정을 대표하여 외교와 재정 업무를 수행하도록 되어 있었다. 그러나 임정은 구미위원부가 임정의 권위를 약화시키고 자신들의 활동범위를 제한하는 것으로 보고 반발했다. 임정은 특히 구미위원부가 미주 교민들로부터 걷는 자금을 독점하지 않을까 걱정했다. 이승만과 상하이 임정은 출발부터 서로를 불신하고 있었다.[48)]

노선 문제로 분열한 상하이 임정

이승만은 대통령 취임을 위해 상하이로 와야 한다는 임정의 강력한 요구를 외면할 수 없었다. 하와이에서 장의사를 경영하는 미국인 친구 윌리엄 보스윅의 도움으로 중국인 노동자의 시신을 본국으로 운반하는 화물선 웨스트하이카 호를 타고 밀항, 1920년 12월 5일 상하이에 도착했다.

상하이 임정은 여러 분파들이 사분오열, 이합집산을 거듭하고 있었다. 임정이 단결하지 못한 이유는 각료 인선 과정에서 거국적인 지원을 끌어내기 위해 파벌마다 자리를 안배했기 때문이다. 게다가 각료 인선은 해당 인물에 대한 객관적 평가보다는 대표들의 결정에 의존했기 때문에 상호 신뢰가 결여될 수밖에 없는 구조적 한계를 노정하고 있었다.

상하이 임정은 국제적 승인을 받지 못한 서류상의 정부였다. 일치단결해도 난국을 타개하기 어려운 상황에서 구성원들이 반목하고, 심지어 임정을 부인하는 주장까지 난무했다. 임정의 국무총리로 선출된 이동휘는 연해주의 한인사회당 세력과 연결된 인물로서 상하이에서도 독립 운동가들에게 공산주의를 전파했다.

당시 독립 운동가들의 대부분은 좌우합작론자들이었다. 그들은 소련과 공산주의의 위력에 대해 알고 있었을 뿐만 아니라 공산주의에 상당한 호감을 가지고 있었다. 당시 미국에 있던 한국인들의 대부분도 마찬가지였는데, 김규식의 추종자인 한길수가 대표적인 경우였다. 상하이 임정의 대통령 이승만과 국무총리 이동휘는 이데올로기와 독립운동의 방법론을 놓고 정면 대결했다. 이승만은 "소련과의 협력은 조국을 공산주의자의 노예로 만들자는 것"이라며 공산주의에 반대했다. 당시 상하이 임정의 분열은 다음과 같이 심각한 상황이었다.

'이승만의 외교독립 노선에 불만을 품은 무투파(武鬪派) 독립운동가 이동휘가 1921년 1월 24일 국무총리직을 사퇴한 데 이어 4월 29일에는 김규식이, 5월 11일에는 안창호가 잇달아 사퇴하면서 이들을 따르는 정부 요인들이 속속 사표를 던지는 사태가 벌어졌다. 임정을 탈퇴한 이동휘는 소련의 레닌이 제공한 정치자금으로 상하이에서 고려공산당을 조직해 이승만에 대항했고, 김규식과 안창호는 박용만, 여운형[49] 등과 연대해 1921년 2월 박은식, 원세훈, 김창숙 등이 발기한 국민대표회의 소집운동에 가담함으로써 이승만의 지도력에 도전했다.

박용만은 이승만 대통령 휘하의 임시정부에서 외무총장으로 복무하기를 거부하고 베이징으로 가서 신채호[50], 신숙, 장건상 등 반(反)이승만 인사들과 합세해 군사통일촉성회를 조직, 이승만의 친미 외교노선을 맹렬히 비난하고 있었고, 여운형은 상하이에서 고

려공산당에 가입해 활약하고 있었다.'[51]

이처럼 임정에서 과격주의자, 온건 중도적 성향의 인물들이 대거 이탈하면서 상하이 임정은 더 이상 한국의 독립운동을 대표한다고 말할 수 없게 되었다.[52]

우리 독립군들은 1919년 3·1운동 이후 북만주 지역에서 일본군과 용감하게 맞서 싸웠다. 이 시기 우리 독립운동 세력이 거둔 대표적인 성과는 1920년 6월 홍범도가 지휘한 대한독립군 등 700여 명의 병력이 일본군을 격멸한 봉오동 전투, 같은 해 10월 김좌진의 북로군정서, 홍범도의 대한독립군, 안무의 국민군 등 2000여 명의 독립군 연합부대가 허룽(和龍)현 일대에서 5000여 명의 일본군에게 대승을 거둔 청산리 전투였다.

독립군이 거둔 전과에 감격한 사람들은 무장 투쟁이야말로 가장 확실하고 선명한 독립의 길이라고 믿었다. 그러나 제1차 세계대전을 이용하여 국력을 대대적으로 키운 일본은 이미 세계 3대 군사 강국 반열에 올라 있었다. 이러한 일본을 상대로 불과 수천의 병력으로 세계적인 군사강국으로 부상한 일본군을 격멸하고 독립을 쟁취한다는 것은 사실상 불가능했다.

'미국의 힘을 빌려 일본을 물리치자'

간도 일대에서 독립군에게 호되게 당한 일본군은 엄청난 보복을 가해 수많은 동포들이 피해를 당했다. 이런 이유로 인해 외교를 통한 독립운동 노선이 등장하게 된다. 미국에서 국제정치학을 전공한 이승만은 국제 정세를 보는 안목이 다른 사람들과는 달랐다. 그는 일본이 아시아를 침략하다가 결국에는 미국과 충돌할 것으로 전망하고, 친미 외교 노선이 가장 확실한 독립운동의 길이라고 파악했다. 즉 강대국 미국의 힘을 빌려 일본을 물리치자는 것이 이승만의 외교독립 전략전술이었다.

독립운동 세력들은 민족주의와 공산주의 이데올로기 문제로, 무장투쟁이냐 외교를 통한 독립이냐를 놓고 벌어진 노선 상의 문제로 통일된 지도부를 형성하지 못하는 바람에 응집력을 발휘하기 힘들었다.

이승만은 임정의 분열상에 크게 실망하여 상하이를 떠나 1921년 6월 29일 하와이에 도착했다. 임정은 안창호를 따르는 친(親)흥사단[53]계 인사들과 상하이파 고려공산당 계열 인사들이 하와이의 이승만과 갈등을 벌이다가 1925년 3월 23일 대통령 탄핵안을 통과시켜 이승만을 대통령직에서 면직시키고 박은식을 새 대통령으로 선출했다. 이로써 5년 6개월에 걸친 이승만의 임정 대통령 생활은 막을 내렸다.

이에 앞서 상하이 임정 국무총리 겸 대통령 서리였던 박은식은 3월 10일, 워싱턴 구미위원부의 폐쇄를 명함으로써 이승만의 정치 외교 활동 루트를 전면 봉쇄했다. 격분한 이승만은 "나는 한성정부의 대표적 외교기관인 구미위원부를 유지하여 외교 선전사업을 계속 진행하겠다"고 선언했다. 실제로 이승만은 1930년대 초까지 한성 임정의 대통령(집정관 총재) 직함을 유지했으며, 해방 후인 1949년까지 워싱턴에 구미위원부를 존속시켰다.[54)]

요즘 우리 사회에서는 무장 독립운동을 높이 평가하고 외교 독립론에 대해서는 언급조차 하지 않는 흐름이 이어지고 있다. 무장 독립운동도 숭고한 투쟁이었지만, 일본과 밀약을 맺고 오랜 기간 우호적인 관계를 유지했던 미국을 움직여 일본으로부터 독립을 쟁취하는 외교운동이 말처럼 쉬운 것은 아니었다.

독립운동 세력의 분열은 심각했다. 『한국독립운동지혈사』를 쓴 박은식은 1925년 사망 직전, 유언을 통해 독립운동 진영의 분열을 통탄하고, 전 민족적인 통일만이 독립운동 성공의 열쇠임을 강조했다.[55)] 중국에서 한중(韓中) 합동유격대를 조직하여 항일전선에서 싸우던 무정부주의자 정화암의 회고다.

"한번은 충칭에서 회의가 있었는데 중국 사람들이 '너희 나라 사람들은 하나하나를 놓고 보면 기가 막힌 보배들이다. 금강석이다. 그런데 왜 이렇게 분열되어 있느냐' 해요. 외무부장으로 있던 조소앙이 '금강석이니까 합치지를 못하지요' 라고 해서 모두 웃었지요."[56)]

일본의 만주 침략이 시작된 1931년 이후 독립운동은 침체국면에 빠졌다. 1935~36년 경 일제의 대규모 소탕전에 대부분 희생되거나 대열에서 이탈했다. 러시아도 3·1운동 전후에는 한국 독립지사들의 활발한 활동무대였으나, 소련과 일본은 1925년 소련의 카라한 외상과 일본의 요시자와 외상이 밀약을 맺고 소련 내에서 활동하던 모든 한국 민족주의자를 축출 또는 체포했다. 소련 공산당은 자신들의 지시대로 움직이지 않는 한국 민족주의자들을 소련 영내에서 대거 쫓아냈는데, 김규식, 원세훈, 조완구 등이 축출자 명단에 포함되어 있었다.[57]

이승만은 미국에서 외교적 독립운동에 전념한다. 그는 청년시절 러시아와 일본의 격돌을 지켜보았고, 미국 명문 대학에서 국제정치학을 전공하면서 한반도의 지정학적, 전략적 중요성에 눈을 뜨게 된다. 이승만이 미국에 외교력을 집중한 이유를 로버트 올리버는 이렇게 설명한다.

'유학 시절 수년에 걸쳐 미국 역사를 공부한 이승만은 미국이 자유를 갈망하는 민족들에게 도움을 주고 그들을 격려한 사례가 한두 가지가 아니라는 사실도 잘 알고 있었다. 미국에 대한 그런 신뢰 외에 동양에서 태어나고 동양의 학문을 익힌 이승만은 극동에서 꿈틀대는 거대한 일본 세력이 언젠가는 미국과 충돌할 것으로 확신했다. 그런 이유들로 그는 독립운동은 미국의 여론에 호소하는 일에 치중해야 한다고 확신했다.'[58]

"일본은 조만간 미국 침략"

러시아는 오래 전부터 한반도를 주목하고 있었다. 한반도를 지배하면 태평양으로 나가는 부동항과 풍부한 자원을 얻을 수 있을 뿐 아니라, 일본과 만주에까지 결정적인 영향력을 행사할 수 있다는 점을 깊이 통찰하고 있었다. 러시아 황제 니콜라이 2세는 외무장관에게 "연중 사용이 가능한 항구가 절대적으로 필요하다. 그 항구는 대륙(한국 동남부)에 위치해 있어야 하고, 우리 국토와 육로로 연결되어 있어야 한다"고 말할 정도였다.

그러나 러시아는 러일전쟁에서 패해 한반도에서 기득권을 잃었다. 한반도가 일본에 강제 병합되면서 적어도 한 세대 동안 러시아의 위협은 유보됐다. 한반도를 강제 병합한 일본은 1931년 만주를 침략했고, 이어 1937년에는 중일전쟁을 일으켜 중국으로 쳐들어갔다.

1937년 7월 7일에 발발한 중일전쟁은 20세기 동양역사상 가장 중요한 사건이다. 중일전쟁이 1941년 동남아에 대한 침략과 태평양전쟁으로 이어져 대일본제국의 종말을 가져왔고, 중국에서 공산혁명을 가능케 하여 세계사를 바꾸었기 때문이다.[59)]

유럽에서도 전운이 감돌기 시작했다. 1938년 히틀러의 나치 독일이 오스트리아를 합병했고, 1939년에는 체코슬로바키아를 합병했다. 1939년 8월 23일에는 숙적 스탈린과 독·소 불가침조약을 체결하고는 폴란드를 기습 공격했다. 이에 폴란드와 동맹관계를 맺고 있던 영국과 프랑스가 선전포고를 하면서 제2차 세계대전이 발발했다.

이승만은 중국을 침략한 일본이 미국을 상대로 전쟁을 일으키는 것은 시간문제라고 봤다. 1939년 겨울, 이승만은 오래 전부터 생각했던 내용들을 글로 옮기기 시작했다. 일본이 조만간 미국을 침공할 것이라는 가설을 주제로 한 『일본 내막기-오늘의 도전』(Japan Inside Out-The Challenge of Today)[60]의 집필을 시작한 것이다.

이승만이 직접 쓴 필사 원고는 부인 프란체스카 여사가 타이핑했다. 프란체스카 여사는 출판사에 최종 원고를 넘기기 전까지 전체 원고를 세 번이나 타이핑 하는 바람에 손가락이 짓물러질 정도였다.

1년 5개월간의 작업 끝에 1941년 8월 1일 뉴욕의 플레밍 H. 레벨 출판사에서 책이 출간됐다. 『일본 내막기』는 '나는 이 책을 세상에 내놓는 동기가 전쟁을 위해서가 아니라 평화를 위한 것임을 먼저 밝힌다'라는 서문으로 시작된다. 이승만은 한반도와 만주, 중국을 침략한 군국주의 일본이 세계 정복의 야욕을 달성하려고 머지않아 태평양에서 미국에 도전할 것이라고 예고하면서 미국이 당장 실력으로 일본을 제재하지 않으면 미·일 간 충돌이 불가피하다고 주장했다.

'일본은 아시아에서 패권을 잡고, 나아가 세계를 제패할 장기계획을 세우고 있다. 일본은 전 국민들에게 이 목적을 위해 이바지할 것을 명령했다. … 앞으로 독일과 소련이 운명을 건 전투를 계속하는 동안 일본은 두 방향 가운데 한쪽으로 정복군을 진격시킬 것이다. 시베리아 국경으로부터 군대를 철수하여 남태평양을 공격하는데 전군(全軍)을 투입하거나, 시베리아로 침공하여 우랄산맥 동부의 광활한 지역을 점령하는 것일 것이다.'

이승만은 예고된 전쟁을 피할 수 없다면 독일이 영국을 침공했을 때 미국이 영국을 지원해서 독일의 침략을 막아낸 것처럼 미국이 한국을 지원하여 일본의 야심을 막아야 한다고 주장했다.

책이 발간되자 미국 주류사회는 "전쟁을 부추기는 망발"이라면서 냉담한 반응을 보였다. 그러나 1938년 노벨문학상을 수상한 『대지』의 작가 펄 벅은 "이것은 무서운 책이다"로 시작되는 서평을 『아시아 매거진』(The Asia Magazine)[61]에 실었다.

'나는 이것이 진실이 아니라고 말할 수 있으면 좋겠으나, 오직 너무 진실인 것이 두렵다. 이 박사는 일본에 정복된 나라의 한 시민으로서 놀랄 만큼 온건하다. 그는 공포를 설명하고 있는 것이 아니라 일어나고 있는 사실을 기술하고, 증거를 제시하고 있을 뿐이다. 만일 일본이 계획하고 있는 신질서에 대하여 권위 있게 말할 수 있는 사람들이 있다면 그것은 한국인들일 것이다….

나는 이 박사가 대부분의 미국사람들이 알지 못하는 사실, 곧 미합중국이 수치스럽게도 한미수호조약을 폐기했고, 그럼으로써 일본의 한국 약탈을 허용했다고 말해 준 것을 기쁘게 생각한다. 이 박사는 "이것이 큰 불이 시작되는 불씨였다"고 말하고 있는데, 나는 이 말에 두려움을 느낀다.'

미국 주류사회를 움직이다

이승만의 예언을 증명하기라도 하듯 일본은 『일본 내막기』가 발간된 지 4개월 후인 1941년 12월 7일 오전 7시 55분(하와이 현지 시각), 진주만의 미 해군기지를 기습 공격했다. 이날 일본군의 기습으로 미군은 주력 함정 19척이 격침되거나 대파됐고, 항공기 150여 대를 잃었으며 사망 2403명, 부상 1178명이라는 피해를 입었다. 미국은 다음날 일본에 선전포고를 하여 4년여에 걸친 태평양전쟁이 시작됐다.

일본의 미국 침공을 예언한 이승만은 일약 스타로 떠올랐다. 그 때까지 이승만을 '완고하고 고집 센 노인' 정도로만 알고 있던 미국의 정객들도 그제야 "이승만 박사는 마치 성서의 선지자와 같은 눈을 가지고 있다"고 칭찬을 아끼지 않았다.[62] 특히 미국 군부에서 이승만을 호의적으로 보면서 미 국방부와 이승만의 협조 관계가 구축된다.

『일본 내막기』는 일본의 진주만 공격 덕에 베스트셀러가 됐다. 책이 많이 팔려 인세 수입이 늘자 이승만은 워싱턴 마운트 폴리전트의 2층 벽돌집을 구입했다. 또 원고를 타이핑하느라 고생한 아내에게 검은색 예복을 한 벌 사 주었다. 프란체스카 여사는 이 예복을 40년 동안 입다가 며느리 조혜자 여사에게 물려주었는데, 그 옷은 이화장에 전시되어 있다.

1941년 6월 상하이 임시정부 주석 김구는 이승만을 임정을 대표하는 주미외교위원장 겸 주미전권대표로 임명했다. 진주만 피습 한 달 후인 1942년 1월 16일 이승만은 '한미협회'(The Korean-American Council)를 조직하여 미국 내에 친한(親韓) 분위기 조성과 한국 독립을 위한 홍보활동에 주력했다.

한미협회는 주 캐나다 대사를 지낸 제임스 크롬웰이 회장을 맡았고, 이사장은 연방 상원의 원목인 해리스 목사, 이사로는 존 스태거스 변호사 등 8명, 전국위원회 멤버로는 배재학당에서 이승만의 스승이었던 서재필과 헐버트 등 상하원 의원, 주지사, 외교관, 대학총장 및 교수, 목사, 출판사 회장, 작가, 언론인, 사회사업가 등 다채로웠다.

한미협회의 멤버들은 대부분이 미국 주류사회에 영향력을 행사할 수 있는 여론주도층이었다. 이승만은 자신의 인맥을 활용하여 미국 주요 언론과 의회의 지지를 등에 업고 미국의 외교정책에 영향력을 행사하고자 한미협회를 조직한 것이다.

미국인과 한국인으로 구성된 한미협회는 미국이 대한민국 임시정부를 승인하고, 임시정부의 대일전(對日戰) 참전을 위해 활발한 활동을 전개했다. 이승만은 미국의 승인을 받은 임시정부가 있어야 2차 대전이 끝난 뒤 소련이 한반도를 점령하여 공산화되는 것을 막을 수 있다고 주장했다.

1942년 5월 5일 한미협회장 제임스 크롬웰은 헐 국무장관에게 "한국인들이 무엇인가 투쟁할 수 있는 대상을 가져야 한다. 임시정부를 즉각 승인하는 편이 전쟁을 수행하는 데 중요하다. 임시정부의 승인과 실질적인 원조를 해준다면 한국 내에서 잘 조직된 혁명활동이 손쉽게 진전될 수 있을 것"이라는 서한을 보냈다.[63)]

그러나 미국 정부는 한국 독립운동 단체 간의 통합이 결여되어 있고, 한국 국외의 단체들이 국내 주민들과 거의 연계되어 있지 않을 가능성이 있다는 것 등을 고려할 때 특정한 한국인 단체를 즉각 승인할 의향이 없다면서 임정의 승인을 거부했다.[64)]

태평양전쟁이 발발하자 언더우드를 포함하여 당시 서울과 경기도 권역에서 활동한 상당수의 원로 미국 선교사들은 이승만을 지지했다. 세브란스의학전문학교와 연희전문학교 교장을 오랫동안 역임한 올리버 애비슨[65)]은 이승만과 임시정부 요인들의 초청으로 1942년 9월 22일 워싱턴에 와서 한국을 돕는 방안을 이들과 상의했다. 한국에 파송된 초대 선교사 중 한 명인 아펜젤러의 딸이자 이화여전 교장을 역임한 앨리스 아펜젤러도 이 자리에 참석했다.

그 결과 애비슨과 헐버트는 이승만과 구미위원부의 지원 하에 1942년 12월 '기독교인 친한회'(The Christian Friends of Korea)를 조직했다.[66)] 회장은 아메리칸대학교 총장 폴 더글러스, 서기는 조지 피치 부인, 재무는 윌리엄스, 법률고문은 스태거스, 이사진에는 연방대법원 판사 프랭크 머피 등 저명인사들이 참여했다.

이승만은 '한미협회'와 '기독교인 친한회'를 중심으로 미국을 움직이는 인사들에게 편지 쓰기 운동을 벌였고, 상하원 의원들을 접촉하여 대한민국 임시정부 승인운동을 추진했다. 친한회 회장인 폴 더글러스 총장과 서기인 애비슨 목사는 두 사람 공동명의의 편지에서 '조선총독부가 선교사들에게 추방명령을 내려 한국에서 기독교가 말살되고 있다. 동양의 기독교는 자유 한국이 필요하고, 한국은 미국 여론의 즉각적인 지지가 필요하다'면서 한국에 관심을 가질 것을 호소하는 편지를 미국 주류사회의 인사들에게 보냈다.

로버트 올리버와의 만남

이러한 활동 덕분에 미국 내에 거주하는 한국인은 적성국가 외국인 명단에서 제외되었고, 1943년 12월 1일 발표된 카이로 선언의 탄생에도 크게 기여했다. 카이로 선언에서 종전 후 한국의 독립을 보장한다는 내용을 집어넣은 것은 선언의 초안을 작성한 루스벨트의 특별보좌관 해리 홉킨스였는데,[67] 그는 '한미협회'와 '기독교인 친한회'의 최우선 접촉 인물 중의 한 사람이었다.

이승만이 미국에서 강연이나 행사, 언론 기고나 인터뷰 등을 통해 우호적인 여론을 형성하는 작업은 대학 재학 시절부터 시작된 것이다. 그는 유학생활 동안 틈틈이 미국 사회에 한국을 알리고 독립을 호소하는 강연을 다녔는데, 하버드대 재학 시절에는 170여 회의 강연을 한 것으로 기록되어 있다.

이승만의 여론형성 활동의 백미는 로버트 올리버와의 만남이다. 두 사람의 첫 만남은 1942년 9월 워싱턴의 한 카페테리아에서 이루어졌다. 당시 올리버는 펜실베이니아주 버크넬대에서 수사학을 가르치다가 전쟁 때문에 휴직을 하고 식량관리계획처의 책임자로 일하고 있었다. 그는 한국에서 태어난 펜실베이니아 주 루이스 버그 시 장로교회 에드워드 장킨 목사의 소개로 이 박사를 만났다.[68]

올리버는 당시 『일본 내막기』가 미국인들 사이에서 화제가 되었기 때문에 필자인 이승만의 이름을 알고 있었다고 한다. 올리버는 자신의 저서에서 이승만의 첫 인상을 이렇게 적고 있다.

'잘 선택되고 흠잡을 수 없는 단어들을 구사하며 그는 힘들이지 않고 똑똑하게 말을 이어나갔다. 그러나 그 낱말들도 그의 온몸에서 풍기는 표현에는 비할 수 없었다. 그의 용모는 표정이 풍부하고 눈은 빛났으며, 입과 눈 가장자리의 선은 훌륭한 유머와 열의를 나타내는 것이었다. 내가 받은 가장 큰 인상은 억제된 위엄이었다.'[69]

이후 로버트 올리버는 이승만과 의기투합하여 1943년 3월 7일 『워싱턴 포스트』에 「일본의 숙적 한국」이라는 기사를 게재했으며, 정한경과 합작으로 『아시아 및 아메리카 잡지』에 「돌보지 않은 맹방 한국」(1943년 3월), 『월드 어페어스 잡지』에 「미국이 잊은 나라 한국」(1943년 6월) 등을 기고했다. 1944년 9월에는 퍼블릭 어페어스 출판사에서 『잊혀진 나라 한국』이라는 저서를 발간해 친한 분위기 조성에 앞장섰다.

이승만은 태평양전쟁이 한국 독립을 위한 절호의 기회라고 판단했다. 먼저 루스벨트 대통령에게 서한을 보내 "일본과 전쟁을 하는 미국을 위해 한국인들이 힘을 보탤 수 있는 기회를 달라"고 호소했다. 또 펜실베이니아주 출신의 하원의원이자 군사위원회 위원인 찰스 패디스 의원과 국무부 등을 방문하여 재미 한인 교포들의 대일전 참전을 위한 외교활동을 전개했다.

이승만은 지금까지의 외교독립론에서 한발 더 나가 한인 교포들이 미군에 입대하여 일본과 무장투쟁을 하는 쪽으로 선회한다. 그 동안 이승만은 수백만 대군과 항공모함, 세계 최신예 전투기와 폭격기를 제작하여 미국 영국 등과 전쟁을 벌이는 일본을 대상으로 불과 수백~수천 명 규모의 병력과 약소한 무장을 한 우리 독립군이 투쟁을 하여 조국 독립을 쟁취할 수 있다는 무장독립론은 현실성이 없다고 보았다. 이런 이유 때문에 무장독립투쟁론자들과 갈등을 빚은 바 있다.

그러나 미국이 일본과 전쟁을 벌이고 있으니 우리 젊은이들도 무기를 들고 미국을 도와 적극적으로 일본과 싸울 때가 왔다고 판단했다. 그의 각오는 주미외교부 위원장 명의로 국내외 동포들에게 보낸 '공포서'에 잘 나타나 있다.

'우리 고향 반도에 있는 형제자매, 원수 나라에서 주유(駐留)하는 동포, 왜적의 침략을 받는 중국 토지 안에서 거류하는 동포 제군은 이때에 행할 신성한 의무가 여러 가지이니 일인의 군기 공창을 폭파시키고, 왜적의 철도를 파괴하며, 일본 군사가 통행하는 도로 아래에 폭발탄을 묻고, 또 주야 물론하고 무장한 일인은 보는 대로 폭살하며, 여러 가지 사보타주 방법과 폭력행동으로서 왜적들의 전쟁 설비를 방해하며 파괴시키고, 왜적의 역량이 축소되는 기회를 자세히 탐정하야 가지고 준비해서 사나운 맹호들같이 제군은 동서호응하고 남북약진하야 적을 습격 박멸하고, 미국·하와이·멕시코·쿠바 및 기타 각지에 산재한 동포 제군은 개인으로나

단체로나 무슨 일을 해서든지 각기 그 장기를 따라 미국과 그 연맹 나라에 실제로 공헌하시오.'[70]

재미 한인 교포들 대일전 참전

이승만은 미국 정부를 움직이는 핵심 인사들과 면담을 하고, 전보나 편지로 대일전에 재미(在美) 한국 청년들을 참전시켜달라고 호소했다. 1943년 3월 16일, 이승만은 존 매클로이 전쟁부 차관보에게 다음과 같은 전보를 보냈다.

'하와이 군도와 미국 본토의 한국인 인력을 군사력으로 이용하는 이점을 고려해 보지 않겠습니까? 한국인들은 일본어를 할 수 있고 쓸 수 있으며, 동시에 일본인으로 통할 수 있습니다. 그들은 세계에서 가장 일본인들을 증오하는 민족입니다. 미국에서 성장하고 훈련받은 한국인들로 구성되는 1개 대대는 동양에 있는 미군 또는 연합군에 헤아릴 수 없는 도움을 줄 수 있을 것입니다.'

이 제안에 관심을 보였던 미 전쟁부는 재미 한국인 청년 중 군입대 적격자가 몇 명 안 된다는 조사 결과가 나오자 없던 일로 하기로 했다.

이승만은 1943년 5월 15일 루스벨트 대통령에게 편지를 보내 미국의 외교적 잘못으로 한국이 일본에 나라를 잃었다는 사실을 통렬히 지적하고 한국에 소비에트 정부를 세우려는 러시아의 팽창 위협을 다음과 같이 경고했다.

'우리는 한국에 소비에트 공화국을 수립하는 것이 러시아의 목적이라고 지적하는 보도를 접하고 있습니다. 이러한 보도들이 근거 없는 것이기를 충심으로 바랍니다. 그와 동시에 40년 전에 미국이 그토록 걱정하고 두려워했던 극동에서의 러시아의 팽창위협이 완전히 사라지지 않았다는 것을 염두에 두어야 할 것입니다.'[71]

1943년 10월 13일, 카이로회담을 앞두고 러시아 전문기자 월터 듀란티는 '스탈린은 만주에 독립된 소비에트 공화국이 수립되고 한국에도 비슷한 공화국이 수립되는 것을 바라고 있다'는 기사를 발표했다. 이 기사를 본 이승만은 10월 18일, 주중 미국대사 클러런스 가우스에게 '미국과 중국은 러일전쟁 후 일본의 한국 점령을 용인했듯이 이번 전쟁이 끝난 후 소련의 한국 점령을 용인할 것인가?' 하는 요지의 항의서한을 보냈다.

미국의 대일 특수작전이나 정보 공작에 재미 한인 청년들을 참여시키겠다는 이승만의 제안을 받아들인 조직은 미 정보조정국(Coordinator of Information · COI)이었다. 일본이 진주만을 기습 공격한 직후인 1942년 1월 미국은 스틸웰 중장을 중국 버마 인도전구 사령관으로 임명하여 중일전쟁에 참전했다.

미국은 중일전쟁에서는 지상군을 직접 투입하지 않고 중국 남부지역에 공군을 배치하여 중국군을 간접 지원했다. 그리고 미군작전 지원을 위해 1942년 3월 대통령 직속으로 첩보부대를 창설한 것이 COI다. 이승만은 COI의 제2인자인 프레스턴 굿펠로우와 깊은 친분을 맺고 있었다.

이승만과 COI 간에 인연을 맺게 해준 또 한 사람이 에슨 게일이다. 게일은 한국에 선교사로 파송되어 이승만이 한성감옥에 갇혀 있을 때 도움을 주었고, 이승만이 1904년 미국으로 건너갈 때 친지들에게 소개장을 써 주었던 캐나다 출신의 장로교회 선교사 제임스 게일의 조카였다. 에슨 게일도 『일본내막기』를 읽고 이승만의 팬이 되었다.

COI는 중국을 통한 대일 첩보활동 계획을 추진했는데, 그 계획의 책임자가 에슨 게일이었다. 게일은 이승만으로부터 일본 점령지역에서 특수공작을 수행할 대원으로는 한국인이 가장 좋은 조건을 갖추고 있다는 이야기를 듣고 자신의 공작에 재미 한인을 참여시키기로 했다.

COI는 중국과 한반도를 통해 일본에 침투하여 특수공작활동을 벌이기 위해 '101지대'라는 부대를 창설하고 훈련생을 모집했다. 이승만은 한국인 유학생 장석윤을 101지대원으로 추천했다. 장석윤은 당시 37세였는데, 나이 때문에 탈락할까봐 33세라고 속이고 지원했다. 고된 훈련을 마친 장석윤은 버마의 밀림지대에 침투했다. 인도-버마 국경지역에서 장석윤은 일본군 관련 정보수집, 일본인 포로 심문, 버마 청년들에게 게릴라 훈련 임무를 수행했다.

1944년 7월 워싱턴으로 귀환한 장석윤은 합동참모부 산하의 전략첩보국(OSS: Office of Strategic Service. COI의 후신)의 한반도 침투작전 요원 선발을 위해 남양군도에서 포로가 된 한국인 노무자 200여 명이 수용되어 있는 위스콘신 주 매코이 수용소에 포로로 가장해 침투했다. 이곳에서 한국인 노무자 중 요원으로 활용 가능한 사람을 비밀리에 선발하여 본부에 인계했다.

1945년 해방 후 미군 군속 신분으로 귀국한 장석윤은 주한미군 사령부의 정보참모부(G-2)에서 일하다가 6 · 25 발발 직전 치안 국장에 임명됐으며 후에 내무부차관, 내무부장관을 역임했다.

'미국의 소리' 방송 출연

1942년 6월 7일부터 일주일 간 중부 태평양 날짜변경선 부근에 위치한 미드웨이 섬 인근 해역에서는 미국과 일본의 주력 항공모함들이 총 출동한 사상 최대의 해전이 벌어졌다. 미드웨이 해전에서 미국은 아카기(赤城), 가가(加賀), 히류(飛龍), 소류(蒼龍) 등 일본의 최신예 항모 4척을 격침시켜 전세를 역전시키는 발판을 마련했다.

미드웨이 해전이 미국의 대승으로 막을 내린 6월 13일, 이승만은 COI의 요청에 의해 '미국의 소리'(Voice of America) 한국어 단파방송을 통해 국내외 동포들에게 육성방송을 개시했다. "나는 이승만입니다"로 시작된 이 방송은 일제의 압제 하에서 조국 해방에 대한 희망을 잃고 시름에 잠겨 있던 한민족을 크게 각성시킨 일대 사건이었다.

"왜적이 저의 멸망을 재촉하느라고 미국의 준비 없는 것을 이용해서 하와이와 필리핀을 일시에 침략하야 여러 천 명의 인명을 살해한 것을 미국 정부와 백성이 잊지 아니하고 보복할 결심입니다. 아직은 미국이 몇 가지 관계로 대병(大兵)을 동하지 아니하였으매 왜적이 양양자득(揚揚自得 · 뜻을 이루어 뽐내며 거들먹거림)하야 왼(온) 세상이 다 저의 것으로 알지만 얼마 아니해서 벼락불이 쏟아질 것이니, 일황(日皇) 히로히토(裕仁)의 멸망이 멀지 아니한 것을 세상이 다 아는 것입니다….

우리 내지와 일본과 만주와 중국과 시베리아 각처에 있는 동포들은 각각 행할 직책이 있으니, 왜적의 군기창은 낱낱이 타파하시오! 왜적의 철로는 일일이 파상하시오! 적병의 지날 길은 처처에 끊어 버리시오! 언제든지 어디서든지 할 수 있는 경우에는 왜적을 없이 해야만 될 것입니다….

우리 독립의 서광이 비치나니, 일심합력으로 왜적을 파하고 우리 자유를 우리 손으로 회복합시다. 나의 사랑하는 동포여, 이 말을 잊지 말고 전파하며 준행하시오. 일후에 또다시 말할 기회가 있으려니와, 우리의 자유를 회복할 것이 이때 우리 손에 달렸으니, 분투하라! 싸워라! 우리가 피를 흘려야 자손만대의 자유기초를 회복할 것이다. 싸워라, 나의 사랑하는 2300만 동포여!"[72]

이승만의 육성은 몇 주 동안 반복해서 방송됐다. 이 내용이 일제 식민지 치하에서 희망을 잃고 살아가던 고국의 동포들에게 은밀하게 퍼져나가 일제 패망과 독립에 대한 기대와 희망을 갖게 했으며, 이승만은 신화적 인물로 회자되기 시작했다.

COI는 1942년 6월 22일 첩보부대 통폐합 조치로 인해 해체되고 합동참모부 산하의 전략첩보국(Office of Strategic Service · OSS)이 출범했다. 며칠 후 OSS의 부책임자가 된 굿펠로우는 이승만에게 일본에 침투시킬 한국인 공작대원 후보 50명을 요청해 왔다.

이승만은 1차로 한인 청년 12명을 추천했다. 이중 9명이 훈련을 수료하고 OSS 대원으로 선발됐다. 이들은 중국을 통해 한국으로 침투한 다음 철도와 터널을 폭파하고 요인 암살 등 게릴라전을 전개하는 작전(FE-6 프로젝트)에 투입될 예정이었다. 그런데 이 작전이 미 군부 간의 견해차로 인해 취소됐고, 훈련을 받았던 한인 대원들 중 일부는 미 군사정보언어학교에 입교하여 괌, 사이판 등 태평양 격전지에서 정보요원으로 활동했다.[73)]

FE-6 프로젝트가 좌절되자 이승만은 1943년 9월 29일 무기대여법 원조관리처(Office of Land-Lease Administration)에 한인 부대 창설에 필요한 50만 달러의 자금지원을 요청하는 서한을 보냈다. 자금이 지원되면 충칭(重慶)의 임시정부와 미국에서 500~1000명의 한국인 부대를 조직한 후 한반도와 일본에 침투시켜 첩보수집과 전복 파괴활동을 전개한다는 계획이었다.

OSS 특수작전에 재미 한인 참전

1944년 6월 6일, 노르망디에 연합군이 상륙하여 유럽에서 제2전선이 형성되면서 제2차 세계대전은 새 국면을 맞게 됐다. 독일은 동부전선에서는 소련과, 서부전선에서는 미·영 연합군과 대결해야 하는 사면초가 상태가 된 것이다.

태평양에서는 미드웨이 해전이 끝난 두 달 후 과달카날에서 미군이 벌인 대규모 소모전에 일본이 말려들었다. 그 결과 일본은 함정 24척과 전투기 893대, 탑승원 2362명을 잃었다. 일본은 최신 항공기와 베테랑 조종사 대부분을 과달카날에 수장(水葬)시키는 바람에 이후에는 미숙련 조종사들이 전투기를 조종하는 상황이 됐다.[74] 과달카날은 일본군에게는 무덤이나 다름없는 재앙이었다.

전쟁 초기부터 재미 한인 청년들의 참전을 호소했던 이승만은 노르망디 상륙작전 한 달 후인 1944년 7월 18일, 미 합동참모본부에 '연합군 지지자들은 프랑스 지하운동의 위대한 성과에 대한 신문보도에 감격하고 있다. 그와 똑같이 강력한 레지스탕스 그룹을 태평양에서도 활동하게 할 수 있는 유사한 기회가 존재한다. 그 지역은 한국이다'라는 요지의 편지를 보내 대일전에 한국인을 참전시켜줄 것을 재차 호소했다.

한국인의 대일전 활용 계획은 1945년 2월 24일에 가서야 구체화되었다. OSS 중국본부 비밀첩보과(SI)는 재미 한인 대신 임시정부 산하의 광복군을 대일 첩보작전에 활용하기 위해 '독수리작전 계획서'를 작성했다. 작전내용은 다음과 같다.

'탈출 학병 청년들을 포함한 광복군 제2지대원 120명 가운데 공작요원 60명을 선발하여 3개월 동안 첩보 및 통신훈련을 실시한다. 훈련 결과 적격자 45명을 선발하여 1945년 초여름쯤에 한반도의 5개 전략지점(청진, 신의주, 부산, 평양, 서울)으로 침투시킨다. 이들의 주요임무는 해군기지, 비행장, 병참선, 항만시설, 산업시설, 교통망 등에 대한 정보수집이다. 공작원들은 이 지역에 관한 정보수집 이외에도 지하운동 규모와 활동에 관한 정보와 연합군이 한반도에 상륙할 때 필요한 각종 정보를 수집하고 대중봉기를 지원한다.'[75]

독수리작전을 위한 제1기 훈련은 1945년 8월 4일에 종료됐다. 훈련생 50명 가운데 38명이 수료했는데, 요원들이 국내로 침투하기 직전에 일본이 항복함으로써 독수리작전은 물거품이 되고 말았다.

재미 한인들을 활용한 공작은 '냅코 작전'이라는 명칭으로 미국에서 진행됐다. 한국에 침투할 공작요원으로는 일본군에 입대했다가 미군에게 포로가 된 한인, 미군에 입대한 한인 청년, 재미 유학생 중에서 선발했는데 후일 유한양행을 창업한 유일한을 비롯하여 김강, 변준호, 이근성 등 재미 한인사회의 지도적 인물들이 자원하여 냅코 작전에 참여했다.

작전계획은 오키나와에서 잠수함으로 한반도에 침투하여 첩보망을 조직하고, 한반도에 추락하는 미군 조종사 구출, 파괴공작과 게릴라 활동을 전개한 후 일본으로 침투하는 것이었다. 그러나 냅코 작전도 일본이 원자폭탄 공격을 받고 예상보다 빨리 항복하는 바람에 실행되지 못했다.

만일 일본이 항복을 조금만 더 늦게 했다면 한인 공작 요원들이 국내에 침투하여 이승만이 1942년에 단파방송으로 국내동포들에게 촉구했던 것과 같은 게릴라전을 벌였을 것이다. 그렇게만 되었다면 우리 현대사는 또 다른 모습으로 전개됐을 지도 모른다.

02

분단의 주범(主犯)은 스탈린

—"북한에 단독 공산정부 수립하라"

카이로 선언'의 함정

일본이 진주만을 기습 공격한 지 두 달 후인 1942년 2월 20일. 미 국무부 극동국장 맥스웰 해밀턴은 극동국 소속의 아시아 전문가 윌리엄 랭던[76]에게 일본과의 전쟁과 관련, 한국의 장래에 대한 청사진을 마련하라고 지시했다. 그는 「한국 독립문제의 몇 가지 측면들」이란 보고서를 제출했다. 이 보고서 내용 중에 다음과 같은 신탁통치 구상이 발견된다.

'한국인들은 정치적 경험 부족과 자위력의 결여로 그들 나라를 어떻게 운영할지도 모르고, 다시 정복당하지 않기 위해 그들의 나라를 방위할 능력도 없으므로 한국은 근대국가의 지위를 확립하기까지 적어도 한 세대 동안 강대국들의 보호와 지도와 원조를 받아야 하는 것이 명백하다.'[77]

이 보고서로 인해 랭던은 신탁통치의 창안자라는 말을 듣게 된다. 랭던에 의해 제안된 신탁통치 구상은 1943년 3월 27일 루스벨트 미 대통령과 이든 영국 외상 간의 회담에 등장한다. 이날 루스벨트는 "한국은 미국과 중국 및 그 밖의 한 두 나라가 참여하는 국제신탁통치 아래 두는 것이 좋을 것"이라고 말했고, 이든은 "호의적으로 생각한다"고 답했다. 극비에 붙여졌던 이날 회담 내용은 한 달 뒤 『시카고 선』 지에 런던 발로 보도되면서 세상에 알려졌다.

1943년 10월 7일 오하이오 주에서 발행되는 『타운미팅』(Town Meeting)이란 주간지에 한국의 신탁통치 문제를 언급한 기사가 또 다시 보도되자 놀란 이승만은 신탁통치의 부당성을 다음과 같이 주장하고 나섰다.

'…반만 년 누려 오던 금수강산을 잃은 것이 우리 자격이 없어서 잃은 것이 아니요, 임금과 부패한 정부가 타국의 약조를 의뢰하다가 왜적의 간교한 수단에 빠져서 싸움도 할 여지가 없이 만들어 놓아 전국이 눈뜨고도 도적맞은 것이요, 이때까지 참고 온 것은 일미(日美) 전쟁이 오기를 기다린 것이지 남의 노예라도 되어서 살라고 한 것은 아니다.

지금은 일미 전쟁이 왔은 즉 왜적은 좌우간 결단나고야 말 터이니, 이때에는 우리가 많은 피를 흘려서라도 우리 조상의 유업을 찾아서 완전 독립을 회복하여 우리 부여 민족이 남의 보호나 지도를 의뢰하야 살려는 민족이 아닌 것을 한 번 더 세상에 표명하자.'[78]

1943년 11월 22일부터 26일까지 이집트의 수도 카이로에 프랭클린 루스벨트 미국 대통령, 윈스턴 처칠 영국 수상, 장제스 중국 총통 등 연합국 수뇌가 모였다.[79] '카이로 선언'이라 명명된 성명은 테헤란 회담이 종료된 12월 1일 발표됐는데, 이날 한국과 관련하여 다음과 같이 의미심장한 결의가 발표됐다.

'일본은 폭력과 탐욕에 사로잡혀 점령해 온 나머지 모든 영토에서 축출되어야 한다. 앞서 언급한 3대 연합국은 노예 상태에 처한 한국 인민을 감안하여 한국이 적절한 절차를 밟아 자유로운 독립국가가 되어야 한다고 결의한다.'

카이로 선언이 우리 역사에서 큰 의미를 갖는 이유는 한국의 독립을 국제적으로 보장받은 데 있다. 미국은 1905년 태프트-가쓰라 조약에 의해 일본의 한국 지배를 인정한 이래 한반도에 대해서는 무관심 혹은 불간섭 입장을 고수해 왔다. 그런데 카이로 선언을 통해 다자간(多者間) 신탁통치를 통해 한국에 대한 이해관계를 갖기로 선언한 점에서 의미를 찾을 수 있을 것이다.

그러나 카이로 선언은 한국의 독립을 약속하면서도 시기를 적시하지 않고 'in due course'(이 영어 수식 구는 '적절한 절차를 밟아' '적당한 시기에' 혹은 '오래지 않아서', '순서를 밟아서' 등으로 번역된다)라고 표현한 것이 문제가 되었다. 국익을 위해서라면 수백 만 인명의 살상도 밥 먹듯 하는 외교 전쟁터에서 발표된 외교적 수사를 액면 그대로만 해석하는 것은 순진한 아마추어다. 'in due course'에 담긴 속뜻에 대해 양동안은 다음과 같은 해석을 내놓았다.

'연합국 수뇌들, 특히 카이로 회담 후 테헤란에서 만난 루스벨트 미국 대통령과 소련의 국가원수 스탈린은 비공식 대화를 통해 장차 한반도를 일본으로부터 해방시킨 후 약 40년에 걸친 신탁통치를 하기로 양해했다. "적당한 시기에" 라는 이 수식 구는 결국 강대국들이 한반도를 일본으로부터 해방시킨 후 곧장 독립을 시켜주지 않고 상당한 기간 동안의 신탁통치를 거쳐서 독립시켜 줄 것임을 뜻하는 것이었다.'[80]

'신탁통치 구상' 결정되다

카이로 회담에 이어 열린 테헤란 회담의 주인공은 루스벨트, 처칠, 스탈린이었다. 테헤란 회담에서 루스벨트는 스탈린에게 한반도에서의 신탁통치 안을 제의했고, 스탈린도 이에 동의했다. 당시 미국은 동맹관계에 있는 중국과 소련이 한반도에 지대한 관심을 가지고 있음을 알고 있었다. 미국은 중국과 소련이 한반도를 독점하는 것을 막기 위해 4강에 의한 신탁통치를 제안한 것이다.

그러나 2차 세계대전 후반에 들어서면서 소련이 동유럽에 대한 영토 팽창 욕을 노골적으로 드러내자 미국은 소련이 한반도를 독점하는 것을 막기 위한 수단으로 신탁통치 안을 적극 추진하게 되었다. 신탁통치 안은 미국의 한반도에 대한 전략적 평가를 여실히 나타내는 것이었다. 즉 미국은 한국을 소련에게 넘겨줄 수는 없었지만, 미국의 세계전략 상 한반도는 중요한 지역이 아니었기 때문에 재정적 또는 군사적 투자를 할 의사는 없었다. 미국은 그러한

투자 없이 외교적인 방법으로 소련의 한반도 독점을 막아보려고 했는데, 그 방법이 신탁통치였다.[81]

루스벨트가 한반도를 신탁통치하려 했던 이유는 한국이 민주주의 정치 경험이 없었기 때문이다. 그는 한국이 주권국가가 되기 전에 일종의 '연습과정'을 거쳐야 한다는 실용주의적 발상에서 신탁통치를 구상했다. 한편에선 2차 대전 이후 강대국들이 평화적으로 의견 차이를 해결하여 3차 대전을 피하고 싶었던 루스벨트는 일본의 지배로부터 해방된 지역에 일종의 국제적 보호령을 건설하고자 했다.[82]

루스벨트의 판단은 이론상 옳았는지 몰라도, 이론보다 훨씬 절박한 자유와 독립이라는 한국인들의 마음을 이해하지 못한 결정이었다. 한국인들은 일본으로부터의 해방이 곧 독립국가 건설로 이해하고 있었기 때문이다.

'적절한 절차를 밟아서' 한국을 독립시킨다는 연합국 수뇌들의 저의를 꿰뚫어본 인물은 이승만이었다. 그는 카이로 선언이 발표되자 "이것은 한국민에 대한 모독"이라면서 미 국무성에 거세게 항의했다. 그러나 이승만의 항의는 찻잔 속의 태풍이었다.

1944년 6월 6일 미군과 영국군을 비롯한 8개국 연합군 15만 6000명이 노르망디에 상륙하여 베를린을 향한 진격을 개시했다. 소련군은 스탈린그라드와 쿠르스크에서 나치 독일에 결정적인 승리를 거둔 후 동유럽에서 독일군을 몰아붙이기 시작했다. 독일의 패망이 시시각각으로 다가오던 1945년 2월 4일, 소련 크리미아 반도의 흑해 연안도시 얄타에 연합국 수뇌들이 다시 모였다.

얄타 회담이 열리기 직전 미 합참은 독일의 패전을 전제로 태평양전쟁에서 일본을 항복시키려면 18개월 이상을 더 싸워야 할 것으로 전망했다. 국력이 거의 다 소진된 일본이었지만 그들은 본토 사수를 위한 최후의 결전을 위해 비장한 각오를 다지고 있었기 때문이다. 일본은 원폭 공격을 받은 후인 1945년 8월 9일 오전에 열린 회의에서 육군상이 "최후의 승리를 얻을 것이라고 장담할 수는 없지만 아직 일전을 벌일 능력은 된다. 적이 본토에 상륙하면 큰 피해를 줄 자신이 있다"고 발언을 할 정도였다.[83)]

일본의 숨통을 끊으려면 미군이 일본 본토에 상륙해야 하는데, 이 상륙작전은 미군 100여 만 명의 희생을 각오해야 한다는 전망이 나오자 소련을 대일전에 끌어들이는 것이 절실한 과제가 됐다. 당시 소련과 일본은 불가침조약을 맺고 있었다. 미국은 자신들의 희생을 줄이기 위해서는 비싼 대가를 지불하더라도 소련을 일본과의 전쟁에 끌어들여야 했다.

소련의 대일전 참전에 대해 미국 수뇌부의 의견이 엇갈렸다. 주일 대사를 지낸 조셉 그루는 소련이 대일전에 참전하면 몽골, 만주, 조선은 물론 중국과 일본도 고스란히 소련 치하에 들어가기 때문에 소련의 팽창을 저지하려면 수단과 방법을 가리지 말고 대일전 참전을 막아야 한다고 주장했다. 미 해군도 미군의 독자적인 힘만으로도 충분하므로 소련의 도움이 필요 없다는 입장이었다.

반면 미 육군은 일본 본토 상륙전 과정에서 미군의 희생을 줄이기 위해 만주 주둔 관동군과 조선 주둔군이 본토 방위를 위해 이동하는 것을 막아야 하며, 그러려면 소련이 만주와 조선의 일본군을 공격해줘야 한다고 판단했다.[84]

"스탈린을 대일전(對日戰)에 참전시켜라"

스탈린은 루스벨트에게 독일이 항복한 후 2~3개월 내에 소련군이 일본과의 전쟁에 참전을 약속했다. 루스벨트와 처칠은 그 대가로 소련에게 러일전쟁 당시 러시아가 상실한 영토와 권리들을 되돌려 주기로 약속했다. 즉 소련에게 쿠릴열도의 할양, 외몽고에 대한 실질적 지배 유지, 사할린 섬 남부의 반환, 다롄 항의 국제화, 뤼순 항 조차(租借), 동만주 철도와 남만주 철도의 중 · 소 공동운영 등을 약속했다. 이러한 약속은 중국과의 협의 없이 이루어진 것이었다.

전통적으로나 역사적으로 소련은 한반도에 전략적인 이해관계를 갖고자 노력했다. 이런 노력은 러일전쟁 패배 이후 더욱 절실했다. 소련은 얄타회담에서 미국의 요청이 없더라도 독일과의 전쟁에서 승리한 여세를 몰아 대일전에 참전할 가능성이 매우 높았다.[85] 미국은 소련의 의도를 눈치 채지 못한 채 소련을 일본과의 전쟁에 끌어들이기 위해 만주와 한반도에 소련군 진주를 허용했다. 스탈린은 루스벨트에게 "대일전에 참전하면 해방지역을 점령해도 좋은가?" 하고 물었고, 소련의 참전을 고대하던 루스벨트는 이를 승낙했다.

알타회담이 열릴 무렵 루스벨트의 건강에 적신호가 켜졌다. 회담 직전에 끝난 미국 대통령 선거로 피로가 누적된 루스벨트에게 얄타까지의 긴 항해는 무리였다. 회담에서 스탈린은 많은 것을 요구했고, 기진맥진한 루스벨트는 너무 많은 양보를 했다. 루스벨트는 얄타에서의 무리한 강행군 여파로 회담 두 달 후 사망했고, 부통령이었던 해리 트루먼이 대통령직을 승계했다.

이원순은 얄타회담 당시 루스벨트 대통령이 건강 악화로 대부분의 주요 정책은 그의 정치고문인 해리 홉킨스[86]와 앨저 히스[87]에게 전적으로 의지하여 겨우 회의만 진행시켰다고 한다. 이원순의 이야기를 옮겨본다.

'홉킨스도 신경통으로 허약한 상태에 있고 보니 루스벨트 대통령은 오직 히스에게 의존할 수밖에 없었다. 히스는 공산주의와 소련 정책을 전적으로 지지하고 있는 사람이었다. 그러나 이런 그의 사상을 알지 못하는 루스벨트 대통령은 히스의 입안을 전폭적으로 믿고 회담을 진행시켰다.'[88]

미 국무성의 주요 정책을 좌우하는 고위직이었던 앨저 히스는 후에 소련을 위해 일한 인물로 밝혀졌다. 미 공화당은 "허약한 민주당 대통령이 교활한 스탈린에게 동유럽과 아시아의 많은 부분을 팔아넘겼다"고 비난할 정도로 얄타회담은 미국과 서방 측 입장에서 볼 때 너무 많은 것을 양보하여 전후 30년 간 대외정책에 악영향을 가져다주었다.[89]

제2차 세계대전의 종전을 앞둔 복잡 미묘한 체스 판에서 강대국들은 동상이몽(同床異夢)을 하고 있었다. 나치 독일과 치열한 전쟁을 치른 소련은 전후(戰後)에 자기 영토를 확장하고 접경지역에 이른바 '우방국가'를 세우려고 결심했다. 반면에 미국은 모든 유럽 국가들과 자유롭게 통상하고 왕래할 수 있는 개방국가들을 세우려 했다. 이 두 목표가 갈등을 빚기 시작한 것이다.[90)]

한국의 신탁통치는 곧 소련의 한반도 개입을 정당화하는 초대장이었다. 트루먼 대통령의 특사로 스탈린과 회견한 해리 홉킨스는 루스벨트가 약속한 한국에 대해 미·영·중·소 4개국 공동으로 신탁통치를 실시한다는 양해사항을 재확인했다. 단지 변화가 있었다면 카이로에서는 신탁통치 기간이 40년, 얄타에서 루스벨트는 20~30년을 제안한 데 비해 스탈린은 "신탁통치 기간이 짧을수록 좋을 것"이라고 말한 점이다.[91)] 결국 1945년 말에 열린 모스크바 3개국 외상회담에서 신탁통치 기간은 5년으로 합의됐다.

38선이 태어난 이유

1945년 5월 독일이 항복하여 유럽에서 포성이 멎자 트루먼, 처칠, 장제스, 스탈린 등 연합국 수뇌들이 전후 처리와 대일전을 위해 1945년 7월 17일 베를린 교외의 포츠담에 모였다. 바로 전날 미국은 극비리에 개발한 원자폭탄의 폭발 실험에 성공했다. 원자탄의 성공은 소련의 대일전 참전을 의미 없게 만들어버렸다. 이미 대

미 첩보망을 통해 스탈린은 미국의 원폭 성공 사실을 상세히 알고 있었다.

트루먼과 처칠, 장제스는 1945년 7월 26일 발표된 포츠담 선언에서 "일본이 무조건 항복하지 않을 경우 일본 군대의 완전한 궤멸과 일본의 신속하고도 철저한 파괴가 있을 것"이라고 경고했다. 원자폭탄을 보유한 미국은 소련이 대일전에 참전하기 전에 전쟁을 서둘러 끝낼 목적으로 8월 6일 히로시마에 '리틀 보이'라 명명된 우라늄 원자폭탄을 투하했고, 8월 9일에는 나가사키에 '팻맨'이라 명명된 플루토늄 원자폭탄을 투하했다.

원자폭탄의 가공할 위력에 경악한 일본은 8월 10일 항복 의사를 밝혔다. 당시 소련은 최대한 참전 시기를 늦춰 일본의 힘이 소진된 후 쳐들어가 희생을 최소화하고자 했다. 사태를 예의주시하던 소련은 8월 9일, 나가사키에 두 번 째 원폭이 투하되기 불과 몇 시간 전에 일본에 선전포고를 하고 연해주에 주둔한 소련군 제25군 산하의 보병 80개 사단과 전차 4개 군단, 자주포 5만 5000문 등을 만주와 북한 영내로 진격시켰다.

소련군의 주요 공격 대상은 만주에 주둔하고 있던 일본 관동군이었다. 소련군이 북한을 공격한 것은 일본군의 만주 이동을 막기 위한 측면공격 성격이었다. 소련군은 8월 9일 한·소 국경을 넘어 경흥을 점령했고, 8월 11일에는 웅기와 나진에 해병여단을 상륙시켰다. 8월 13일에는 청진에 상륙하여 8월 15일에 청진을 점령했다.[92]

당시 미군 최선봉 부대는 한반도에서 1000㎞나 떨어진 오키나와에서 본토 공략전을 준비 중이었다. 소련이 전광석화처럼 만주와 한반도를 점령해가자 당황한 미군은 소련군의 진격을 한반도의 적절한 선에서 저지해야 한다고 생각했다. 미 국방부는 8월 11일 새벽, 3성 조정위원회(the State-War-Navy Coordinating Committee · SWNCC: 국무성, 육군성, 해군성)를 소집했다. 존 멕클로이 국방부 차관보는 찰스 본스틸 대령(후에 주한 미군사령관 역임)과 딘 러스크 대령(후에 미 국방부장관 역임)에게 소련군 단독으로 한반도를 점령하는 상황을 저지하기 위한 방안을 마련하라고 지시했다.

본스틸과 러스크는 "한국의 수도 서울과 인천 위의 북위 38도선을 한반도에서의 미·소련군 간의 군사분계선으로 하여 그 북쪽에 위치한 일본군과 식민지 통치기구에 대해서는 소련군이, 그 남쪽에 위치한 일본군과 식민지 통치기구에 대해서는 미군이 항복을 받기로 한다"는 내용을 보고했고, 이것이 3성조정위원회 위원장 제임스 던 국무부 차관보에게 보고되어 일반명령 1호로 확정됐다. 이 내용은 합참의 심의를 거쳐 8월 14일 트루먼 미 대통령에 의해 최종 결재됐다.

같은 날 미국은 스탈린에게 일반명령 1호에 대해 동의를 요청하는 전문을 보냈다. 미국 전략가들의 예상과 달리 스탈린은 8월 15일, 신속하게 그에 동의하는 회신을 보내왔다. 스탈린은 군대를 한국에 상륙시키겠다는 미국의 갑작스러운 제안을 아무 저항 없이

승인했다. 스탈린은 그의 군대에게 진격을 38도선에서 멈추라고 명령했고, 이미 그 선을 넘었다면 철수하여 미군이 서울을 점령하도록 했다. 만약 소련이 일본군을 추격한다는 명분으로 38선 제안을 거절하고 부산까지 진격했다면 한반도는 완전히 공산화되었을 것이다.[93]

딘 러스크는 자서전에서 "당시 상황이 워낙 가변적이었기 때문에 미국이 원하기만 했다면 38선보다 훨씬 북쪽에 분할선을 그을 수도 있었을 것"이라고 회고했다. 불행 중 다행으로 소련이 미국 측 제안을 수락하여 북위 38도선은 한반도에서 미 · 소간의 분계선으로 확정되었고, 서울로 진격하려던 소련군의 남진은 38도선에서 정지됐다.

이정식은 미국이 38선을 설정하게 된 이유는 폴란드에서 일어난 정변 때문이었다고 분석했다.[94] 독일과 소련의 공격으로 항복한 폴란드는 요인들이 런던에 망명하여 망명정부를 구성하고 있었다. 독일이 점령했던 폴란드 영토를 다시 빼앗은 소련은 폴란드 정부 수립 과정에서 연립정부를 출범시켰으나 우익 인사들을 모조리 숙청하여 결국 폴란드가 공산화되었다.

미국은 폴란드 사태를 지켜보면서 소련이 점령한 지역 내에서는 소련 마음대로 조종할 수 있는 공산정권이 수립되는 것을 막을 가능성이 희박하다고 판단했다. 그 결과 8월 9일 소련군이 한반도에 상륙하자 8월 14일 38선 설정을 제안했다는 것이다.

소련은 마음만 먹었다면 한반도 전역을 단독 점령하는 것도 가능한 상황이었으나, 불과 6일 동안의 전쟁으로 만주와 한반도 북쪽에 지배권을 행사하게 됐으니 38선 정도면 손해 보는 거래가 아니라고 판단했던 것 같다.

소련군, 남북을 강제 단절시켜

스탈린은 1945년 8월 14일, 일본이 항복하기 전날 중화민국(중국 국민당 정부)과 중소 우호동맹조약을 체결했다. 이는 스탈린이 얄타에서 대일전 참전의 대가로 루스벨트 대통령에게 요구했던 외몽고에 대한 실질적 지배 유지, 다롄 항의 국제화, 뤼순 항 조차(租借), 동만주 철도와 남만주 철도의 중·소 공동 운영 등 만주에서의 이권을 장제스가 수락하여 이날 조약을 체결한 것이다.[95] 스탈린은 중소 조약에서 장제스의 중화민국을 중국의 유일한 정부로 인정했고, 그 대가로 만주에서 러시아가 1905년 이전에 갖고 있던 특권을 되찾았다.

만주에서의 특권을 획득한 소련 입장에서 볼 때 한반도의 북반부는 남반부에 비해 훨씬 중요했다. 북반부는 만주와 소련과 접경하고 있을 뿐만 아니라 원산, 청진 등의 항구는 블라디보스토크에 인접한 중요 항구였다. 북한의 서해안은 랴오둥반도와 접경하고 있고 뤼순, 다롄은 서조선 만의 한쪽 끝에 위치하고 있어 전략상 북반부가 적대국가의 통치하에 들어갈 경우 이로울 것이 없었다. 반면 한반도의 남반부는 당시 소련의 전략정세로 볼 때 미소 관계를 악화시켜 가면서까지 얻어야 할 정도로 중요한 가치가 없었다.

그들은 러일전쟁에서 패하는 바람에 한반도에 대한 야욕이 꺾인 이후 40여 년 한반도에 대한 권토중래를 꿈꾸어 왔다. 그러나 스탈린은 일본 홋카이도 점령 등 다른 지역에서 전리품을 얻을 가능성을 고려하여 미국이 제안한 38선 분할 점령 안을 수락했다. 38선 제안은 미국 측에서는 소련이 남한까지 점령해서는 안 된다는 부정적 의미였지만, 소련 측은 소련이 북한 지역을 점령해도 좋다는 긍정적인 의미로 해석했다.[96]

소련군은 8월 28일까지 북한지역에 대한 군사적 진주를 사실상 마무리했다. 소련군 사령관 치스챠코프는 8월 26일 평양에 도착한 후 자신들이 해방자이자 친구로 왔다면서 우호적인 포고문[97]을 발표했다.

소련군은 신속하게 38선 일대를 장악한 다음 남북으로 이어진 교통과 통신을 차단했다. 8월 24일 전곡과 동두천 사이의 경원선 열차 운행을, 25일엔 경의선의 금교와 신막 사이 열차 운행을 차단했다. 열차에 이어 38선을 경계로 한 모든 도로들도 차단했고, 9월 6일에는 서울과 해주 간의 전화가 단절된 것을 마지막으로 남한과 연결되는 전화와 통신, 우편 등을 모두 끊어버렸다.[98] 그리고 38선에 인접한 금천, 연천, 평강, 양양 등지에 경비부대를 배치하여 남과 북의 교류를 통제했다.

소련은 2차 대전 당시 독일군과 혈투를 벌이는 과정에서 2,000만 명 이상의 사상자와 막대한 물적 피해를 입었다. 때문에 소련은 점령지 작전의 경우 무기와 탄약을 제외하고는 모두 현지에서 조달했다.[99] 북한을 점령한 소련군은 일본인 소유의 재산을 배상금 명목으로 거두어 갔다. 풍작이었던 1945년 생산된 많은 양의 양곡과, 당시 세계적인 규모였던 수풍발전소의 독일제 발전기 5대, 흥남비료공장의 일부 시설, 대유동 광산의 금석, 철산 광산의 모나즈 광석 등을 대거 실어갔다.[100]

소련군은 북한을 점령하는 과정에서 38선 이남인 개성까지 남하해 왔다. 소련군은 미군이 한반도에 상륙한 후에야 개성에서 철수했는데, 철수 과정에서 다량의 인삼과 개성의 은행에 보관되어 있던 막대한 현금을 약탈해 갔다. 이 돈은 후에 남한 내 공산주의자들의 활동을 위한 지원 자금으로 사용됐다.

당시 한국이나 일본의 지도부에서 미국과 소련 간에 극비리에 논의한 일반명령 1호의 내용, 즉 38선을 중심으로 미국과 소련이 분할 점령하여 일본의 항복을 받기로 한 사실을 아는 사람은 없었다. 때문에 일본이 항복한 다음날인 8월 16일 이른 아침부터 서울 거리에는 "소련군이 서울 점령을 위해 원산을 출발했다"는 소문이 나돌았다.

소련군 입성 소문에 거리에는 붉은 기가 내걸렸고 '오후 1시 소련군 입성', '가라 경성 역으로', '소련군 만세' 등의 벽보가 나붙었다. 오토바이가 붉은 기를 흔들면서 "혁명이다" 하고 외치고 지나갔고, 거리로 쏟아져 나온 사람들이 서울역으로 몰려가기도 했다.

미군, 9월 8일 남한에 진주

조선총독부가 본국 정부로부터 조선 주둔 일본군의 무장해제 담당구역은 북위 38도 이북은 소련군, 이남은 미군이 될 것이라는 정식 통보를 받은 날은 8월 29일이었다. 일반 국민들이 남한에 미군이 진주한다는 사실을 안 것은 9월 1일이었다. 이날 미군 폭격기 한 대가 날아와 부산, 서울, 인천에 미 육군 제24군단장 존 하지 중장[101)]의 포고문이 인쇄된 전단을 뿌리고 갔기 때문이다.[102)]

9월 2일, 도쿄 만에 정박한 미 해군 전함 미주리함 함상에서 일본의 항복 조인식이 거행됐다. 9월 5일, 오키나와에는 태풍이 몰아치고 있었다. 하지 사령관이 탑승한 군함 캐톡틴 호를 비롯한 21척의 함정에 나눠 탄 미 육군 제24군단 장병들이 오키나와를 출발, 9월 8일 새벽 인천항에 입항했다.

미군 병력은 다음날 기차와 트럭 편으로 서울역으로 이동했고, 서울역에서 총독부까지 열을 지어 행진했다. 중심가에는 일본 경찰이 늘어서 감시했고, 하늘에는 미군기가 굉음을 내면서 시위 비행을 하는 등 분위기가 삼엄했다.

38선 이남 주둔 일본군의 항복문서 조인식은 9월 9일 오후 3시 45분 조선총독부 제1회의실에서 거행됐다. 일본은 제17방면군 사령관 고즈키 요시오(上月良夫) 중장, 진해경비사령관 야마구치 기사부로(山口儀三郎), 조선총독 아베 노부유키(阿部信行)가 항복문서에 서명했고, 미군을 대표하여 하지 중장과 토머스 킨케이드 해군 대장이 수락 서명을 했다. 오후 4시 30분, 36년간 휘날리던 총독부 정문 앞의 일장기가 내려지고 성조기가 게양됐다.[103)]

항복문서 조인식에 이어 미 태평양 육군 총사령관 포고 제1, 2, 3호가 공포됐다. 그런데 포고문에는 한국인들이 좀처럼 납득하기 어려운 조항들이 들어 있었다. 가장 문제가 된 것은 포고 제1호의 제5조에 '군정 기간 중 영어를 공용어로 함'이란 내용이다. 일본어가 퇴출되고 영어가 남한의 공용어가 된 것이다.

남한 주둔 미군 사령관 하지 장군도 9월 2일 포고 제1호[104)]를 발표했는데, 그 내용은 한국민의 인내를 요구하고 미군의 명령을 준수하지 않으면 처벌된다는 점을 강조하고 있다.

맥아더 원수와 하지 장군이 발표한 포고문의 핵심은 영어를 공용어로 하며, 일제의 총독부 기구와 인원을 필요할 때까지 존속시킨다는 것이었다. 일본이 항복하면 곧바로 독립이 되어 우리 민족의 지도하에 새 국가 건설이 시작될 것으로 믿었던 한국인들 입장에서 이 포고문은 날벼락이나 다름없었다.

양동안은 "하지 장군의 포고문은 어투가 마치 군왕이 신민들에게 명령을 내리는 투로 번역되어 대중의 반감을 사기에 족했고, 내용도 협박조인 데다가 일제 총독부를 그대로 유지하겠다는 것이어서 한국인으로부터 큰 반발을 샀다"고 평한다.[105)]

미군은 정치적 의도나 준비 없이 남한에 진주했기 때문에 한반도에 대한 일관성 있는 정책이 준비되어 있지 않았다. 주한미군 사령관 겸 미군정사령관으로 임명된 존 하지 장군은 '태평양의 패튼'이라 불리는 탁월한 야전 지휘관이었으나 고도의 정치력이 요구되는 점령지 정책에 적합한 인물은 아니었다.

한반도에 진주한 미국과 소련은 자본주의와 공산주의를 대표하는 국가여서 군대의 특성이나 성격이 판이했다. 소련군은 전투 임무뿐만 아니라 정치 임무도 대단히 중시했다. 때문에 군대 내에 정치 장교가 있지만 미군은 그런 제도가 없다. 로마넨코 민정장관을 비롯한 많은 소련군 요원들은 군복을 입었지만, 훈련 받은 정치공작원들이었다. 소련군에서 정치 장교의 권한은 전투 장교보다 훨씬 막강했다.

이런 양국 군대의 차이가 해방 후 한반도에 큰 영향을 미쳤다. 남한을 점령한 미군은 적지를 점령한 점령군처럼 행동한 반면, 북한을 점령한 소련군은 해방군처럼 행동했다.[106)]

미군은 조선총독부의 일본 관리들을 존속시키려다 민중들의 거센 항의에 놀라 그들을 해임하고 군정을 실시했다. 반면에 소련은 레베데프[107)]와 슈티코프[108)]라는 프로 전략가의 지휘 아래 김일성과 한인 공산주의자들을 대리인으로 내세우고, 그들을 배후에서 조종 통제하는 고단수 점령정책을 펼쳤다.

1945년 9월 20일, 스탈린의 비밀 지령

2차 세계대전의 동맹국이던 미소 양국의 협조관계에 금이 가기 시작한 것은 1945년 9월 15일부터 10월 2일까지 런던에서 열린 미국, 영국, 소련, 중국, 프랑스 등 전승국 외상 회의였다. 전승국 외상들이 모여 전후 처리 문제를 논의하는 회의에서 소련 외무장관 몰로토프는 전후 일본 통치에 소련의 참여와 홋카이도 북부의 할양을 주장했다. 이 주장은 미국의 강력한 반대로 무산됐다.

몰로토프는 이번에는 지중해로의 진출을 위해 이탈리아 식민지였던 리비아의 트리폴리타니아(트리폴리) 지역을 소련에 양도할 것을 요구했으나 이 안건도 미국과 영국의 강력한 반대로 거절당했다. 흑해 지역을 제패하고 있는 소련 해군이 지중해 남해안의 항구를 차지할 경우 영국 해군이 제해권을 상실할 것이며, 그렇게 될 경우 유럽의 정치판도가 달라질 수 있었기 때문이었다.

전승국 외상회의는 제2차 세계대전 중 지속됐던 미소 간의 동맹관계에 종지부를 찍고 냉전시대로 넘어가는 중대한 계기였다.[109] 나치 독일과 일본 제국주의를 패배시킨 대가로 동유럽과 지중해 등 여러 지역에서 소련의 영향권을 확장하려는 욕망이 런던회의에서 좌절되자 격분한 스탈린은 소련군 점령지인 만주와 한국으로 눈길을 돌렸다.

1945년 9월 20일은 서울에서 미군정청이 정식 출범한 다음날이다. 이날 스탈린은 극동전선 총사령관 알렉산드르 바실레프스키와 연해주 군관구 군사회의 및 제25군 군사평의회 앞으로 암호지령을 발송한다. 이 지령에서 스탈린은 "북한에 반일적인 민주주의 정당 및 조직의 광범한 블록(연합)을 기초로 한 부르주아 민주주의 정권을 확립하라"고 지시했다.[110] 북한에 독자적인 공산 단독정부를 수립하라는 명령을 내린 것이다.

스탈린의 비밀 지령이 내려진 날은 해방의 기쁨이 채 가시지도 않은 상태였고, 이승만이나 임시정부 요인들이 귀국조차 하지 않은 시기였다. 한민족이 일제로부터 해방된 지 37일 만에 내려진 이 지령은 해방 후 한반도에서 미소관계의 진전과 아울러 한국 현대사 전반에 중대한 영향을 끼쳤다.[111]

런던의 전승국 외상회의는 결국 소련으로 하여금 중국과 북한의 공산화를 부추기는 결과를 낳았다. 제2차 세계대전 중에 지속됐던 미·소 간의 동맹관계에 종지부를 찍고 냉전시대로 넘어가는 중대한 계기를 제공한 것이다.[112] 이후 한반도는 미국과 소련의 이해관계가 첨예하게 갈등하는 화약고가 되어 폭발을 예고하며 분단과 전쟁이라는 격랑을 향해 질주하기 시작한다.

북한과 국내 좌파들은 이런 역사적 사실을 알지 못한 채, 혹은 알면서도 모른 체 하며 분단이 이승만의 정읍 발언에서 시작되었으니 이승만은 분단의 원흉이라고 주장한다. 이는 사실을 날조 왜곡한 선동이다.

8월 14일에 장제스와 중소 우호동맹조약을 체결한 스탈린은 8월 20일 마오쩌둥의 중국 공산당에게 "국민당과 내전을 종식하고 연합정부를 수립하라"는 지시를 내렸다. 당시 병력 수는 장제스의 국부군이 4 대 1로 공산군보다 우세했고, 무장이 빈약한 마오쩌둥의 팔로군[113]이 미국제 신무기로 무장한 장제스의 군대와 싸워 이길 가능성이 희박하다고 판단했기 때문이다.

그런데 10월 8일에는 이 지시를 번복하고 팔로군 30만 명을 만주에 보내 장제스 군대를 공격하라는 명령을 내렸다.[114] 스탈린은 미국 대사 에버렐 해리먼에게 "미국이 지중해와 일본에서 소련을 제거하려 하기 때문에 나는 독자적으로 고립정책을 택하기로 했다"고 선언했다. 이는 두 달 전에 맺은 중소조약을 파기하고 국공내전을 재개하는 중대한 조치였다.[115] 한편 스탈린의 비밀 명령으로 북한에서는 공산 단독정권 수립을 위한 각종 조치들이 시행되기 시작됐다.

남한은 공산주의자들의 천국

이승만의 정치고문이었던 로버트 올리버는 한국 전체가 최소한 한 세대 동안 친공적(親共的)이었다고 분석한다. 그 이유는 다음과 같다.

미국은 1902년 영일동맹을 맺은 영국의 노선을 따라 일본을 적극 지원했다. 제1차 세계대전에서 일본은 연합국으로 참전하여 유럽 국가들이 상호 살육과 파괴에 열중하고 있는 동안 북쪽에서는 러시아 영토인 바이칼 호 동쪽의 시베리아 지역에서부터 북만주에 이르기까지, 중국에서는 산둥(山東)지방에서부터 화중(華中)지방에 이르기까지, 남쪽에서는 태평양의 남양군도까지 판도를 넓혔고 막강한 국력을 배양했다.[116]

우드로 윌슨이 '민족자결권'을 선포한 1919~20년에도 일본에 대한 우호적 여론이 팽배한 반면, 일본의 식민지였던 한국의 독립을 지지하는 나라는 전무했다. 반면 소련은 초기에는 시베리아와 만주로 망명해 오는 한국의 독립 운동가들을 환영하고 그들을 적극 후원했다. 1910년 한일병합 이후 소련은 표면상 한국의 민족주의자들이 사귀어 온 유일한 벗이었다.

조선의 대중들은 민주주의나 공산주의의 본질에 대한 구체적이고 실천적인 지식이 거의 없었다. 이런 이유 때문에 올리버는 "한국 전역에 퍼진 친공(親共)적인 감정은 이유가 있었고, 이 감정은 참으로 활발했다"고 지적한다.[117]

한국의 공산주의 운동을 연구한 서대숙도 1945년 한국에서 공산주의가 우세했다고 보았다. 『신좌익평론』(New Left Review)의 편집인 존 할리데이는 "1945년 한국에 관한 중심적 정치상황은 한국이 영웅적인 좌익혁명운동을 진행하는 유일한 국가였다"고 평할 정도였다.[118] 게다가 소련은 2차 대전에서 독일, 이탈리아, 일본 등 파시즘 국가와 맞서 싸우는 연합국의 일원이었으니, 해방 후 남한 사회는 소련과 공산주의에 대해 우호적 감정이 지배적이었음은 어느 정도 이해가 간다.

조선의 공산당 조직은 일제의 거센 탄압으로 지하로 스며들어 명맥을 이어가고 있었다. 일본이 항복한 다음날인 8월 16일 감옥에 있던 정치범들이 석방되었는데, 이들 대부분이 공산주의자 혹은 적색 노조, 적색 농조(農組) 조직원들이었다. 게다가 서울 주재 소련영사관은 일제하의 서울에서 효과적인 첩보망을 유지하면서 한반도의 공산주의자들을 극비리에 지도하고 지원해 왔다. 소련영사관 직원들은 일본이 항복한 직후부터 활발하게 움직여 국내 공산주의자들과 모임과 회합을 자주 열었고, 자금을 지원했다.[119]

일제의 감시망을 피해 전라도 광주의 벽돌공장에서 은신해 있던 공산주의자 박헌영[120]이 8월 18일 저녁 서울에 나타났다. 그는 소련영사관의 부영사이자 소련 정보기관의 서울 책임자인 아나톨리 샤브신을 찾아가 조선공산당 재건작업에 대한 소련의 지원을 약속받았다. 샤브신은 매일 한두 차례씩 박헌영을 만나 정세를 분석하고 소련공산당의 지침을 전달했으며, 필요한 자금을 지원했다.[121]

당시 샤브신과 박헌영의 만남은 샤브신의 부인이자 영사관 도서실장이었던 쿨리코아의 다음과 같은 증언으로 확인된다.

"샤브신은 해방 초기부터 박헌영이 월북한 1946년 10월까지 14개월 동안 서울에서 매일 한 두 차례씩 의무적으로 만났습니다. 이 기간 중 샤브신은 수차례 박헌영을 비밀리에 평양에 보내 소련 군정과 김일성 진영과 비밀회동을 갖게 했고 박헌영의 서울 집회 등에도 반드시 참석하여 후견인 역할을 했습니다.

샤브신은 미군정 등의 눈길을 피해 공원 등지에서 만나 자신의 승용차 뒷좌석에 박헌영을 태운 뒤 모포로 씌워 영사관 밀실로 데리고 가 밀담을 했습니다. 이들이 주로 논의했던 사항들은 김구 이승만 등 우익진영과 미군정의 동향, 공산당의 활동방향, 모스크바 중앙당의 지시 전달 등이었습니다."[122]

71%가 사회주의 선호

해방공간에서 외세의 든든한 지원, 잘 조직되고 훈련된 조직망, 풍부한 자금을 갖추고 있는 공산당 세력이 정국의 주도권을 잡는 것은 어쩌면 당연한 것이었는지도 모른다. 로버트 올리버는 "미군정청은 공산주의자들도 다른 정당과 똑같이 대우하는 것을 민주적 공평으로 여겼다. 남로당 본부는 서울에서 가장 좋은 빌딩을 배정받았고, 빌딩 지하실에서 위조지폐가 제조되었다는 사실이 밝혀진 후에도 사무실을 유지할 수 있었다"고 기록할 정도였다.[123]

북한에 진주한 소련 점령군은 새 지폐를 발행하면서 북한에서 통용되던 화폐를 회수한 것과, 개성을 점령했을 때 그곳 은행에서 강탈한 막대한 현금을 남한의 공산주의자들에게 내려 보냈다. 공산주의자들은 그 돈으로 신문사와 영화관을 집중적으로 사들였고, 수많은 포스터와 전단을 거리에 살포했다. 이처럼 요란스런 선전 선동의 영향 덕분에 공산주의자는 국민 전체에 비하면 소수였음에도 불구하고 폭넓은 지지를 받고 있는 것처럼 느껴졌다.

1946년 7월 미군정은 대규모 여론조사를 실시했다. 이 설문조사 내용 중 흥미를 끄는 것은 "어떤 체제를 선호하는가"에 대한 물음에 사회주의 71%, 자본주의 14%, 공산주의 7%, 모르겠다 8%로 답했고, "당신은 자신이 어느 쪽이라고 생각하는가" 하는 질문에 중립 54%, 우익 30%, 좌익 16%로 답했다는 점이다.

1945년 8월 15일 밤 서울 종로구 장안빌딩에서 서울파의 정백,

이영과 화요회의 이승엽 조동우, 상하이파의 서중석 등이 주축이 되어 조선공산당을 결성했다.[124] 이를 장안파 공산당이라고 한다.

그런데 8월 20일 박헌영을 중심으로 한 인사들이 장안파와는 별도로 조선공산당재건준비위원회를 결성했다. 이들을 재건파 공산당이라고 하는데, 재건파는 9월 11일 자신들의 정치노선을 담은 「8월 테제」(현 정세와 우리의 임무)를 당 강령으로 삼아 1928년 해체된 조선공산당의 정통 계승을 자임했다. 재건파 공산당은 장안파를 흡수하여 9월 12일 정식으로 조선공산당을 재건했다. 이는 1928년 12월 코민테른(국제공산당)의 이른바 '12월 테제'에 따라 조선공산당이 해체된 지 17년 만의 일이다.

해방 직후 남한에는 박헌영 주도의 조선공산당 외에도 연안파의 지도를 받는 백남훈의 조선신민당 남한지부, 여운형 주도의 조선인민당 및 군소그룹의 좌익세력들이 분포되어 있었다. 이들 세력은 후에 우익진영에 대항하여 40여 개의 좌익단체들이 모여 조선민주주의민족전선이라는 좌파 통일전선체를 형성했다.

남한 내 공산주의 세력들은 소련의 지시에 의해 북한의 공산주의 세력이 결집하여 1946년 8월, 북조선노동당(북로당)을 결성하자 이에 대응하여 박헌영 주도로 기존 3당 세력을 흡수하여 1946년 11월 23일 남조선노동당(남로당)을 결성했다. 1949년 6월 30일 남로당은 북로당과 통합하여 조선로동당을 결성하면서 남북한 공산세력이 총집결되었다.

좌익과 공산계열의 기세등등한 행보와는 달리 우익진영은 소극적이고 초라했다. 일제의 압제에 신음하던 대중들은 일제에 직접적으로 저항하다 투옥 당한 인사들을 진정한 애국자로 여겼다. 우익세력은 주로 교육 사업이나 언론활동을 통한 계몽운동 등 일제에 소극적 저항을 해왔기 때문에 일반 대중들을 흥분시키는 극적인 모멘텀을 만들어내기에는 역부족이었다.

우익계 인사들은 개별적으로 흩어져 각개 약진하거나 은둔생활을 하고 있었기 때문에 세력을 하나로 묶는 조직 결성에도 어려움을 겪었다. 게다가 소련영사관 같이 국제정세를 전해주는 컨트롤타워도 없어 정보 부재 상태에서 준비 없이 해방을 맞았다.

미군이 인천에 상륙하기 전까지 남한 사회에는 정치적으로 두 갈래의 흐름이 감지된다. 하나는 여운형과 박헌영을 중심으로 좌익·공산주의자들이 결집한 건국준비위원회(이하 건준)와 조선인민공화국(이하 인공)이요, 다른 하나는 송진우와 김성수 등이 중심이 된 한국민주당(이하 한민당)의 창당이다.

우익세력의 출범

건준이나 인공은 8월 말까지만 해도 서울에 소련군이 진주할 것으로 믿고 의기양양했는데, 한반도를 미군과 소련군이 분할 점령한다는 뉴스가 묘한 정치구도를 야기했다. 그때까지 좌익 중심의 정치구도에서 힘을 쓰지 못하던 우익 민족주의자들이 기지개를 펴기 시작한다. 고려민주당, 조선민족당, 한국국민당 등 여러 갈래로 움직이던 우익세력은 송진우와 김성수를 중심으로 한민당[125]으로 통합되어 1945년 9월 4일 서울 경운동 천도교 교당에서 창당대회를 열었다.

한민당의 창당대회가 열린 지 이틀 후인 9월 6일, 비가 내리는 저녁 9시부터 좌익계 인사들은 서울 안국동의 경기고녀 강당에서 조선인민공화국(인공) 선포를 위한 전국인민대표대회를 열었다. 그것은 건준의 실권 장악에 성공한 재건파 공산당 박헌영의 주동으로 긴급 소집된 회의였다.

인공은 자신들이 지향하는 목표는 노동자와 농민 등 인민대중의 이익을 위해 사회주의를 지향하는 인민민주주의 정권의 수립임을 밝히고 있다. 박헌영이 발표한 「8월 테제」에서는 자신들의 정치적 지향점을 '사회주의를 지향하는 과도적 형태의 정권 수립, 무상몰수 무상분배 방식의 토지개혁, 전 토지의 국유화'라고 주장했다.

1945년 8월 15일 해방이 되었을 때 남한 전역은 '좌익 · 공산주의자들의 득세기'였다. 좌익의 조직과 세력은 강대했으며 인공을 반대하는 민족진영 세력은 결집력이 약했다. 민족진영의 중진 인사들이 한민당을 결성하고 '인공 타도'를 당면과업으로 삼았으나 그들의 활동은 인공에 비할 바가 못 되었다. 박용만[126]의 회고다.

'남한 천지를 뒤흔들던 거대한 조직과 힘을 갖고 있던 인공을 해체하라는 우리의 요구는 마치 모기가 태산을 짊어지려는 욕망과 같이 너무나 엄청난 모험이었으며, 우리의 전단을 받아본 시민들은 누구나 다 당돌함에 깜짝 놀라는 표정이었다. 결성한지 며칠 안

되던 한민당의 중진 간부였던 고하 송진우 선생, 인촌 김성수 선생 등은 우리의 전단을 받아보고는 너무나 기뻐서 눈물이 글썽하여 우리의 손을 붙잡고 "정말 학생들은 장하오. 참 잘해요! 이제 우리나라는 잘 될 것이요…. 학생들이 씩씩하게 살아 있으니 우리는 마음 놓겠소. 참 고맙소. 여러분들" 하고 격찬했었다.'[127]

해방 후 최초로 발간된 국문 신문은 인공의 기관지로 변한 『조선인민보』였다. 이 신문은 미군이 한반도에 진주하기 직전 9월 7일, 발간허가도 없이 창간되어 해방 직후 언론계를 주름잡았다.

서울에 진주한 미 점령군 사령관 하지 장군은 9월 11일 오후 기자회견에서 "카이로선언에서 언급한 '적당한 시기'란 한국의 치안이 잘되고 못 되는 데 달렸다. 잠정적으로 현존하는 행정기관(조선총독부를 말함-필자 주)을 이용할 것인데, 그것은 공장원이 새로운 기계가 설치될 때까지 기존의 기계를 이용하는 것과 마찬가지다. 그러므로 맥아더 「포고 제1호」에 규정되어 있는 대로 모든 관리는 종전대로 직무를 계속 수행해야 한다"고 말했다.

다음날인 9월 12일 오후 하지 장군은 부민관(현재의 서울시의회 의사당)으로 정당 및 문화단체 대표 두 사람씩을 초청하여 대화를 나누었다. 이날도 하지는 "카이로선언은 '적당한 시기에' 한국을 독립시키겠다고 약속했으나 독립은 하루 이틀에 되는 것도 아니고 몇 주일 안에 되는 것도 아니라 시일이 좀 걸릴 것이다. 너무 성급한 행동은 여러분이 원치 않는 혼란과 파국을 초래할 수 있다"고 경고하면서 사단이 벌어졌다.

이틀 연속 미국을 대표하는 점령군 사령관이 조선은 빠른 시일 내에 독립될 수 없으며, 행정 편의를 위해 조선총독부의 일본 관리들을 유임시키겠다는 속내를 드러내자 민중들이 거세게 들고 일어났다.

사태가 심상치 않게 돌아가자 미국정부는 맥아더에게 아베 총독과 총독부의 각 국장, 각 도의 도지사와 경찰 책임자를 즉각 해임하라고 훈령했다. 이 훈령에 따라 하지는 9월 12일 아베 노부유키 총독과 니시히로 다다오(西廣忠雄) 경무국장을, 9월 14일에는 정무총감 엔도 류사쿠(遠藤柳作)를 비롯한 총독부 국장들을 모두 해임했다.

"남한은 불만 당기면 폭발할 화약통"

한국의 심상치 않은 사태를 진정시키기 위해 9월 18일 트루먼은 "한국의 옛 수도 서울에서 일본군이 항복한 것은 자유를 사랑하는 영웅적 국민의 해방을 뜻하는 것이다. 그러나 한국인들 스스로 자유롭고 독립된 민족으로서의 책임과 기능을 감당하고 한국의 경제적 및 정치적 생활에 대한 일본 지배의 모든 잔재를 제거하는 일은 시간과 인내가 필요하다. 목표는 명백히 보이지만 그것을 조속히 달성하기 위해서는 한국 국민들과 연합국의 공동 노력이 필요하다"는 특별성명을 발표해 미군에 적대적인 분위기를 진정시켰다.

미국은 일본의 행정기구를 존속시키려던 구상을 백지화하고 9월 19일 주한 미 육군 군정청(United States Army Military Government in Korea)을 출범시켰다. 미군정청에는 조선총독부에 근무하던 다수의 일본인 관리들이 근무했다. 미군이 군정에 투입할 장교들을 보유하지 못한 데다, 군정에 배치된 장교들도 남한 사회에 필요한 지식을 제대로 갖추지 못했기 때문이다.[128]

미군정은 남한의 제반 정치세력에 중립적인 태도를 취했다.[129] 미군의 통치를 인정하고, 미군 법령을 위반하지 않으면 어느 세력이건 유화적으로 대하겠다는 것이 당시 미군정의 공식 입장이었다.[130] 때문에 좌익 단체들의 집회를 미군이 경호해주기도 했고, 공산당도 합법적인 활동이 가능했다.

하지 사령관의 연락관 겸 정치고문으로 한국에서 활동한 미 국무부 극동국의 메렐 베닝호프는 미군이 진주한 지 일주일 후인 9월 15일, 그 동안의 상황을 정리한 보고서를 제임스 번스 국무장관에게 보냈다. 이 보고서에서 베닝호프는 남한의 상황을 '불만 당기면 당장 폭발할 화약통'이라고 묘사하고 있다. 또 한국인들은 카이로선언의 '적당한 시기에'(in due course)라는 말을 '며칠 안에'(in a few days) 혹은 '빠른 시일 안에'(very soon)라고 이해했고, 따라서 미군 진주 후에 독립이 즉시 실현되지 않는 것에 대해 크게 실망하고 있다고 지적했다.

베닝호프는 9월 29일에도 번스 국무장관에게 보고서를 보냈는데, 북한에 진주한 소련군의 점령정책이 지향하는 목표를 정밀하게 분석하고 있어 눈길을 끈다.

"그들(소련인들)은 일본인들을 축출하고 엄격히 일당제에 입각한 지방정부를 설립했다. 그들이 동유럽을 소비에트화한 것과 마찬가지로 북한을 소비에트화할 것이란 문제는 가능성 이상의 것이다. 미국은 머지않아 루마니아, 헝가리, 불가리아에서 맞닥뜨린 문제와 비슷한 문제와 맞닥뜨리게 될 것이다. 그리하여 상황이 정돈되고 나면 북한은 공산주의 지배 아래 놓이고 남한은 미군 점령 아래 실질적으로는 공산주의자들을 추종하는 국가가 되어 있을지 모른다."[131]

미군정과 인공은 점차 갈등 양상으로 치달았다. 그 파열음은 10월 5일 인공의 중앙인민위원회가 발행한 『미국 시민에게 보내는 메시지』라는 영문 소책자로 터져 나왔다. 이 소책자에서 인공은 '미군정 당국은 모든 행정기관과 경제시설을 인공에 넘겨주어야 하며, 그러지 않을 경우에는 세기의 비극을 초래할 것'이라고 경고했다.

이에 대해 아치볼드 아놀드[132] 군정장관은 10월 10일, "북위 38도 이남의 한국에는 오직 하나의 정부가 있을 뿐이다. 자칭 '조선인민공화국'이라든가 '조선공화국 내각'은 권위와 세력과 실재가 전혀 없는 것이다. 이러한 고관대직을 참칭하는 자들이 흥행적 가치조차 의심할 만한 괴뢰극을 하는 배우라면, 그들은 즉시 그 극을 폐막해야 마땅할 것이다"라는 성명을 발표했다.

박헌영은 아놀드의 성명이 발표된 날 오후, 그가 공산주의 운동을 해온지 27년 만에 처음으로 공개석상에서 기자회견을 열었다. 이날 박헌영은 "조선에 주둔한 연합군은 남북을 물론하고 속히 일본군 무장해제라는 임무를 마치고 조선인에게 정권을 양도하고 물러가기 바란다. 인공은 해산하지 않을 것"라고 발언했다.

미군정이 인공의 활동을 불법으로 규정하고 활동을 정지시키기 위해 물리력을 행사한 것은 1945년 12월 12일이다. 이날 하지 사령관은 다음과 같은 성명을 발표했다.

"조선인민공화국은 그 자체가 채택한 명칭 여하를 불문하고 어떤 의미에서든지 정부는 아니고 그러한 직능을 집행할 하등 권리가 없다…. 어떠한 정당이던지 정부로 행세해 보려는 행동이 있다면 이것은 비법적 행동으로 취급하도록 하라고 나는 미 주둔군과 군정청에 명령을 내렸고, 미군 점령지역 내 어느 곳에서든지… 정부 행세를 하는 정당이 없도록 보장하기 위하여 필요한 만반의 조치를 즉시 해 놓으라고 명령을 내렸다."

인공은 이때부터 미군정과 적대관계를 유지하다 1945년 말 신탁통치를 둘러싼 대립이 격화되자 1946년 2월 민주주의민족전선(민전)을 결성하면서 소멸됐다.

03

“이승만을 남한 정치권에서 퇴출시켜라”

“이젠 돌아가자, 돌아가자”

1945년 8월 14일 밤 11시(워싱턴 시각).

이승만은 워싱턴 자택에서 라디오를 통해 일본의 항복 소식을 들었다. 노(老) 독립투사가 일본의 항복 소식을 접했을 때의 정황에 대해 프란체스카 여사는 이렇게 회고했다.

“그 분은 임시 뉴스를 듣다 말고 벌떡 일어나셨어요.

‘이봐, 일본이 항복했어. 우린 귀국하는 거야.’

그 분은 제 손목을 꽉 붙잡고 말을 잊지 못했습니다. 그 분으로서는 너무나 오랜 기다림이었죠. 그저 눈물을 글썽이면서 제 손만 꽉 잡고 계셨습니다. 전 얼떨떨한 가운데 이 분이 너무 흥분하셔서 어쩌나 하는 염려마저 들었습니다.”[133]

잠시 후 워싱턴에 거주하던 동포들이 이승만의 집으로 몰려들었다. 현장에 있던 임병직의 회고다.

"문을 박차고 뛰어드니 이 박사 내외분은 멍청한 표정으로 소파에 앉아 계셨습니다. 큰 충격에서 깨어난 모습이었습니다. 한참 계시더니 '병직이. 이젠 돌아가자, 돌아가자'라고 몇 번이나 말씀하시더군요."[134]

이날 밤 이승만은 자기 집에 모여든 동지들에게 "소련이 어떻게 나올지가 걱정이다. 미국이 일을 지혜롭게 처리하지 못하면 한반도에서 민족주의자와 공산주의자 간에 피를 흘리게 될지도 모른다"고 우려했다.[135]

이승만은 일본이 패전 후 2개월이 지나고, 하지 장군이 인천에 상륙한지 5주가 지나도록 귀국할 수 없었다. 미 국무부가 이승만을 기피 인물로 여겨 그의 귀국에 필요한 여권을 발급해주지 않는 등 방해를 했기 때문이다.

하지 장군은 오키나와에서 갑자기 한국으로 파견되는 바람에 한국어 통역이 한 명도 없었다. 하지는 9월 8일 인천에 상륙한 날, 인천부두에서 한국어를 구사하는 해군 중령 조지 윌리엄스를 우연히 발견하고 즉시 그를 자신의 특별보좌관에 임명했다. 윌리엄스 중령은 하지 중장 휘하의 육군부대를 수송한 함대사령관 어네스트 킹 제독의 군의관이었다.

인천에서 태어나 충남 공주에서 자란 윌리엄스의 양친 프랭크 윌리엄스는 공주에서 오랫동안 선교활동을 했으며, 영명학교를 설립하여 유관순 열사, 조병옥, 임영신 등을 키웠다. 중앙청의 하지 장군 집무실 바로 옆방에 자리를 잡은 윌리엄스는 며칠 후 쌍발 비행기를 타고 대전, 광주, 대구, 부산 등 남한 일대 민정 시찰에 나섰다. 당시 시민들의 관심은 "왜 우리 대통령 이승만 박사를 빨리 모셔오지 않느냐"는 것이었다. 윌리엄스는 자신이 보고 들은 민심을 하지 장군에게 보고했고, 하지는 혼돈 상태에 빠져 있던 정국을 수습하기 위해 미국에 있는 이승만을 한국에 보내줄 것을 상부에 요청했다.

미 육군성 소속 군사정보처 산하의 워싱턴 출장소는 합참본부로부터 "이승만이라는 한국인을 찾아서 서울로 보내라"는 전보를 받았다. 이 전보 명령을 받은 윌리엄 킨트너 대령은 워싱턴 메사추세츠 가에 살고 있는 이승만을 찾아내 귀국시켰다.

1945년 10월 16일 오후.

도쿄의 맥아더 사령부 소속 미군 비행기 한 대가 김포 비행장에 착륙했다. 비행기의 문이 열리고 미군 군복을 입은 노신사가 혼자서 내려왔다. 고국을 떠난 지 33년, 노신사는 떨리는 발걸음으로 고국 땅을 밟았다. 일본이 항복하고 두 달이 지난 후 이승만이 혈혈단신으로 귀국한 것이다. 귀국 다음날인 10월 17일 이승만은 KBS 방송에 출연, "뭉치면 살고 흩어지면 죽는다"는 귀국 성명을 발표했다.

맥아더 장군과의 인연

이승만이 타고 온 비행기는 맥아더 원수가 제공한 것이다. 여기서 잠시 이승만과 맥아더의 인연을 살펴볼 필요가 있다. 이승만이 프린스턴대학에서 박사 과정을 공부할 때 당시 소령이었던 맥아더와 친분을 나누었다.[136] 맥아더 장군의 장인은 이승만이 한국 독립을 지지하는 미국인들을 모아서 결성한 한미협회의 고참 멤버로서 이승만에게 많은 도움을 주었다고 한다.

맥아더는 당시의 미군으로는 드물게 동양을 이해하는 인물이었다. 동양, 특히 극동 지역에 대한 맥아더의 관심은 청년 시절부터였다. 그의 아버지 아서 맥아더 장군은 1905년 시어도어 루스벨트 대통령의 군사시찰단장으로 러일전쟁을 관전하기 위해 한반도와 중국 북부에 파견되었다. 이때 청년 맥아더가 동행했고, 그때부터 극동 지역에 관심을 갖게 된 것으로 보인다.

아서 맥아더 장군이 방한했을 때 고종 황제는 향로를 하사품으로 선물했는데, 아들 맥아더는 2차 대전 중 작전 수행 과정에서 이 향로를 분실했다. 맥아더는 아버지의 유품이자 대한제국 황제의 하사품을 잃고 매우 애석해 했다. 이 정보를 입수한 이승만 대통령은 백방으로 수소문하여 맥아더의 아버지가 받았던 것과 같은 종류의 동제 향로를 찾아냈다. 그리고 1948년 8월 15일 건국을 축하하기 위해 서울에 온 맥아더에게 그 향로를 선물했다.

이승만의 귀국에 앞서 소련은 9월 19일 33세의 새파란 소련 88여단 소속 청년 대위 김일성을 소련 해군 함정에 태워 귀국시켰다.

대일전 참전 직전에 작성된 소련 공산당의 한국 국내정세 보고서는 이승만을 '반(反)소련 성향으로 유명한 인물'로, 김구는 '중국 국민당의 반동분자들로부터 영향을 받고 있고, 장제스 정부의 보조금을 받고 있는 반동적 인물'로 평가했다. 또 소련의 외무인민위원부 제2극동국장 주코프가 1945년 8월 23일 작성한 「조선인 정치가 이승만의 특징」이란 보고서는 "조선인 정치망명가들 가운데에서 이승만은 가장 반동적 인물이다. 그는 최근에 한 번도 아니고 여러 번에 걸쳐 미국에 반(反)소비에트적인 성명들을 제출했다"라고 기록하고 있다.

이승만은 귀국 일주일 후인 1945년 10월 23일, 조선호텔로 전국의 65개 정당 단체 대표 200여 명을 초대했다. 이승만은 정치세력을 하나로 묶기 위해 조선독립촉성중앙협의회(이하 독촉중협)를 발족하고 자신이 회장으로 추대됐다. 이날 이승만은 사상의 차이, 감정의 대립을 초월하여 하나로 뭉칠 것을 호소했다.

이 무렵 이승만의 정치적 목표는 귀국 일성인 "뭉치면 살고 흩어지면 죽는다"로 표출된 '대동단결, 자주독립'으로 요약된다. 그러나 공산당 지도자 박헌영이 이승만의 노선에 반기를 들었다. 박헌영은 10월 30일 "통일에는 원칙이 있어야 한다. 덮어놓고 한데 뭉칠 수는 없다. 조선에는 아직도 일제의 잔재세력이 남아 있다. 이러한 친일파를 근절시킨 다음 옥석을 완전하게 가려놓고 순전한 애국자, 진보적 민주주의 요소만을 한데 뭉쳐 통일해야 한다"면서 이승만의 대동단결 노선에 선을 그었다. 이승만은 11월 7일 저녁 라디오 방송을 통해 공산당이 자기에게 부여한 인공의 주석 직을 사퇴한다고 선언하여 공산당과의 관계를 끊었다.

1945년 11월 23일, 오후 김구를 비롯한 대한민국 임시정부 요인 1진 6명이 미군정이 마련해준 수송기 편으로 환국했다.[137] 김구는 서대문에 있던 광업가 최창학의 저택 죽첨장(후에 경교장으로 명칭 변경)에 거처를 마련했다.

임시정부는 1921년경 분열된 후부터 많은 곡절을 겪었다. 해방된 후 임시정부 각료로서 귀국한 인사들 중 대부분은 중도에 이탈하여 임시정부의 테두리 밖에서 독립운동을 하거나 생계를 유지했다. 시종일관 임시정부를 유지해온 인물은 김구였다.[138] 해방 이후 남한에서 활동한 임시정부 요인은 총 28명이었는데, 이 중 북한 정권에 참여한 인사는 김원봉, 성주식, 손두환, 박건웅 등 4명이고, 대한민국 건국에 강경하게 반대한 인사는 김구, 조완규, 엄항섭 등 3명이다.

신탁통치 둘러싼 소용돌이

당시 김구를 만난 박용만은 "첫 인상은 늠름하신 강대한 체구에 만나는 사람을 당장에 위업 굴복시키는 위력을 가진 분. 온몸에서는 구수한 서민의 체취가 풍겼고, 허식이나 허세 같은 것은 찾아볼 수 없었다. 사람의 심장을 꿰뚫어보는 듯 한 빛나는 눈, 굳게 다문 입은 굳센 투지와 신념을 나타냈다"고 회고했다. 이승만과 김구에 대한 박용만의 평이다.

'이 박사와 김구 선생은 생활양식이나 성격 등 여러 가지가 뚜렷하게 달랐으나 이 박사는 김구 선생을 보고 언제나 "아우님"이라 불렀고, 김 주석은 이 박사를 언제나 "형님"이라고 불렀다. 이렇게 두 분의 우의는 돈독했으며 형제의 의를 맺고 있었다.

이 박사와 김구 선생은 환국 후 얼마 동안은 모든 일에 동심일체와 같이 움직여 나왔었다. 그러나 이 박사와 김구 선생은 정치하는 자세가 판이했다. 한 마디로 말해서 이 박사는 앞으로 올 정국과 국외정세를 예리하게 주시하면서 임기응변의 정략을 세워 종횡무진의 정치생활을 해나가는 데 비하여, 김구 선생은 강직한 신념 밑에 애국 애족하는 마음 일변도로 그저 밀고만 나가는 불과 같은 정열과 애국일념의 화신 같은 분이었다.'[139]

김구와 임정 측은 독촉중협에 참여해 달라는 이승만의 요청에 "임정의 좌우합작 기본정책에 위배된다"면서 거부했다. '대동단결, 자주독립'이라는 슬로건 하에 좌 · 우 · 중도 정치세력을 통일조직으로 묶어내려는 이승만의 노력은 박헌영과 김구의 거부로 첫판부터 흔들렸다. 김구와 임정은 좌익세력과 접촉하여 '좌우합작'이라는 맞불을 놓았다. 좌우합작을 통해 이승만과 한민당을 고립시키고 자신들이 정국의 주도권을 잡기 위해서였다.

1945년이 저물어가면서 카이로와 얄타에서 논의됐던 한반도에서의 신탁통치 문제가 어두운 그림자로 다가오고 있었다. 점령 후 처음 몇 주 동안 한국에서 일했던 일부 미국의 군사 외교 관리들은 신탁통치가 적당하지 않으며 현실적이지도 않다고 주장했다. 그럼에도 미국 정부에는 다른 대안이 없었다.

신탁통치의 창안자인 랭던은 1945년 10월 30일 하지의 정치고문 대리로 한국에 부임했다. 그는 남한의 정국을 관찰한 후 11월 20일 번즈 국무장관에게 "신탁통치를 이곳의 현실적 조건에 적용하는 것은 불가능할 뿐만 아니라 도덕적으로나 현실적 관점에서 타당하다고 확신할 수 없으며, 우리는 그 안을 폐기해야 한다고 믿는다"는 전문을 보냈다. 자신이 제안하여 본국 정부의 기본정책이 된 신탁통치 안을 폐기하는 것이 좋겠다고 건의한 것이다.[140)]

랭던을 비롯한 미군정청 간부들은 한반도에 대한 신탁통치 구상은 쓸모가 없으므로 폐기되어야 하며, 한반도에 새로운 통치위원회를 결성한 뒤 이 위원회에 서서히 행정 기능을 이관하고, 그것을 사실상의 정부로 만드는 정책을 구상하고 있었다.[141)]

모스크바에서 3개국 외무장관 회의가 시작된 12월 16일, 하지 장군은 도쿄의 맥아더 장군에게 "지금 또는 장차 어느 시기에 신탁통치가 강제되면 한국 국민은 물리적인 폭동을 일으킬 가능성이 있어 보인다"라고 보고했다. 하지의 보고 내용은 모스크바 외상회담에 참석하고 있는 번즈 미 국무장관에게도 통보되었다. 그럼에도 불구하고 미국은 한국의 신탁통치를 결정함으로써 통치위원회 구성안은 사실상 백지화됐다.[142)]

1945년 12월 16일부터 모스크바에서 열린 미·영·소 3개국 외상회의에서는 "한국의 각 계층이 참가하는 민주적 임시정부를 수립하고, 이 정부와 협의하여 미·영·중·소 4개국이 최대 5년간의 신탁통치를 시행하며, 이를 추진하기 위해 미소 양국의 공동위원회를 설치한다"고 결정했다.

1945년 12월 28일, 모스크바 외상회의에서 한국을 신탁통치 하기로 결정됐다는 소식이 외신을 타고 전해지면서 남한 전역은 반탁운동이라는 폭발적인 상황이 연출됐다. 다음날인 12월 29일, 경교장에서 열린 각 정당 사회단체 대표자대회에서 김구는 "우리 민족은 다 죽는 한이 있더라도 신탁통치는 받을 수 없으며, 피를 흘려서라도 자주독립 정부를 우리 손으로 세워야 한다"고 비장하게 선언했다.

이날 회의에서 이승만과 김구를 중심으로 탁치 반대 국민총동원위원회가 결성됐고, 12월 29일부터 전국에서 대규모 집회와 시위가 벌어져 12월 31일에 절정을 이루었다. 서울의 상가는 철시를 했고, 요식업소나 극장, 댄스홀까지 항의 휴업을 할 정도였다. 미군정 기관에 근무하던 한국인은 집단 사표를 제출하여 미군정에 협력을 거부하는 운동을 전개했다. 김구는 반탁운동을 '새로운 독립운동'으로 규정하고 일종의 쿠데타를 일으켜 미군정 경무부와 수도청을 점령하려는 움직임을 보였다.[143]

12월 30일 새벽에는 송진우[144]가 암살되었다. 송진우도 원래 탁치를 반대했지만 하지 사령관의 끈질긴 설명과 설득으로 제한된 기간 내의 탁치를 받아들이는 방향으로 기울었는데, 송진우를 반역자로 규정한 극우 국수주의자들이 그를 암살한 것이다. 이 비보를 전해 들은 이승만은 다리를 뻗은 채로 어린애 울듯이 애처롭게 목 놓아 울었다. 한참을 울고 난 뒤 "아까운 일꾼을 한 사람 잃었어" 하며 지묵을 들어 한시를 썼다. 이승만의 비서였던 윤석오는 당시 이승만이 쓴 한시가 대충 다음과 같았다고 기억했다.

"의인은 옛부터 자기 명을 다 하는 일이 드물고 한번 죽음을 대수로이 여기지 않았나니 마치 제집으로 돌아가듯 했다. 나라 안이 모두 설워하고 처자도 우는데 섣달 망우리에는 백설만 흩날리는가."

좌익 진영, 찬탁으로 돌아서

좌익세력도 처음엔 탁치 반대 입장이었으나 1946년 1월 2일 갑자기 태도를 돌변, '모스크바 협정 지지'를 선언하고 반탁운동 주도세력을 비난하고 나섰다. 좌익진영이 하루아침에 입장을 번복한 이유는 소련의 지시 때문이다.

박헌영은 12월 28일 비밀리에 38선을 넘어 29일 오후 평양에 도착했다. 박헌영은 12월 31일, 모스크바를 다녀온 북한주둔 소련군 민정사령관 로마넨코로부터 모스크바 협정 지지(즉 신탁통치 찬성)에 대한 지시를 받은 후 1월 2일 새벽 서울에 도착하여 모스크바 협정 지지로 입장을 바꾸었다.

소련은 신탁통치에 환영할 입장이 아니었다. 소련은 1945년 9월 20일 스탈린의 공산 단독정권 수립 지령 이후 북한을 완전 장악해 공산정권 수립을 추진 중이었다. 이 상황에서 미·영·중·소

등 4개국 공동으로 한반도를 통치하면 소련이 한반도에 대해 4분의 1의 결정권밖에 갖지 못할 수도 있었기 때문이다.

미국은 4개국 신탁통치를 실시함으로써 소련의 독점을 막고자 하는 의도를 가지고 신탁통치를 결의했다.[145] 반면 소련이 신탁통치에 찬성한 이유는 5년의 신탁통치 기간을 남한의 공산혁명을 위한 공작기간으로 이용하려 했기 때문이다.

당시 소련군정은 북한을 통치했을 뿐만 아니라 남쪽의 조선공산당의 정책도 관장하고 있었다. 소련군정과 조선공산당의 예속관계는 남한 우익의 행동에도 직접적인 영향을 주었는데, 조선공산당과 소련군정이 이른바 '좌우합작' 운동이나 남북협상회의에 깊숙이 개입했기 때문이다.[146]

좌익들이 준비했던 1월 3일 반탁 시위는 밤사이에 찬탁 시위로 돌변했다. 공산당은 "모스크바 외상 회담은 세계 민주주의 발전에 있어서 또 한걸음 진보한 것이며, 외무장관회의 결정 가운데 한국에 민주적 임시정부를 수립한다는 규정은 금일의 조선을 위하는 가장 정당한 것"이라면서 하룻밤 사이에 찬탁으로 돌아섰다. 그러나 민심이 반탁으로 확고해지자 좌익 정파들은 '신탁통치 지지' 슬로건을 '3상회의 결정 지지'로 바꾸었고, 신탁통치란 용어 대신 '후견'이라고 용어혼란전술을 구사했다.

탁치문제가 등장하기 전까지는 모든 정치세력이 좌우로 확연하게 갈라지지는 않았다. 좌파와 우파 내부에서도 각각 각축이 있었고, 쟁점에 따라서는 좌우를 가로질러 입장이 갈라지기도 했다. 그

런데 탁치문제가 발생하면서 모든 정치세력은 선택의 여지가 없이 좌우로 확연히 갈리게 되었다.[147]

우익진영은 찬탁을 외치는 조선공산당을 "외세에 의존한 매국적 괴뢰집단"으로 규정지었고, 조선공산당은 반탁을 주장하는 우익을 향해 "민족감정을 이용하여 친일 전력과 반동적 성격을 은폐하려는 정상배들"이라고 공격했다. 좌우대립은 이제 임정 대 인공의 문제가 아니라 애국자와 망국노의 대립으로 바뀌어 타협이 불가능한 상황이 되었다.[148]

1946년 1월 14일 이승만은 "공산당은 소련을 조국으로 하는 자들이니 너희 조국으로 가라"는 요지의 강경한 성명을 냈다. 그러자 공산당도 "당신은 미국에 금발 벽안의 미인이 기다리니 미국으로 가라", "돈암장은 돈 많은 친일파의 소굴"이라는 성명을 내고 비라를 뿌렸다.

38선 이남에서는 반탁 시위행렬이 끊이질 않았지만 소련 점령지역에서는 시위가 허락되지 않았다. 유일하게 조만식을 당수로 하는 조선민주당과 우익인사들이 반탁에 나섰는데, 소련군정은 1946년 1월 5일, 조만식을 연금하고 우익세력의 숙청에 나섰다. 조만식의 연금은 소련군정의 우익진영에 대한 결별 신호였다. 그의 연금 직후 북한 전역의 조선민주당 계열 인물들이 대거 남하했다.[149]

반탁 시위가 뜨겁게 전개되던 1946년 2월 28일, 미 국무부는 맥아더 장군에게 "미국이 제안한 신탁통치 안에 극렬 반대하는 이승만과 김구 그룹을 배제하고, 소련의 조정을 받는 그룹과도 관련이 없으면서 한국을 위한 진보적 강령을 추진할 지도자들을 찾아내 세력화하라"는 훈령을 보냈다.

이 훈령은 "김구와 이승만 그룹에 어떠한 호의도 보여서는 안 된다. 진보적 지도자 그룹을 찾아내는 일이 불가능하면 김구로 하여금 위에서 말한 것과 같은 진보적 강령을 채택하여 실행하도록 압력을 가하기 위한 강력한 노력이 필요하다"고 언급했다. 남한 정치판에서 이승만을 제거하라는 지시를 한 셈이다.

반탁 운동은 비좌익계 국민을 단결시켜 해방 후 좌익이 판을 치던 정치 풍토를 우익 쪽으로 역전시키는 역할을 했다. 절대다수의 한국인들은 반탁을 외치는 우익을 지지했다. 그래서 우익을 민족진영이라고 불렀다.

신탁통치에 대해 좌익과 공산당을 제외한 모든 정치세력과 전 국민이 빈대하고 나선 이유는 신탁통치라는 말 속에 한국인이 나라를 다스릴 자치능력이 없다는 멸시가 내포되어 있으며, 신탁통치가 식민지 통치와 유사한 인상을 주었기 때문이다.[150]

북한, 단독정부 수립

1945년 9월 20일 스탈린의 "부르주아 민주주의 정권을 수립하라"는 비밀지령이 내려진 이후 북한에서는 공산 단독정권 수립을 위한 일사불란한 움직임이 시작됐다.

소련의 점령군 사령부는 10월 8일부터 10일까지 평양에서 북한 지역의 행정을 담당할 한국인 중앙행정기구를 창설하기 위해 '북조선 5도 인민위원회 대표자대회'를 소집했고, 10월 28일에는 이북 5도의 중앙 행정기관으로 북조선 5도 행정국을 설립했다. 이어서 10월 10일부터 13일까지 평양에서 '조선공산당 서북 5도 책임자 및 열성자대회'(약칭 5도대회)를 열고 마지막 날 조선공산당의 북조선 분국을 만들었다.

10월 13일 김일성은 "오늘의 조선에는 미국이나 영국식 민주주의가 맞지 않는다. 서구라파 민주주의는 이미 시대에 뒤떨어졌기 때문에 조선 실정에 부합하는 새로운 진보적 민주주의 제도를 세워야 한다"고 연설했다.[151] 김일성이 말하는 진보적 민주주의란 '인민민주주의', 즉 프롤레타리아 독재였다. 당시 북조선 공산주의자들 사이에서는 스탈린의 전체주의적 1인 독재체제가 '진보적 민주주의'의 극치로 찬양되고 있었다.

다음날인 10월 14일에는 소련에 의해 북한 지도자로 선출된 김일성이 평양 공설운동장에서 열린 '김일성 장군 환영 평양시 민중대회'를 통해 군중들 앞에 처음으로 모습을 드러냈다. 이날부터 소련군 사령부는 김일성을 "항일유격대의 장군"이자 "민족의 영웅", "영명한 지도자"로 떠받드는 선전선동에 돌입했다.

조선공산당 북조선분국의 설치는 공산주의자들 사이에서 심각한 논쟁을 일으켰다. 이미 서울에는 조선공산당 중앙위원회(당 중앙)가 조직되어 있어 코민테른 이래 '1국 1당' 원칙에 위배됐기 때문이다. 소련군 사령부는 당장 서울의 '당 중앙'을 부인할 수 없어 북조선분국이라는 편법을 쓴 것이다. 소련군 사령부의 의도는 서울의 '당 중앙'에 종속되지 않는 공산당을 북조선에 조직하고 김일성이 당권을 장악하게 하려는 것이었다. 그래야만 북조선의 소비에트화가 빨리 진행될 수 있었기 때문이다.[152)]

1945년 12월 25일에는 소련군 총정치국장 슈킨 보고서가 등장한다. 슈킨은 "1945년 9월 21일자 최고사령부의 훈령에 언급된 북조선에서의 민주정당 사회단체들의 광범한 블록에 기초한 부르주아 민주개혁이 너무 느리게 진행되고 있다"면서 "소련의 국가이익을 보장할 수 있는 굳건한 정치 경제적 교두보를 세우라"고 지시하고 있다.[153)]

1946년 1월 초 북조선 5도 행정국의 위원장이자 조선민주당 당수인 조만식이 반탁 입장을 굽히지 않자 연금을 시켰다. 1월 23일에는 김일성이 공식석상에서 조만식을 반동으로 규탄했다. 2월 24일에는 최용건을 북조선민주당 당수로 임명했다.[154)]

1946년 2월 8일에는 북조선 임시인민위원회가 창설됐다. 다음날 위원장 김일성, 부위원장 김두봉, 서기장 강양욱 등 총 23명으로 구성된 임시인민위원회 명단이 발표됐다. 이들은 행정과 입법권한을 가지는 독재적 기관으로서 "임시인민위원회는 우리의 정부"라고 선언했다. 북한이 일방적으로 단독정부를 설립하고 이를 공표한 것이다.

원래는 '임시'가 아니라 정식 인민위원회를 만들려고 했으나 북조선 공산주의자들이 조국 분단을 영속화한다는 남한의 공격에 대비하여 '임시'라는 수식어를 붙인 것이다. 이로부터 1년 후인 1947년 2월 21일, 저들은 '임시'라는 간판을 떼어버리고 명실상부한 북조선 단독정부인 '인민위원회'가 등장했다.[155)]

임시인민위원회 발족과 동시에 북한에서는 정부 수립 절차가 전광석화처럼 진행됐다. 임시인민위원회는 10개 부처로 된 정부조직과 공산주의 공안기관들을 설치했으며(2월 10일), '민주개혁'이란 미명 하에 무상몰수 무상분배 방식의 토지개혁을 실시했다(3월 5일). 또 중앙은행 설립과 화폐 발행(7월 1일), 주요산업의 국유화(8월 10일) 등의 조치들이 단행되어 공산화의 길로 달려가기 시작했다. 1946년 말 북한 공업시설의 90% 이상이 국유화되어 북한은 사회주의적 계획경제로 변모했다.[156)]

이러한 '민주개혁' 절차에 의해 토지나 사업체를 빼앗긴 지주나 자본가, 친일파로 낙인찍힌 지도자급 인사들, 기독교인이나 공산화에 걸림돌이 되는 지식인들은 탄압을 피해 38선을 넘어 남한으로 탈출했다. 토지나 사업체를 잃고 북한을 떠나 월남한 사람들의 수는 1948년까지 약 100만 명, 이는 북한 전체 인구의 10%에 해당하는 엄청난 인구였다.

북한식 토지개혁의 비극

토지개혁이 실시된 후 김일성은 농토를 무상으로 받은 농민들로부터 3만 통이 넘는 감사 편지를 받았는데, 그 중 수십 통은 피로 쓴 편지였다고 한다.[157] 그런데 무상몰수 무상분배 방식의 토지개혁의 결과는 무엇이었을까.

이지수(명지대 북한학과 교수)의 연구에 의하면 소련에서 실시한 무상몰수 무상분배 방식의 토지개혁은 농가 호당 가구원의 숫자가 모두 다르고, 설사 가구원의 숫자가 같더라도 실질적인 가용 노동력의 숫자 또한 제각각인 상황에서 세세한 사항에 대한 기준도 없고, 토지의 비옥도와 위치의 차이를 무시한 채 거의 획일적으로 농가 호당 토지가 분배되었다고 한다. 그 결과 토지분배의 시행착오를 견디지 못하고 몇 년 후 기존의 토지개혁을 포기한 채 농업 집단화를 통해 모든 토지를 국유화하고 모든 농민을 집단화했다.[158]

북한의 토지개혁도 소련과 소련이 점령한 동구권의 사례와 거의 똑같은 길을 걷게 된다. 북한은 1958년 전면적인 농업협동화를 단행했다. 차이라면 동구권 국가에서는 토지개혁 조치 이후 3~4년 만에 농업 집단화를 다시 단행한 데 비해, 북한에서는 이 과정이 매우 더디게 진행되었다는 점이다. 결국 애초에 토지개혁은 토지 국유화, 즉 무상몰수를 은폐하기 위한 일종의 기만정책이었다고 평가할 수 있다.[159]

북한은 1946년 7월 북조선임시인민위원회의 보안국장이었던 최용건이 보안간부 총훈련소의 총사령관으로 임명되면서부터 군육성을 시작했다. 김일을 문화부 사령관으로, 무정을 포병부 사령관으로 하여 출범한 이 기관은 출범 직후부터 평남, 평북, 함북, 함남에 훈련소를 설치하고 신병을 훈련했으며, 군복을 입은 훈련병들은 훈련이 끝난 후 남포여단, 38경비대, 강계 포연대, 나남 사단 등으로 분산 배치됐다.[160)]

1946년 3월 5일 방미 중이던 윈스턴 처칠 영국 수상이 미주리주 풀턴의 웨스트민스터대학에서 명예박사 학위를 받는 자리에서 행한 '철의 장막' 연설[161)]을 통해 소련 공산주의의 전 세계적인 팽창을 경고했다. 이 연설은 소련이 점령한 동유럽 지역이 도미노 식으로 공산화됨으로써 제2차 세계대전 당시 결성된 미국과 소련 중심의 연합동맹 체제가 붕괴될 수도 있음을 공개석상에서 최초로 시사한 발언이어서 세계의 주목을 끌었다.

반탁의 기운이 팽배한 가운데 1946년 3월 20일 서울 덕수궁에서 제1차 미소 공동위원회(이하 미소공위)가 열렸다. 그러나 미소공위는 어떤 결론도 내리지 못한 채 파행을 거듭했다. 회담에 임한 미국과 소련 측 입장이 확고하게 달랐기 때문이다.

소련은 이미 1945년 9월 20일, 북한에 공산 단독정권을 수립하라는 비밀 지령 하에 북조선 임시인민위원회라는 사실상의 단독정부를 수립하고, 과격한 방식의 토지개혁까지 실시 중이었다. 또 신탁통치에 반대하는 조만식을 비롯한 우익세력들을 체포 감금해 놓은 상황에서 미소공위에 임했다.

미국과 소련의 동상이몽(同床異夢)

소련 대표 슈티코프 중장은 “모스크바 3상회의 결정에 반대하는 모든 정당, 사회단체를 협의대상에서 제외하자”고 주장했다. 또 “한국이 앞으로 소련을 공격하는 기지가 되지 않도록 민주적이고 독립된 국가가 되는데 깊은 관심을 가지고 있다”고도 했다. 슈티코프가 내놓은 한국 문제 해결에 대한 소련의 입장은 다음과 같이 정리된다.

첫째, 미소공위에 의해 수립될 임시정부의 구성에는 모스크바 협정을 지지하는 정당과 사회단체들만 참여할 수 있다(우익은 배제하겠다는 뜻).

둘째, 통일된 한반도에 반소(反蘇)적인 정부 수립은 용납할 수 없다.

셋째, 후견제(신탁통치)는 한국민을 위해 필요한 것이다.

반면에 하지 중장이 밝힌 미국 측 입장은 다음과 같이 정리된다.

첫째, 남북한 전 지역에서 사상의 차이에 따른 차별을 두지 않고 모든 정체세력에게 정치적 자유가 보장되어야 한다.

둘째, 38선의 국경선적 작용을 철폐하여 남북한 양 지역의 민생관련 행정과 경제생활이 통일되어야 한다.

셋째, 남북한 양 지역의 정치세력이 상대방 지역에서 정치활동을 자유롭게 할 수 있어야 한다.[162]

양측은 기본노선에서 한 치도 물러서지 않았고, 여기에 남한의 좌익과 우익의 신탁통치를 둘러싼 갈등까지 가세하여 회담은 결렬됐다. 미소공위가 실패한 이유는 미소 양국이 한반도 정책에서 전적으로 서로 다른 목표를 가졌기 때문이다. 소련은 친소(親蘇)적인 국가 혹은 위성국가 수립을 원한 반면, 미국 또한 친미(親美)적 혹은 친서방적인 민주국가의 수립을 원했다. 양국은 각기 한반도가 적대국에 의해 지배되거나 한반도에서 적대적인 정부가 수립되는 것을 막을 필요가 있었다.[163)]

그럼에도 불구하고 미국은 새로 창설된 국제연합의 성공을 위해 민주국가와 공산국가의 화해와 협력(즉 좌우합작)을 통해 국제문제를 해결한다는 '샌프란시스코 환상'에 매달렸다. 로버트 올리버는 "해방 공간에서 한국 문제 해결을 위해 소련과 협력하겠다고 공언한 뜻에서 볼 때 미국 당국은 강력한 친공 세력이었다"고 지적할 정도였다.[164)]

이승만이 신탁통치를 결사반대한 이유는 한반도 전체에 대한 소련의 영향력이 증대되는 결과를 가져올 우려가 있었기 때문이다. 그는 공산주의의 싹을 강력하게 짓밟아놓지 않으면 한국은 소련 수중에 넘어갈 수밖에 없다고 직감하고 공산주의자들과의 연립, 혹은 합작을 거부하고 일관되게 반공, 반탁의 길을 간 것이다.

모스크바 3상 회담 합의에 대한 소련 측의 속내는 친소 좌익 단체나 정당만으로 조선에 임시 자치정부를 구성하든지, 아니면 북한 지역에서만은 자국의 이익에 봉사할 정권을 출범시키는 데 있었다. 실제로 모스크바 3상회담의 결정이 채택되기 전부터, 그리고 미소공위에서 대화하는 과정의 전후에 북한 지역에서는 이미 독자적인 정치 경제 사회 군사적 질서가 구축되고 있었다. 소련이 미소공위에 참여한 것은 북한에 일련의 공산 단독정부 수립을 위한 일종의 시간 벌기였던 셈이다.[165)]

이승만과 하지의 대립

당시 미군정은 신탁통치를 결사반대하는 이승만과 심각하게 대립하고 있었다. 미 군정은 미소공위의 합의라 해서 이른바 모스크바 3상회의 결정(신탁통치안)을 지지하는 정당 · 사회단체만이 미소공위에 참석한다는 이른바 「5호 성명」을 발표했다. 이 성명을 본 이승만은 불같이 노해 하지를 찾아갔다. 다음은 이승만의 비서 윤석오가 밝힌 내용이다.[166)]

"“장군의 어깨에 단 별은 세 개 밖에 안 되는데….”

“내 어깨의 별과 「5호 성명」과 무슨 상관이라도 있단 말씀입니까?”

“장군을 야심만만한 군인으로 보고 있었는데…. 장군은 야심을 이루기엔 틀렸습네다.”

“닥터 리, 또 나를 모욕 주려고 그러십니까?”

“별 네 개면 대장이요, 다섯 개 달면 원수고…. 앞으로 별을 더 달고 싶으면 그래가지고 되겠습니까?”

하지는 이 이상의 모욕이 없었기에 얼굴이 붉으락푸르락 했다.

"미스터 하지, 내 말 더 들으시오."

"뭐라고 말씀하셨습니까?"

"미스터 하지라고 불렀습니다. 미스터 하지는 내 아들뻘 밖에 되지 않습니다. 대장이나 원수가 되려면 정략적인 머리도 있어야지… 모르면 물어서 군정을 펴 가십시오."

"닥터 리, 나의 상관은 미 국무성이나 맥아더 원수이지 닥터 리는 아닙니다."

"유능한 정략가는 그런 말을 안 합니다. 충고 받아야 할 것은 받는 게 유능한 정략가가 되는 첫길입니다. 그렇게도 내 말 알아듣지 못하면 미 국무성에 전보를 쳐서 바보 같은 장군을 소환하라고 할 수밖에 없습니다."

"마음대로 하십시오!'"

이승만과 하지의 관계는 점점 심각해져갔다. 윤석오는 두 사람이 만나 대화를 할 때면 이승만은 자리에서 일어나 창가에 뒷짐을 지고 서서 창문 밖 뒷산만 바라보았다고 한다. 하지는 그런 이승만의 등 뒤에서 열심히 자신의 이야기를 했다. 다시 윤석오의 회고다.

'듣는 것도 안 듣는 것도 같이 서있던 이승만은 하지의 말이 끝나지도 않았는데도 뒤돌아보면서 "이봐, 윤 비서 우린 가세"하고 나와 버렸다. 하지는 갑자기 당하는 일이라 그저 어리둥절한 표정을 지었다.

어떤 땐 그래도 기분이 좀 내키면 얘기를 하기도 했지만 그때마다 뒤끝은 충돌.

"장군, 전쟁 얘기를 하면 나보다 나을 것이니까 내가 귀담아 들겠지만 정치도 모르는 사람이, 더욱이 남의 나라에 와서 당신 마음대로 하겠다는 거요?. 당신네는 나라도 생기기 전에 우리는 이미 4천년 역사를 가지고 있는 나라였다는 걸 인식하시오."

"역사가 있다 해도 지금 현실에선 소용이 없지 않습니까?."

"당신이 하자는 대로 해 보았으나 안 되지 않았소? 당신 얘기는 더 들을 수도 없소이다."'

1946년 5월 7일, 미소공위가 결렬되어 무기 휴회에 들어가면서 정국은 혼란에 빠졌다.

1946년 3월 6일 채택된 '북조선 임시인민위원회 구성에 관한 규정'에 북한이 설정한 당면과제에 의하면 '임시인민위원회의 최대 임무는 소련 사령부의 모든 결정을 실천하는 것'이라고 되어 있다.[167] 이것은 북한에 수립된 공산정권이 명백한 소련의 괴뢰정부임을 알리는 내용증명이나 다름없다.

반면에 미국은 미소공위 결렬에도 불구하고 소련과의 합의에 의해, 즉 모스크바 협정의 틀 속에서 한반도 문제를 해결한다는 원론적 입장을 고수했다. 이는 이승만과 김구를 남한 정계에서 퇴출시킨 후 소련과 합의하여 신탁통치를 하겠다는 뜻이었다.

소련이 좌익과 공산주의 세력을 동원하여 탁치 찬성에 나서도록 한 이유는 5년의 신탁통치 기간을 한반도 전체의 공산혁명을 위한 공작기간으로 이용하려 했기 때문이다. 소련은 5년이라는 신탁통치 기간 동안 남한 사회를 공산화하기 위해 한국인 중에서 선발된 사람을 첩자로 훈련시켜 남한에 파견했다. 이들의 활동을 통해 김일성 중심의 북한과 남로당 중심의 남한의 활동상황을 시너지화하면 한반도 전체를 공산화할 수 있다고 판단했다.

이승만, 정읍 발언으로 승부수

이승만의 집요하고 끈질기며 강력한 반탁운동은 한반도 정세에 어떤 영향을 미쳤을까. 첫째, 찬탁을 지지한 남로당을 제외한 비좌익계 국민을 단결시킴으로써 해방 후 좌익 우세였던 정치 풍토를 우익 우세로 역전시키는 데 결정적인 공헌을 했다. 둘째, 주변 열강들에게 한민족의 독립 의지를 분명하게 알림으로써 1947년 9월 미국이 모스크바 협정을 파기하고 유엔을 통한 한국 문제 해결로 돌아서도록 하는 계기를 만들었다. 결론적으로 이승만의 반탁운동 덕분에 한민족은 강대국의 5년 신탁통치를 면하고 3년 만에 자율적으로 대한민국을 건국할 수 있었다는 것이 학자들의 일치된 견해다.[168]

하지 장군의 정치고문 윌리엄 랭던은 미소공위 대표로 와 있는 찰스 데이어와 공동으로 1946년 5월 24일에 번즈 미 국무장관에게 보낸 보고서에서 "미국의 남한 점령에도 불구하고 소련은 전 한국에 걸쳐 유고슬라비아, 불가리아, 루마니아에서 실시했던 것과 거의 다름없는 통일전선 정책을 강요하려고 기도해 왔다는 것이 명백해졌다"면서 "만일 그런 정책을 우리가 받아들이면 한반도 전체에 대한 소련의 지배를 촉진시킬 것"이라면서 이승만과 김구를 퇴출시키고 좌우합작으로 중도세력을 육성한다는 정책의 문제점을 날카롭게 지적했다.[169]

2차 세계대전 후 소련군이 점령한 동유럽 국가들은 오스트리아를 제외하고는 좌우합작 방식을 통해 모두 공산화됐다. 2차 대전 종전 후 소련군이 진주한 지역에서는 3~4년 내로 공산정권이 수립되었다. 그 과정도 거의 비슷하다.

먼저 착취자들의 재산을 무산대중에게 돌려준다는 선전과 함께 토지개혁을 실시한다. 그리고 기존의 공산당과 여타 정당 사이의 합당으로 노동당을 출범시켜 연립정권을 수립한다. 이후 연립정권에 참여한 인물들을 암살, 사고사, 의문사 등으로 숙청하여 친소 성향의 공산주의자들만 남는다. 이들이 최종적으로 친소 단일정당을 수립하고 예전의 노동당은 다시 공산당으로 이름을 바꾼다.[170] 북한에서도 이런 일들이 거의 유사하게 나타났다.

좌우합작이란 용어와 명분은 그럴 듯 해 보이지만, 자유민주주의와 공산주의는 지향점이 정반대라서 절대 통합될 수 없다는 점을 이승만은 꿰뚫어 보고 있었다. 이미 38선 이북의 소련 점령지역에서 '북조선임시인민위원회'라는 공산 단독정부가 수립된 마당에 남한에서 좌우합작이 추진되면 북한의 공산세력과 남한의 공산세력이 힘을 합쳐 한반도 전체가 공산화되는 것은 시간문제였다.

이승만은 절체절명의 상황에서 난국 타개를 위한 승부수를 던진다. 6월 3일, 정읍에서 행한 강연에서 이승만은 남한만의 임시 정부 수립 의사를 다음과 같이 밝혔다.

"우리는 무기 휴회된 미소공위가 재개될 기색도 보이지 않으며, 통일정부를 고대하나 여의치 않으니 남방만이라도 임시정부 혹은 위원회 같은 것을 조직하여 38 이북에서 소련이 철퇴하도록 세계 공론에 호소해야 될 것이다. 그리고 민족통일기관 설치에 대하여 지금까지 노력하여 왔으나 이번에는 우리 민족의 대표적 통일기관을 귀경한 후 즉시 설치하게 되었으니 각 지방에 있어서도 중앙의 지시에 순응하여 조직적으로 활동하여 주기 바란다."[171]

언제까지 우리가 미국을 믿고 기다려야 하는가? 언제까지 우리의 현재와 앞날을 미국과 소련의 화해에 걸고 기다릴 것인가? 우리는 남한에서만이라도 주권을 되찾아서 우리의 장래를 스스로 결정해야 한다는 것이 이승만의 정읍 발언의 본심이었다.[172]

미국에서 이승만을 보좌했던 허정은 이승만의 정읍 발언이 통일정부라는 이상을 포기한 것이 아니라 먼저 남한에 민주국가를 건설한 후에 남북 통일정부를 이루려는 현실적 관점에서 단독정부론을 제기했다고 설명했다.[173]

이정식은 이승만의 정읍발언 배경에는 그의 마음속에 깊이 품어왔던 미국에 대한 불신이 깔려 있었다고 해석한다.[174] 이승만은 태프트-가쓰라 비밀조약이 맺어지고 8일 후 시어도어 루스벨트 대통령을 찾아가 한국의 독립에 대한 청원서를 제출하려 했다. 태프트-가쓰라 조약이 밝혀진 것은 1924년이었는데, 이승만은 큰 충격과 함께 미국 정부에 대해 증오심에 가까운 배신감을 느끼게 됐고, 미국의 대한(對韓)정책을 줄곧 경계해 왔다.

미군정의 이승만 퇴출 공작

지금까지 한국 사학계에서는 분단 고착화의 주된 원인을 1946년 봄에 열린 미소공위의 실패, 그리고 남한에서 단독정부 수립을 촉구한 이승만의 정읍 선언에서 찾았다. 그러나 분단의 진짜 원인은 1945년 9월 20일 스탈린이 내린 "북한에 부르주아 민주주의 정권을 수립하라"는 비밀지령이다. 일제 패망 후 남북을 분할 점령한 미·소 양국 모두 자국에 적대적인 국가가 한반도에 들어서는 것을 원치 않았기 때문에 현실적으로 남북이 하나 되는 통일된 국가의 수립이 불가능했던 것이 당시 국제정치 환경이었다.[175)]

이승만의 정읍 발언은 격렬한 소용돌이를 몰고 왔다. 공산당에 의해 주도되는 민전은 6월 4일 "이 박사는 지금까지 은폐하여 오던 마각을 드디어 드러냈다"면서 "남조선 단독정부 수립 내지 위장 통일정부를 수립하여 민족의 분열을 영구화하고 자주독립을 무망에 빠뜨리며 음모와 책동을 온갖 형태로 계속하고 있다"는 성명을 발표했다. 좌익계 신문인 『조선인민보』도 "반동 거두 이승만은 조급한 정권욕과 광포한 파쇼 이념을 더 참을 수 없어 다시 이러한 폭언을 토한 것"이라며 격렬히 공격했다(『조선인민보』 1946년 6월 6일).

이승만의 정치적 우군인 한민당과 독촉을 제외한 우파와 중도파 정당은 물론, 미군정까지 비난의 뭇매를 가하기 시작했다. 이승만의 정읍 발언에 대해 미군정장관 러치는 6월 11일 출입기자단과의 회견에서 "남조선 단독정부 수립에 절대 반대한다"고 밝혔다. 하지 사령관도 6월 23일 굿펠로우에게 보낸 서신에서 "그 늙은이(이승만)가 잘못된 성명들을 많이 내놓았다. 그는 당장 분리된 정부를 수립하여 러시아를 몰아내기를 원한다. 나는 그 늙은 악당을 들보에 묶어 놓기 위해 그와 두 차례 격렬한 회담을 가졌다"고 비난했다.

이승만이 정읍에서 남한 임시정부 수립 발언을 한 날 로버트 올리버가 이승만의 초청으로 서울에 도착했다. 올리버는 6월 4일 하지 장군과 군정장관 러치와 회담을 가졌는데, 이날 하지는 올리버에게 이렇게 말했다.

"이승만은 한국에서 유일하게 위대한 정치가지만 러시아에 대한 그의 공격 때문에 미국 정부는 이승만을 어떤 형태로든 정부수립에 참여시킬 수 없습니다. 지금 러시아의 협력 없이는 한국문제 해결이 불가능해요. 제발 당신이 이승만을 설득하여 러시아 비판을 중단시켜 줘야겠소."[176]

미군정의 의도대로 이승만과 김구를 퇴출시키고 김규식, 여운형, 안재홍 같은 인물로 구성된 중도파 인물들이 정국의 주도권을 행사했다면 과연 통일정부 수립이 가능했을까. 이 추론이 가능하려면 극우로 분류된 이승만과 김구의 퇴장과 더불어 극좌의 대명사인 김일성과 박헌영이 동시 퇴장했어야 한다.

좌익과 공산주의자들은 남한의 혼란한 정국을 이용해 민주주의, 민족통일전선, 민족과 자주 등 온갖 허울 좋은 용어들을 총동원하여 선전선동에 나섰다. 좌익 공산주의자들은 '용어혼란전술'을 구사하여 공산주의에 대한 지식이 없는 순진한 민중들을 기만했다. 만약 극우 핵심 인물을 퇴출시킨 상황에서 극좌 인사들의 적극적인 활동이 용인되었다면 한반도는 손쉽게 공산주의자들의 세상이 되었을 것이다.

미군정은 남한 정치권에서 이승만을 퇴출시키기 위해 많은 노력을 기울였으나 성과를 거두지 못했다. 이승만이 남한 국민들에게 거의 절대적인 위치를 차지하고 있었기 때문이다. 이 무렵 이승만의 국내 정치에 미치는 영향력이 어느 정도였는지를 보여주는 사례가 있다.

어느 날 미군정장관 아놀드 장군이 이승만에게 "당신도 그저 하나의 한국 사람일 뿐이오. 당신은 그 누구도 대표하고 있지 않소" 하고 말했다. 그러자 이승만은 즉각 서울시민에게 "나라의 명절을 지켜라" 라고 요구했다. 사흘간 서울에서는 일하는 사람이 한 사람도 없었다. 화부가 석탄을 실어가 버려 불을 땔 수 없었고 호텔과 사무실의 라디에이터는 얼어붙었다. 사람들이 2마일이나 늘어서는 대대적인 시위행진을 벌여 남대문에서 중앙청까지 사람들이 꽉 찼다. 이렇게 되자 아놀드 장군이 이승만에게 사과했다. 이 사건 이후부터 아무도 이승만의 실력을 의심하지 않았다.[177]

미국의 '관망정책'

미군정 당국은 이승만이 한국 국민의 진정한 대표자라는 사실을 인식했지만 "이승만이 공산주의를 공격하고 있기 때문에 집권을 허용하지 않겠다"는 모순에 빠져 있었다. 이승만의 경고에도 불구하고 미국은 "땅덩어리를 시간과 맞바꾸면서 아시아에서 혼란이 가라앉기를 기다리고" 있었다. 하지는 "우리가 아시아에서 할 일은 옆으로 비켜서서 소련의 세력권이 자연적인 팽창의 한계까지 가도록 이를 허용해 주는 것"이라고 발언할 정도였다.[178)]

1946년 6월 6일 미 국무부는 전쟁성과 해군성의 동의를 얻어 확정한 새로운 「대한(對韓)정책」(Policy for Korea)을 맥아더 사령부에 보냈다. 이 정책의 핵심은 '한국인화 정책', 즉 능력 있는 한국인을 행정기관에 많이 채용하고 남조선 대한국민대표 민주의원을 대체할 입법자문기관을 설립하는 것이었다. 흥미로운 것은 한국인화 정책과 관련하여 이승만과 김구의 퇴출을 노골적으로 훈령하고 있다는 점이다.

'미군 사령관은 일본 지배 기간에 한국 안에 있던 지도자들이 선정되는 것을 고무해야 하고, 일본의 항복 이후에 귀국한 지도자(이승만, 김구를 지칭함-필자 주)들의 자발적인 정계 은퇴를 어떤 방법으로든 반대하지 말아야 한다. 최근 한국의 정치적 논쟁에서 태풍의 눈이 되어 온 몇몇 인사들이 일시적으로 정치무대에서 은퇴한다면, 미국과 소련 당국 사이의 합의뿐만 아니라 남한의 여러

파벌들 사이의 합의도 크게 촉진될 것이다.'

1945년부터 1947년 초까지 미국의 한반도정책은 중국 사태를 관망하면서 현상을 유지하려는 관망정책(wait and see)이었다. 즉 미국은 소련의 세력팽창을 막아보겠다는 소극적인 목표로 남한을 점령한 후, 중국에서의 사태 진전을 기다리며 앞날을 관망하는 입장이었기 때문에 치안유지 외에 이렇다 할 정책이 없었다.[179] 서울에서 하지 장군의 정치참모 역할을 했던 윌리엄 랭던은 이 시기의 미국 정책을 '표류의 정책'(a policy of drift)이라고 비난했다.

트루먼 대통령은 1946년 1월, 조지 마셜 대장을 중국에 특사로 보내 국공합작을 이룩하도록 했다. 마셜이 노력한 결과 국민당과 공산당이 국공합작에 합의하여 베이징에서 대축제가 열렸다. 그러나 장제스 총통이 미국의 조언을 무시하고 승산 없는 내전을 재개하자 마셜은 미국이 중국문제에 관여해서는 안 된다고 결론을 내렸다. 즉 중국을 포기하라는 말이었다.[180]

이정식은 해방 후 한반도의 분단은 1945년 9월 20일, 스탈린이 내린 북한에 부르주아 민주주의정권 수립 지시와 함께 1946년부터 1947년까지 중국의 국공내전이 결정적인 영향을 미쳤다고 주장한다.[181]

소련은 1945년 9월 런던의 외상회담에서 자신들의 요구가 미국과 영국에게 거절당한 뒤 팔로군 30만 명을 만주에 파병하라는 지시를 내렸다. 이로써 중국에서 국공내전이 재개됐다. 1946년 3월 소련군은 만주에서 철수하면서 자신들의 점령지를 팔로군에게 넘겨주었고, 팔로군은 4월에 만주의 쓰핑가이(四平街) 전투, 창춘(長春) 전투에서 국부군에게 승리를 거두었다.

장제스는 그에 대한 복수로 미군의 지원으로 육성한 국부군 주력부대인 신1군과 신6군을 만주에 파병하여 1946년 5월, 팔로군에게 대승을 거두었다. 당시 중국에서의 국공내전은 미군과 소련군의 대리전쟁 비슷한 양상으로 전개됐다. 팔로군이 국부군 주력부대에 결정적인 패배를 당하자 스탈린은 팔로군 부대들을 북한 지역으로 퇴각시켰다.

팔로군은 북한에서 부상병을 치료하고 휴식을 취하면서 소련군에 의해 훈련되고 재편되었다. 1946년부터 48년까지 북한 전 지역이 팔로군의 군수물자와 병사들의 수송통로이자 보급창 역할을 훌륭히 수행했다. 당시 중국 공산당 동북국(東北局)이 평양에 세운 주(駐)조선 사무소의 간부로 활약했던 딩쇠에쑹(丁雪松)의 회고록은 "동북지역의 교통 요로가 막혀 버린 상황에서 조선 북부는 남만주와 북만주, 산하이관(山海關) 안팎을 연결하는 중요한 통로였다. 우방의 이러한 지리적 조건을 이용하는 것은 동북 해방전쟁의 위대한 승리를 거두는 데 있어 절대적으로 필요했다"고 기록하고 있다.

딩쇠에쑹의 회고록에 의하면 1946년 6월 팔로군은 안둥(현재의 단둥)과 통화(通化)를 포기하고 1만 8000여 명의 부상자와 가족, 후방인원들과 전략물자 2만 톤을 북한 경내로 이동시켰다. 북한은 팔로군 부상자들을 치료해 주었고, 휴식 및 재편을 도왔다. 국부군이 선양(瀋陽)에서 창춘에 이르는 대도시와 철도, 교통 요지를 점령하고 물자 공급을 차단하자 팔로군은 북한 지역을 통과하는 4개의 교통로[182] 를 이용하여 인력과 물자를 만주로 이동시켰다. 당시 중국에서 북한을 경유하는 교통로는 만주 지역이 전쟁으로 인해 분할된 상황에서 전략물자의 이송과 인원 이동을 해결함으로써 전쟁을 지탱하는 버팀목 역할을 했다.[183]

좌우합작의 본질은 공산화

북한에서 휴식 및 재편을 통해 기운을 차린 팔로군은 1947년 다시 만주로 이동하여 국부군 주력부대를 몰아붙여 승리를 거두었고, 여세를 몰아 중국 전역에서 국민당 군대를 몰아내고 공산통일을 하게 된다.

중국 국공내전 당시 북한은 훌륭한 후방지원기지 역할을 수행했다. 이처럼 소중한 북한이 미국의 영향권 하에 놓여 있는 남한과 합쳐져 통일하게 될 경우 소련은 든든한 배후가 사라지게 된다. 스탈린은 국공내전 진행과정에서 북한이 유사시 후방기지화의 적지라는 전략적 가치를 새삼 주목하게 됐고, 그리하여 분단에 대한 자신의 생각을 굳히는 계기가 됐다는 것이 이정식의 주장이다.

중국에서 장제스의 국민당이 마오쩌둥의 공산당에게 패색이 짙어지자 한반도의 운명은 관망 혹은 표류정책에서 벗어나 윤곽이 잡히기 시작했다. 1947년 2월 25일 미 예산국과 육군성, 국무부의 고급 관료들로 구성된 '한국문제 특별공동위원회'(Special Interdepartmental Committee on Korea)는 한국 문제와 관련, 중요한 보고서를 작성했다.

이 보고서는 남한에 독립정부를 수립하면 한국이 공산화될 것이라면서 미국이 남한에 경제 원조를 제공하여 남한 경제의 기초를 다져야 한다고 지적했다. 또 한국의 우익세력만으로는 공산당을 막을 수 없으니 민정장관 안재홍과 과도입법의원 의장 김규식 등 온건세력을 중심으로 남한 경제가 자립할 수 있는 기반을 만들어야 한다고 지적하고 있다.[184] 말하자면 좌우합작 세력을 중심으로 한 온건세력을 양성하여 경제 자립 기반을 닦도록 하자는 제안이었다. 좌우합작론자들은 미 국무부의 극동전문가 조지 맥퀸 박사의 후원을 받았다. 그는 평양에서 선교사의 아들로 태어나 성장했기 때문에 서북 지방의 안창호 계통 인사들이나 흥사단 계통 인사들과 가까웠다.[185]

그러나 이 제안에 육군장관 로버트 패터슨이 반기를 들었다. 패터슨은 한국에 대한 원조를 반대할 뿐만 아니라, 가급적 신속하게 한국에서 철수해야 한다고 주장했다. 미 육군이 한국에서 철수를 하려는 이유는 다음과 같은 자료에서 발견된다.

미 군부는 공동전략조사위원회를 조직하여 미국 안보의 견지에서 세계 여러 나라가 차지하는 중요성을 측정한 바 있다. 이 위원회가 1947년 4월 27일 제출한 보고서에 의하면 한국은 16개 나라와 지역 중에서 15등이었다. 동시에 원조의 시급성 등급에서는 5

등, 두 가지 조건을 결합해서 매긴 등급이 13등이었다. 미국 안보라는 입장에서 볼 때 한국은 원조를 해야 할 가치가 없는 지역이었다.[186)]

한반도에 대한 가치평가는 소련도 미국과 비슷한 입장이었다. 소련이 동방에서 영토 확장의 주요 목표는 만주, 즉 중국 동북3성 지역이었다. 1945년 9월 중순, 전승국들의 런던 외상회담에서 미국과 영국으로부터 거부를 당한 후 소련은 자신들이 점령하고 있던 북한지역에 단독정권을 수립하는 방향으로 나갔다. 미소가 한반도에 대한 미련을 버리지 못한 이유는 자기가 차지해야 할 필요성이 그리 강하지는 않지만, 남이 가지면 위험하다는 생각 때문이었다.[187)]

국제정세의 흐름에 정통한 이승만은 1945년 유고슬라비아에서의 우익 탄압, 1946년 폴란드 공산당의 국민투표 결과 조작, 1947년 8월 20%밖에 득표하지 못한 공산당이 소련군의 비호 아래 정권을 강탈한 헝가리 사태의 핵심을 꿰뚫어 보았다.[188)] 아울러 중국에서 진행되던 장제스와 마오쩌둥이 벌인 국공합작의 본질을 누구보다 잘 알고 있었다.

장제스와 마오쩌둥은 일본이 침략하자 일본 타도라는 대의(大義)에서 손을 잡았으나 실상은 끝없는 대립과 격돌을 벌였다. 일본이 패망하자 국민당과 공산당은 전면전을 벌여 1949년 중국 대륙이 공산화되고 장제스는 타이완으로 쫓겨 갔다. 좌우합작이란 용어와 명분은 그럴 듯 해 보였지만 본질은 공산화였다.

미군정, 좌우합작 공작 돌입

이승만은 정치생명까지 위태로워질 수도 있는 위험을 무릅쓰고 남한 단정론을 내놓은 이유가 무엇이었을까? 그것은 이승만이 권력욕에 눈이 어두워져서가 아니라 우익세력과 공산당의 합작은 불가능하다고 보았고, 소련과 미국이 타협할 수도 없으며, 동유럽에서 소련의 팽창정책이 한국에서도 전개되는 것을 막기 위한 고육지책이었다.[189]

이승만이 남한 단정론을 제시하자 미군정은 '진보적 강령으로 민중의 지지를 획득할 수 있는 인물'로 김규식과 여운형을 지목하고 두 사람을 앞세워 좌우합작에 돌입했다. 미국의 좌우합작 정책은 그 뿌리가 루스벨트 대통령 시절로 거슬러 올라간다. 루스벨트를 비롯한 미국 정부 내의 영향력 있는 인사들은 앞으로 공산주의 이념이 세계를 지배하게 될 것으로 예상하고 미국은 전후처리 문제에 있어 소련과 맞서기보다는 소련과 협조해야 한다고 생각했다.[190]

이 방침에 의거하여 조지 마셜 장군을 중국에 보내 장제스와 마오쩌둥의 국공합작을 유도했고, 한반도에서 소련을 포함한 4개국 신탁통치를 결정한 것이다. 모스크바 3상회의가 결의한 신탁통치가 이승만과 김구 등에 의해 거부되자 미국은 반소, 반공을 주장하는 이승만을 남한 정치권에서 퇴출시키고 좌우합작을 주장하는 인사들이 주도권을 잡도록 움직이기 시작했다.

이승만은 "좌우합작은 성공할 수도 없고, 설령 성공한다면 그것은 공산화되는 길"이라는 신념을 가지고 있었다. 박용만이 전하는 이승만의 회고다.

"지금 우리나라 형편으로는 좌우합작은 퍽 어려운 일이며, 그것은 이상에 불과한 말이야. 지금 우리나라 형편으로 좌우합작을 해서 정부를 세울 수 있으며, 그 정부가 어떻게 안정될 수 있다는 거야? 공산당 하는 사람들은 옛날 사람들의 생각과는 다른 생각들을 가진 사람들이며, 그 사람들은 우리나라보다는 세계 공산화를 꿈꾸는 사람들이란 말이야. 그래서 공산당 하는 사람들과는 손을 잡을 수 없어. 손을 잡았다 해도 얼마 안 가서 또 트집을 부리고 엉망을 만들어 놓는 사람들이야."[191]

미군정은 한국의 우익세력만으로는 공산당을 막을 수 없다는 결론을 내리고 민정장관 안재홍, 과도입법의원 의장 김규식 등 온건세력을 중심으로 한 체제에서 남한 경제가 자립할 수 있는 기반을 만들어 소련과 타협을 이끌어내고자 했다. 그리하여 김규식을 좌우합작 공작의 중심인물로 발탁했고, 김규식은 여운형과 원세훈을 협력자로 택했다.

이로써 정국은 이승만의 남한 임시정부 수립론과, 미군정의 좌우합작 노선으로 정리됐다. 그런데 여운형이 좌우합작에 응한 이유는 미군정의 의도와는 너무 달랐다. 여운형은 "남한에서 먼저 좌우합작을 하고, 그 토대 위에서 남북이 합작하여 통일정부를 구성하면 좌익이 압도적으로 우세해질 것이 확실하기 때문에" 좌우합작에 참여한 것이다.

이처럼 좌우합작에 임하는 세력들은 원칙과 목표가 서로 달랐다. 1946년 7월 10일 출범한 좌우합작위원회는 10월 7일, '좌우합작 7원칙'을 내놓았으나 좌우 세력 모두 이 안을 거부함으로써 파행을 거듭하다 와해의 길을 걷게 된다. 김규식계의 우측 중간파는 극우 측에 의해 분열분자로 낙인 찍혔고, 여운형계의 온건 좌익은 좌익 측에 의해 기회주의적 반동분자로 배척당해 지지 세력을 확장해 나갈 수 없었다.[192)]

1946년 하지는 남조선과도입법의원 창설을 선포했다. 의원 수는 90명으로 이중 절반은 전국에서 간접선거를 통해 선출하고, 나머지는 미군정장관이 임명하는 관선으로 되어 있었다. 미군정은 좌우합작위원회에 힘을 실어주기 위해 남조선과도입법의원 선거를 실시했으나 선거 결과 45명의 민선의원 중 우익진영, 혹은 우익 성향의 무소속 당선자가 40명이나 되어 우익이 압승을 거두었다.

당황한 미군정은 서울시와 강원도의 선거를 무효화하고 재선거를 실시했다. 또 관선 과도입법의원을 임명하는 과정에서 하지 장군은 대부분의 관선 의원을 좌우합작위원회가 추천한 중도파나 용공 인사들로 채웠다.[193)]

소련 지시로 남한에서 극렬 폭력운동 전개

이 조치에 격분한 이승만은 11월 25일 하지에게『내가 직접 미국을 방문해 미군정의 실책을 온 세상에 폭로하고 한국 문제를 유엔에 제출하겠다』고 선언했다. 이승만은 맥아더가 마련해준 비행기 편으로 12월 4일 서울을 출발, 12월 7일 워싱턴에 도착했다.

미군정이 좌우합작에 공을 들이는 사이, 찬탁운동의 여파로 입지가 위축된 남한 내의 좌익들은 좌익정당 통합작업에 돌입한다. 통합작업은 1946년 7월 초 박헌영과 김일성이 비밀리에 소련에 가서 좌익정당 통합 지시를 받고 온 후부터 본격화됐다. 우여곡절 끝에 1947년 12월 10일 박헌영을 중심으로 한 조선공산당, 여운형이 이끄는 조선인민당, 백남운의 남조선신민당이 남조선노동당(남로당)을 결성했다.

1946년 7월 조선정판사 위조지폐 사건[194]으로 공산당이 불법화되자 좌익과 공산당들은 폭력투쟁을 통해 남한 사회에 불안을 조성하고, 무정부적 혼란 상태에 빠뜨려 사회주의 혁명의 기운을 불어넣고자 했다. 이러한 전술상의 변화는 박헌영이 1946년 7월 26일 당원들에게 배포한「신전술에 대한 지시서」에 잘 나타나 있다. 이 지시서의 내용은 다음과 같다.

1) 미군정에 대한 협조합작 노선을 근본적으로 변환하여 반미운동을 적극 전개할 것.

2) 북조선에서와 같은 제도개혁을 남조선에서도 실시할 것.

3) 미소공위 휴회의 책임을 국내 반동진영과 미국 측의 모략과 반동성에 전가하고 비판할 것.

4) 적극적 공격태세를 취하고 우익진영에 일대 타격을 가할 준비를 갖출 것.

5) 정권을 군정으로부터 인민위원회에 넘기라는 요구를 적극적으로 주장할 것.[195]

소련 당국이 박헌영에게 「신전술」을 지령하여 남한에서 폭력 투쟁을 지시한 이유는 1946년 5월 중국의 국공내전에서 팔로군이 쓰핑가이와 창춘에서 장제스 군대에게 참패하자 남한의 공산당에게 지령을 내려 난폭한 폭력 활동을 전개하라는 지시를 내린 것이다.[196] 그것은 곧 남한을 통치하고 있는 미국에 대한 도전이었다.

「신전술에 대한 지시서」가 발표되자 미군정은 공산당의 불법 활동에 대한 단속을 강화했다. 이에 맞서 좌익은 노동조합전국평의회(전평)를 동원해 철도노조 파업에 돌입했고, 9월 25일부터 10월 초까지 많은 공장과 직장에서 연쇄 파업으로 맞섰다. 학원에 침투한 좌익계 학생들도 공산당의 지령에 따라 동맹휴학에 돌입했다.

좌익들은 대구에서 폭동을 일으켜 경찰서의 무기를 탈취하고 유치장을 부수어 투옥됐던 좌익사범들을 석방시켰다. 무장폭도들은 경찰과 우익인사나 그 가족들을 학살하고 집에 불을 질렀다. 이 폭동은 전통적인 농민 반란과 유사했지만 경찰을 공격 대상으로 삼고 있었다. 일련의 폭동 과정에서 400여 명의 경찰관이 무참히 살해됐다.[197]

미군정이 1946년 10월 2일 대구지역에 계엄령을 선포하고 진압에 들어가자 폭도들은 농촌지역이나 산악지대로 도주하여 게릴라 활동을 벌였다. 1947년 들어서도 국립대학교안 반대투쟁, 3 · 1절 투쟁, 3 · 22 총파업 등으로 사회혼란이 계속됐다.

9월 총파업과 10월 폭동은 소련의 자금지원과 배후조종에 의해 진행됐음이 밝혀졌다. 슈티코프의 비망록에 의하면 9월 9일에 박헌영이 "당이 사회단체들을 어떻게 지도해야 하는지"를 문의하자 슈티코프는 9월 11일과 16일 두 번에 걸쳐 로마넨코를 통해 "테러와 압제에 반대하는 대중적인 시위와 항의를 조직할 것"을 지시했다. 그리고 총파업이 진행되고 있던 9월 28일 자금을 지원했다. 10월 폭동이 계속된 약 3개월 동안 소련군정은 남조선 투쟁기금으로 300만 원과 122만 루블을 조선공산당에 보냈다.[198]

해방 후 남한에서 좌우대립이 격화된 주요 원인은 조선공산당(남로당)의 미숙성과 급진성 때문이다.[199] 해방 후 막강한 세력을 확보하고 있던 조선공산당이 온건정책을 채택하여 정계의 단합을 부르짖고 의회민주주의 제도를 수립하는 방향으로 나갔다면 조공과 여운형계 좌익이 쉽게 정계를 장악할 가능성이 높았다.

조선공산당이 미숙하고 주체성이 결여된 이유는 사회적 정치적 연륜을 쌓은 바 없이 매혹적인 이론에 도취된 백면서생(白面書生)적 혁명가들에 의해 조직이 만들어졌기 때문이다. 조선공산당은 마르크스-레닌주의를 충분히 소화해서 한국의 현실에 적용할 만한 이론을 만들 수 있는 이론가를 배출하지 못하고 고작 코민테른에서 내리는 지령을 따르거나 일본 좌익이론가들의 혁명 공식을 도입하는데 급급한 번역생(飜譯生)적 이론가에 불과했다. 해방 직후에 재건된 조선공산당도 일조일석에 공산혁명을 달성하겠다고 급진적인 파업과 극렬투쟁으로 일관하면서 민심을 잃었다.

이승만, 암살 위기 수차례 넘겨

해방 공간의 무질서와 혼란의 와중에 송진우, 여운형, 장덕수, 김구 등 정치 지도자들이 암살되어 세상을 떠났다. 암살의 표적에서 이승만도 예외일 수는 없었다. 이승만은 해방 공간에서 무려 7~8차례의 암살 위기를 넘겼다.

돈암장에서 생활을 할 때의 일이다. 돈암장 경비경찰 중에 공산당 프락치가 있었다. 이 프락치는 비서실 부엌에 시한폭탄 장치를 했다가 사전에 발각된 사건이 있었다. 1946년 4월 16일과 19일 이승만의 대전 방문 직전, 이승만을 암살하려던 일당 7명이 체포되었다. 경찰은 범인들이 일제 수류탄과 권총 등을 소지하고 있었다고 발표했다.

1946년 9월 12일 오전 10시, 서울 종로의 YMCA 강당에서 우익 청년단체가 통합하여 대한독립청년단을 결성하는 결단식이 열렸다. 이승만은 행사에 참석하기 위해 창덕궁에서 돈화문 앞을 지날 무렵 괴한들이 이승만이 탑승한 승용차에 총격을 가했다. 총탄은 승용차 뒤 유리창 부근에 맞는 바람에 승차했던 사람들은 모두 무사했다. 범인은 10월 1일 체포됐는데, 평안도 출신의 22세 된 김광명이란 공산당 청년이었다. 암살 위기를 모면한 이승만은 연단에 올라 청중들에게 이렇게 연설했다.

"지금 내가 이곳으로 오는 길에 어디서 땅땅 하는 소리가 나기에 길에서 노는 아이들이 딱총을 놓는 줄 알았더니 나를 향하여 권총을 쏜 모양이다. 그런데 네 발씩이나 총알을 발사했으면 나를 맞혀야 할 터인데 맞히지 못하는 것을 보면 그 총을 쏜 사람은 나를 사랑하는 사람인 줄 믿는다."

후에 범인을 잡아 현장 검증을 할 때 범인은 "돈암장 담을 넘어오니 이 박사 부부가 연못에서 고기밥을 주고 있길래 뛰어가 쏠까 했으나 그러면 도망갈 수 없을 것 같아 계획을 바꾸었다"고 진술했다.

이승만은 1947년 8월 한강이 내려다보이는 마포장으로 거처를 옮겼는데, 얼마 지나지 않아 암살음모 사건이 발각됐다. 범인들은 마포장 경비 순경 4명 전원과 한강 가에 있는 남한강파출소 근무 순경 1명이었다. 이들은 마포경찰서 소속의 현직 순경들로서 남로당에 입당해 있었는데, 마포경찰서장 윤우경에 의하여 사전에 적발돼 위기를 넘겼다.

건국 두 달 후인 1948년 10월 17일에는 경무대 정문에서 10여 m 거리에 신원 미상의 중년 신사가 지하 하수구 쪽 땅을 파고 지뢰를 5개나 매설한 사건이 발생했다. 이 지뢰는 근처에서 공놀이를 하던 어린아이가 발견, 근처를 순찰 중이던 기마경찰에게 신고함으로써 사전에 제거됐다. 이는 이승만 대통령이 1948년 10월 19일, 맥아더 원수의 초청을 받아 도쿄로 떠났는데, 대통령과 그를 환송하기 위해 모이는 각료들과 정부 요인들을 노린 것으로 밝혀졌다.

1950년 서울 수복 사흘 후인 10월 1일, 이승만은 서울 시내의 민정을 살피기 위해 나섰다. 남대문 근처에 이르자 대통령을 본 시민들이 일제히 만세를 불렀다. 대통령은 차에서 내려 자동차 범퍼를 딛고 앞에 선 경호관의 등에 몸을 의지하여 그 동안 공산 치하에서 고생한 시민들을 위로했다. 이 때 어디선가 수류탄이 날아왔으나 다행히 터지지 않아 이승만은 목숨을 건졌다. 당시 정황에 대한 황규면 비서의 증언이다.

'이 박사는 차를 멈추고 내렸다. 내리는 순간 사방에서 시민들이 모여 들었다. 모두들 약속이나 한 듯 흐느끼며 어찌할 바를 몰랐다. 대통령은 갑자기 자동차 밤바(범퍼) 위에 올라서더니 연설을 하기 시작했다. 시민들에게 보내는 간곡한 위로의 말이었다.

"앞으로 아무리 뼈아픈 고통과 슬픔이 닥쳐오더라도 우리 모두가 힘과 마음을 합해 참고 견디면 밝은 날이 올 것입니다…."

아무 준비 없는 즉흥 연설이었다. 이때 난데없이 수류탄이 자동차 옆으로 떼굴떼굴 굴러왔다. 나와 김장흥 총경은 혼비백산하여 황급히 이 박사를 가로 막고 "각하, 들어가셔야겠습니다" 하고 고함을 질렀다. 그러나 이 박사는 이 말을 들었는지 안 들었는지 연설을 계속했다. 나는 마담에게 "핸드 그리네이드(수류탄)!" 하고 소리쳤다. 프란체스카 여사는 이 박사의 소매를 끌어 당겨 자동차에 밀어 넣다시피 하여 태웠다.

불과 순식간의 일이었다. 나의 온 몸에서는 식은땀이 흘러 내렸다. 그때 만해도 군중 속엔 빨치산이 끼여 있었던 것이다.'

'트루먼 독트린'으로 세계전략 변경

1946년 12월 4일에 출국한 이승만은 12월 7일 워싱턴에 도착, 한국문제 해결을 위한 건의서를 미 국무성에 제출했다. 이승만은 약 4개월 간 워싱턴에 머물면서 미국 조야(朝野)를 상대로 남한 과도정부 수립의 필요성을 적극 홍보했다. 그 결과 1947년 9월 미국 정부가 신탁통치 계획을 백지화하고 한국 문제를 유엔으로 이관하여 남한에 민주주의 정부를 수립하는 방향으로 정책을 변경하도록 하는 데 기여했다.[200]

1947년 1월 26일에는 "미 국무성 내 일부 분자가 조선에 독립을 수여한다는 미국 측 언약의 실천을 방해하고 있는 것 같다. 이들은 공산주의에 기울어지고 있는 것 같다"면서 국무성 내 일부 인사들을 공격하는 성명을 발표했다.[201] 이승만의 이날 발언은 당시에는 우익 인사의 실언으로 치부되었지만, 몇 년 후(혹은 몇 십 년 후) 이승만의 지적은 정당한 것이었음이 증명되었다. 미 국무부의 고위 인사 앨저 히스가 소련을 위해 일하는 인물이었다는 사실이 밝혀졌기 때문이다.

미국에 간 이승만이 가는 곳마다 미군정의 불합리한 통치를 비판하는 와중에 미국 수뇌부에서는 중대한 전략상의 변화가 추진되고 있었다. 그 무렵 소련은 지중해로 나가는 길을 뚫기 위해 그리스와 터키의 공산세력을 지원하여 공산화하고자 했다.

그 무렵 소련 내에서 스탈린의 철권통치에 의해 강행된 전체주의적 1인 독재체제와, 소련 해방군의 붉은 기가 휘날리는 곳에는 어디서나 자유, 민주주의, 자주독립의 싹이 잘리고 파시즘에 뒤지지 않는 폭정이 기세를 떨쳤다.[202] 동유럽과 발칸반도에서 소련의 팽창정책과 공산화 정책을 더 이상 방관할 수 없다고 판단한 미국 지도부는 소련과의 협력정책을 포기하고 대결 및 봉쇄정책으로 전환하게 된다.

대소(對蘇) 봉쇄정책은 1947년 3월 12일, 트루먼 대통령이 상하원 양원 합동회의에서 행한 '트루먼 독트린' 연설로 집약되어 나타났다.[203] 트루먼은 제2차 세계대전의 동맹국이었던 소련을 주적(主敵)으로 설정하고 본격적인 냉전에 돌입한다. 이는 제2차 대전 이후 하나였던 세계가 민주주의와 공산주의 양대 진영으로 갈라지는 것을 뜻했다.

1946년 말까지 미국의 세계전략의 기조는 국제주의였다. 이는 사회주의 국가들까지 포함하는 대부분의 국가들과 우호적인 통상 교류관계를 유지하는 정책이었다. 그런데 트루먼 독트린으로 냉전을 공식 선언하면서 이후 미국의 세계전략은 봉쇄정책(containment policy)으로 바뀌었다. 즉 미국은 자본주의 국가들하고만 호혜적이고 우호적인 교류나 교역관계를 유지하고, 사회주의가 자본주의 진영을 넘볼 수 없도록 포위의 블록을 쌓아 그들의 팽창을 저지한다는 정책이었다. 이후 봉쇄정책은 억지전략(deterrence policy)과 함께 냉전시대 미국 대외정책의 기조로 자리 잡았으며, 소련이 붕괴할 때까지 바뀌지 않았다.[204)]

미국은 특정한 시기에 특정 국가나 지역에서 필요한 경우 봉쇄의 기조를 허물지 않는 범위 내에서 사회주의권으로 넘어간 영역의 일부분을 되찾으려는 공세적인 정책을 펼치기도 했다. 이것이 롤백 정책(roll back policy)이다. 롤백 정책은 6·25 당시 유엔군이 38선을 넘어 북진하면서 첫 선을 보였다.[205)]

트루먼 독트린에 이어 1947년 6월 5일 미국은 막대한 달러를 풀어 유럽의 전후 복구를 지원하기 위한 마셜 플랜을 가동했다. 이어 7월에는 공산 진영에 대한 '봉쇄정책'이 발표됐다. 1949년 4월 4일에는 북대서양조약기구(NATO)를 창설하여 서유럽과 미국의 집단안보를 강화했다. 이처럼 유럽에서 미국이 지출할 경비가 크게 늘자 전략적 이득이 없는 한국에서 미군을 철수하기로 결정한 것이다.

미국의 봉쇄정책에 맞서 소련은 위성국가들에 대한 통제를 강화하고 공산권 국가 간 경제협력기구인 코민포름을 창설했으며, 세계를 사회주의와 제국주의 진영으로 구분하는 즈다노프 독트린을 발표했다.[206)] 이로써 2차 대전 때 형성된 동서 양 진영의 동맹관계가 무너지고 냉전이 시작된다.

트루먼 독트린은 동아시아에도 큰 변화를 몰고 왔다. 미국이 국제주의를 세계전략의 기조로 진행하고 있을 때는 미국의 동아시아

정책의 중심이 중국이었다. 그러나 트루먼 독트린을 기점으로 중국을 포기하는 대신 일본을 동아시아 정책의 중심에 올려놓았다. 즉 2차 세계대전 때는 적이었던 패전국 일본의 경제를 부흥시켜 공산주의의 방파제로 삼으며, 이를 위해 한국과 타이완이 일본 경제 부흥을 위한 원료공급지이자 상품 시장 역할을 할 지역으로 떠올랐다.[207]

"남한 정권 수립 후 유엔 가입" 주장

한편에선 마오쩌둥의 티토화 작업에 착수했다. 마오쩌둥이 사회주의자이면서 동시에 민족주의자라는 점에 착안해 미국은 마오쩌둥을 유고의 티토처럼 소련의 영향력에서 벗어나 독자적인 노선을 추구하는 사회주의자로 만들고자 했다.[208] 이 전략은 1960년대 후반 닉슨 대통령 시절 발표된 닉슨 독트린으로 인해 비로소 빛을 보게 된다.

1946년 말부터 1947년 4월까지 미국에 체류하며 미국의 세계 전략의 거대한 변화를 파악한 이승만은 미국의 전략상의 변화를 적극 활용하여 남한에서만이라도 정부를 수립해야 한다는 주장을 강하게 밀고 나갔다. 이러한 이승만의 주장이 결국은 미국을 움직여, 미국도 남한에 정부를 수립하는 쪽으로 방향 전환을 하게 된 것이다.

방미 일정을 마친 이승만은 1947년 4월 5일 도쿄에서 맥아더를 만나 회담한 후 중국 난징(南京)으로 가서 장제스 주석과 회담했다. 4월 21일 이승만은 장제스가 제공한 공군 특별기 '곡강호' 편으로 귀국했는데, 이 비행기에는 중국에서 귀국하지 못한 이청천, 백낙준, 고황경 씨 등도 함께 귀국했다. 이승만은 1947년 4월 28일에 열린 귀국 환영대회에서 "남조선 과도정권을 먼저 수립한 다음 이를 유엔에 가입시키자"고 주장했다.[209]

귀국한 이승만의 앞에는 수없는 난제들이 쌓여 있었다. 그 동안 마찰을 빚으면서도 이승만과 한 길을 걸어온 김구가 독자노선을 걷기 시작했기 때문이다. 이승만의 단독정부 수립 주장에 맞서 김구는 반탁운동을 통한 남북 통일정부 수립론을 택했고, 김규식은 여운형과 손잡고 좌우합작 정부 수립운동으로 제 갈 길을 갔다.

이 무렵 이승만을 찾아간 박용만이 "국민들은 이 박사, 김구 선생, 김규식 박사를 3영수라고 호칭해 왔는데, 이제 와서 세 분께서 서로 갈라섰으니 국민들이 낙심하고 있다"고 말하자 이승만은 이렇게 말했다.

"김규식이란 사람이 좌우합작을 하겠다고 할 적에 그런 일은 안 되는 일이며 쓸데없는 노릇이라고 내가 말렸었는데, 말 안 듣고 괜히 민심만 소란스럽게 만들어 놓았어. 김 박사는 옛날부터 그저 그런 일이나 하는 사람이야. 그런 사람이 따로 떨어져 나갔다고 해서 아무런 상관없는 일이며 내 가슴이 쓰라려. 원통한 일이야. 김 주석은 내 아우야. 이 세상에 하나밖에 없던 내 아우야."[210]

이승만이 단독정부 수립 안을 강하게 치고나가자 좌우합작을 추진하던 미군정과의 관계는 첨예한 대립상태가 되었다. 미군정은 이승만을 가택 연금하고 외부 인사의 이승만 저택 출입을 통제했다. 모든 우편물에 대한 검열을 실시했으며, 정치자금 루트를 봉쇄했다.

미군정은 1947년 7월 1일 서재필을 귀국시켰다. 고국을 떠난 지 49년 만에 돌아온 서재필의 등장은 좌우합작을 추진하던 김규식에게 힘을 실어주고 이승만을 견제한다는 이중의 목적을 띠고 있었다. 당시 85세의 고령이었던 서재필은 통역을 써야 할 만큼 한국어가 서툴렀고 건강이 쇠약해져 있었다. 서재필은 귀국 직후 기자회견에서 "한국인들은 비누 하나 제대로 만들 줄 모른다. 그런 사람들이 어떻게 자치를 할 수 있겠는가"라는 실언을 함으로써 국민들의 기대에 찬물을 끼얹었다.

이 무렵 북한에서는 김일성을 위원장으로 하는 북조선 인민위원회가 조직됐다. 1946년 2월 8일 출범한 북조선 임시인민위원회에서 '임시'라는 간판을 떼어내 명실상부한 단독정부를 출범시킨 것이다. 그들은 "북조선 인민위원회는 우리나라에서의 첫 프롤레타리아 독재정권"이라 선언했다. 이로써 북한에는 완벽한 공산 독재정권이 수립됐다.

무기휴회에 들어갔던 미소공위가 1947년 5월 21일 서울 덕수궁에서 제2차 회의를 열었다. 김규식을 중심으로 한 중도파는 미소공위를 좌우합작위를 강화하는 계기로 삼으려 했고, 좌익과 공산당 세력은 모스크바 협정의 실천을 위한 기회로 삼았다.

좌우합작파인 김규식이 5월 22일 “전체 애국자는 미소공위에 적극 참가하라”는 성명을 발표하자 이승만은 비밀지령을 내려 전국적인 반탁시위로 맞섰다. 결국 미소공위 제2차 회의도 결론 없이 말싸움만 거듭하는 상황이 되자 미 국무부는 1947년 7월에 한반도 문제를 모스크바 협정에서 탈출시키는 ‘엘리슨 계획’을 마련했다.

한국 문제 유엔으로 이관

‘엘리슨 계획’은 미 국무성 동북아 부국장 존 엘리슨이 작성한 것으로서, 한국문제를 유엔에 상정하고 유엔 감시 하의 임시의회 선거와 임시 행정부 구성을 추진한다는 내용이다. 엘리슨 계획은 이승만이 온갖 비난을 받아가며 주장해 온 남한 단정 노선이 옳았음을 확인해 주는 조치였다. 한국문제의 유엔 상정소식을 들은 이승만은 미국에서 활동 중이던 임병직과 임영신에게 “우리 앞에 가로놓인 주요 장애물 중 가장 큰 것이 걷혔다”는 전보를 보냈다.

그러나 미국정부가 한국문제를 유엔으로 가져간 속내는 다른 곳에 있었다. 미 국무부와 육군성, 해군성의 한국문제위원회가 1947년 8월 4일 제출한 보고서에 의하면 “미국이 한국으로부터 철수할 경우 극동지역과 세계 전반에서 미국의 위신이 손상될 것이므로 철수해서는 안 되지만, 미국은 한국을 소련의 지배하에 두지 않으면서 한국에 대한 인원과 자금의 투자를 가급적 빠른 시일 내에 취소하거나 감소시키기 위해 모든 노력을 해야 할 것"이라고 했다. 이 위원회는 남한이 소련의 지배하에 들어가는 것을 방지하기 위하여 한국문제를 유엔에 상정하고, 미국은 가급적 속히 한국에서 손을 떼야 한다고 지적하고 있다.[211)]

1947년 5월 하지의 정치고문으로 취임한 조셉 제이콥스는 9월 19일 국무부에 보고서를 보냈는데, 그 내용은 "모스크바 협정을 신속하고 품위 있게 폐기하고 미군이 가급적 빠른 시일 안에 철수해야 한다"는 것이었다.

1947년 9월 29일, 마셜 국무장관 주재로 한국에 관한 입장을 정리하는 회의가 열렸다. 이날 회의에는 국무차관 로버트 로베트, 정책계획실장 조지 캐넌, 극동국장 버터워스, 특별정치국장 딘 러스크, 동북아시아부장 존 앨리슨 등 오랫동안 미국의 동아시아 정책 결정에 중추적인 역할을 한 인물들이 한 자리에 모인 중요한 회의였다. 당시 미국은 중국에서 국공합작 실패와 유럽에서 마셜 플랜으로 인해 막대한 자원이 필요하게 되었다. 때문에 한국처럼 미국의 전략상 주변국가적 가치밖에 없는 곳에 투자를 하기 어려운 상황이 됐다. 이날 미국은 체면을 지키면서 가급적 빠른 시일 내에 한국으로부터 철수하기 위해 한국을 독립시키기로 결정했고, 이를 위해 유엔을 이용하기로 결정했다.[212)]

당시 미국의 정보기관이나 서울의 미군정 관리들은 미군이 철수하면 남한은 조만간 공산화될 것으로 예측하고 있었다. 이런 사태가 미군 철수 직후 발생하여 미국의 국가적 위신이 손상되는 것을 피하기 위해 미국은 유엔을 개입시켜 남한에 정부를 수립하도록 한 것이다. 양동안은 "유엔이 개입함으로써 소련과 북한으로 하여금 국제사회의 비판을 의식하여 남한을 공산화하는 일을 상대적으로 느리게, 그리고 덜 노골적으로 추진하게 만드는 효과를 나타낼 것을 기대하고 취한 조치"라고 지적했다.[213)]

미국의 정치학자 제임스 메트레이도 양동안과 비슷한 시각을 제시했다. 트루먼과 그 보좌관들은 미국이 원치 않는 부담을 지지 않기 위해, 즉 미국의 공약 포기를 나타내지 않고 한국에서 철수하기 위해 유엔을 이용하려 했다는 것이다.[214)]

1947년 9월 29일의 한국 문제 관련 회의는 결국 한국을 포기하기로 결정한 날이다. 즉 피할 수도 있었던 6·25를 야기한 단서가 바로 이날 회의였다. 그것은 한국문제의 한국화(Koreanization), 즉 미국은 신속히 한국에서 철수하고 한국 사람들이 그들끼리 싸우다가 운명을 결정하도록 한다는 정책이었다. 미국이 대한민국에 대해 보다 더 적극적인 태도를 보였다면 스탈린은 한반도에서 모험을 하지 않았을 것이다.[215)]

미국의 대(對)한반도 정책이 변경된 이유는 중국에서의 내전이 국부군에 불리해지고 있는 데다 소련과의 관계 악화로 남한이 지정학적으로 고립된 섬처럼 되어버렸기 때문이다. 고립된 한반도의 남반부를 소련으로부터 방어하기 위해서는 막대한 재원이 필요했다. 미 국무부는 미국이 상당한 재력과 노력을 소비해도 미국의 처지는 불리할 것으로 결론을 내렸다.[216)]

엘리슨 계획에 의해 1947년 10월 28일 한국문제가 유엔에 정식 상정되었다. 소련 대표 안드레이 비신스키는 이에 강력 반발, "미국의 제안은 모스크바협정 위반이며, 소련 정부는 이러한 위반행위를 절대 용납하지 않을 것"이라고 경고했다. 그러나 소련의 반대에도 불구하고 유엔총회는 한반도 문제에 대한 토의를 시작했다.[217]

김구, 평양에 남북회담 제안

미국에 의해 한국 문제가 유엔에 상정되면서 우리 민족은 유엔과 깊은 인연을 맺게 된다. 11월 14일 유엔총회 본회의는 유엔 감시 하의 남북한 총선거 결의안을 43 대 0, 기권 6으로 채택했다. 총회 결의 제112호의 주요 내용은 인구비례에 따른 비밀투표에 의한 선거를 1948년 3월 31일 이전에 실시하고, 제헌의회 구성과 헌법제정, 유엔한국임시위원단 설치, 그리고 점령국들과 90일 이내에 철군 문제를 협의한다는 것이었다.[218] 이는 이승만이 1946년부터 주장해 온 임시정부 수립 주장이 최종 승리한 것이다.

1948년 2월 8일에는 북한 정규군인 조선인민군을 창설했다. 총병력은 6만 명이었으며, 그 중 1만 명은 소련의 지원으로 시베리아에서 탱크와 항공기 및 현대식 통신장비에 관해 훈련을 받은 간부병력이었다.[219]

남한에서 유엔의 주관 하에 건국을 위한 움직임이 구체화되자 남로당은 폭력투쟁을 강화하기 시작했다. 남로당 빨치산들은 여러 지역에서 군사훈련을 실시했는데, 그 중에는 부산 교외에 있는 유명한 사찰인 범어사 지역도 포함되어 있었다. 경찰 내 통신 및 훈련부서에 침투하려는 좌익 세력의 음모도 이 기간 중에 적발됐다.[220]

1948년 1월 8일 9개국 대표로 구성된 유엔한국임시위원단이 한국에 도착했다. 그런데 1월 22일 소련의 주유엔 대표 안드레이 그로미코는 "유엔한국임시위원단의 입북을 거부한다"는 성명을 발표했다. 유엔위원단은 임무를 수행하기 어렵게 되자 "유엔으로 돌아가 다시 훈령을 받아야 한다"는 입장이 지배적이었다.

위기감이 증폭되자 이승만은 이화여전 출신 여류 모임인 낙랑클럽의 유엔한위 환영 파티에서 유엔한국임시위원단 총장 메논이 모윤숙 여사에게 매혹됐다는 소식을 듣고 모윤숙에게 전화를 걸어 메논을 잘 설득해 달라고 부탁했다. 금곡릉으로 달구경 가자고 메논을 끌어낸 모윤숙은 종로 5가에서 "이화장에 들러 인삼차 한잔 마시고 가자"고 강권해 이화장으로 차를 돌렸다.

미리 연락을 받은 이승만 내외는 잠자던 것처럼 잠옷에 가운만 입고 뛰어나와 이들을 맞았다. 보는 데서 잠옷을 갈아입은 이승만은 자칫하면 어색할 분위기를 유머러스하게 이끌었다. 40분간 환담하는 동안 웃음소리가 그치지 않았다. 이 회견은 대성공이었다.

이승만은 모윤숙을 통해 메논에게 "남북을 통한 총선거가 불가능하면 위원단이 자유롭게 감시할 수 있는 지역만이라도 총선거를 하여 정부를 세우게 해 달라"는 호소문과 자신을 지지하는 정치 지도자 60여 명의 서명록을 제출했다.

유엔 소총회에 한국 문제를 보고하기 위해 뉴욕으로 간 메논 한국위원회 총장은 2월 19일 이승만의 견해를 채택, "유엔의 감시가 가능한 지역의 총선거"를 건의하는 보고 연설을 했다. 이 권고에 따라 유엔 소총회는 2월 26일 미국이 제출한「감시 가능 지역 선거안」을 통과시켰다.

하지는 3월 1일 본국의 훈령에 의해 5월 9일 남한에서 총선거를 실시한다고 발표했다. 이 발표를 접한 이화장과 이승만 지지 세력은 열광했으나 공산당은 물론 남한 단독 선거를 반대해 온 김구와 김규식은 일대 충격을 받았다. 두 사람은 남북의 지도자들이 만나 진지하게 토의하면 분단이라는 최악의 상황을 막을 수 있다는 꿈과 희망을 가지고 남북협상에 나섰다. 그러나 이들의 노력이 냉전이라는 미국과 소련의 글로벌 전략을 되돌릴 수는 없었다.

김구와 김규식 등 임정계는 1948년 1월 중순까지만 해도 유엔 감시하의 남북한 총선에 찬성하는 입장이었다. 김구는 1947년 12월 1일 "이승만 박사가 주장하는 정부는 결국 내가 주장하는 정부와 같은 것이다. 그런데 세상 사람들이 그것을 오해하고 단독 정부라고 하는 것은 유감"이라는 성명을 발표했다. 1948년 1월 25일에도 김구는 "유엔 감시 하에 수립되는 정부가 중앙정부라면 38선 이남에 한하여 실시되는 선거라도 참가할 용의가 있다"고 총선 참여 의사를 밝혔다.

그런데 다음날인 1월 26일에는 "미군과 소련군이 철수하지 않고 있는 남북의 현재 상태로는 자유스러운 분위기를 가질 수 없으므로 두 나라 군대가 철수한 후 총선거를 해서 통일 정부를 구성해야 한다"고 제동을 걸고 나섰다.

김구가 건국을 앞둔 상황에서 종잡을 수 없는 행보를 한 이유는 임정의 주불(駐佛) 외교위원이었던 서영해와 북한에서 남파된 간첩 성시백에게 포섭을 당했기 때문이다. 김구의 추종자였던 조경한은 "서영해가 나타나 '남북한을 통틀어 총선거를 하면 선생님이 대통령이 되실 텐데 무엇 하러 이승만이 주도하는 남한만의 선거에 참여하려 하십니까. 김일성도 김구 선생을 대통령으로 모시려고 만반의 준비를 갖추고 있습니다'라고 집요하게 설득하는 바람에 변심하게 되었다"고 증언했다.[221]

1997년 5월 26일자 북한『노동신문』은 성시백의 김구 공작에 대해 다음과 같이 밝히고 있다.

"성시백 동지는 4월 남북련석회의를 성과적으로 보장하기 위하여 위대한 수령님의 높으신 권위를 가지고 극단한 반동분자로 있던 김구 선생을 돌려세우는 사업체에도 큰 힘을 넣었다."[222]

김구·김규식, 단독선거 반대

김구와 김규식이 남한만의 단독정부 수립을 반대하면서 건국에 엄청난 부담이 생기게 됐다.[223] 우선 김구는 대한민국 임시정부의 주석, 김규식은 부주석이었다. 두 사람의 반대는 독립운동의 상징이었던 임정이 단독선거에 반대한다는 분위기를 만들어냈다.

둘째, 두 김 씨는 우익진영 인물이었으므로 그들의 반대는 우익진영을 약화시키는 한편 단선 반대를 주장하는 남로당을 포함한 좌익세력의 주장에 헤아릴 수 없을 정도의 힘을 보태주었다.

셋째, 두 김 씨의 주장이 유엔한국임시위원단에 영향을 주어 5·10 선거가 취소될 위기가 조성됐다. 유엔한국임시위원단은 남한의 우익 지도자들마저 단독선거에 합의하지 못하자 선거를 연기하고 유엔본부로 돌아가 새로운 지시를 받아야 한다는 주장이 제기됐다. 결국 유엔 소총회는 1948년 2월 26일, 유엔위원단이 활동 가능한 남한지역에서 총선을 실시할 것을 31대 2, 기권 11로 가결했다.

유엔 감시하의 남한 총선 실시가 가시화되자 월북한 박헌영은 남한의 선거를 폭력 수단을 통해 저지하기로 결심했다. 평양 라디오 방송을 통해 지령을 받은 남로당은 1948년 2월 7일부터 2주 동안 전국에서 "유엔위원단 반대", "남조선 단정 반대", "미소 양군 동시 철퇴", "이승만 김성수 등 친일 반동분자 타도", "정권을 인민위원회에 넘겨라" 등의 구호를 외치며 극렬 폭력 시위를 벌였다.

제주도에서는 '인민해방군'이라 불리는 남로당원들이 일제 소총과 수류탄, 검 등으로 무장하고 경찰지서를 공격했고, 경찰 및 우익 청년단체를 대상으로 유격전을 벌였다. 남로당의 거센 테러 활동으로 제주도는 통제 불능 상황으로 치달았다.[224)]

좌익들의 폭력 투쟁의 와중인 2월 10일 김구는 "나는 통일된 조국을 건설하려다가 38선을 베고 쓰러질지언정 일신에 구차한 안일을 취하여 단독정부를 세우는 데에는 협력하지 않겠다"라는 성명[225]을 발표, 총선 반대 입장을 분명히 했다.

김구와 김규식은 2월 16일, 비밀리에 북한의 김일성과 김두봉에게 남북 요인회담을 제의하는 서한을 보냈다. 이승만은 2월 22일, "이말 저말 듣고 아무 것도 못하고 앉았다가 마침내 다 공산화하고 말 것이니 천인만인이 다 한 마음 한 뜻으로 나가서 순조로이 독립하려면 우리는 독립할 날이 없을 것이다. 죽었던 나라를 한편에서라도 살려 놓아야 전체를 살릴 희망이 있을 것이다"라며 남한 지역의 총선을 요구하는 성명을 발표했다.

북한은 1948년 2월 8일 조선인민군을 창군하고, 이틀 뒤에는 조선임시헌법 초안을 발표하는 등 단정 수립준비가 이미 끝나 있었다. 게다가 중국 내전에서 공산당의 승리가 확고해진 상황에서 미군은 남한에서의 철군이 결정된 상황이었다. 고립무원의 섬 같았던 남한의 운명을 개척하기 위해 이승만은 대한민국 건국을 위한 총선거를 서두른 것이다.[226]

이승만은 1948년 3·1절 기념사에서 "총선 반대는 공산화나 다름없는 주장"이라면서 남북협상을 추진하고 있는 김구와 김규식을 다음과 같이 비판했다.

"단독정부라는 말은 누가 만들어낸 말인지는 모르겠으나 내가 거의 일 년 반 전에 미주에서 돌아와서 문자와 언론으로 성명한 것은 과도정부로, 남북을 대표한 정부를 수립하기로 한 것인데, 선거를 반대하는 사람들이 단독정부라는 언론을 만들어내서 인심을 현혹시키는 것이니, 이들은 총선거도 하지 말고 가만히 앉았다가 공산화하고 말자는 것이다."

이어 남조선에서 정부가 수립되면 남북 분열을 인정하는 것이기 때문에 총선을 반대한다는 주장에 대해 "이것은 사리에 당치도 않은 말이다. 사람의 몸 한 편이 죽어가는 경우에는 살아 있는 편이라도 완전히 살려서 죽는 편을 살리기를 꾀해야 한다. 다른 방책 없이 운명을 기다리는 것은 살아 있는 편까지 마저 죽여 버리자는 발상"이라고 비판했다.[227]

총선 방해 위해 좌익들 대공세

김구와 김규식의 남북 요인회담 제의에 침묵하던 북한은 3월 25일, 평양 라디오 방송을 통해 "통일 문제를 논의하고 통일 정부의 헌법 초안을 작성하기 위해 남쪽의 정당 및 사회단체 지도자들을 평양에서 열리는 연석회의에 초대한다"고 발표했다.[228]

유엔조선임시위원단은 미군정과 논의 끝에 남한 지역에서의 총선을 1948년 5월 10일 실시하기로 합의하고 3월 29일부터 선거인 등록을 개시했다. 이는 남한에 정부수립 운동을 전개해 온 이승만 노선의 완전한 승리를 의미하는 것이었다.[229]

좌익은 총선 방해를 위해 선거사무소 습격, 면사무소 습격 방화, 경찰관 살해 등 극렬한 저항운동을 펼쳤다. 제주도는 일제시대에 일본을 통해 좌익사상을 접했다. 제주에는 마르크스주의 연구클럽이 조직되었고, 한국공산당 지부도 결성되었다. 마르크스주의는 섬의 학생들에게 널리 퍼졌다. 존 메릴은 해방 후 제주도민의 80% 정도가 적극 또는 소극적인 남로당 지지자였다고 밝혔다.[230)]

남로당 제주 지부는 전직 교사이자 학도병으로 일본군에 징집되었던 김달삼이 이끄는 인민유격대를 결성했다. 400여 명의 게릴라, 그 가운데 절반 정도는 무장을 한 이들은 섬 도처에서 조직된 수천 명의 부락 인민자위대의 지원을 받았다. 4월 3일 제주도에서는 '인민유격대'라 불리는 게릴라 500여 명이 소총과 검, 낫, 죽창, 사제 수류탄, 폭발물, 곡괭이와 삽 등으로 무장하고 한라산 기지에서 내려와 도내 24개 경찰지서를 습격했다. 이날 공격으로 30여 명의 경찰과 청년단원이 목숨을 잃었다.

미군정은 1700여 명의 경찰과 800명 규모의 국방경비대 병력을 제주도로 급파하여 토벌전을 벌였다. 이 소란의 와중에 중도파 정당과 김구, 김규식은 남북한의 좌익세력과 더불어 5·10 총선 저지를 선언하고 남북협상에 나섰다. 미군정장관 윌리엄 딘 소장은 김구, 김규식 두 사람의 남북협상과 관련하여 4월 1일 기자회견에서 이렇게 비판했다.

"만주와 북조선에 있는 조선인들이 그들이 천국이라고 하는 북조선을 버리고 매일 수천 명씩 남하하고 있다. 만일 남조선으로부터 하루에 천 명씩이라도 북조선으로 가준다면 남조선에 있는 여러분의 식량배급도 증가될 것이다. 그러나 사실은 이와 반대로 굶주린 사람들이 무슨 까닭인지 그들이 천국이라고 부르는 북조선을 버리고 남조선으로 오고 있다. 이런 등등의 사실이 나로 하여금 남북협상에 냉소적 태도를 취하게 한 것이다."[231]

이승만도 4월 1일 남북협상을 비판하는 다음과 같은 담화를 발표했다.

"남북회담 문제는 세계에서 소련 정책을 아는 사람은 다 시간연장으로 공산화하자는 계획에 불과한 것으로 간파하고 있는데, 한국 지도자 중에서 홀로 이것을 모르고 요인회담을 주장한다면 대세에 몽매하다는 조소를 면키 어려울 것이다. 더욱이 이번 북한에서 온 회한 내용이 발표와 같다면 이것은 소련 목적을 성원하는 이외에 아무 희망도 없는 것을 다 알 수 있는 것인데, 될 수 없는 일을 가지고 국사에 방해되는 것을 생각지 못한다면 우리는 더욱 낙심한다."[232]

이승만은 4월 5일 로버트 올리버에게 김구와 김규식의 남북협상이 북한에서 큰 선전거리가 될 것이라고 예측하는 편지를 보냈다.

'두 김 씨의 북행 결정은 여러 모로 이용되리라는 것이 일반적 인식이다. 이미 공산주의 계열 신문은 그들을 찬양하고 있다. 그들은 김구를 평양회담의 부의장에 앉혀 그를 붙잡아두려 할 것이다. 그들의 선전기구들은 북한 주민들을 향해 김구가 나라를 구하기 위해 고향에 돌아온다고 열을 올리고 있다. 당분간은 잠잠하겠지만 그들은 모스크바 결정(한국의 신탁통치)의 이행이나 북한 정권이 유일 합법정부이니 통치권이 남한에까지 미친다는 것을 공포하라고 주장할 것이다. 북한의 군비도 그것을 겨냥하고 있다.

김규식은 종전과 다름없이 미군 철수를 주장할 것이다. 소련군은 38선을 침범하고 미국의 반응을 지켜볼 것이다. 만약 미국이 발을 뺀다면 그 후의 사태가 어떻게 전개될 지는 불을 보듯 뻔하다. 김규식 박사는 지나치게 똑똑하다는 것만 믿고 자신이 소련보다 한 수 위라고 생각한다. 지금 할 일은 단독선거를 지체 없이 진행하는 것뿐이다.'[233]

소련에 농락 당한 김구와 김규식

4월 3일 시작된 제주도에서의 총선 반대 폭동은 시간이 흐를수록 심각해졌다. 남로당 무장폭동대의 진압과정에서 다수의 주민이 군경에 의해 피해를 당하기도 했다. 4·3사건 기간 중 제주도 인구의 10%에 해당하는 3만 명 정도가 희생되었다는 보고가 있었다.[234]

이처럼 격렬한 소란에도 불구하고 김구는 4월 19일 남북협상회의(정식 명칭은 남북조선 제정당 사회단체 대표자 연석회의)[235]를 위해 38선을 넘어 평양으로 갔다. 김규식은 4월 22일 평양에 도착했다. 김구가 평양으로 떠나기 전 이승만은 자신의 비서 윤석오에게 이렇게 말했다.

"평양은 무엇 하러 가나? 모스크바로 가야지. 김일성을 백날 만나봤자 무슨 소용이 있나. 스탈린을 만나서 직접 담판이라도 한다면 모를까."

이 말은 핵심을 찌르는 것이었다. 1948년의 상황은 남북문제 해결에 있어 우리가 단결한다고 해결해서 될 수 있는 상황이 아니었다. 남북문제 해결은 미·소 양국의 글로벌 전략을 바꾸어야 가능한 일이었음에도 불구하고 김구가 평양을 찾은 것은 아무 의미도 없음을 지적한 것이다.

소련은 김구의 남북협상 참석을 실현시키기 위해 많은 노력을 기울였다. 레베데프가 "김구와의 관계에 대해 우리의 선동노선에 대한" 지령을 요청하자 슈티코프는 "김구를 남북협상에 꼭 참석시켜야 한다"고 강조했다.[236] 반탁을 주장하며 소련의 노선에 정반대 입장을 취했던 김구가 북행하면 결과적으로 소련의 노선을 정당화하는 행동이 되기 때문이었다.

소련과 북한은 납북협상을 북한 공산정권의 정통성을 확보하기 위한 발판으로 삼기 위해 많은 노력을 기울였다. 그들이 북한체제의 정통성을 확보하기 위해 추진해온 통일전선전략상 김구의 참석은 반드시 필요했다.[237] 김구와 김규식의 남북협상은 남측 초청 대상자 선정에서부터 대표자 연석회의 일정과 절차에 이르기까지 모든 사항을 소련군정의 레베데프 민정청장이 지휘했다.[238]

레베데프는 "남북한 정세보고는 김일성파, 김두봉파, 허헌파 3개 그룹 대표가 한다. 의견을 교환한 뒤 정치정세에 대한 결정을 채택한다"라고 하여 회의 진행방향을 미리 계획해 놓았고, 첫날 회의는 어떻게 하고 둘째 날 회의는 어떻게 하라는 등 세부지침을 마련해 놓고 있었다.[239]

평양으로 떠나기 나흘 전인 4월 15일 저녁, 경교장에서 열린 환송행사에서 김구는 남북협상에 임하게 된 심정을 밝혔는데, 그도 남북회담이 어떤 성과를 거둘 수 있을 지에 대해 확신이 없음을 실토했다.[240] 김구와 김규식이 평양에서 참석한 회의는 두 사람이 김일성에게 보낸 2월 16일자 서한에서 제안했던 "통일정부 수립을 위한 남북 정치지도자 간의 정치협상"과는 거리가 멀었다.

평양에서의 회의는 모든 것이 각본대로 움직이고 있었다. 회의가 열리기도 전에 이미 결의문이 채택되어 있었다. 회의 마지막 날인 4월 23일 남북 대표자들은 「남조선 정치정세에 관한 결정서」, 「전조선 동포에게 격(檄)함」, 「남조선 단선단정 반대투쟁 대책에 관한 결정서」, 「미소 양국 정부에 보내는 전조선 정당 사회단체 연석회의 요청서」 등을 만장일치로 채택했다. 이 결의문은 "연석회의 개최와 관련해서 김일성에게 조언을 제공할 데 대하여"라는 4월 12일자 스탈린의 지령을 토씨까지 그대로 베낀 것이다.[241]

건국사에 큰 상처 남겨

남북협상이 끝난 후 4월 28일과 29일에는 김구·김규식·김일성·김두봉의 '4김 회담'이 열렸고, 4월 30일에는 남북 지도자회의가 열렸다. 이 회의에서 채택된 「남북조선 제정당 사회단체 공동성명서」의 내용은 첫째 외국 군대를 즉시 동시에 철수, 둘째, 외국 군대 철수 후 내전이 발생될 수 없다는 것을 확인, 셋째 외국 군대 철수 후 제 정당들의 공동명의로 전조선 정치회의를 소집하여 조선 인민의 각계각층을 대표하는 민주주의 임시정부 수립, 넷째 남조선 단독선거 반대였다. 이 성명도 구속력 없는 휴지조각에 불과했다.[242]

북한은 1947년 11월 8일 헌법제정위원회를 구성하여 '조선 임시 헌법' 작성에 착수하여 1948년 2월 초에 헌법안 작성을 끝냈다. 이 헌법안은 "우리나라는 조선민주주의인민공화국이다"라고 국호까지 명기하고 있었다. 김구 일행이 남북협상을 위해 평양에 체류하고 있었던 4월 중순에 스탈린은 북한 헌법안을 승인했으며, 10여 일 후 북조선 인민회의는 이 헌법안을 승인했다.

레베데프 비망록에 의하면 소련은 미국의 분단계획을 폭로하기 위해 당분간 북한에서 헌법 시행을 보류하고 신헌법에 의한 선거는 남한보다 늦은 시기에 실시한다는 방침을 정해놓고 있었다.[243]

김구와 김규식이 평양에서 알맹이 없는 공동성명을 발표할 수밖에 없었던 이유가 있다. 남북협상회의의 일거수일투족을 계획한 것은 슈티코프와 레베데프였다. 그들은 소련 공산당 정치국의 결정에 따라 남북협상회의의 모든 것을 좌지우지하며 자신들의 정치적 선전에 두 사람을 철저히 이용한 것이다. 레베데프 비망록에 의하면 만약 김구나 김규식이 말을 잘 듣지 않을 경우에 대한 대비책을 다음과 같이 세워놓았음을 알 수 있다.

"김구와 그의 측근들이 회의를 파탄시키고 퇴장하면 어떻게 하나. '나가라'고 하며 그들을 미국 간첩으로 몰자. 그리고 회의는 계속한다. 김구와 대화를 계속한다. …그들이 소란을 피우면 이 대회는 총선을 반대하는 것인데 왜 퇴장하느냐고 몰아붙일 것."[244]

김구가 평양을 떠나기 전 김일성에게 "우리가 지금 남쪽으로 돌아가려 하는데 평양에 계신 조만식 선생을 모시고 가고 싶다. 좀 같이 가게 해 달라"고 요구했다. 그 말에 김일성은 이렇게 답했다.

"제가 무슨 실권이 있나요?"

그는 자신의 입으로 자기가 소련 군정의 허수아비라는 사실을 고백한 것이다.

김구와 김규식은 김일성과 소련에 일방적으로 이용만 당하다가 5월 5일 서울로 돌아왔다. 다음날 두 사람 공동명의로 남북협상에 대한 성명을 발표했는데, "소련이 제의한 바와 같이 우리 강토에서 외국 군대 즉시 철수, 남북 정당 사회단체 지도자들은 우리 강토에서 외국 군대가 철퇴한 후에 내전이 발생할 수 없다는 것을 확인한다. 북조선 당국자는 압록강의 수력발전소에서 전력 송전을 끊지 않을 것이며, 북쪽 수리조합 저수지는 남한의 논에 물을 대기 위해 곧 수문을 열 것을 약속했다. 조만식 선생과 동반하여 남행하겠다는 우리의 요구에 대해 북조선 당국자는 이번에 실행할 수는 없으나 미구에 그리되도록 노력하겠다고 약속했다"고 밝혔다.

그러나 5·10 선거 직후인 5월 14일 북한이 돌연 송전을 중단했고, 저수지 수문은 굳게 잠겨 두 사람의 체면이 크게 구겨졌다. 김규식은 유엔 한국위원회와 만나 "김일성이 나에게 개별적으로 북으로부터의 남침은 없을 것이라고 약속했다. 이것은 의심할 이유가 없는 것"이라고 말하기도 했다. 이것도 완전히 허언임이 2년 후 밝혀졌다.

레베데프는 남북협상이 성공적이라고 보고했다. 남쪽의 우익 인사들, 특히 김구와 김규식이 평양에 와서 5·10 선거를 반대했기 때문이다. 김구와 김규식도 일면 만족했는지 모른다. 남북 지도자들이 중대한 고비에 분단을 막기 위해 한 자리에 모여 노력했음을 온몸으로 보여주었기 때문이다.

그러나 양 김 씨의 평양회담 참가는 대한민국 건국사에 큰 상처를 남겼다. 그들이 5·10 선거에 불참함으로써 대한민국의 정치 체제에 하자가 있다는 인상을 주었고, 우익세력이 조각이 났으며, 남한의 정치 분위기가 경직되었기 때문이다.[245]

'들러리 서기 싫어서…'

그렇다면 김구와 김규식은 왜 성과가 불투명한 남북협상에 나선 것일까? 하지 사령관의 정치고문 조셉 제이컵스는 4월 9일 마셜 국무장관에게 두 사람이 남북협상에 나설 수밖에 없었던 상황을 다음과 같이 보고했다.

"양 김(김구·김규식)이 표면상으로 부르짖는 것은 '한국의 통일'

이지만 실제로 그들이 남북협상을 제의하고 평양의 초청을 수락한 이유는 선거에서 당선이 보장될 만하거나 고위직에 임명될 수 있을 만한 사람 가운데에서 그들을 따르는 추종자가 없기 때문이다. 그들은 '들러리를 서기 싫기' 때문이다.

그들은 다른 데서 더 나은 가능성을 찾으려고 한다. 공산주의는 그러한 반대파 속에서 번성한다. 그러나 양 김은 평양에서 일이 잘 돌아가지 않을 경우에 대비하여 남한에서 발판을 마련하는 노력도 하고 있다. 지난 며칠 동안 우리는 김규식이 비밀리에—왜냐하면 그는 공개적으로는 선거를 보이콧하고 있기 때문에—그의 친구들에게 적어도 국회에 몇 사람의 지지자라도 확보할 수 있도록 후보자들을 내고 선거운동을 하라고 지시했다는 보고를 받아 왔다."

이승만은 온갖 비난을 무릅쓰고 공격을 받아가면서 건국을 추진했다. 8·15 해방이 민족의 독립과 자유를 가져오기는커녕 국토 분단과 외국의 군사점령이라는 예기치 않은 방향으로 나가자 이승만은 조속한 시일 내에 독립정부를 수립할 것을 제안하고, 남북 통일정부 수립이 어려우면 남한에서만이라도 빨리 주권을 회복하고 새 정부가 외국군의 철수와 남북통일을 추진할 것을 역설했다. 당시 이승만의 입장은 다음과 같았다.

"우리가 독립운동을 한다고 40여 년 동안 국제회의마다 애걸하고 다녔다. 우리 조선의 독립을 승인해주시오, 우리 말 좀 들어주시오, 이렇게 애걸복걸하고 다녔다. 그래도 독립할 수 없었다. 그런 상황이었는데 지금 5·10 총선거를 치르면 반쪽 독립이지만 조선은 독립한다. 반쪽이 아니라 제주도에서만이라도 정부를 세워 주권을 갖게 되면 국제무대에서 우리의 주장을 펼칠 수 있지 않느냐? 그런데 이 권리를 통일이란 꿈을 위해서 평양에 가는 것으로 대신하고 포기하려 하는가? 당신들이나 하시오. 역사에 대한 책임은 내가 지겠소."[246]

한국에서의 분단과 단독정권 수립은 냉전의 세계사적 전개와 관련시키지 않고는 그 의의를 제대로 설명하기 어렵다. 이승만의 단정노선은 냉전에 저항하기보다는 미국에 편승하여 남한에 먼저 정부를 세우고, 그것을 토대로 북한을 통일하자(북진통일)는 2단계 전략의 일환이었다. 그것은 최선은 아니지만 가능한 범위 내에서의 차선의 선택이었다.[247] 다음은 김일영의 분석이다.

'이승만의 단정노선은 미국 중심의 냉전질서에 편승하는 것이었고, 김일성의 민주기지론은 소련 중심의 냉전질서에 편승하는 것이었다. 이승만과 김일성은 모두 냉전에 편승하여 2단계 통일방안을 추구한 인물들이다. 소련은 김일성의 민주기지론을 허용했고, 더 나아가 국토완정론(남진통일론)도 허락했다. 그러나 미국의 대대적인 군사개입을 보고 소련은 곧 실수를 깨달았으며, 한반도의 분단이 38선이 아니라 휴전선을 통해 원상회복된 후 다시는 이런 시도를 허락하지 않았다.'[248]

김구와 김규식이 주장한 통일우선주의는 심금을 울리는 고귀한 감정의 표현이었지만 그 소망은 실현될 수 없는 꿈이었다. 스탈린의 9·20 지령이 민족통일의 길을 모두 막고 있었기 때문이다. 그럼에도 불구하고 그 꿈을 실현해보기 위해 주권의 회복을 지연시킬 경우 부지하세월로 외국의 통치를 연장시켜야 했다.[249] 이 시점에서 역사를 돌아볼 때 과연 누구의 판단이 옳았는가는 자명함에도 불구하고 이 땅에서는 건국을 결사반대한 김구는 민족의 영웅으로, 온갖 난관을 돌파하고 건국을 성취한 이승만은 국토를 분단시킨 역적으로 매도당하고 있는 것이 현실이다.

1948년 7월 11일, 자유중국의 류위완(劉馭萬) 총영사[250]는 김구와 비밀리에 만나 대한민국 정부 수립을 지지하기 바란다는 장제스 총통의 뜻을 전했다. 이날 류위완 총영사는 김구에게 왜 건국을 반대하는지를 물었다. 김구는 자신의 속마음을 다음과 같이 털어놓았다.

"내가 평양에서 열린 남북한 지도자 회의에 참석한 한 가지 동기는 북한에서 실제 일어나고 있는 일들을 알아보려는 것이었습니다. 공산주의자들이 앞으로 3년간 조선인 붉은 군대의 확장을 중지하고, 그 사이에 남한이 전력을 다한다고 해도 공산군의 현재 병력만한 군대를 만들기는 거의 불가능합니다. 러시아인들이 손쉽게 남쪽을 기습할 것이며, 당장 남한에 인민공화국이 선포될 것입니다."

이 대화록을 보면 김구는 소련의 지원을 받은 북한이 조만간 남침하여 공산정권을 세울 것이 분명하니 굳이 대한민국을 건국할 필요가 없다고 느끼고 있었던 것으로 보인다. 김구의 통일정부 수립 주장은 군사력이 우월한 북한의 인민공화국에 남한이 편입되는 길밖에 없다는 사실을 알고 있으면서 국민을 기만한 것이다.[251]

5·10 총선은 압축 민주화의 모범

5월 10일 실시된 한민족 역사상 최초의 민주 선거는 원만히 진행되어 95.5%라는 경이로운 투표율을 기록했다. 남한 지역에서 선출될 국회의원 총수는 200명이었는데, 제주도의 3개 선거구 중 북제주군 2개 선거구에서 좌익 폭동으로 투표가 실시되지 못해 총 198명의 제헌의원이 선출됐다.[252)]

5·10 총선은 한국의 민주주의 발전 과정에서 중대한 의미를 갖는다. 재산, 성별, 종교, 지역 등의 차별을 넘어 모든 사람이 동일한 참정권을 일거에 쟁취한 것은 획기적인 사건이었다. 민주주의 종주국인 영국에서 여성에게 투표권이 주어진 것이 1928년, 프랑스는 1945년, 스위스는 1971년이었다. 미국에서 흑인들이 실제적으로 투표권을 가진 것은 1965년이었다. 반면에 우리는 1948년 건국 때부터 여성을 포함한 전 국민이 차별 없는 보통 선거권을 행사했으니 호주, 벨기에, 캐나다, 미국, 스위스보다 보통선거 실시에서는 앞선 셈이다. 이는 후발 주자로서 단숨에 선발 주자들을 따라잡은 압축 민주화의 모범적인 사례였다.[253)]

김구와 김규식은 5·10 총선 후에도 지속적으로 대한민국 건국 무효화 운동을 벌였다. 김구는 "비분과 실망이 있을 뿐이다. 새로운 결심과 용기를 가지고 강력한 통일운동을 추진해야 한다"고 말했다. 대한민국 건국 후에도 김구는 남북정권 부정, 한반도 주둔 외군 철수 등을 계속 주장했다. 김구와 김규식이 평양의 남북협상회의에 참가하는 대신 이승만을 견제하기 위해 선거에 참여했다면 그들은 이승만을 이길 가능성도 있었다. 당시 이승만의 남한 단독 선거 주장은 한국인 일부만을 대변한 것이었으며, 일반 대중의 강력한 지지를 받지 못하고 있었기 때문이다.[254]

존 메릴은 당시의 어려운 상황을 인정한다 해도 두 김 씨의 정치적 미숙함은 놀라울 따름이라면서 이렇게 비판했다.

“이들은 이승만에 비해 대담성이나 정치적 술수가 부족했고, 두 김 씨의 지나친 민족주의적 정서가 그들이 정치적 판단을 흐리게 했다. 아울러 정통적인 유교적 가치관 역시 그들의 판단에 영향을 주었음이 분명하다. 덕망 있는 인물임을 자처하는 그들은 선거에 초연한 태도를 취함으로써 선거를 승인하지 않았다. 결국 그들은 나쁜 상황을 피하려다가 최악의 상황을 초래하고 말았다.”[255]

김구는 1949년 6월 26일, 육군 장교 안두희의 총에 맞아 파란만장한 생을 접었다.[256] 1949년 7월 2일 이승만은 김구 암살과 관련하여 “때가 되면 반드시 공표할 것”이라는 담화문을 발표했다.

“김구 씨를 살해한 동기에 관해 공표하고 싶은데, 지금 모든 사실을 공개하면 그 생애를 조국 독립에 바친 한국의 애국자에 대한 추억에 불리한 것이 아닐까 생각된다. 우리의 법정에서 용의(用意) 깊게 검문된 이들 사실은 김구 씨의 살해가 순수히 여하한 행동노선이 조국을 위하여 가장 유리할 것일까에 관한 당내 의견 차이의 직접적 결과임을 표시한 것이다. 그리고 이러한 의견 불합치는 결코 당 자체밖에는 알려진 일이 없으며, 김구 씨의 추종자가 동 논쟁을 결말짓고자 취한 격렬한 수단은 우리 전국에 비애를 초래하였다고 말할 수 있는 것이다."[257)]

북한을 비롯한 남한의 좌파 세력들은 지금도 남북 통일정부가 수립되지 못한 것이 이승만의 책임이라고 비난하는데, 이는 사실과 전혀 다른 정치적 선동이다. 1945년 9월 20일 북한에 부르주아 민주주의 정권을 수립하라는 스탈린의 지령 하에 북한에는 1946년 2월에 북조선임시인민위원회라는 사실상의 공산 단독정부가 수립됐고, 1947년 2월에는 '임시'를 떼어내고 실질적인 정부수립 절차를 완료했다. 그 해 말부터 군사조직을 재편하여 1948년 2월에 조선인민군을 공식으로 발족시켰다. 이 상황에서 유엔 감시하의 총선거를 북한 지역에서 거부했기 때문에 분단이 된 것이다.[258)]

이승만은 남북 통일정부 수립이라는 이상에 집착하다간 공산화될 것이 분명하다고 보고 '남한에 임시정부 수립'이라는 현실론으로 접근하여 대한민국 건국을 이루어냈다. 반면에 김구는 남북 합작에 의한 통일정부 수립을 주장하며 대한민국 건국에 참여하지 않았다.

좌파들과 북한을 추종하는 세력들은 대한민국의 건국을 부정하고 이승만을 '분단의 원흉'으로 매도한다. 반면에 김구는 남북 분단을 막고 통일국가를 수립하려 했던 민족의 영웅으로 숭배한다.

김구와 김규식의 민족 분단을 막아보겠다는 충정은 높이 평가될 필요가 있지만, 남북협상으로 달라진 것은 아무 것도 없었다. 건국 후에도 김구는 "1947년 11월의 유엔 결의로 돌아가서 유엔 감시 하에 남북한 총선거를 실시하고 미소 양국 군대의 철수"를 주장했다. 이미 건국된 대한민국을 해체하고 통일정부를 세우자는 주장을 한 것이다.[259]

04

"공산주의는 호열자(콜레라) 같아서…"

공산주의는 국민국가 건설의 적(敵)

이승만의 생애에서 일관되게 흐르는 핵심가치는 소련, 일본 제국주의, 그리고 공산주의에 대한 경계심이었다. 그는 누구보다 먼저, 그리고 누구보다 철저하게 일본 제국주의와 공산주의, 그리고 공산주의의 종주국인 소련의 본질을 꿰뚫어보고 그 위험성을 경고했다.

1945년 10월 귀국 후부터 이승만의 모든 노력은 한반도가 공산세력의 식민지가 되어 '철의 장막' 속에 휘말려 들어가지 않도록 하는 데 집중됐다. 국제정세의 흐름에 대한 예리한 통찰력을 바탕으로 해방공간에서 우리에게 강제될 뻔했던 신탁통치와 좌우합작이 결국은 '공산주의로의 초대장'이란 사실을 간파한 이승만은 민주국가 건국을 위해 미국, 소련 등 열강들의 한반도 정책에 자신의 정치 생명을 걸고 강력 저항했다.

북한의 영향을 받은 좌파나 운동권에서 이승만에 대한 집요한 공격과 비판은 정치적 독재, 헌법 파괴, 친일파 등용 등의 외피를 쓰고 있으나 그 본질을 추적해 들어가면 이승만의 투철한 반공의식, 공산주의의 본질을 폭로하는 선각자적인 안목 때문임을 어렵지 않게 발견할 수 있다.

공산주의에 대한 이승만의 경계심은 거의 신앙심에 가까울 정도다. 그렇다면 이승만은 공산주의나 사회주의에 동적적인 여론이 지배적이었던 해방공간에서 어떻게 철저한 반공주의자가 됐을까. 이승만의 반소(反蘇)의식은 구한말의 반러의식에서 출발한다.[260]

그는 1898년 3월 독립협회가 주최한 만민공동회에서 러시아의 대(對) 조선 이권 침탈을 규탄하는 반러 운동에 몰두했다. 투옥된 상황에서 1903년『제국신문』에 쓴 논설「러일 양국의 대한(對韓)관계」에서 "러시아는 탐욕 있는 호랑이"이며 "세계를 하나의 고깃덩어리로 본다"고 지적한 후 "피요트르 황제(피터 대제) 이후로 천하를 통합할 주의로 유명을 끼쳤으며, 남의 토지(영토)도 많이 침탈했다"고 비난했다.

이승만의 반러의식은 1917년 볼셰비키 혁명을 통해 로마노프 왕조가 붕괴하고 공산 정부가 들어서자 반공사상으로 바뀌었다. 이 무렵부터 이승만은 공산주의를 '원래 자유롭게 되기를 원하는 인간의 본성을 거역해가며 국민을 지배하려는 사상체'로 간주하고 이 이념을 따르는 정치는 반드시 실패할 것이라고 설파했다.

이승만 연구가인 손세일은 이승만의 철저한 반공주의는 한반도에 부동항을 건설하려는 러시아의 야심에 대한 비판의식과 함께 그가 꿈꾸는 이상 국가, 곧 기독교를 바탕으로 한 국민국가 건설의 가장 큰 적이 공산주의라는 인식에서 비롯된 것으로 해석한다.[261)]

이승만이 기독교인이 된 것은 한성감옥에서였다. 그는 옥중에서 성경 반을 조직해 동료 정치범들과 성경 공부를 하면서 전도활동을 펼쳤다. 그는 출옥할 때까지 40여 명의 죄수와 간수들을 기독교인으로 개종시켰다. 그 후 도미(渡美)하여 학업에 종사하면서 150여 회에 걸쳐 대학 주변의 교회 주일학교나 기독교 청년대회 등에 연사로 초빙되어 한국을 소개하고 신앙 간증을 했다.

이승만은 각종 강연이나 저술활동을 통해 한국이 기독교를 받아들여 정신력을 배양하면 일제의 식민통치를 극복할 수 있다고 주장했다. 또 한국이 기독교 국가가 되면 영국이나 프랑스 미국 등 구미의 일등 국가들과 동등한 문명국이 될 수 있을 것으로 전망했다.

그는 1948년 5월 31일 임시 국회의장에 선출되어 제헌국회를 개원하는 자리에서 목사인 이윤영 의원에게 "하나님께 먼저 감사 기도를 드려 달라"고 부탁하여 식순에도 없는 기도로 개원식을 시작했다. 1948년 7월 24일 열린 대통령 취임식에서는 "하나님과 동포 앞에서 나의 직책을 다하기로 한층 더 결심하며 맹세한다"고 대통령 취임 선서를 했다.

이런 사실로 미루어 볼 때 이승만은 대한민국을 건국하면서 한국의 전통 종교인 유교의 장점을 포섭한 바탕 위에 모범적인 기독교 국가로 대한민국을 건설하려 했던 것으로 보인다.[262] 이승만은 공산주의는 대한민국이라는 기독교 국가 건설의 적(敵)이라고 판단한 것이다.

러일전쟁에서 패한 후 한반도로 향한 자신들의 꿈을 접은 제정러시아는 볼셰비키 혁명으로 공산 소비에트 정권으로 바뀌었다. 그 직후인 1918년, 일본은 혁명 저지를 위해 시베리아에 군대를 출병함으로써 소련은 극동지역에서 일본군의 압박을 받기 시작했다. 특히 소련과 국경을 맞대고 있는 조선이 일본의 군사기지화 된 것이 소련에게는 중대한 위협요인이었다.

소련은 일본의 식민정책에 반대하는 한국의 민족해방 투쟁이 소련의 이해관계와 일치함을 알고 조선의 독립운동가나 혁명가들의 망명을 받아들이고 그들을 훈련시킨 다음 조선으로 잠입시켜 일제의 대항세력으로 키웠다.[263]

공산당, 포악한 1인 독재체제로 변해

소련은 볼셰비키 혁명 이후 공산주의 사상을 세계의 약소민족 국가는 물론, 유럽과 아시아의 지식인들에게 파급시켜 나갔다. 노동과 임금의 착취로 인한 자본주의의 모순이 사회문제로 대두되고 있던 유럽 사회에서 자본가 계급을 타도하고 만민평등을 부르짖는 공산주의는 "인류가 나아갈 유토피아"라는 평을 들을 정도로 센세

이션을 일으켰다.

그러나 1924년 레닌이 사망하고 스탈린이 권력을 장악하여 볼셰비키 수뇌부가 교체되면서 공산당의 체질이 포악한 1인 독재체제로 변한 것을 사람들은 모르고 있었다. 소련 공산당은 다음과 같이 변화했다.[264)]

첫째, 세계 혁명을 지향한 이상주의적 단체였던 볼셰비키 당이 1928년경부터 '한 나라에서의 사회주의'라는 이념에 따라 전체주의 국가를 지향하게 되었다. 경제면에서는 1921년에 실시한 신경제정책(비교적 자유스러운 시장경제체제)을 폐기하여 농업을 집단화하고, 모든 산업을 당이 관리하는 계획경제 체제로 바꾸었다. 농업 집단화 과정에서 수많은 농민들이 살해되었다.

둘째, 전 세계 무산계급의 혁명을 꿈꾸었던 볼셰비키는 소련이라는 국가의 영토와 이익을 수호하고 팽창하는 데 주력하는 제국주의 국가의 통치자들로 변해 있었다.

소련에서 벌어지고 있는 이처럼 끔찍하고도 파괴적인 변화를 서방 세계의 지식인이나 일제 치하의 한국에서는 전혀 모른 채 순수하고 이상적인 공산주의만을 꿈꾸었다.

1929년 미국 월스트리트에서 시작된 대공황이 전 세계로 파급되면서 자본주의와 자유 시장경제 체제에 근본적인 의문이 증폭되기 시작했고 민주주의에 대한 신념이 크게 흔들리기 시작했다. 반면에 소련은 스탈린 체제 하에서 중공업 발전을 위한 5개년 계획을 착실하고 강력하게 밀고 나가면서 지식인들의 주목을 받기 시작했다.

다수의 좌파 지식인들과 자유주의 언론들은 자본주의의 모순을 겪지 않고 미증유의 경제 위기에도 끄떡없이 발전을 거듭하는 소련의 사회주의 실험을 호기심에 가득 찬 눈으로 바라보았다. 소련은 서방 자본주의 국가들이 겪는 대량실업을 피할 수 있었는데, 이는 미국의 지식인들에게 소련식 계획경제가 자유시장의 병폐를 해결할 수 있다는 생각에 매력을 느끼도록 했다.[265)]

서방 세계의 지식인들은 수백만 명의 사람들을 빈궁의 늪으로 몰아넣은 자본주의의 적이라고 생각했던 공산주의 소련에서 새로운 사회가 창조되는 것을 목격하고 충격을 받았다. 그들에게 소련 모델은 말할 수 없이 유혹적인 것이었다.[266)]

이런 분위기 하에서 공산주의는 은밀하고 조용하게, 때로는 과격하게 젊은 계층과 지식인, 노동자들에게 퍼져나가기 시작했다. 『뉴욕타임스』의 모스크바 주재 특파원을 오랫동안 지낸 월터 듀란티는 1929년 스탈린을 단독 인터뷰하여 그에 대한 허상을 만들어내는 데 앞장섰고, 1930년대 초에 소련의 산업화 등에 대해 우호적인 기사를 써서 유명세를 탔다.

그러나 서방 세계의 지식인들이 사회주의 소련에 열광하는 이면에서는 인류 문명사에서 두 번 다시 경험하기 힘든 참혹하고 끔찍한 일들이 벌어지고 있었다. 러시아 혁명으로 공산당이 집권한 후 소련은 아르메니아, 아제르바이잔, 그루지야를 병합하고 일부러 500만 명을 굶겨죽였다. 허버트 후버 대통령 시절(1929~1933)

에도 소련은 자국 인민 500만 명 내지 1500만 명을 굶겨죽였다. 공산주의자들의 대량 학살은 나치의 학살 행위보다 잔혹했으며, 그 규모도 나치를 능가했다. 공산주의가 있던 곳은 항상 억압과 고문, 대량학살이 있었음에도 진보적 지식인들은 이런 사실에 눈을 감았다.[267)]

이 와중에 미국과 유럽의 최고 지성에 속하는 사람들이 공산주의 클럽에 가입하여 활동하다가 소련의 첩보원들에게 포섭되어 조국을 배반하고 소련을 위해 일하는 간첩이 되기도 했다. 그 대표적 인물이 영국 첩보기관인 MI5(국내 방첩 담당기관), MI6(해외 정보활동 담당기관), 외무성에서 활약한 속칭 '케임브리지 5인방'이라 불린 헤럴드 킴 필비, 도널드 맥클린, 가이 버제스, 앤서니 블런트, 존 케른크로스다.

이승만, 1923년부터 공산주의 비판

킴 필비를 비롯한 이들 '케임브리지 5인방' 간첩들은 영국 최고 명문 가문 출신의 장래가 촉망받는 엘리트들이었다. 그들은 1930년대 케임브리지대학 재학 시절에 공산주의 사상에 물들었다가 소련 간첩들에게 포섭되어 MI5와 MI6 등 영국의 방첩기관과 첩보기관, 외무성 등에 취업하여 고위직에 이를 때까지 십 수 년을 소련 첩자로 활동했다.

이들 중 킴 필비와 도널드 맥클린, 가이 버제스는 소련으로 탈출하여 여생을 소련에서 보냈다. 전 세계 첩보공작 중 '최고의 성공작', '살아 있는 첩보 공작의 교과서'라는 평을 들었던 킴 필비는 소련이 발행하는 우표에 자신의 얼굴이 인쇄되는 영광을 누렸으나, 조국 영국 입장에서 보면 가장 악질적인 배신자라는 비판을 들어야 했다.

미국과 영국의 외교기관이나 첩보기관에서 활약한 이들 소련 간첩들은 38선 획정, 신탁통치, 6·25전쟁 등과 관련한 정보를 통째로 소련에 넘겨줌으로써 한국의 운명에도 결정적인 영향을 미쳤다는 점에서 앞으로 많은 연구가 필요한 부분이다.

이승만은 조지워싱턴대학, 하버드대학, 프린스턴대학 등 미국 최고의 명문 교육기관에서 국제정치학을 전공한 전문가다. 또 오랜 세월을 조국을 떠나 해외에서 망명생활을 하며 열강들을 상대로 외교활동을 펼친 노련한 현실 정치가답게 공산주의의 전략과 수법을 꿰뚫어 보고 있었다.

전 세계 다수의 지성들이 공산주의의 학살극과 반문명성을 외면한 채 우호적이며 동정적인 시선으로 미화 찬양할 때 그는 거침없이 공산주의에 대해 비판의 칼을 들이댔다. 이승만의 공산주의 비판은 상하이 임시정부에서 활동하다 하와이로 돌아와 그 동안 발간이 중단됐던 『태평양잡지』를 속간한 1923년부터 시작된다.

이승만은 『태평양잡지』 속간호(1923년 3월)에 「공산당의 당(當) 부당(不當)」이란 논설을 실었다. 이 시기는 볼셰비키 혁명이 일어난 지 6년 후, 전 세계 지식인들이 공산주의가 인류가 나아갈 새로운 길이라고 들떠 있을 때, 공산주의를 정면에서 비판한 글이라는 역사적 의미가 있다.

이 논설에서 이승만은 공산주의의 평등사상에 대해서는 긍정적으로 평가하면서, 공산주의의 부당한 점으로는 (1)재산을 나눠가지자는 주장, (2)자본가를 없애자는 주장, (3)지식계급을 없애자는 주장, (4)종교단체를 혁파하자는 주장, (5)정부도 없고 군사도 없으며 국가사상도 다 없애야 한다는 국가 소멸론 등을 들면서 조목조목 비판을 가했다.[268)]

이승만의 공산주의 비판은 60년이 더 지나서 소련 공산당 서기장 고르바초프에 의해 옳았음이 확인되었다. 공산주의가 실패할 수밖에 없는 이유를 이승만은 러시아가 식민지 해방운동의 이상국가로 등장한 직후에 정확하게 통찰하고 있었던 것이다.

이승만은 공산주의를 '원래 자유롭게 되기를 원하는 인간의 본성을 거역해가며 국민을 지배하려는 사상체계'로 판단했고, 이런 이념을 따르는 정치는 반드시 실패할 것이라는 확신을 갖게 되었다. 이승만이 공산주의에 대해 이런 논리적 확신을 갖게 된 것은 1920년에 뉴욕에서 출판된 모리스 윌리엄의 『역사의 사회적 해석-마르크스의 경제적 역사 해석에 대한 반론』이라는 책에서 어느 정도 영향을 받은 것으로 추정된다.[269)]

"모든 나라의 공산당은 소련의 조종을 받는 도구"

『태평양잡지』 1925년 7월호에 발표한 「공산주의」라는 논설은 이승만이 공산주의를 어떻게 보고 있는지를 알려주는 결정판이다. 이승만은 이 글에서 공산주의를 여섯 가지 관점에서 조목조목 비판했다. 관련 내용을 옮겨본다.

첫째, 공산주의와 사회주의가 세상에 큰 복리를 끼칠 것이므로 사람마다 이 주의를 가지는 것이 옳다는 주장에 대하여.

"이것이 복이 될지 해가 될지 확실히 판단이 못 된 터이니, 다른 나라들은 이것저것 시험하다가 아니 되면 다른 것을 할 수도 있지만, 우리 처지로는 이것을 시험하다가 실패하면 다른 것을 시험할 여력이 없을지라. 그러므로 우리의 급히 할 것을 먼저 힘쓰며 남들이 다 시험을 치러서 완성한 후에 채용하는 것이 우리의 지혜로운 계획이다…."

둘째, 공산주의와 사회주의가 세계 평화와 만민이 형제 되는 복락을 주장한다는 말에 대하여.

"이 주의가 넓고 커서 나라마다 사람마다 준행하는 것이 인류 행복을 증진하는 것이 될 터이나, 남들은 다 민족의 생존을 완전히 보전하고 앉아서 더 잘살아 보려고 하는 것이지만 우리는 민족이 장구히 있을까 없을까를 판단치 못하고 앉아서 정신없이 남을 따라 헛되이 애쓰다가 부지 중 우리 민족만 영영 살 수 없게 되고 보면 우리는 세계복락을 위하여 우리만 희생하고 말 것뿐이라. 종교적 사상으로는 매우 고상하다 할 터이지마는 인류의 보통 관념으로는 가장 어리석은 물건을 이룰 따름이다…."

셋째, 국가주의가 인민의 행복에 장애가 되며 세계전쟁을 유발시키는 데 비하여 공산사회는 국가를 없애고 모든 민족이 구별 없이 살게 하자 하는 것이라는 주장에 대하여.

"그 뜻이 인도와 정의에 가까워서 세상 형편을 모르고 이 말만 듣는 사람들로 하여금 마음을 기울이게 할 듯하나, 만일 이 주의를 주창하는 나라 사람들이 먼저 부강한 나라들로 하여금 각각 그 정부를 없이 하며 강토를 열어놓아 피차 구별이 없이 모든 인종이 같이 복리를 나누어 누리게 할진대 우리도 그 뒤를 따라서 국가를 희생하고 들어가려니와, 만일 그렇지 못하여 나라마다 군함 대포와 잠수정 비행대를 확장하며 잔약한 나라들만 권하여 국가주의를 버리라 할진대 우리는 언제까지든지 나라를 먼저 회복해 놓은 후에야 세계주의를 비로소 생각할 것이다…."

넷째, 공산주의와 사회주의가 인민의 평등 자유권을 증진하여 유식과 무식, 유산과 무산, 자본가와 노동자 등의 구별을 다 타파하고 모든 민중으로 하여금 공화사회에서 능히 얻지 못하는 행복을 누리게 하는 것이라는 주장에 대하여.

"이것도 참 주의로 보면 공화 민주주의보다 더욱 균일한 자유를 도모함이라 하겠으나, 다른 나라들은 다 저희 민족과 국가의 자유를 회복하야 다른 나라나 다른 민족의 속박을 면하고 앉았은즉 그 나라 안의 백성끼리 서로 압박하고 서로 구별하는 폐단을 없이하기 위하여 유식계급 유산계급 자본계급을 타파하고 무산 무식 노동 등 사회와 동등권을 누리게 하자 함이니 실로 민족 중 저희끼리 자유권을 다투는 것이어니와, 우리로 말하면 타국과 타족의 속박을 먼저 면하여 우리가 남과 같이 살게 만들어 놓은 후에 우리끼리 어떻게 마련하야 인민의 평등을 보호하자 하는 것이 가한지라. 만일 그렇지 못하여 우리끼리 개인 권리를 다투느라고 서로 분별 분쟁하다가 국가 자유를 영영 잃고 앉으면 남의 노예 된 백성이 저희끼리 평등권을 가진다 한들 무엇이 상쾌하리오…."

다섯째, 우리의 적국 일본이 공산주의와 사회주의를 두려워하므로 우리가 공산주의와 사회주의를 본떠서 저들을 어렵게 하는 것이 한 계획일 수 있다는 주장에 대하여.

"내 원수가 이것을 싫어하는 고로 내가 나의 이해를 불계하고 행하는 것이 옳다 함은 심히 위태한 생각이라. 내 원수의 집에 가서 내 목을 매어 죽으면 그 해가 내 원수에게보다 내게 더 큰지라. 내 몸을 없이하여 원수를 놀래는 것이 어찌 원수 갚는 일이라 하리오. 그런즉 우리는 덮어놓고 일본이 싫어하는 고로 우리가 원한다 하느니보다 우리가 그 주의를 소상히 알아보아 우리 형편에 복이 될까 아니 될까 하는 것만 연구하야 정할 것이오. 덮어놓고 원수가 미워서 이것을 행한다 함은 극히 위태한 생각이라…."

여섯째, 광복운동이 우리의 생명운동이라는 데 대하여.

"우리가 독립을 회복하면 우리 민족도 살 수 있고 독립을 회복치 못하면 우리가 다 생존을 유지치 못할 것뿐이니, 독립을 위하여 무엇이든지 행하자는 정신으로 주장을 삼을진대 우리는 세상 모든 주의에 찬성치 못할 일이 없으되, 독립은 어찌되었든지 다른 주의가 더 높고 더 넓으니 그것을 취하자 하는 데는 우리가 결코 찬성할 수 없을지라….”[270]

악(惡)의 퇴치 위해 거악(巨惡)과 손잡은 루스벨트

공산주의에 관한 이승만의 논설은 한국에서 공산주의를 이론적으로 비판한 최초의 글이라는 점에서 한국 근대 사상사에서 중요한 의의를 갖는다. 위의 논설에서 보듯 이승만은 공산주의 혁명운동의 핵심 본질을 다음과 같이 정확하게 꿰뚫어 보고 있었다.[271]

첫째, 모든 나라의 공산당은 소련의 조종을 받는 도구다.

둘째, 공산당의 목적은 수단 방법을 가리지 않고 정권을 잡는 일이므로 그들과 협력하는 것은 절대 불가능하다.

셋째, 공산당과 합작하라는 것은 소수 분자들에게 거부권을 주라는 것과 같다.

이러한 원칙에 의거하여 이승만은 해방 공간에서 공산당과의 협력이나 합작을 거부하고 그들과 투쟁을 통해 한반도에서 공산주의를 몰아내는 전략으로 나간 것이다.

이승만의 지도자로서의 특징은 거대한 전략적 틀에서 사고하고, 그 틀에 의해 활동방향을 설정한다는 점이다. 예를 들어 이승만의 외교 노선은 다음과 같은 배경을 이해해야만 제대로 된 평가가 가능하다.

‘러시아의 남진 견제를 위해 중국, 한국, 일본, 미국이 힘을 합쳐야 한다는 논리는 이승만이 청년 시절부터 가져온 국제관계에 대한 기본 인식이었다. 일본이 한국을 침략한 뒤부터 이런 구도가 흔들리기는 했지만, 그는 한국을 독립시켜야만 러시아, 일본, 중국 어느 한 나라도 극동에서 일방적 권력을 행사하지 않고 서로 견제를 함으로써 지속적인 평화가 가능하다는 생각을 하고 있었다.'[272)]

2차 세계대전이 발발하여 소련이 미국, 영국과 군사동맹을 맺으면서 문제가 복잡하게 꼬였다. 미국과 영국은 세계대전에서 승리하기 위해 공산주의에 대한 경계심을 풀고 소련과 손을 잡았다. 루스벨트는 히틀러의 나치 독일을 물리치기 위해서는 공산 독재자 스탈린이 필요하다는 차원에서 소련에 거의 무제한에 가까운 군수 지원을 제공했다. 그것은 악(惡)을 물리치기 위해 거악(巨惡)과 손을 잡은 형세였다.

루스벨트가 1941년부터 1945년 9월까지 소련에 제공한 군수지원은 항공기 1만 4834대, 전차 1만 3000대, 트럭 42만 7000대, 지프 5만 대, 철강 200만 톤, 상선 95척, 양곡 899만 톤 등 엄청난 양이었다. 특이한 것은 소련에 엄청난 군수물자를 지원하면서 특별한 대가를 요구하지도 않았고, 까다로운 조건을 달지도 않았다는 점이다.

이처럼 파격적인 지원은 전통적인 우방이자 동맹국인 영국에 군수지원을 할 때 가혹한 조건을 제시했던 사례와 비교하면 충격적인 것이었다. 영국은 2차 세계대전 개전 초기 독일의 잠수함 공격으로 해상교통로가 끊어질 위기에 처하자 미국에 중고 구축함

50척을 요청했다. 루스벨트는 구축함을 제공하는 조건으로 뉴펀들랜드로부터 영국령 기아나에 이르는 8개의 영국 해외 식민지를 미국이 99년 간 해·공군 기지로 사용할 수 있는 권리를 요구하는 등 대단히 까다로운 조건을 내걸어 영국을 경악케 했다.

루스벨트의 소련에 대한 지나친 애정에 대해 미 국무부와 군부의 많은 인사들이 이의를 제기했으나 루스벨트는 1945년 4월 사망할 때까지 소련에 대한 조건 없는 군수지원을 제공했다.

1941년 12월 일본이 진주만을 기습 공격함으로써 그 동안 관망 입장이었던 미국은 본격적으로 2차 세계대전에 참전하게 됐다. 미국의 어려움은 유럽과 태평양 두 방면에서 전쟁을 수행해야 한다는 점이었다. 태평양 전쟁 초기 일본군의 진주만 기습으로 해군 세력의 상당 부분을 잃어 힘겹게 전쟁을 치러야 했던 미국은 만주 쪽에서 일본군을 견제하기 위해 소련의 대일전(對日戰) 참전을 갈망했다. 만약 소련이 만주 쪽에서 일본과 전쟁에 돌입하면 한반도를 소련이 점령할 개연성이 높아지게 된다.

이승만은 소련의 한국 점령을 막을 수 있는 유일한 방법은 미국이 한국의 임시정부를 승인하는 것이라고 기자회견과 라디오 방송, 잡지 기고 등 다양한 채널을 통해 거듭 주장해 왔다. 이런 자신의 주장에 대해 미국 정부가 아무 반응을 보이지 않는 것은 "루스벨트와 처칠이 한국이 실제로는 소련의 지배를 받으면서 형식상으로만 독립정부의 형태를 갖추도록 결정했기 때문"이라고 주장했다.[273)]

앨저 히스와의 악연(惡緣)

이승만은 국제연합 결성을 위해 1945년 4월 25일부터 6월 26일까지 열린 샌프란시스코 회의에 참석하여 대한민국 임시정부 승인 및 유엔 가입을 호소하기 위해 많은 노력을 기울였다. 미국은 국제연맹 출범 때의 방관적 태도와는 달리 국제연합 창설에 적극적으로 나섰다. 미국은 이 새로운 국제기구가 성공하려면 소련의 협력이 절실하다고 판단했다.

그런데 문제의 인물 앨저 히스는 그 무렵 유엔 창립을 주도하고, 샌프란시스코 국제연합 회의의 사무총장으로서 소련 대표들과 긴밀히 연락하면서 실무를 주관할 정도로 미 국무부에서 영향력이 큰 인물로 성장해 있었다. 이승만을 비롯한 우리 측 대표단은 국제연합 창립총회에서 문전박대를 당했다. 총회 참석을 위해 미국 정부와 교섭을 벌였으나 앨저 히스가 정식 초청 대상이 아니라는 이유로 회의 참석을 거부했기 때문이다.

미 국무부가 한국 대표들의 국제연합 회의 참가를 거부하자 이승만은 4월 9일 자신의 정치고문 로버트 올리버에게 "국무부의 소인배 월급쟁이들은 동양의 상황에 대해 온갖 그릇된 정보를 공급하는 전문가들입니다. 고관들은 이 그릇된 정보에 입각하여 그들의 정책을 수립합니다. 결과는 어떻습니까? 진주만의 경우와 같은 재앙입니다"라는 서한을 보냈다. 당시 이승만은 앨저 히스가 소련과 연결되어 있는 사람이라는 사실은 꿈에도 생각하지 못하고 그저 국제적 안목이 부족한 “국무부의 소인배 월급쟁이들”이라고 공격한 것이다.

이승만이 앨저 히스와 처음 대면한 날은 일본이 진주만을 공격한 직후인 1942년 1월 2일이었다. 이날 이승만은 그의 법률고문 존 스태거스 변호사, 친구인 제이 제롬 윌리엄스(국제 뉴스 서비스 발행인)와 함께 국무부를 방문하여 헐 국무장관에게 면담을 요청했다. 마침 헐 장관이 외출중이어서 그의 보좌관 앨저 히스가 이승만 일행과 만났다.

이날 이승만은 앨저 히스에게 일본의 패전을 돕기 위해 한국이 할 수 있는 역할을 설명했다. 한국 임시정부가 나치 독일에 점령된 나라들의 망명정부와 마찬가지로 국제적 승인을 받고 연합군 최고사령부의 전략계획에 편입되면 적진 파괴와 게릴라 활동에 한국인들이 나설 수 있다는 점을 설명했다.

이승만은 “소련은 한국에서 부동항을 얻기 위해 반세기 넘게 노력해 왔기 때문에 미국이 미리 한국의 독립을 승인하는 것과 같은 조치를 해 놓지 않으면 일본이 패망한 뒤 소련이 한국을 점령하게 될 것”이라고 히스에게 설명했다.

문제는 당시 소련이 나치 독일과 파시즘 국가들과의 전쟁을 치르기 위한 미국의 군사동맹국이었다는 점이다. 앨저 히스는 “미국의 중요한 전시 동맹국을 공격하는 것을 듣고 앉아 있을 수 없다. 한국에 관한 문제는 일본 패망 후 결정해야 한다”면서 이승만의 말을 가로막았다. 이승만은 미국의 정책이 이렇게 젊고 세계정세에 미숙한 사람들에 의해 결정적인 영향을 받고 있는 사실을 개탄하면서 국무부를 나왔다.

존스홉킨스대학과 하버드 법과대학원 출신의 앨저 히스는 1935년 국무부의 무역협정과에서 국무부 차관보 패린시스 세이어의 특별보좌관으로 공직을 시작했고, 1941년에는 국무부 극동문제 담당자로서 정치자문역을 하고 있던 스탠들리 혼백의 보좌관을 지냈다. 1944년부터 전후 세계질서에 대한 계획을 입안하게 되는데, 히스는 국무부의 특수정치담당사무국 부국장으로서 유엔을 구성하는 책임을 맡게 되었다.

1945년 초에는 얄타회담에 참가하는 미국 대표단의 일원으로서 특수정치담당사무국의 국장이 되었다. 얄타회담 이후에는 유엔 구성을 위한 샌프란시스코 회담을 위해 유엔 임시 사무총장을 맡는 등 애치슨 국무장관의 총애를 받는 거물급 외교관으로 떠올랐다. 그는 '국제평화를 위한 카네기재단' 총재를 역임했던 인물이다. 히스는 1946년 국무부의 권고에 의해 행정부를 떠났다. 소련 간첩혐의로 내사를 받고 있었기 때문이다.[274]

앨저 히스가 소련 간첩이라는 사실을 미국 정부에 알린 인물은 휘태커 챔버스였다. 챔버스는 1921년 컬럼비아대학에 입학했는데, 대학 재학 시절 공산주의에 눈을 뜨게 된다. 그는 1925년 미국 공산당에 가입했고, 1932년 봄 공산당 지하조직에 가입했으며, 이듬해 모스크바에 파견되어 첩보활동에 대한 훈련을 받았다.[275]

조국 버리고 소련을 위해 일한 반역자들

1939년 소련이 나치 독일과 불가침 협정을 맺자 휘태커 챔버스는 독·소 불가침협정이 공산주의 전략으로는 정당할지 몰라도 인간적인 관점에서 보면 악(惡)이라는 생각을 하게 됐다. 독·소 불가침협정을 맺은 지 며칠 후 히틀러와 스탈린의 군대는 폴란드를 침공해 2차 세계대전이 벌어지게 된다. 챔버스는 소련과 공산주의에 환멸을 느끼고 전향했다.[276]

챔버스는 전향 후 친구의 소개로 루스벨트 대통령의 국무부 차관이던 아돌프 벌과 만났다. 챔버스는 벌에게 루스벨트 행정부에서 암약하고 있는 소련 간첩 24명의 명단을 제공했다. 그 가운데는 국무부 고위관료로 재직 중이던 앨저 히스와 그의 동생 도널드 히스가 포함되어 있었다.

충격을 받은 아돌프 벌은 이 사실을 루스벨트 대통령에게 보고했다. 이미 친소정책으로 기울어 있던 루스벨트 대통령은 앨저 히스에 대해 모종의 조치를 취하기는커녕 오히려 얄타 회담에서 자신을 보좌할 중요한 지위로 승진시켰다.[277]

루스벨트는 10여 년 전부터 미국 정보기관 등으로부터 앨저 히스가 소련의 스파이일 가능성이 있다는 경고를 받았음에도 불구하고 계속해서 그를 보다 영향력이 큰 자리로 진급시켰다. 히스는 얄타 회담에서 루스벨트의 옆자리에 앉아 한반도의 신탁통치 및 폴란드를 위시한 동유럽을 스탈린에게 넘겨주는 결정을 하게 된다.

1950년 6월 25일 북한 공산집단의 남침 정보가 미국에 알려졌을 때 조지 맬로운 상원의원은 "중국에서 발생한 일(중국 공산화)과 한국에서 발생하려는 일은 얄타 회담 시 대통령의 보좌관들과, 그 때 이후 국무부 보좌관들이 고의적으로 저지른 일임이 명백하다"고 비난했다.[278]

히틀러가 폴란드를 침공하자 영국과 프랑스가 나치 독일에 선전포고를 함으로써 2차 세계대전이 시작됐다. 폴란드 때문에 전쟁이 터졌으니 서방 동맹국 입장에서는 어떤 희생을 치르더라도 폴란드를 지켜내야 했다. 그러나 무슨 까닭인지 루스벨트는 얄타회담에서 폴란드를 스탈린에게 넘겨주었다. 훗날 밝혀진 바에 따르면 루스벨트가 그런 결정을 한 이유는 앨저 히스가 루스벨트에게 "폴란드를 스탈린에게 넘겨주는 것이 전후 미국의 이익에 부합한다"고 조언한 탓임이 밝혀졌다.[279]

소련 스파이들이 극비리에 진행되던 미국의 핵무기 기술인 맨해튼 프로젝트 관련 내용을 스탈린에게 넘겨줄 때 루스벨트 대통령은 첩보기구인 OSS에 자기 친구 '엉클 조'(스탈린의 애칭)가 지배하는 나라에 대한 모든 방첩행위를 금지하라는 명령을 내렸다.[280]

루스벨트의 사망으로 대통령직을 이어받은 해리 트루먼도 앨저 히스를 아꼈다. 트루먼은 히스를 국무부 정책국장으로 계속 근무하도록 했으며, 덕분에 히스는 유엔 창설을 논의한 덤바턴 오크스 회담을 주관했다. 나아가 유엔 헌장을 기초한 샌프란시스코 회의에선 사무총장을 맡아 유엔 탄생의 모든 것을 주관했다. 엄격하게 말하면 유엔 탄생은 소련 간첩 앨저 히스의 작품이나 다름없다.

아돌프 벌은 당시 루스벨트 행정부의 재무부 차관보이던 애치슨에게 챔버스에게 전해들은 앨저 히스 형제의 간첩 행각에 대해 설명하고 그의 제거를 위한 방법을 논의했다. 애치슨은 "그 가족과 두 형제를 어려서부터 잘 안다. 내가 그들을 보증할 수 있다"면서 벌의 경고를 무시했다. 애치슨은 자신이 국무부 차관보에 임명되자 앨저 히스의 동생 도널드 히스를 자신의 보좌관으로 임명했다.[281]

앨저 히스가 소련을 위해 일하는 간첩이라는 사실이 제기된 것은 1947년이다. 1945년 이고르 쿠젱코라는 소련 외교관이 캐나다 주재 소련대사관에서 수백 페이지에 달하는 문서를 빼돌려가지고 캐나다에 망명했다. 이고르 쿠젱코의 증언으로 캐나다에서 암약하던 22명의 소련 간첩이 체포됐다. 쿠젱코는 미국 정부 고위층에도 소련 간첩이 침투해 있다는 사실을 증언하자 캐나다 정부는 이를 미국 정부에 통보했다.

캐나다로부터 심상치 않은 정보를 넘겨받은 미국 정부는 1947년 공직자 국가충성심사위원회(Civil Service Loyalty Review Board)를 설치하고 공산주의자로 의심되는 사람들에 대한 조사에 나섰다. 이 와중에 앨저 히스가 논란의 한복판에 서게 된다. 1948년 8월 3일 휘태커 챔버스는 미 하원의 반(反)미국적 행위 조사위원회(House Committe on Un American Activities)에서 '국제평화를 위한 카네기재단' 총재인 앨저 히스를 비롯한 몇몇 전직 국무부 관리들이 1930년대 소련 간첩망의 일원으로 미국 정부에 침투하여 활약한 공산주의자들이었다고 고발했다.[282] 이 위원회의 위원장이 캘리포니아 출신의 젊은 하원의원 리처드 닉슨(후에 미국 37대 대통령)이었다.

베노나 프로젝트가 밝힌 진실

숱한 의혹과 논란 끝에 앨저 히스는 1948년 비밀 공산당원으로서 국무부 기밀문서를 소련에 넘겼다는 혐의로 기소되었다. 히스는 완강하게 자신의 무죄를 주장했으나 위원장 리처드 닉슨 의원은 집요하게 히스를 물고 늘어져 앨저 히스를 위증죄로 기소하는데 성공했다. 그에게 적용된 위증이란 '조국을 배신하는 스파이 행위를 하지 않았다고 선서한 것'이 위증이란 혐의다. 결국 히스는 '소련의 스파이라는 것을 부인한 진술'로 위증죄 처벌을 받은 것이나 다름없다. 직접적인 간첩혐의에 대해서는 실정법상 이미 공소시효가 지나 처벌받지 않았다.

히스는 5년형을 선고받았으나 그 뒤 감형되어 1951년 3월부터 1954년 11월까지 수감 생활을 했다. 앨저 히스가 유죄 판결을 받은 1950년 1월 25일 딘 애치슨 국무장관은 기자회견에서 "나는 앨저 히스를 배반하지 않겠다"고 발표했다. 이 발언이 언론을 통해 알려지자 인디아나 주 출신 공화당 상원의원 윌리엄 제너는 애치슨을

"공산주의자에 유화적이면서, 공산주의자들을 보호하려는 미국의 배신자"라고 비판했다.[283)]

애치슨이 앨저 히스를 감싸고도는 기자회견을 하기 2주 전에 유명한 '애치슨 선언'을 했다. 이것은 호시탐탐 기회를 노리던 공산주의자들 입장에서 보면 명백한 남침 초대장이나 다름없었다.

미국의 국무장관이 앨저 히스를 옹호하고 나선 지 2주일 후인 1950년 2월 9일. 위스콘신주 출신의 공화당 상원의원 조지프 매카시는 웨스트버지니아주 휠에서 "국무부에 소련을 위해 일하는 공산주의자들이 암약하고 있다"는 유명한 연설을 했다.

에드거 후버 FBI 국장은 1947년 3월에 미국 내에서 공산당에 동조한다고 등록한 사람이 100만 명 정도였다고 말했다. 『반역』이란 책의 저자 앤 코울터는 이들 공산주의자들을 아이비리그의 울타리 속에 가두어 둘 수 있었던 것은 매카시 의원 덕분이라고 말한다. 매카시 의원이 공산주의자가 되는 것을 수치스럽게 만들었기 때문이었다는 것이다.

1954년 석방된 히스는 자기가 매카시즘의 희생자로서 억울한 옥살이를 했다고 주장하면서 좌파들의 우상이자 영웅 대접을 받았다. 그러나 히스는 진실을 끝까지 숨기는 데는 성공하지 못했다. 그로부터 41년 후인 1995년 7월 11일, 미국 정부는 그동안 극비에 붙여졌던 냉전 시절 '베노나 프로젝트(Venona Project)'라는 이름으로 진행됐던 소련 암호 해독 문서를 공개했다.

베노나 프로젝트 덕분에 매카시 의원이 공산당, 혹은 소련 간첩으로 지목했던 인물들이 실제로 간첩활동을 한 행각이 드러났다. 얄타 회담에 참석한 후 비밀리에 모스크바로 갔던 미국의 핵심 스파이가 '알레스'란 가명을 사용한 앨저 히스로 밝혀진 것이다. 그밖에도 줄리우스 로젠버그, 저널리스트로서 한국전이 미국의 음모에 의해 남한이 북한을 먼저 침략한 것으로 기술한 『비사(秘史) 한국전쟁』의 필자 I. F 스톤 등이 모스크바의 첩자임이 밝혀졌다.

I. F 스톤은 매카시 의원을 반(反)유대주의자, 파시스트라고 공격함으로써 '고발 언론의 양심'이라는 평을 들었다. 베노나 프로젝트에 대해 KGB 공작관으로 '케임브리지 5인방'을 지휘했던 유리 모딘은 자신의 저서 『나의 케임브리지 동지들』에서 이렇게 밝히고 있다.

'2차 대전이 시작되자 미국은 호주의 깊은 오지 마을에 무선통신소를 설립하여 미국과 소련, 영국 사이를 오가는 모든 민간, 외교, 군사 통신을 도청했다. 그러나 암호문으로 된 내용을 해독할 수 없어 애를 태우고 있었다. 1941년 6월 핀란드는 소련에게 빼앗겼던 페트사모 시를 탈환하기 위해 소련군을 공격했는데, 페트사모 근처 전투에서 승리한 핀란드 군이 수색 도중 소련군 암호병이 암호 책자를 불태우는 것을 발견하고 그를 사로잡았다.

핀란드는 불덩이 속에서 거의 타버린 책자 조각을 건져내는 데 성공하여 이를 극비리에 보관하고 있다가 1944년 미국에 제공했다. 이 귀중한 자료를 바탕으로 미국의 암호 해독 전문가들이 총동원되어 몇 년을 매달린 끝에 1948년에 소련의 암호를 해독하는 데

성공했다.'[284]

앤 코울터의 저서 『반역』에 의하면 베노나 프로젝트는 미 육군 특수부대장이었던 카터 클라크 대령이 1943년 시작했다고 한다. 클라크는 비밀리에 특수부대를 설치하고 소련의 암호 해독작업에 돌입했다. 클라크는 '베노나 프로젝트'라 명명된 이 작업에 대해 루스벨트나 트루먼 대통령에게도 보고하지 않았다. 노골적으로 소련의 편을 드는 민주당 정치인들을 신뢰할 수 없었기 때문이다.[285]

미국 지도부에 침투한 소련 간첩들

당시 소련은 이론상으로는 풀 수 없는 암호를 사용하고 있었는데, 그 비밀의 문으로 접근할 수 있는 몇 조각의 해답을 핀란드 정부가 제공해 주었다. 미국은 호주의 무선 통신소에서 도청한 암호 문서들을 해독하여 미국에서 영국을 통해 소련으로 1급 기밀이 새나가는 루트가 '케임브리지 5인방'이라는 것을 밝혀냈다. 또 매카시 상원의원이 문제를 제기한 앨저 히스와 로젠버그 부부 등의 간첩활동을 상세하게 파악할 수 있었다.

베노나 문서를 통해 줄리어스 로젠버그의 암호명이 '진보주의자'라는 사실이 밝혀졌고, 루스벨트 행정부의 재무부 차관이었던 해리 덱스터 화이트도 소련 간첩이었음이 드러났다. 화이트는 11명의 소련 간첩을 재무부 고위 관료로 채용했다. 화이트는 동료 간첩인 프랭크 코우, 솔로몬 애들러와 함께 자유중국에 대한 중요한 차관을 폐기하고 루스벨트로 하여금 소련에게 100억 달러 차관을 매우 유리한 조건으로 제공하라고 설득했다. FBI로부터 화이트가 소련 간첩이라는 경고를 받았음에도 불구하고 트루먼은 화이트를 재무부에 계속 근무시키다가 IMF 총재에 임명했다.

중국 문제에 대해 트루먼을 보좌했던 프랭크 코우도 소련 간첩이라는 사실이 드러났다. 자신의 정체가 탄로 나자 코우는 공산 중국으로 탈출했다. 그는 중국에서 마오쩌둥의 고위 정책입안자가 되어 대약진운동으로 수백 만 명을 살해하는 것을 도왔다.

앤 코울터는 '루스벨트와 트루먼 시절에 미국은 적국에 충성하는 민간인 부대의 침략을 받고 있었다'라고 주장한다. 1940년대와 1950년대 미국 행정부 안에 수백 명의 소련 간첩들이 벌집처럼 다닥다닥 붙어 진을 치고 있으면서 원자탄, 군사문제, 레이더, 항공, 로켓 프로그램 등 모든 기술적 정보를 닥치는 대로 훔쳐 소련으로 퍼 날랐다는 것이다.[286]

앤 코울터는 로젠버그 부부의 재판이 진행되는 동안 FBI 국장 에드거 후버는 미국이 소련의 암호를 해독했다는 사실을 공표하기보다는, 차라리 이들을 무죄로 방면할 위험을 택했다고 말한다. 소련의 암호 해독 사실을 공개하면 소련에 대한 지속적인 도청이 불가능해질 것을 우려해 '베노나 프로젝트' 관련 내용을 극비에 부치기로 한 것이다.

덕분에 매카시 의원의 주장은 '근거 없는 망언'이라고 매도되어 당시엔 많은 비난을 받았으나, 훗날 베노나 문서가 공개되면서 일정 부분이 사실로 밝혀져 매카시 의원은 명예회복을 하게 됐다.

미국의 고위층에서 암약하는 소련 간첩 명단을 넘겨준 사람은 휘태커 챔버스 외에도 엘리자베스 벤틀리란 여성이 있었다. '금발의 스파이 여왕'으로 알려진 벤틀리는 소련 간첩으로 활동하다 1945년 FBI에 자수하면서 80여 명의 미국 내 소련 간첩 명단을 넘겨주었다. 덕분에 벤틀리도 휘태커 챔버스나 매카시 못지않게 좌파 지식인과 언론으로부터 거센 공격에 시달려야 했다. 그녀의 소련 간첩에 대한 증언은 "신경질적인 노처녀의 공상"이라고 무시됐다. 그러나 해독된 베노나 문서는 벤틀리의 진실을 입증하고도 남았다.

요약하자면 1940년대와 50년대, 미국의 국무부를 비롯하여 군부와 행정부에서 암약하던 소련 간첩들 덕분에 미국의 엄청난 정보가 소련으로 흘러갔다. 더불어 미국의 세계전략도 일정 부분 소련 간첩들의 손아귀에서 놀아났다. 한반도의 분단과 6 · 25 전쟁, 휴전에 이르는 과정에 소련 간첩들의 입김이 어떻게 작용했는지를 우리는 보다 더 상세하게 밝혀내야 할 책임과 의무가 있다.

이승만이 세계에서 가장 투철한 반공 투사라는 사실이 미국 조야에 알려지면서 미 국무부에서 암약하던 소련 간첩(혹은 소련 협조자)들이 집요하게 이승만을 견제하기 시작했다. 이승만을 좋지 않게 생각하고 있던 친소(親蘇)적 인물들의 영향력 행사로 인해 미 국무부는 대한민국 임시정부에 대한 미국의 승인을 얻어내려는 이승만의 청원활동을 묵살했고, 재미동포 사회에서 이승만에 도전적인 좌경인사 한길수를 가까이 하고 이승만을 기피했다. 일본의 항복이 임박했을 때도 미국 정부는 관련 사실을 이승만에게 전혀 통보해 주지 않았다.

"우리 형편으로 공산당 원치 않아"

1945년 10월 16일 해방된 조국으로 돌아온 이승만의 존재는 건준이니 인공이니 하는 좌익세력이 주도권을 쥐고 있던 남한 정치판에 적지 않은 파장을 몰고 왔다. 이승만의 반공적 사고는 당시 한국인들이 일반적으로 가지고 있던 사회주의나 공산주의에 대한 호의와는 거리가 멀었다. 또 소련과의 우호적 연대를 통해 한반도 문제를 해결한다는 미국의 의도와도 충돌하는 것이었다.

그가 해방된 조국을 공산주의의 마수로부터 구해내기 위해 택할 수 있는 유일한 길은 공산주의와 맞서 싸워 그들을 한반도에서 몰아내는 것이었다. 이승만의 공산주의에 대한 생각을 엿볼 수 있는 자료가 있다. 이승만은 1945년 11월 21일 저녁, 서울 중앙방송국에 출연하여 「공산당에 대한 나의 관념」이라는 연설을 했다.

그는 이날 연설에서 "나는 공산당에 호감을 가진 사람이고, 그 주의에 대해서도 찬성하므로 앞으로 우리 정부에서 경제정책을 세울 때 공산주의에서 채용할 것이 여러 가지 있다. 시베리아 눈바람에 갖은 풍상을 겪으며 고국을 위해 혈전 고투하는 동포들과 악독한 왜적의 압박 하에서 지하공작으로 백절불굴(百折不屈)하고 배일 항전하던 공산당원들을 나는 공산당원으로 보지 않고 훌륭한 애국자로 인정한다”고 말했다.

이승만은 이날 연설에서 공산주의를 두 종류로 분리하여 공산주의의 좋은 점은 받아들여야 하며, 나쁜 점은 배격해야 한다고 강조했다.

“첫째는 공산주의가 경제방면으로 근로대중에게 복리를 줄 것이니 이것을 채용하자는 목적으로 주장하는 인사들이다. 이러한 공산주의에 나는 얼마만큼 찬성한다. 둘째는 경제정책의 이해는 어찌되었든지 공산정부를 성립하기만을 위하여 무책임하게 각 방면으로 선동하는 중에 분쟁이 생겨 국가에 손해를 끼치는 이들이니, 이러한 자칭 공산주의자가 참으로 염려되는 점이다. 이러한 분자들이 나라 안에 있어서 국민이 분열되고 골육이 상쟁하는 참화를 양성하니, 이러한 공산분자로 인연하여 근심한다.”

이승만은 1945년 12월 19일 저녁 서울 중앙방송국의 주례 방송 연설에서 「공산당에 대한 나의 입장」이라는 연설을 했다. 첫 마디부터 “우리 형편으로 공산당을 원치 않는 것을 세계 각국에 선언한다”면서 직격탄을 날렸다. 이날 연설은 2차 대전 종전 이후 공산당에 대한 세계 최초의 정면 대결을 선언한 것으로서, 처칠 수상의 유명한 ‘철의 장막’ 연설보다 4개월이나 앞서 나온 것이라는 의미가 있다. 그 내용은 다음과 같다.

“우리 대한으로 말하면 원래 공산주의를 아는 동포가 내지(內地)에는 불과 몇 명이 못 되었나니, 공산 문제는 도무지 없는 것이다. 그중에 공산당으로 지목받는 동포들은 실로 독립을 위하는 애국자들이요, 공산주의를 위하여 나라를 파괴하자는 사람들은 아니다. 따라서 시베리아에 있는 우리 동포들도 다대수가 우리와 같은 목적으로 생명까지 희생하려는 애국자인 것을 우리는 의심 없이 믿는 바이다.

불행히 양의 무리에 이리가 섞여서 공산 명목을 빙자하고 국권을 없이 하여 나라와 동족을 팔아 사리(私利)와 영광을 위하여 부언낭설(浮言浪說)로 인민을 속이며, 도당을 지어 동족을 위협하며, 군기를 사용하여 재산을 약탈하며, 소위 공화국이라는 명사를 조작하여 국민 전체의 분열 상태를 세인에게 선전하기에 이르렀다. 요즈음은 민중이 차차 깨어나서 공산에 대한 반동이 일어나매 간계를 써서 각처에 선전하기를 저희가 공산주의자가 아니요 민주주의자라 하여 민심을 현혹시키고 있다. 이 극렬분자들의 목적은 우리 독립국을 없애서 남의 노예를 만들고 사욕을 채우려는 것을 누구나 볼 수 있을 것이다.

이 분자들이 러시아를 저희 조국이라 부른다니, 과연 이것이 사실이라면 우리가 요구하는 바는 이 사람들이 한국을 떠나서 저희 조국에 들어가 저희 나라를 충성스럽게 섬기라고 하고 싶다. 우리는 우리나라를 찾아서 완전히 우리 것을 만들어 가지고 잘하나 못하나 우리가 원하는 대로 만들어 가지고 살려는 것이다. 이 사람들이 한국 사람의 형용을 쓰고 와서 우리 것을 빼앗아다가 저희 조국에 붙이려는 것은 우리가 결코 허락지 않는 것이니, 우리 삼천만

남녀가 다 목숨을 내놓고 싸울 결심이다."

"공산당 무찔러야 민주주의 발전"

1946년 3월 1일은 해방되고 처음 맞는 3·1절이었다. 당시 국내 정세는 모스크바 3상회의에서의 신탁통치 결정으로 찬탁과 반탁으로 갈려 분위기가 살벌했다. 이날 우익단체는 종로 보신각 앞 광장에서, 좌익단체들은 남산공원 광장과 파고다공원에서 별도의 기념식을 개최할 정도로 좌우 대립은 심각한 분열 상황이었다.

이승만은 1946년 3월 4일 "공산분자와 합동을 이루지 못하고는 통일이 될 수 없다는 이가 있다면, 이는 곧 내 집에 불 놓는 자와 함께 일하라는 말과 같으니 될 수 없는 일"이라면서 "이 분자들이 회개치 못하고 우리 국권 회복을 방해하는 자들은 우리 민중이 그 죄상을 기록하여 두었다가 이후 우리 정권을 회복하는 날 다른 범죄자들과 같이 국법에 밝힐 것"이라면서 공산주의와 타협하지 않겠다는 담화를 발표했다.

1946년 초 이북에서 월남한 문봉제가 김구를 찾아가 큰절을 하자 "청년들이 잘 해봐!"라는 단 한마디를 했다고 한다. 그런데 이승만을 찾아가 인사를 올리자 이승만은 조만식의 안부를 물으며 한 시간 가까이 대화를 나누었다고 한다. 이승만은 자신을 찾아온 월남 청년들에게 "외세(공산주의)를 몰아내지 않고는 독립할 수 없다. 우리 힘을 다 하나로 빌드 업(build up) 하자"고 격려했다고 한다. 문봉제를 비롯한 월남 청년들은 이 말에 감격해 좌익들과의 싸움에 나섰으니, 이것이 서북청년단의 결성으로 이어졌다.[287)]

이승만은 1948년 11월 13일 서울 명동의 시공관에서 독촉국민회를 주축으로 대여당 결성 운동을 추진했다. 그 결과 탄생한 것이 대한국민당이다. 대한국민당 결당식에 참석한 이승만은 축사에서 민주주의, 정당, 그리고 공산주의에 대해 다음과 같이 발언했다.

"정당이라는 것은 결코 방화, 살인 등을 하든지 혹은 정권을 잡으려고 하는 것이 아니고 쌍놈을 양반으로 만들고 빈자를 부자로 만들려고 노력하는 것이 진정한 정당이다. 이 세상 사람을 신이 공평히 살도록 창조하였음에도 불구하고 현재 귀천부빈(貴賤富貧)의 차가 있으니 이 모순을 수정하기 위하여 나온 것이 민주주의다. 민주주의도 자유, 평등을 부르짖고 있으나 공산주의 혁명은 부자를 없애는 평등을 주장하며 살인, 방화 등을 하는 반면, 우리는 부자는 살려두고 빈자가 부자를 따라 올라가서 평등하게 살려는 것을 목적으로 한다…."

1949년 4월, 국회에서 농지개혁법안 심사가 진행 중이던 와중에 이승만 대통령은 특별열차 편으로 삼남지방을 순시했다. 당시 정세는 1948년 10월의 여수 순천 반란사건에 가담했던 반란세력의 일부가 지리산으로 탈출해 빨치산[288)] 활동을 벌이고 있었고, 제주도에서는 4·3 사건 이후 지속적인 빨치산들의 준동으로 토벌작전이 한창이던 시절이다. 이승만은 거듭된 좌익 폭동으로 사회 혼란이 지속되고 있는 남부 지방의 민심 수습 차원에서 순시에 나선 것이다.

4월 28일 전남 광주에 도착한 이승만은 광주서중 교정에서 열린 환영대회에서 "세계 대세는 공산당을 무찌르지 않고는 민주주의를 발전시킬 수 없다는 공론이 돌고 있다"면서 "조만간 민주진영과 공산당 사이의 싸움이 벌어질 것"이라고 연설했다. 6·25 전쟁을 1년도 전에 예언한 셈이다. 이날도 이승만은 공산주의자들에 대해 다음과 같이 경고하고 나섰다.

"아직도 공산주의를 꿈꾸는 사람들을 눈물로 권면해서 회개시킬 것이며, 그래도 듣지 않는 사람이 있다면 저희의 조국으로 내쫓기라도 해야 할 것이다. 극락세계라고 선전하는 그들의 조국 소련은 왜 외국 사람의 여행조차 허락지 않고 비밀을 지키는가? 우리 삼천만이 한데 뭉쳐 조국 없는 설움을 다시 되풀이하지 않게 해야 하겠다."[289]

이승만은 공산주의와의 타협은 불가능하다는 점을 확고부동한 철학으로 이해하고 있었다. 그리하여 "자유와 공산주의는 상극이다. 이 두 가지는 합쳐질 수 없다"고 외쳤다. 공산주의자들과의 좌우합작이나 대화와 타협으로 평화를 유지하거나, 통일을 이룰 수 있다고 믿는 사람들은 철부지나 다름없다는 비판의 채찍이었다.

공산주의 대항 위해 일민주의 제창

이승만은 중국 대륙에서 재개된 국공내전에서 장제스의 국부군이 마오쩌둥의 공산군에게 패퇴하여 대륙의 적화 위기가 고조되자 1948년 12월 19일 담화문을 발표한다. 이 담화문에서 이승만은 "공산당과의 타협을 통한 평화는 불가능하며, 공산주의는 불붙는 삼림과 같아 사면으로 전파될 위험이 있다"고 경고했다.

이승만은 대한민국 건국 후 공산주의에 대항할 이데올로기로 일민주의를 제창했다. 이승만은 1949년 9월에 발표한 「일민주의 정신과 민족운동」이란 논설에서 공산주의에 대한 입장을 다음과 같이 밝혔다.

'공산주의는 본래 빈천한 사람들을 부귀한 사람들과 동등으로 살게 만들자는 주의라 할 것인데, 이 주의가 로서아(러시아)에서 크게 발전된 이유는 로서아 제정시대에 전제정치가 세계에서 가장 심했던 것이므로 맑스주의를 흡수한 레닌의 대혁명이 성공되어 로서아 황실을 다 전멸시켜 세계에 참혹한 공산혁명의 역사를 이루게 된 것이다.

당초에 공산당에게 권리를 주라고 한 것이니 이 혁명은 레닌이 혁명운동을 시작할 때에 제일 유력한 스로간(슬로건)이 농민에게 땅을 주고, 주린 자에게 밥을 주며, 공산당에게 권리를 주라고 한 것이다. 이 스로간으로 로서아 대중의 심리를 인도해 로서아 대혁명이 성공된 후에는 공산당이 정권을 잡고 있어서 농민에게 땅을 주고 기민(饑民)에게 밥을 준다는 것은 다 잊어버리고, 공산당 세력만을 확대시키기로 작정하고 병력을 강화해 세계를 정복할 주의를 가지고 국제 공산당 총본부를 만들어 대대적으로 선전한 대지

(大旨)가 모든 나라의 민심을 선동해 계급 전쟁을 붙이게 한 것이다.

빈민들은 부민(부자)을 타도해야 산다. 무식자는 유식계급을 몰락시켜야 산다. 상놈은 양반을 없애야 산다. 노동자는 재벌가를 정복해야 산다. 농민은 지주를 박멸해야 산다. 이러한 것으로 언론과 서류를 세계에 전파하고, 세포 조직을 아니한 곳이 없게 되었으니 영미 등 부강한 나라나, 파란(波蘭·폴란드)과 불가리(불가리아) 같은 미약한 나라까지 그 세력이 뿌리를 박게 되어, 사람마다 생각하기를 로서아는 공산혁명으로 나라도 부강하고 백성도 풍족하게 자유로 살 수 있는 극락세계로 알 만큼 되어진 것이다. 그러나 그 내용을 보면 로서아의 민중같이 빈곤하고 압제받는 인민은 더 없는 것이니….

쏘련 공산주의라는 것은 이름만 내세우고 사람을 속여 잘 살겠다는 욕심을 이용해 공산당원을 만들어 저의 나라 저의 친척을 버리고 세계 각국을 공산화해서 모든 사람이 이 선전에 빠지게 하는 것이다. 공산 군벌세력으로 전 세계를 저의 통치하에 넣자는 것인데, 영미 각국 사람이 이런 내용을 알고서도 민중들이 다 개명해서 그 선전에 속지 않으리라는 신념을 가지고 방임해온 까닭에, 그 세력이 양성되어 동맹파업과 파괴 분열 운동이 점점 강경히 추진되므로 이 이상 더 방임한다면 민주주의는 물론하고 자유나 독립까지도 다 없어지고 쏘련의 한 부속국이 되고 말 것을 알므로 지금은 법률로 탄압하며 교육으로 금지하며 전쟁 준비로 모든 민주국가들이 단합해서 공동 보호를 주장하다가 전쟁이라도 일어나는 경우에는 주저치 않고 용진하려는 결심이 되고 있으니, 거짓 선전에 빠져서 남의 부속국이나 노예가 되거나, 또는 공산당과 싸워 이겨 민주국들이 자유 복리를 누리게 되거나 이 두 가지 중 한 가지를 택해야만 될 것이며 이 외에 다른 길은 없을 것이다.

우리가 이 틈에 끼어서 해방 후 처음 양 연간은 반공운동을 마음대로 못하고 합작이니 연합이니 하는 등 구속 하에서 공산 세력을 길러서 화근을 양성해 왔으니, 이것은 미국이 그때에 공산당의 위험을 충분히 양해하지 못하고 협의적 정책으로 해결되기를 바라던 연고이다….'[290]

"공산주의자는 전염병자들과 같이 격리시켜야"

이승만은 공산주의란 불붙는 삼림, 큰 전염병과 같아서 오직 죽음으로 항쟁하여 싸워 이기는 수밖에 없다고 생각했다. 공산주의와의 타협은 산불에 자신을 던지거나 전염병에 노출되는 것과 같다는 것이다. 1951년 8월 15일, 제3회 광복절 치사에서 이승만은 공산주의의 본질을 폭로하면서 "공산주의자는 전염병자들과 같이 격리시켜야 한다"고 일갈하고 있다.

"공산주의도 혁명적 사상입니다. 그 지도자들이 주창하는 바는 자기들도 자유와 평등을 위해서 싸운다 하며, 자기들은 민주주의보다 한층 더 나가서 정치적 자유뿐만 아니라 경제적 자유까지도

보장한다 합니다…. 이론상으로 말하면 나도 이 주의를 옳다고 인정하는 바입니다. 만일 이 주의를 전파하는 사람들이 단순히 이 주의를 주의대로 전파하면, 나도 그분들을 존경할 것입니다….

그러나 공산주의를 선전하는 사람들이 이 아름다운 이상으로 양(羊)의 가죽을 만들어서 세계를 정복하자는 야심자를 덮어 놓아서 공산주의를 소련의 앞잡이로 쓰고 있는 것입니다. 저들이 세계 모든 사람을 불러서 각각 자기들 정부를 파괴시키고 저희 나라를 크레믈린의 독재자들 지배하에 넣도록 만드는 것입니다.

당신의 동생이 공산주의 훈련을 과학적으로 받은 뒤에는 당신의 동생이 아닙니다. 그 동생은 소련을 저의 조국이라고 부르지 않으면, 당신의 공업을 파괴하며 당신의 정부를 전복시키며 당신의 동포를 모함해서 당신의 원수에게 잡혀 보낼 것입니다. 그 결과로는 당신의 나라가 소련의 위성국이 될 것입니다.

그 다음에는 당신의 동생은 집 없는 거지가 되고 가족은 노예가 되며, 그 뒤에는 이것을 깨닫고도 아무 소용이 없을 것입니다. 그이와 또 그의 동류자들은 다 전제 압제 밑에서 노예로 속박을 받을 것입니다. 그래서 공산주의자들이 선전하는 모든 복리는 외면에만 광고판으로 걸어놓고 모든 의심 없이 남의 말을 잘 믿는 사람을 속아 들어가게 만드는 것입니다.

공산주의자들이 선전주의로 내세우는 소위 이상국가라는 것은 사실상 공산국보다 공산국을 반대하는 미국에서 다소간 실현된 것이오, 그 사람들이 대성질호(大聲疾呼)로 공격하는 제국주의나 군국주의는 지금 소련에만 있는 것입니다. 이것을 모르는 순박한 민중이 이 속임에 한번 빠지면 벗어나오기는 실로 어려운 것입니다….

필요한 경우에는 우리 무력으로 저들의 무력을 대항해야 될 것입니다. 자유는 생명을 내놓고 싸울만한 가치 있는 물건이므로 우리가 다 함께 민주주의를 옹호할 것이요, 그렇지 않으면 공산주의의 정복을 면하기 어려울 것입니다."[291]

이승만은 6·25를 휴전으로 미봉하려는 미국과 유엔에 적극 반대하는 연설에서 이렇게 주장한다.

"공산주의와의 타협은 불가능하다. 그것은 마치 기름과 물을 섞으려는 것과 같다. 판문점에서 추구한 휴전은 본래 잘못된 것이다. 그것은 이 세계를 화해할 수 없는 부분으로 갈라놓은 깊은 구조적 간격을 땜질하려는 시도이기 때문에 온전한 해결 방안이 될 수 없다."

이승만이 생각하는 공산주의의 큰 죄악은 소수 폭군 통치 집단의 야심을 채워주기 위해 개인 본래의 모습과 개인과 권리가 희생된다는 점이었다. 그는 공산주의야말로 지구상에 존재했던 최고의 진정한 독재정치라고 주장했다.[292]

1920년대 중반부터 공산주의의 본질을 꿰뚫어 보고 그 위험성을 경고하는 이승만의 연설이나 발언, 기고 등을 보면 그는 선각자라는 느낌이 든다.

05

국군에게 무기를 달라!

“일 할 수 있는 기관을 만들자”

유엔 감시 하의 5·10 총선거를 통해 역사적인 제헌의회가 개원한 것은 1948년 5월 31일이다. 이날 중앙청 회의실에서 당선자 198명 전원이 참석한 가운데 열린 제헌국회는 최고령자인 이승만 임시의장이 사회를 맡아 진행됐다. 제1차 본회의에서 국회의장에 이승만, 부의장에 신익희,[293] 김동원 의원이 선출되어 의장단을 구성했다.

제헌국회는 7월 1일 국호를 대한민국으로 정하고, 7월 12일 내각책임제 요소가 가미된 대통령중심제 헌법을 의결했으며, 7월 17일 국회의장이 이를 서명하여 공포했다. 헌법 제정 과정에서 이승만은 내각책임제로 되어 있던 헌법을 대통령중심제로 가야 한다고 강력히 요구하여 내각제 요소가 가미된 대통령중심제로 헌법이 바

퀸 것이다. 당시 내각제를 주장하던 김준연에게 이승만은 이렇게 말하며 대통령중심제를 주장했다.

“이보라구, 낭산(김준연의 호). 낭산은 우리나라 역사를 배웠습니까. 우리 역사를 볼 것 같으면 고려 고종때 무관들이 정방(政房)이란 것을 만들어 임금을 한낱 허수아비로 만들어 놓고 최 씨 일파가 마음대로 조정을 좌지우지했다 그런 말이야. 그런 정방 정치의 말로가 어떠했나. 어쨌든지 임금은 임금으로서 실권을 행사해야 하고 대통령은 대통령으로서의 실권을 가져야 합니다.”

상하이 임시정부 시절 이승만은 대통령에게 국무회의 주재권을 주지 않아 임정의 행정권이 국무회의 주재자인 국무총리에 집중된 사실에 큰 불만을 나타냈다. 이때의 경험 때문에 이승만은 1948년 제헌헌법 제정 당시 대통령이 국무회의 주재권을 포함한 강력한 권한을 가져야 한다고 생각했을 가능성이 높다.[294)]

국회는 헌법에 규정된 절차에 따라 7월 20일 이승만 의장을 대통령으로, 이시영 의원[295)]을 부통령으로 선출했고, 7월 24일 중앙청 광장에서 초대 대통령으로 선출된 이승만의 대통령 취임식[296)]이 열렸으며, 8월 15일에 대한민국 건국이 선포되었다.

1948년 8월 15일 대한민국 정부수립 선포 및 광복 3주년 기념식이 열렸다. 이날 자정을 기하여 미군정이 가지고 있던 행정권이 정식으로 대한민국 정부로 이양되면서 명실상부한 대한민국이 출범하게 됐다. 1948년 8월 15일 탄생한 대한민국은 통일국가가 아니라 분단국가였다는 점에서 불완전한 근대 국민국가, 즉 결손국

가(broken state)였다. 따라서 통일, 즉 근대 국민국가의 완성이 지상과제로 제기됐다.[297)]

8월 15일 정부수립 선포식에서 이승만은 기념연설을 통해 대한민국의 기초가 될 조건을 밝혔는데, 첫째 조건으로 민주주의를 꼽았다. 그는 "민주제도가 어렵고 또한 더디기도 하지만 의로운 것이 종말에는 악을 이기는 이치를 믿어야 한다"면서 대한민국의 제도는 민주주의가 될 것을 다음과 같이 선언했다.

"민주주의를 전적으로 믿어야 될 것입니다. 우리 국민 중에 혹은 독재 제도가 아니면 어려운 시기에 나갈 길이 없는 줄로 생각하며 또 혹은 공산분자의 파괴적 행동에 중대한 문제를 해결할 만한 지혜와 능력이 없다는 관찰로 독재권이 아니면 방식이 없다고 생각하는 이도 있으나, 이런 것은 우리가 다 유감으로 생각하는 것입니다….

독재가 자유와 진흥을 가져오지 못하는 것은 역사에 증명된 것입니다. 민주제도가 어렵기도 하고 또한 더디기도 한 것이지만 의로운 것이 종말에는 악을 이기는 이치를 우리는 믿어야 할 것입니다. 민주 제도가 세계 우방들이 다 믿는 바요, 우리 우방들이 전제정치와 싸웠고 또 싸우는 중입니다. 세계의 이목이 우리를 들여다보며 역사의 거울이 우리에게 비추어 보이는 이때에 우리가 민주주의를 채용하기로 30년 전부터 결정하고 실행해온 것을 또 간단없이 실천해야 될 것입니다. 이 제도로 성립된 정부만이 인민의 자유를 보장하는 정부입니다."

두 번째로는 민권과 개인 자유 보호, 세 번째로는 자유의 중요성을 강조했다. 이승만은 "사상의 자유는 민주국가의 기본적 요소"라면서 "자유의 뜻을 바로 알고 존숭히 하며 한도 내에서 행해야 한다"고 선언했다.

넷째로는 새로 수립된 정부는 국민이 자기들을 위하여 자기들 손으로 세운 자기들의 정부임을 깊이 각오하는 것이라고 지적했다. 다섯째로 노동자 농민들의 생활향상과 평등권 보장, 마지막으로 대미관계의 중요성을 강조했다.

국민이 주인 되는 건국 혁명

1948년 8월 15일에 시작된 주한미군 사령부와 대한민국 정부 사이의 정권이양 작업은 8월 24일까지 계속됐다. 이날 하지 사령관은 중앙청을 방문, '과도기에 시행될 잠정적 군사안전에 관한 행정협정'에 서명했고, 하지 사령관의 후임으로 존 코울터 소장이 임명되었다. 8월 13일 트루먼 미국 대통령은 존 무초[298]를 한국 주재 최고대표(주한 특사)로 임명했다.

군정 이양이 끝난 후 하지는 중앙청으로 이승만 대통령을 예방했다. 하지가 대통령 집무실로 들어서자 이승만은 그를 얼싸안고 등을 두드렸다. 언제 무슨 감정이 있었더냐는 듯이 뺨까지 대며 하지를 맞아 들였다.

"프레지던트 리, 승리하셨습니다. 정말 고집으로 승리한 것입니다."

"장군의 협조 때문입니다. 장군의 협조가 많아 이 나라가 독립하게 된 것입니다. 장군이야말로 우리나라 독립의 공로자입니다."

"저야 임무를 수행한 것뿐이고 닥터 리야말로 독립을 쟁취한 승리자이십니다."

이승만과 하지의 회견은 약 20분 정도 계속됐다. 하지가 나가자 이 대통령은 "정치적 머리가 없어 탈이지 사람은 좋은 사람이야. 남의 나라에서 군정을 하려면 정치를 해야지, 군대서 하던 식으로 국무성 명령에만 매어서야 되나" 하고 혼잣말하듯 했다.

대한민국 제헌헌법은 평등권, 자유권, 재산권, 교육권 등 기본권을 보장하고 있으며 3권 분립을 통한 권력 간의 견제와 균형, 그리고 사법권의 독립, 지방자치 등 근대 자유민주주의 요소가 가미된 대통령중심제 정부 형태와 단원제 국회를 채택했다. 또 헌법 전문(前文)에 대한민국이 3·1운동과 대한민국 임시정부의 독립정신을 계승했음을 밝히고 있다. 국호를 대한민국으로 정함으로써 새로 건국된 국가가 대한제국과 대한민국 임시정부의 역사적 이념적 법통을 이어받은 국가임을 확인했다.[299]

우리 사회는 20세기 초까지 반상(班常)의 신분질서가 엄격했다. 양반을 제외한 일반 백성과 서자, 여자, 노비는 심한 차별을 받았기 때문에 '우리는 같은 민족'이라는 공동체 의식이 존재하지 않았다.[300] 이런 상황에서 대한민국의 건국은 군주와 백성의 주종관계로 살아오면서 근대 국민국가 경험이 없었던 한반도에 현대적 개념의 민주주의 국가가 탄생한 전대미문의 혁명적 사건이었다.

대한민국 건국이 혁명적인 이유는 이전 왕조국가들과 본질적으로 다른, 근대화된 정치체제나 제도적 기반이 성립되었기 때문만이 아니라, 한국인이 스스로 사회적 능력을 배양하여 자기 운명을 주도적으로 결정하고, 주권적 주체로서 정치적 결정을 내리는 근대적 개념의 국민으로 새롭게 태어났기 때문이다.[301)]

건국으로 첫걸음을 내디딘 우리의 민주혁명은 주변의 다른 나라들은 결코 흉내 내기조차 어려운 수준이었다. '인민민주주의'를 내걸고 함께 출발했던 북한이 지금까지도 민주주의는커녕 반문명 상태에 머물러 있는 것이나, 계속된 경제성장과 안보위협도 없는 중국에 아직도 선거도 없이 공산당 독점이 계속되며 한국이 60년 전에 만든 수준조차 흉내 내지 못한다는 사실, 그리고 경제번영이 계속된 홍콩과 싱가포르조차 민주주의가 꽃피지 못하는 현실을 보면 우리가 얼마나 어려운 시대에 얼마나 훌륭한 민주주의를 시작했는가를 알 수 있다.[302)]

유영익은 오늘날 대한민국이 향유하는 경제적 번영과 정치적 자유의 이유를 다음과 같이 설명한다.

"대한민국 건국 초창기에 집권한 '국정의 주역들'이 갑신정변, 갑오경장, 독립협회로 이어지는 조선왕조의 근대적 개혁 전통과 독립 운동가들의 신국가 건설 청사진에 바탕을 두고 전체 국민의 사회적 능력(social capability)을 극대화함에 필요한 일련의 제도 개혁을 단행함으로써 국가발전의 원동력이 되는 '새로운 국민'을 창출했기 때문이다. 이 '새로운 국민'이 없었으면 대한민국의 기적적인 발전은 불가능했을 것이다.

대한민국 초창기에 국정 주역들이 추진하여 성사시킨 제도개혁은 한국 역사상 미증유의 혁명적 개혁들이었다. 또한 그것들은 제2차 세계대전 이후에 탄생한 140여 다른 신생국에서는 대체로 시도되지 못한, 오로지 대한민국에서만 성공적으로 추진된 개혁들이었다. 대한민국 초창기에 국정 주역들에 의해 추진된 제도개혁이야말로 한민족이 유사 이래 처음으로 누리는 경제적 풍요와 정치적 자유를 가능하게 만든 최대 요인임과 동시에, 1945년 이후에 탄생한 여러 신생국 가운데 유독 대한민국만이 경제발전과 정치 민주화를 달성할 수 있었던 비결이라고 생각한다."[303]

유엔 승인 외교전 전개

그러나 우리가 주체적 역량으로 자유민주주의의 싹을 피우지 못한 상황에서 외국에서 들여온 자유민주주의라는 낯선 제도가 짧은 시간 내에 제대로 꽃피기는 어려웠다. 또 당시 한국의 정치 경제 사회 문화 등 여러 면에서 민주주의를 구가하기에는 역부족이었고, 정치 엘리트와 대중 모두 자유민주주의의 규범과 제도를 내면화하기 어려웠다. 우리는 자유민주주의를 거역할 수 없는 명분으로 여겼지만 이를 꽃피울 준비가 되어 있지 않았다.[304]

남북한은 건국의 과정 자체가 크게 달랐다. 북한은 스탈린의 의지를 성실하게 수행한 소련 점령군 사령부에 의해 수립된 정부였고, 김일성은 소련군이 만들어준 권력을 전달받았다. 반면 이승만은 자신에게 적의를 품고 있던 미국 국무성 관리, 주한 미 점령군 사령관 하지 장군 등 군정 관리들을 제압하고 대한민국 건국에 성공했다. 이승만은 주어진 권력을 전달받은 김일성과는 달리 미국과의 투쟁을 통해 권력을 쟁취한 인물이다.[305)]

우리 사회 일각에서는 임시정부 수립을 건국의 기점으로 삼아야 한다는 주장들이 제기되고 있다. 이는 임시정부의 성격을 정확히 파악하지 못한 데서 비롯된 것이다. 대한민국 임시정부는 정확하게는 임시정부도 아닌 망명정부에 해당하며, 그 단체는 결코 국가일 수 없고, 아무리 확대 해석하더라도 국가의 건립을 준비하는 단체에 불과했다.[306)]

1948년 8월 15일 대한민국이 건국되자 북한은 기다렸다는 듯이 8월 25일에 최고인민회의 대의원 선거를 실시하고 2주 후인 9월 9일, 김일성을 수상으로 하는 조선민주주의인민공화국 수립을 선언했다. 북한도 정부 수립을 선언하면서 38선을 사이에 두고 남북한은 자기들이 한반도 유일의 합법정부라고 주장하는 상황이 됐다. 따라서 국제적 승인의 획득 여부가 정통성 확보와 국가 생존을 위한 최우선 과제로 부상했다.

이승만은 대한민국 건국이 공표되기 나흘 전인 1948년 8월 11일, 유엔에서 대한민국의 승인을 받기 위해 장면을 수석대표로 하는 특별사절단을 제3차 유엔총회가 열리는 파리로 파견했다. 사절단은 수석대표 장면, 차석대표 장기영, 정치고문 조병옥, 법률고문 전규홍, 경제고문 김우평, 기타 고문에 정일형, 김활란, 모윤숙, 김준구 등 9명으로 구성됐다.

당시는 바티칸만이 대한민국을 국가로 승인했을 뿐 미국조차도 승인을 미루고 있었다. 한국대표단은 유엔의 승인을 얻기 위해 58개국 대표들을 접촉하여 대한민국 탄생의 당위성을 설명했다.[307] 그러나 유엔 회원국이 아니었던 한국대표단은 옵저버 자격으로 일반 방청석에서 회의를 참관할 수밖에 없어 교섭 상대국 대표들을 공적으로 만나 외교활동을 전개할 수 없었다.[308]

개신교 신자인 이승만이 가톨릭 신자였던 장면을 수석대표로 임명한 것은 현명한 판단이었다. 마침 미국 유학 시절 장면의 스승이었던 패트릭 번 주교[309]가 초대 주한 교황사절로 부임하자 교황청 외교망을 승인외교에 적극 활용하기 위해 장면을 수석대표로 임명한 것이다.

당시 교황 비오 12세는 제2차 세계대전 기간에 전개된 막후 외교에서 중재자 역할을 수행함으로써 국제 외교무대에서 강력한 영향력을 행사하고 있었다. 비오 12세는 1947년 장면과 깊은 관계를 맺고 있던 미국 메리놀 외방전교회의 패트릭 번 주교를 특사로 한국에 파견했다. 이는 국제 관례상 교황청이 한국을 주권국가로 승인한 것으로 이해되어 한국이 국제적 승인을 얻는 과정에서 큰 힘이 되었다. 교황은 바티칸의 국무장관 지오반니 바치스타 몬티니 대주교와 재불(在佛) 교황청 대표 론칼리 대주교에게 제3차 유엔

총회에 참석한 한국대표단을 지원하라고 지시하는 등 외교적 지원을 아끼지 않았다.[310)]

한국의 유엔 승인외교 과정에서 또 하나의 우군은 미국이었다. 당시 미국 대표 단장이었던 존 포스터 덜레스[311)] 국무장관은 주한 특사 무초를 파리로 불러 한국 승인외교를 지원하라고 명했다.[312)] 장면은 후일 덜레스에 대해 "대한민국의 건국과 국제적 승인을 위해 누구보다도 열렬한 동정과 노력을 아끼지 않아 찬연한 공훈을 세움으로써 우리가 잊으려야 잊을 수 없는 거룩한 은인"이라고 표현했을 정도다.

덜레스 국무장관은 이승만과 조지 워싱턴대학, 프린스턴대학의 동문 관계다.[313)] 이런 인연 덕에 덜레스는 6·25가 터졌을 때 미군의 빠른 참전을 유도하여 대한민국을 살렸고, 휴전협정 과정에서 이승만을 제거하려는 미국의 계획(에버레디 계획)에 제동을 걸었으며, 한미 동맹을 성사시키는 데 앞장서게 된다.

한국은 유엔의 자손

이처럼 힘든 유엔 승인외교를 벌이는 와중에도 건국 반대세력들은 8월 1일, 김규식을 수석대표로 하는 파리 유엔총회에 파견할 대표단을 선정했다. 분단정권을 승인하지 말고 상하이 임정을 승인해주도록 호소하기 위해서였다. 이미 서영해는 선발대로 파리에 가 있었다. 이 와중에 김규식이 수석대표직 수락을 거부하는 바람에 대표단 파견은 무산됐다.

10월 13일에는 40여 명의 국회의원들이 외군 철퇴 안을 내놓았고, 11월 3일에는 김구가 미소 양군 철퇴 후 통일정부를 수립하겠다는 요지의 담화를 발표하고 이를 유엔사무총장에게 전달했다.[314] 이는 대한민국 승인 외교에 재를 뿌리는 것이나 마찬가지 행위였다.

우여곡절 끝에 1948년 12월 12일 찬성 48표, 반대 6표, 기권 1로 대한민국은 유엔으로부터 승인을 받는 데 성공한다. 이로써 유엔은 대한민국의 법적 지위를 공식적으로 승인하고, 정통성과 국제적 지지를 부여했다. 유엔총회 결의 제195호 제2항은 다음과 같이 규정했다.

'임시위원단의 감시와 협의가 가능하였으며 또 한국 국민의 대다수가 거주하고 있는 한국의 지역에 대해 실효적 지배권과 관할권을 가진 합법 정부가 수립되었다는 것과, 동 정부는 한국의 동 지역의 유권자 자유의사의 정당한 표현이자 임시위원단에 의해 감시된 선거에 기초를 두었다는 것과, 또한 동 정부가 한국 내의 유일한 그러한 정부라는 것을 선언한다.'[315]

김일영은 유엔의 승인 문제와 관련하여 '대한민국은 한반도에서 유일한 합법정부'임을 승인받은 것이 아니라 '선거 감시가 가능했던 지역에서 합법적으로 수립된 정부'로 승인 받은 것이라고 지적한다.[316] 그러나 미·소와 남북한 간의 외교 경쟁에서 이 정도의 결의안을 이끌어낸 것은 우리의 빛나는 외교적 성과다.

1948년 유엔 관리 하에 이루어진 5·10 총선의 결과 그 해 8월

15일 대한민국 정부가 수립되어 새로운 근대국가로 출범할 수 있었다. 그리고 유엔의 승인을 받음으로써 유엔은 1950년 6·25 남침이 시작되자 북한을 침략자로 규정하고 집단안보(collective security)를 발동하여 한국을 지원하는 근거가 되었다. 한국은 유엔의 도움으로 한반도의 평화를 회복하고 한국의 주권 보전과 번영을 이룰 수 있었다. 이런 이유 때문에 한국은 '유엔의 자손'이라는 평을 듣는다.[317]

대한민국이 유엔의 승인을 받자 미국은 1949년 1월 1일, 한국 정부를 공식 승인하고 한 달 뒤 공사관 격이었던 주한 미국 외교대표부를 대사관으로 승격했다. 그리고 1949년 4월 7일 무초 특사를 주한 미국대사로 임명했다. 경무대에서 신임장을 제정한 무초 대사는 이승만 대통령으로부터 이런 충고를 들었다.

"이제는 미군정이 끝났으니 하지 중장이나 딘 소장이 한 것처럼 해서는 안 되오. 당신은 나의 친구 트루먼 씨가 각별히 나와 우리 민족을 위해 힘껏 도우라고 파송해 준 사람이오. 그러니 내가 이 땅을 통일시킬 때까지 내 곁에서 힘껏 도와주어야 합니다."[318]

미국에 이어 중국(1949년 1월 3일), 영국(1월 18일), 프랑스(2월 15일) 등 1950년 3월까지 전 세계 25개국이 대한민국을 승인함으로써 한국은 독립국가로 국제무대에 등장했다. 세계 최고의 국제적 권위 기관인 유엔의 계획에 의해 준비되어 그 감시 하에 선거가 치러지고, 그 결과를 승인받아서 한국이 새로운 국가로 출범한 것은 세계 역사상 국민 통합과 정부 수립의 관점에서 매우 이례적인

사건이었다.[319]

한국은 1949년 1월 최초로 유엔에 가입 신청을 했으나 소련의 거부권 행사로 좌절됐다. 이에 맞서 미국도 북한의 유엔 가입을 저지했다.

1948년에 건국이 되지 않았다면…

유엔총회의 결의안에 따라 유엔한국임시위원단은 '한국위원단(UNCOK)'으로 명칭을 바꾸어 활동을 시작했다. 1949년 내전의 위협이 증가하고 미군의 철수로 인해 한국 국민의 불안감이 커지자 미국을 비롯한 우방들은 4차 유엔총회에서 한국위원단에 새로운 임무를 부여하는 결의안을 채택했다. 내용은 위원단이 38도선 경계를 비롯하여 한국에서 군사충돌을 초래할 사태 발전을 감시하고 보고할 권한과, 이러한 목적을 수행할 감시원을 임명할 권한을 부여하는 것이었다.

1949년 6월 한국 정부는 유엔한국위원단이 임무를 계속하고 최소 1년을 더 한국에서 활동할 것, 그리고 북한 정권의 불법적인 공격을 저지하기 위해서 고위 유엔 군사고문단이 한국에 주둔할 것을 요청했다. 실제로 북한군이 1950년 6월 25일 한국을 침공했을 때 유엔한국위원단의 확인 활동과 유엔에 대한 보고로 유엔의 즉각적인 대응이 가능했다.[320]

남북한에 별개의 정부가 들어서자 김일성은 그동안 주장하던 민주기지론을 국토완정론(完整論)으로 발전시켰다. 다시 말해 북한에 먼저 '민주적인 정권'(그들이 말하는 민주적 정권은 프롤레타리아 독재정권을 뜻한다)을 수립하고, 그것을 민주기지로 삼아 친일파들이 장악하고 있는 남한을 해방시켜 국토를 완정하겠다는 것이었다.

김일성의 국토완정 시도는 처음에는 남한 내부에서 공작이나 무장봉기를 통해 이승만 정부를 무너뜨리려는 노력으로 나타났다. 이것이 실패로 돌아가자 김일성은 국토완정의 다른 방안으로 무력남침을 통해 사회주의적 통일정부를 수립하고자 했다.[321)]

건국 대통령 이승만에 대한 부정적 시각은 우리 사회에 만연한 민주화 사관(史觀)의 영향 때문으로 보인다. 민주화 사관의 특징은 어떤 상황 하에서도 민주주의는 타협될 수 없는 최고의 가치로 간주한다. 따라서 한국 현대사는 민주주의를 위한 투쟁사이고 민주 대 반(反)민주 세력 간의 갈등과 투쟁의 역사로 인식한다.

이승만과 건국 세력은 해방과 분단의 혼란과 공산세력의 폭동과 남침이라는 미증유의 위기 속에서 국가건설과 대한민국의 생존을 위해 국가 안보와 치안의 확보에 전력투구해야 했다. 이런 특수 상황으로 인해 민주주의의 일부를 당분간 유보할 수밖에 없었던 건국 세력을 '악(惡)의 세력'으로, 민주화 세력을 '선(善)의 세력'으로 치부하는 경향이 있다.[322)]

대한민국의 현대사를 부정하고 비판하는 세력들의 주된 공격 목표는 건국 대통령 이승만과 산업화 대통령 박정희다. 이 두 지도자의 재임 기간 중에 세계사적인 성공 사례로 꼽히는 대한민국의 모든 기초가 세워졌다. 이 두 지도자의 위상이 흔들리면 대한민국은 뿌리부터 흔들리게 된다.[323)]

브루스 커밍스는 해방 후 미국과 소련이 한반도에서 손을 뗐더라면 좌익 세력이 신속하게 한반도를 장악했을 것이라고 분석했다. 즉 과거의 중국이나 현재의 베트남이 공산세계에 편입되었던 것과 비슷한 경로를 거쳐 한반도에 좌익 세력이 주도하는 민족주의 정권이 들어섰을 것이 분명하다는 주장이다.

미국의 정치학자 그렉 브라진스키도 브루스 커밍스와 같은 견해를 내놓고 있다. 그는 미국이 한반도에서 손을 떼었다면 한국이 공산화는 되었을지언정 분단되지는 않았을 것이며, 국제 공산주의 사회의 어딘가에 편입되었다가 1990년대 중반에 다른 공산주의 국가들처럼 자연스럽게 사회주의 경제 모델을 포기했을 것이라고 분석했다.[324)]

그러나 브라진스키는 통일 공산국가가 현재 대한민국이 누리고 있는 것과 동일한 수준의 경제 번영과 자유를 누릴 가능성은 희박하다고 말한다. 과거에 식민지였다가 1945년 이후 좌익들이 혁명을 통해 정권을 장악한 국가 가운데 그 어떤 나라도 현재 대한민국이 이룩한 정도의 신속한 산업 발전과 건강한 민주주의를 실현하지 못하고 있다고 브라진스키는 밝히고 있다.[325)]

반민족 행위자 청산

건국 대통령 이승만이 직면한 대한민국은 1인당 국민소득 35달러,[326] 문맹률 78%, 공산세력의 정부 전복과 침략 위협에 맞서 싸울 군대와 경찰이 허약한 나라였다. 게다가 살인적인 인플레와 식량, 의복, 주택, 땔감 등 생필품 부족으로 국민 대부분의 생존권이 위협을 받고 있었다.

미군정은 민주주의에 대한 아무 준비도 없는 상황에서 교과서식 민주제도를 한국에 도입했다. 덕분에 350여 개의 정당과 사회단체가 난립해 혼란을 부추겼다. 남로당은 북한에 주둔한 소련군의 지원을 받아 그 세력을 급속히 확대해서 1947년에는 당원이 37만 명에 이르렀다.

신생 정부의 재정 형편은 참혹하기 그지없었다. 건국 직후인 1949~1950 회계연도의 경우 전체 정부 예산 중 우리 국민들이 내는 세금의 비중은 불과 5%에 불과했다.[327] 나머지는 미국의 원조나 차입자금으로 충당해야 했으니 정부의 재정 능력으로 도저히 국가를 운영하기 힘들 정도로 위태로웠다.

미군정은 해방과 함께 일제 경찰을 해체시킬 예정이었으나 좌익의 치안대가 활발하게 준동하자 1945년 9월 초 근무처를 이탈한 한국인 경찰관에 대해 복귀를 명령했다. 1945년 10월 21일 미 군정청 산하에 경무국이 창설되었고, 이후 좌우 대립과 무질서가 심화되면서 경찰력이 강화되어 일제하에서 2만 3000명가량이던 경

찰이 1946년 7월에는 2만 5000명, 1948년 9월에는 3만 4000명으로 증가했다.[328)]

대한민국 국군이 창설된 것은 건국 2주 후인 9월 1일이다. 이날 조선경비대는 대한민국 육군으로, 조선해안경비대는 해군으로 전환되었다.[329)] 당시 이승만의 절체절명의 과제는 남한 내의 좌익들과 북한에서 남파된 게릴라들의 파상적인 대한민국 전복 활동으로부터 국가를 지켜내는 일이었다.

건국 과정에서 가장 어려운 과제였고, 훗날까지 뜨거운 논쟁의 불씨가 된 것이 반민족행위자 처벌 문제였다. 국회에서 반민족행위 처벌법에 대한 심의가 진행되던 1948년 9월 1일, 이승만은 올리버에게 이 법이 가지고 있는 문제점과 자신의 우려를 이렇게 적어 보냈다.

"일본과 협력한 죄목으로 고발된 자를 공직에서 추방시키는 반민법이 경찰을 흥분하게 만들었고, 그 중의 상당수가 공산당에 합류하였소. 당신도 알다시피 경찰은 미군 정부로부터 인계받은 것이오. …경찰 책임자들은 자기들의 견해를 밝히기에 이르렀는데, 자기들이 치안을 유지해 왔으나 이제 와서 파직 당하게 되었다는 것이오.

요약해 본다면 남녀를 불문하고 친일 분자가 아니었다고 말할 수 있는 사람이 하나도 없다는 것이오. 김성수와 한민당의 모든 다른 지도자들도 일인(日人)들과 함께 일하여 돈을 벌었소. 하지 장군 환송연에서 김활란은 국회의원들에게 친일파를 신중히 다뤄달라고 말했소. 왜냐하면 그 사람들은 모두가 다 협력할 수밖에 없었다는 것이고, 자기나 임영신도 자기들 학교를 지키기 위해 어쩔 수 없이 협력했던 것이라 하였소."[330]

이정식은 일제의 속박 아래 자기 나름대로 절개를 지키고 타협을 거듭하면서도 겨레의 민족적 자각심을 지켜보고자 한 노력에 대해 우리 사회가 너무 과소평가하고 있다고 지적한다.[331] 일제 통치하에서 살아가는 동안 한민족 대부분은 피할 수 없는 타협을 해가며 살아왔다. 그중에는 입신출세와 치부를 위해 동족을 궁지에 몰고 핍박한 자도 많았는데, 이들은 당연히 처벌을 받아야 한다.

1935년을 전후로 국내의 모든 항일투쟁은 엄격히 억압되었고, 조직 활동을 못했으며 투쟁노선에 대한 논쟁도 종식되었다. 그 전인 1920년대와 1930년대 초반에는 양 진영 간에 치열한 논쟁이 있었다. 공산계열은 무조건 일제에 대한 항쟁을 주장한 반면, 민족계열 즉 우익진영은 타협 없이 항거해야 한다는 강경파와, 주어진 환경에서 민족의 살길을 트고 힘을 배양해야 한다는 온건파로 갈렸다.

공산계열과 강경파는 온건파의 노선과 주장을 독립을 포기하는 기만책이라고 공격했다. 온건파는 일제에 정면으로 대항하는 일은 소수의 영웅적인 분자들이 할 수 있는 일이고 찬양할 일이긴 하지만, 결과적으로 바위를 깨기 위해 달걀을 던지는 꼴이 될 것이므로 우선 민족의 살길을 트고 저력을 배양해야 한다고 주장했다.

북한의 친일파 청산, 현실은?

일제는 공산당을 반국가단체로 규정하여 엄중 탄압하고 온건파는 회유에 나섰다. 그 결과 한국인들은 일제와 타협해 가면서라도 겨레의 산업을 키우고 교육을 육성해 보려 했지만, 일제는 총독 치하의 모든 물적 인적 자원을 대동아공영권을 세우는 데 총동원했다.

이런 상태에서 친일파를 규탄하기 위해서는 일정한 기준을 설정해야 했고 대화의 광장이 필요했다. 악질적인 민족반역자에 대해서는 신속한 처단이 있어야 했고, 쓰라린 길을 걸어온 이들과는 서로의 상처를 치유할 수 있는 대동단결의 길을 모색해야 했다.

중추원 참의[332]나 도부(道府) 평의원, 총독부 국장, 지사 등 높은 자리를 차지했던 자, 헌병대나 경찰의 고급관리나 악질분자, 황민화 운동에 솔선하여 지도적 역할을 한 자들은 형을 받거나 정계에서 제거되거나 상당기간 자숙하는 것이 마땅했다. 그러나 일제의 탄압으로 부득이하게 친일행위를 한 자들이나 전향자들에게까지 친일분자라는 낙인을 찍는 것에는 무리가 있었다.

이승만은 공산세력으로부터 신생 독립국을 지키기 위해 민주주의와 민족정기라는 고귀한 가치를 당분간 희생시킬 수밖에 없었다. 도처에서 준동하는 좌익과 빨치산, 북한에서 남파시킨 공산 게릴라들과 내전을 치르는 상황에서 일제시대부터 공산주의자들을 추적하고 그들과 싸워 온 경험 있는 경찰의 존재가 반드시 필요했기 때문이다.

당시는 군도 믿을 수 없었다. 이 무렵 반민족 행위자라는 이유로 해직된 경찰관들이 남로당의 사주로 공산주의자가 되어 군대에 지원하는 사람이 적지 않았다. 이 무렵 군대는 입대 자격 심사가 엄격하지 않아 남로당의 좋은 침투 표적이 되고 있었다.[333] 이런 상황에서 일제시대 출신의 경찰과 일본군이나 만주군에서 복무한 경험이 있는 장교와 부사관들을 다시 등용해 쓰는 것 이외에 현실적 대안이 없었다는 것이 이승만과 우리 민족사의 비극이었다.

북한은 해방 후 친일파를 철저히 청산하여 민족정기를 회복했기 때문에 민족사의 정통성이 자기들에게 있다고 주장해 왔다. 그러나 북한에서 진행된 친일 청산은 체계적인 법령은 물론, 청산에 관한 어떠한 기록도 존재하지 않는 허구였다.

류석춘·김광동 두 학자의 연구 결과에 의하면 북한의 친일 청산은 공산주의 체제를 만들기 위해 반공 혹은 민족주의 세력을 탄압하고 재산을 가진 사람으로부터 재산을 빼앗는 과정에서 갖다 붙인 '친일' 혹은 '민족반역자'라는 딱지와, 이들을 축출하기 위한 자의적인 인민재판이 있었을 뿐이라고 말한다.

북한에서 말하는 '친일 청산'이란 공산 측에 비협조적이고 반공적 태도를 보인 사람들을 숙청한 것이다. 북한에서 친일파와 민족반역자 숙청은 찬탁 반탁 투쟁의 소용돌이 속에서 조만식 등 우익 민족주의 세력과 반탁 세력을 배제하기 위한 투쟁과 결합되었다. 따라서 북한에서는 친일 청산이 철저했던 것이 아니라 민족지도자에 대한 숙청이 철저했다고 해야 정확한 표현이다.[334]

북한은 친일파 처벌 문제를 공산혁명 투쟁의 도구로 삼았기 때문에 반민족행위를 저지른 친일파라도 공산 소비에트 화에 동참하면 책임을 묻지 않았다. 김일성과 소련 지도부는 권력기관 내에 친일 혐의가 있는 인사들을 묻거나 따지지 않고 대거 등용했다. 대표적인 사례가 일제시대에 도의원을 지낸 강양욱이 북조선임시인민위원회의 서기장을 역임한 것이다. 김일성의 친동생 김영주는 만주에서 일본 관동군 통역이었고, 만주에서 검사장을 하던 한낙규는 북한 검찰총장, 일본 제국군대의 파일럿 출신인 이활은 인민군 공군사령관에 올랐다.[335]

반면에 남한은 5·10 제헌의원 선거를 위한 선거법 제정 과정에서 친일 부역자들의 피선거권은 물론 선거권까지 박탈하는 조항을 삽입시켰다.[336] 류석춘·김광동은 대한민국은 친일파 배제원칙을 준수하면서 건국되었기 때문에 정부 초대 내각이나 제헌의회 간부에는 친일파로 규정될 수 있는 인사가 참여할 수 없었다고 한다. 따라서 대한민국이 북한보다 상대적으로 친일청산에 보다 적극적이고 철저했으며 합리적이었다는 것이다.[337]

북한이 친일파를 청산하고 항일 민족세력이 건국을 주도했다는 주장은 남한을 공격하기 위한 선동이자 명백한 허위다. 오히려 소련의 지령을 받아 한반도 공산화를 위해 수립한 북조선임시인민위원회는 명백한 소련의 괴뢰정부였다. 1946년 3월 6일 채택된 「북조선 임시인민위원회 구성에 관한 규정」에 의하면 '임시인민위원회의 최대 임무는 소련 사령부의 모든 결정을 실천하는 것'이라고

되어 있었다.[338]

이승만이 친일파 문제를 어떤 관점에서 생각하고 있었는지를 유추할 수 있는 자료가 있다. 이승만은 6·25로 인해 부산으로 정부가 이전한 1951년 5월, 임문환을 농림부장관에 임명했다. 임문환은 도쿄제국대학 출신으로 일본 고등문관 시험에 합격하여 조선총독부에 근무한 경력이 있다. 그를 농림부장관으로 임명한 후 이승만은 임문환에게 이런 발언을 했다.

"지금 내가 일본과 아라사(我羅斯·러시아)의 일을 걱정하는 것은 나라의 장래를 생각하기 때문이오. 아라사는 공산당이기 때문에 언젠가는 민주주의한테 집니다. 그때까지 조심하고 있으면 돼. 일본은 달라요. 미국에 밀착해서 민주주의와 함께 번영해 나갈 겁니다. 내가 비행기를 타고 내려다 본 일본은 산꼭대기까지 저수지를 만들었고, 산비탈이 논이 되어 있습디다. …이처럼 좁은 토지에 저렇게 많은 사람이 살고 있으면 오래도록 행복하게 살아갈 수 있을 턱이 없어요. 언젠가는 상업이니 뭐니 하는 이름을 빌려 가장 가까운 우리나라로 밀어닥칠 거요. 그때야말로 일본을 잘 아는 당신들 친일파가 나라를 지켜야 해요. 지금은 오직 자중해서 시험대에 놓인 당신이 세상 사람들의 비난을 누그러뜨리는 데 전념해야 해요."[339]

건국 두 달 후 여수에서 반란사건 터져

해방과 건국 과정에서 안보의 두 축은 경찰과 국방경비대였다. 그런데 당시 경찰과 국방경비대의 관계는 매우 껄끄러웠다. 일제하에서 경험을 쌓은 자들이 주축이 된 경찰은 이념적인 면에서 우익이었다. 그런데 미군정 초기에는 좌익분자를 걸러내는 절차가 없어 국방경비대 모집 과정에서 많은 좌익분자들이 경비대에 입대했다. 그 결과 경비대와 경찰 사이에 여러 차례 충돌이 발생했다.

조선경비사관학교(육군사관학교의 전신) 3기는 여수 순천 반란 사건의 핵심 인물인 김지회, 홍순석을 비롯하여 60여 명이 공산주의자 혹은 좌익 동조자로 밝혀졌다. 좌익분자들의 경비대 침투 현상은 제주도에서 특히 심해, 1946년 모슬포에서 조직된 제9연대는 상층부에서부터 말단까지 남로당이 침투해 있었다.[340)]

남로당 지도부는 5·10 총선 반대운동에 실패하고 대한민국 정부가 수립되자 무장투쟁을 하기 위해 대대적인 게릴라전 준비에 착수했다. 무장 게릴라들은 양평 부근의 용문산, 오대산, 대구 서쪽의 가야산, 속리산, 지리산, 백암산 등에 기지를 설치하고 활동을 개시했다. 남로당은 또 평양 외곽의 강동정치학원에서 당 간부 훈련을 본격적으로 실시했다.[341)]

1948년 9월 18일, 소련은 자신들의 군대를 연말까지 북한에서 철수시키겠다고 발표했다. 이 발표가 나오자 김구와 김규식은 모든 외국군 철수와 국제 감시에 의한 한반도 전역의 선거를 요청하는 메시지를 유엔에 보냈다. 10월 13일에는 대한민국 국회의원 4분의 1이 미군 철수를 요구하는 결의안을 발의했다.

대한민국 정부가 출범한 지 불과 두 달 후인 10월 19일 자정, 여수에서 제주도로 출동 명령을 받은 국군 14연대가 반란을 일으켜 여수 순천과 구례 남원 일대를 점령했다. 당시 남한의 경찰과 군부대는 대부분 일본식 소총으로 무장한 데 비해 14연대는 병력 전체가 미군이 지급한 M-1 소총과 박격포 등으로 무장하여 매우 강력한 화력을 보유하고 있었다. 또 14연대에는 수거한 3000여 정의 구식 소총이 반납되지 않은 채 남아 있었기 때문에 민간인 동조자들을 무장시킬 수 있었다.[342)]

반란군들은 여수와 순천을 점령한 다음 400여 명의 경찰관과 우익 인사들을 살해했다. 목격자들의 증언에 의하면 평상시 검은색 선글라스를 즐겨 쓰고 다녔던 순천경찰서장은 눈알을 뽑고 밧줄로 몸을 묶어 자동차 뒤에 매단 다음 의식을 잃을 때까지 비포장도로 위를 끌고 다니다 살해했다. 그의 시신은 기름을 끼얹어 장대에 매단 채 불태워졌다.[343)]

인민위원회는 수많은 우익인사들을 인민재판에 회부하여 현장에서 총살하는 등 아비규환을 연출했다. 토벌작전이 시작되자 반란군 일부와 좌익들은 지리산과 백운산으로 도주하여 게릴라전을 벌였다. 반란군에 의해 사살된 수백 구의 시체는 여수 비행장 근처의 도랑이나 하수구에 버려져 있었다. 비행장 근처에서 400여 구의 유해가 대부분 팔다리가 잘리거나 등 뒤로 손이 결박된 채로 발견됐다. 희생자 대부분은 옷이 벗겨진 상태였고, 신원을 감추기 위해 콜타르가 칠해져 있었다.[344)]

여순 반란과 함께 흉흉한 소문들이 퍼지기 시작했다. 북한군이 곧 남침할 것이라는 소문, 중국에서는 마오쩌둥의 승승장구, 미군이 다음해 6월 말까지 철수 등 악재들이 겹치면서 갓 태어난 대한민국은 극도의 안보 불안 상태에 빠져들었다.

여순 반란사건은 '축복으로 바뀐 비극'

사망 2533명, 부상 1300여 명 등 막대한 인적 물적 피해가 난 여수 순천 반란사건 직후 정부는 군부 내의 남로당 세력을 뿌리 뽑기 위해 강도 높은 숙군 작업에 돌입했다. 그 결과 4749명의 장교와 병사들이 숙청되어 군부 내에서 남로당 조직을 뿌리 뽑는 데 성공했다. 이는 전군 병력의 약 10%에 해당하는 수치였다.

존 메릴은 여수 순천 반란사건을 '축복으로 바뀐 비극'이라고 평한다. 훈련된 수많은 우익청년들이 숙청된 장병들의 자리를 메웠고, 그 결과 군사력이 급속히 증강됐기 때문이다.[345] 결과적으로 여수 14연대의 반란을 주동한 지창수 상사가 대한민국을 살리는 데 큰 공헌을 했다. 그들의 반란이 너무나 잔인했고 참혹했기 때문에 많은 사람들이 좌익세력을 멀리하게 되었기 때문이다.[346]

여수 순천 반란사건은 김일성이 예상치 못한 시기에 일어남으로써 남한 군대 전체의 대규모 반란을 획책해 온 김일성 정권의 대남 통일전략에 중대한 차질을 초래했다.[347]

군 내부에 숨어 있던 좌익 세력이 여순 반란사건 이후 숙군 과정에서 발본색원되면서 군의 정치 성향도 짧은 기간에 현저히 우경화되었다. 그 결과 국군은 1949년 38선 일대에서의 무력 충돌과 6·25 남침 당시 내부 반란이나 동요 없이 일사불란한 지휘체계 하에서 전투에 임할 수 있게 되었다.

이승만 정부는 국가보안법을 제정하여 공산주의를 불법화했다. 여순 반란사건을 계기로 공산당의 활동을 강력하게 억제할 수 있는 법적 장치가 만들어진 것이다.

여수 순천에서 국군의 토벌을 피해 지리산과 백운산으로 도주한 14연대 반란세력과 지역의 좌익들이 게릴라전을 계속했다. 11월 23일 국군이 백운산 정상 부근의 빨치산 사령부를 점령하면서 빨치산들은 결정적인 타격을 입고 1949년 1월~2월 사이 6000여 명이 투항했다.

남로당은 1949년 6월말까지 미군의 철수를 공산화의 적기로 보고 주요 산악지역에 빨치산을 조직하는 등 총공세에 나섰다. 그 해 9월 빨치산의 총공세 당시 남한 각지에서 준동하는 좌익과 빨치산의 총병력은 7만여 명에 달하는 것으로 추산되었다.

북한은 이들의 투쟁을 지원하기 위해 훈련된 게릴라 정예요원 2,400명을 남파했다. 당시 미국 관리의 보고에 의하면, 1949년 초 공산 게릴라들은 지리산 부근의 농촌 지역과 남한 내 주요 산간 지역을 통제하고 있었다. 제주도는 사실상 공산세력이 지배하고 있었으며, 남한의 8개 도 가운데 5개 도가 공산 세력의 반란이나 게릴라의 공격으로 어려움에 빠져 있는 것으로 판단했다. 그래서 대부분 산악 지역은 낮에는 대한민국이었지만 밤에는 인민공화국이 되었다.

1948년 10월부터 1949년 8월 사이에 전개된 게릴라 토벌 작전에서 9500여 명이 사살, 부상 또는 생포된 것을 고려할 때 남한 내 공산세력이 어느 정도 막강했던가를 짐작할 수 있다.

1949년 들면서 본격적인 38선 충돌이 벌어지기 시작했다. 1949년 1~10월 매일 평균 1.5건 이상의 38선 충돌과 3.7명 이상의 사상자가 발생했다. 중국대륙과 한반도에서 열전(熱戰)이 벌어지기 시작한 것이다.[348)]

1949년 봄 남한에서는 빨치산들의 대규모 공세가 전개됐다. 이승만 정부는 제주도와 지리산 일대의 빨치산들, 그리고 북한에서 남파된 게릴라들과 사투를 벌였다. 긴장이 고조되던 1949년 3월, 김일성과 박헌영은 소련과 일련의 비밀 군사협정을 맺기 위해 모스크바로 갔다. 이승만은 제주도와 남부지역을 순회하면서 게릴라 토벌을 하고 있는 국군과 경찰, 지역 주민들을 위로했다. 이러한 순회 여행을 통해 이승만은 짧은 기간 내에 민심을 수습하는 데 성공했다.

'태평양 동맹' 결성 실패

1949년 5월 초 미군의 철수 문제로 한국군이 38선 지역의 방어선을 공고히 하는 과정에서 남북 간에 군사적 충돌이 벌어졌다. 5

월 4일 개성 부근에서 발생한 충돌은 북한 38경비대가 38선 남북쪽에 걸쳐 있는 고지를 점령한 한국군을 밀어내면서 시작됐다. 이 고지는 당시 남한 땅이었던 개성을 한눈에 내려다볼 수 있는 곳이었고, 근처의 북한군 관측 초소도 위협할 수 있는 군사적 요충지였다. 북한 38경비대가 38선 남쪽의 두 고지를 장악하자 한국군은 81㎜ 박격포탄을 가슴에 묶은 자살 특공대인 '육탄 10용사'를 적진에 투입하여 고지를 탈환했다.[349]

개성 지역에서 전투가 한창이던 1949년 5월 4~5일 강원도 원주와 인제 방면에 주둔 중이던 국군 2개 대대 750명이 무장을 한 채 강태무,[350] 표무원 두 대대장의 인솔 하에 월북하는 충격적인 사건이 벌어졌다. 대대원들은 38선을 넘은 후 대대장에게 속은 줄 알고 탈출을 시도하여 382명은 탈출에 성공했으나, 나머지 368명은 인민군에게 체포됐다.

훈련된 2개 대대 병력이 무장한 채 월북한 사건은 국군의 사기에 심대한 타격을 주었다. 북한은 월북한 국군을 영웅 대접을 해주었다. 몇 주 후에는 한국 해군이 소형 경비정을 몰고 원산항으로 월북하는 등 국군의 이탈 사건이 이어졌다. 북한은 평양 라디오 방송을 통해 월북자들의 육성을 대대적으로 선전하면서 "이승만 정권은 군인들의 지지조차 받지 못하고 있으니 곧 붕괴될 것"이라고 선동했다.[351]

미국은 이승만의 군부 장악력을 의심하기 시작했다. 국군이 제2의 장제스 군대가 되는 것 아닌가 하는 의구심이 생긴 것이다. 2

개 대대 월북 사건 이후 미국은 신무기 원조를 중단하고 낡은 무기만 제공하는 등 국군의 무장에 치명적인 영향을 주게 된다.

5·10 총선거를 통해 세워진 대한민국은 국민에게 세금을 걷기는커녕 국가가 국민을 먹이지 못하면 당장 굶어죽는 사람이 속출할 정도로 최악의 빈곤 상태였다. 게다가 남북협상에 기대를 걸었던 김구와 김규식을 비롯한 지식인층이나 정치인들도 태반이 5·10 선거에 반대했거나 중립 입장이어서 이승만의 정치적 기반도 허약했다.

총선 저지를 위해 좌익들이 일으킨 제주 4·3 사건이나, 이를 진압하기 위해 파견하려던 여수 14연대의 반란이 말해주듯 좌익들은 대한민국을 무너뜨리고 공산국가를 세우기 위해 혈안이 되어 있었다. 1950년 농지개혁이 단행되었지만 농민들 역시 대한민국의 굳건한 지지 세력으로 보기에는 무리였다.[352)]

당시 이승만의 절체절명의 과제는 신생 대한민국을 좌익들의 공세로부터 지켜내는 것이었다. 반민특위가 설립되자 일제 경찰 출신들은 크게 동요했다. 좌익들의 대공세와 북한에서 남파되는 게릴라들의 준동에 맞서 대한민국 체제를 지켜내야 할 책임이 있었던 이승만 입장에서 경험 있는 일제 경찰 출신 외에 선택의 대안이 없었다. 그들을 다 숙청해버리면 준동하는 좌익과 공산세력을 무엇으로 막을 수 있었겠는가.

이 와중에 미 국방부는 1948년 12월 28일 주한미군의 전 보병사단을 한국에서 철수시킨다고 발표했다. 이는 1947년 5월 미 육군 장관 로버트 패터슨이 "한국은 우리에게 전략적 가치도 없고, 아시아 지상전에 말려들지도 모르기 때문에 주한미군을 철수해야 한다"는 주장을 확인하는 조치였다.

다급해진 이승만은 동아시아지역에 반공체제를 구축하기 위해 발 벗고 나섰다. 우선 필리핀의 퀴리노 대통령을 접촉했고, 장제스 중국 총통을 진해로 초청해 대화를 나누었다. 그러나 이승만의 태평양동맹 구상은 동아시아에서 일본을 중심으로 하여 세력균형을 유지하려 했던 미국의 대외정책과 마찰을 빚게 된다. 미국은 태평양동맹에 참가할 수 없다는 점을 분명히 했고, 필리핀의 퀴리노에게 압력을 가해 군사적 집단안보체제 결성이 아니라 경제적 지역연합 추진 쪽으로 방향을 틀었다.[353] 이승만의 태평양동맹 체결 노력은 미국의 비협조로 인해 실패했다.

이 무렵 이승만은 중국의 국공내전에서 국민당 정부가 마오쩌둥의 공산군에게 몰려 수세에 처하면서 중국의 정세가 한국에 미칠 영향에 대해 촉각을 곤두세우고 있었다. 마오쩌둥의 공산군은 1948년 4월 국부군이 점령했던 옌안(延安) 탈환, 10월 5일과 11월 1일에는 창춘과 선양 함락, 산둥성 재점령에 이어 1949년 5월 25일에는 상하이를 점령하는 등 파죽지세로 중국 대륙을 석권해가고 있었다.

"우리에게 무기를 달라"

1949년 2월 12일 이승만은 '한국의 정치정세'에 대한 장문의 각서를 장면 주미 한국대사와 로버트 올리버에게 보냈다. 이 각서에서 이승만은 조령모개하는 미국의 정책을 따르면 중국처럼 될 가능성이 높다는 점, 한국군에게 신무기 제공 등을 간곡히 호소하고 있다.

'1945년 11월과 12월, 38도선 이남의 뛰어난 공산 지도자 3명 가운데 한 사람인 박헌영은 남한의 공산주의자 수가 2000명에 달한다고 자랑했다. 이 사람들은 거의 전부가 북으로부터 침투한 자들이다. 이 숫자가 정확하다고 치자. 2000만 이상의 인구 중에서 2000명은 대야 속의 물 한 방울에 지나지 않는다. 우리가 최선이라고 생각했던 대로 이런 상황을 처리하도록 우리에게 맡겨주었던들, 우리는 어렵지 않게 이들을 진압하고 북으로부터 남으로 오는 자들을 막을 수 있었을 것이며, 적어도 남한만이라도 지금쯤 공산당 문제가 없었을 것이다.

그러나 우리는 그렇게 하도록 허용되지 않았다. 우리의 어떤 정치 조직에서나 공산 지도자들과 협조해야 하며, 그들 중 몇 사람을 끌어들이지 않는 한 우리는 정부도 국회도 가질 수 없다는 말을 미국 벗들이 하였다. 우리는 공산당을 비난해서도 안 되며, 그들의 근거 없는 반미(反美) 반한(反韓)의 허위 선전을 막아서도 안 된다고 하였다….

최근의 여수 순천 반란은 국방경비대 내부에 어떤 종류의 인간들이 들어 있는지를 알고 있던 인사들이 이미 오래 전부터 예언했던 일이다. 경비대 조직을 위해 하지 사령관이 임명한 프라이스 대령은 상당수의 빨갱이들을 경비대에 입대하도록 허용했다. 몇 번이고 여기에 대해서 주의를 환기시켰으나, 그는 이 자들이 선량하며 아무도 말썽을 일으키지 않을 것이라고 대답했었다….

나라를 회복하고 유지하며 방방곡곡을 스스로의 법치 아래에 두기 위해 합당한 군대를 설치하는 것은 한국 정부에 달린 책무이다. 남의 나라 영역을 잠식하지 않는 한 그것은 그들의 국내 문제이며, 미국정부는 한국정부가 자국의 영토 내에서 행하는 일에 대해 책임이 없다…. 그러나 우리는 위도선의 경계를 넘지 말 것과, 만일 공산분자가 38도선을 넘어오더라도 그 선을 넘어 상대편까지 따라 들어가서는 안 된다고 주의를 받고 있다. 적에게 대항하지 않고 어떻게 우리가 자기 생명과 가정을 지킬 수 있단 말인가?

우리가 최소한의 유혈과 살상으로 신속하게 이런 과업을 수행할 수 있도록 가장 현대적이고 효과적인 무기들을 우리들에게 공급해줄 것을 요구한다. 우리 남한 군대가 구식 보병과 포병으로만 구성되어 있는 한 북한의 소수 공산군만으로도, 그들이 중국과 그리스에서 본받은 유격 전술을 특별히 채택하여 장기적이고 소모적인 전쟁을 필요로 하게 만들지 모른다….

우리가 미국의 정책 입안자들의 변하기 쉬운 정견 없는 정책을 따른다면 한국은 조만간 또 하나의 중국처럼 밀어 붙여질 것이 뻔한 일이다. 그러므로 우리는 양심이 명하는 바에 따라 우리 미국 벗들이 무엇을 하든, 무슨 말을 하든 상관없이 우리 자신의 계획을

가지고 앞으로 나아갈 결심이다….'[354]

1949년 5월 무초 주한 미국대사는 이승만에게 "남한에 잔류하고 있는 1만 5000명의 미군 철수"를 정식으로 통보했다. 이승만은 철군 조건으로 P-51 전투기 30대, 전폭기 12대를 보유한 2개 전투비행단, 폭격기 1개 편대와 구축함 2척, 잠수함 2척, 소해정 5척, 그 외에 부속함정과 정규군 10만 명, 예비군 5만 명의 육성 및 무장을 요구했다.

여순 반란사건과 국군의 월북사건으로 충격을 받은 미군은 철수하면서 전차, 대포 등 중화기는 일체 한국에 이양하지 않고 소화기만 주고 철수했다. 미군이 한국군에 넘겨준 장비는 소총 10만 정, 소총탄환 등이었다. 이승만이 요구한 비행기와 함정은 하나도 없었다.[355]

미국이 군사원조에 미온적인 태도로 나오자 이승만은 국민적 궐기대회를 추진했다. 1949년 4월에 시작된 궐기대회는 "우리에게 무기를 달라"는 구호를 외치며 전국적으로 확산되어 2주 동안 계속됐고, 참여 인원도 100만 명을 넘었다. 학생들은 혈서를 써서 주한 미국대사관에 전달하기도 했다.[356]

남한 내 빨치산들과 사투

전 국민적 호소에도 불구하고 무기 원조가 이루어지지 않자 이승만은 이번에는 주한미군 철수에 대한 대가로 남한에 대한 공격을 미국에 대한 공격으로 간주한다는 트루먼 대통령의 성명서 발표를 요청했다. 이 요청도 묵살되자 1949년 6월 24일, 워싱턴과 유엔 주재 한국 외교관들에게 다음과 같은 내용을 적어 보냈다.

'주한미군은 이달 말까지 떠나게 될 것이오. 대부분의 우리 육군 병력은 소총도 가지고 있지 못하며 우리 경찰과 해군도 마찬가지요. 국방장관은 실제 전투에서 겨우 3일간을 지탱할 탄약밖에는 가지고 있지 않다고 보고하고 있소….

우리가 여기 있는 미국인들에게 전투기가 필요하다고 했더니 그들은 필요치 않을 것이라고 하였소. 미국 비행기가 일본에서 지체 없이 날아올 것이라는 것이오. 우리는 이웃 나라의 선의에 매달리고 싶지 않다고 하였소. 우리는 자신의 생명선을 위해 비행기를 우리 수중에 확보하고 있어야 할 것이오…. 현재 우리의 관점에서는 우리 자신의 국방을 위해 타당한 무기를 충분히 공급받는 것이 경제 부흥보다 더욱 절실한 것 같소.'[357]

남한에서 미군 철수가 본격화되자 빨치산들의 공세는 더욱 거세졌다. 남로당은 통일을 위한 세부 계획을 수립했는데, 1949년 8월 중순까지 이승만 정부를 무너뜨리고, 8월 말에는 박헌영이 선거위원장으로 복직하며, 9월 20일에는 통일을 위한 선거를 치른다는 일정이었다. 선거가 끝난 후에는 북한의 수도를 서울로 옮길 예정까지 하고 있었다.[358]

북한은 남로당 빨치산들의 총공세를 돕기 위해 고도로 훈련된 게릴라를 남파했다. 이들은 국군의 추적을 피해 오대산으로 침투해 내려왔고, 그곳에서 지역 빨치산들과 합세하여 제2의 게릴라 기지를 구축했다. 8월 초에는 제주도 폭동을 주도했던 김달삼 부대가 태백산 지역으로 남파되어 그 지역에서 활동하던 지역 빨치산들과 합세했다. 9월 중순에는 강동정치학원장인 이호제의 지휘하에 360명의 게릴라들이 다섯 그룹으로 나누어 38선을 넘어왔다. 이로써 남한에서 활동하던 공산 게릴라는 3000여 명에 이르렀고, 그들을 지원하는 민간인 동조자들은 게릴라의 3~5배나 되었다.[359)]

전국 각지에서 빨치산들은 철도역을 공격하거나 탄광 습격, 철도 폭파, 우익인사 학살 등 만행을 저질렀다. 신생 대한민국은 공산 게릴라들의 거센 공격에 거의 숨이 넘어갈 지경이었으나 국군과 경찰의 강력한 토벌로 위기를 넘겼다. 특히 지역 사정에 밝고 일제시대 공산당과의 싸움을 경험한 바 있는 경찰의 활동은 좌익과 빨치산 세력의 색출 및 토벌에 큰 도움이 되었다.

이승만 정부는 1949년 9월 빨치산들을 소탕하기 위해 태백산지구, 지리산지구, 오대산지구에 3개의 전투사령부를 설치하고 대대적인 토벌작전에 나섰다. 격렬한 게릴라 소탕작전과 더불어 자수권유정책, 그리고 전직 공산주의자들의 모임인 국민보도연맹[360)]의 선무활동을 통해 남한에서 활동하는 공산 게릴라 세력에 큰 타격을 주었다. 국민보도연맹은 경찰의 정보망으로서 게릴라 소탕작전에 효과적으로 이용됐다.[361)]

존 메릴은 국민보도연맹이 남로당 조직의 와해에 큰 도움이 되었다고 지적한다. 그의 저서에서 보도연맹의 활약상을 소개한다.

'보도연맹은 1949년 9월 빨치산 토벌 과정에서 두 달에 걸친 자수 기간 동안 4만여 명의 자수자를 유도해 냈다. 정부는 이를 축하하기 위해 1949년 12월 18일 대규모 군중대회를 열었다. 전향한 좌익 지도자들은 이 대회가 끝난 후 시가행진을 벌였다. 남로당의 고위 첩보원이었던 정백은 남로당 조직 재건을 위해 남파되었다가 10월 중순 체포됐는데, 한국 정부에 회유되어 보도연맹 명예회장에 추대됐다. 이로써 좌익 세력은 뿌리가 흔들리게 됐다.'[362]

"미군 철수하면 900만 명 굶어죽을 것"

연이은 좌익 폭동과 제주 4·3사태, 여수 순천 반란사건, 격렬한 공비 토벌작전은 남한 사회를 뿌리 채 흔들어놓았다. 북한은 남한 내 좌익 폭동과 빨치산들의 무장 투쟁으로 신생 대한민국과 이승만 정부를 전복시키고 공산 통일을 이루고자 했다. 그러나 1950년 3월 27일 남로당 지도자 김삼룡과 이주하가 서울에서 체포되면서 남로당은 결정적인 타격을 입었다. 이승만 정부가 빨치산 세력의 도전을 훌륭히 막아내자 방향을 돌려 1950년 6월 25일 전면적인 남침을 감행한 것이다.

이승만 정부는 좌익 폭동과 빨치산 투쟁을 토벌하는 과정에서 10만 명 정도의 인명 피해를 입었다. 또 좌익들의 폭동 진압과 공비 토벌작전에 막대한 예산이 투입되는 바람에 심각한 경제위기를 맞았다. 국군의 공비토벌 임무를 떠맡기 위해 전투경찰대를 창설하려던 계획은 재정난으로 취소됐다.

미국정부는 이승만의 권위주의적인 통치와 재정적 무능력에 우려를 표명하면서 무초 대사를 워싱턴으로 일시 소환했다. 1950년 4월 25일에는 "국회의원 선거를 예정대로 실시하지 않고 인플레 문제를 빨리 해결하지 않으면 원조를 중단할 것"이라는 외교 각서를 발표했다.[363]

미국정부는 1945년 8월 일본이 항복하기 전부터 한국이 소련의 영향력 하에 들어가 공산화될 가능성이 높은 것으로 분석하고 있었다. 미 국무부는 일본이 항복을 하기 두 달 전인 1945년 6월 22일, 종전 후를 위해「전쟁 종결 때의 아시아 태평양지역의 정세판단 및 미국의 목적과 정책」이라는 문서를 작성했다. 이 문서는 일본 패망 이후 한국이 처할 제반 사항을 놀라울 정도로 정확히 예견하고 있다.

'일본의 지배가 종결되면 정치, 경제, 사회의 심각한 혼란이 야기될 것은 의심할 여지가 없다. 해방과 더불어 오랫동안 일본인 및 한국인 지주에 착취당해 온 소작인들은 철저한 농지개혁을 바랄 것이다. 한국인을 대표하는 정부는 현재 존재하지 않으며 치안 마비는 동시에 경제의 혼란을 가져올 것이다. 군사작전에 의한 산업시설의 파괴에 따른 실업, 일본으로부터의 귀국자 등으로 말미암아 아마도 인구의 10% 이상이 실업자가 될 것이다.

소련은 극동전에 참가하고, 소련군은 한국의 전부 또는 일부를 점령하게 될 것이다. 소련은 한국의 일부에 군사정부를 수립하고, 이어 소련에서 훈련된 한국인들이 참가하는 친소(親蘇)정부를 수립하려고 할지 모른다. 시민권을 가진 소련 태생을 포함하여 30만 명의 한국인이 시베리아에 살고 있고, 소련군에는 2만 내지 3만 명의 한국계 소련인이 있는 것으로 알려져 있다.

한국의 경제 및 정치상황은 공산주의 이데올로기의 온상이 될 것이고, 비록 한국인 일반이 친소적이지는 않으나 소련의 지원을 받는 사회주의 체제의 정책과 활동은 쉽사리 일반의 지지를 받게 될 것이다. 그러므로 미국의 대한(對韓)정책의 기본은 카이로 선언의 실현이며, 그러기 위해서는 한국의 정치적 장래와 관련하여 중국, 영국, 소련 등 강대국들과의 사전협약과 공동행동을 모색해야 한다. 미국은 군사정부와 과도 행정에 모두 참가해야 된다는 것이 미국 정부의 정책이다. 뿐만 아니라 한국인들로 하여금 강력하고 민주적인 독립 국가를 조속히 건설하도록 원조하는 것이 미국의 의도다.'[364]

1948년 미 합참(JCS) 산하의 작전관리위원회가 제출한 보고서에 의하면 남한에서 미군이 철수하면 공산당이 득세하게 될 것이 명백하고, 그렇게 되면 결국 소련군이 침입하게 되는데 한국 국방경비대가 충분히 육성될지 의문이라면서, 결과적으로 남한은 소련의 지배하에 들어가 적화될 가능성이 있다고 지적하고 있다.[365]

1948년 2월, 미군정의 민정 부사령관 찰스 헬믹 소장은 국무부에 근무하는 한국 관련 직원들에게 이런 연설을 했다.

"미군이 철수하고 일본산 석탄 수입을 끊고 미국산 식량과 유류 공급을 중단할 경우, 남한의 수송수단은 일주일에서 열흘 사이에 모두 멈추게 될 것이다. 두 달 내로 남한 경제는 소달구지 경제로 되돌아갈 것이다. 그리고 900만 정도의 식량 생산에 종사하지 않는 사람들은 아사(餓死) 상황에 직면하거나 굶어 죽게 될 것이다."[366)]

스스로 무장해제 한 미국

여러 전문기관의 우려와 경고에도 불구하고 1949년 6월 30일 미군을 태운 마지막 배가 떠나고, 남한에는 미 군사고문단(KMAG) 475명만 남았다. 미 군사고문단의 책임자는 제2차 세계대전 때 전차부대 지휘관이었다가 퇴역을 앞두고 있던 윌리엄 로버츠 준장이었다. 한 군사고문단 장교가 왜 한국군에게 탱크를 주자고 주장하지 않느냐고 묻자 로버츠는 "남한의 지형이 탱크 전에 적합하지 않다. 길이 좁고 탱크가 논과 산을 지나갈 수 없기 때문"이라고 말했다. 1년 후 "남한에서는 탱크전이 적합하지 않다"는 그의 주장은 전혀 근거가 없음이 밝혀졌다. 공산군이 소련제 탱크를 앞세우고 밀어닥쳤기 때문이다.

남한의 공산화 가능성에도 불구하고 미군이 하루라도 빨리 철수하려했던 이유는 미국 정부의 군사력 대량 감축과 미군의 막대한 남한 주둔비용 때문이었다. 1945년 8월 15일 종전 당시 미군 총

병력은 1200만 명, 그리고 242개의 항공단과 100척의 항공모함을 보유하고 있었는데, 미 의회는 1946년 세출위원회에서 1947년 7월까지 병력을 107만 명으로 감축할 것을 의결했다.

그 결과 미 육군은 1950년 6월까지 59만 2000명으로 감축됐고, 해병대는 48만 5000명에서 7만 5000명으로 크게 줄었다. 해군 함대의 주요 항공모함과 전함들은 퇴역하여 예비 상태로 들어갔다. 미국이 이처럼 막대한 병력에 대한 동원 해제를 단행하고 군비를 감축한 이유는 핵무기로 재래식 군사력 감축을 보완할 수 있다는 믿음 때문이었다. 미국은 재래식 무기를 대대적으로 감축하는 대신, 비용이 적게 들면서 살상효과가 큰 핵무기 개발과 함께 핵무기의 투발수단인 전략공군에 기초한 군사전략으로 선회했다.[367]

유엔군 사령관을 역임한 매튜 리지웨이는 자서전『한국전쟁』에서 "원자폭탄은 우리에게 일종의 마지노선이 되어 해외 주둔군을 귀국시키고, 군대의 전시체제를 풀고, 칼을 칼집에 꽂고, 육해공군 장병을 제대시키는 등의 국가적 충동을 합리화했다"고 썼다.[368] 트루먼 정부가 무장해제를 급속하게 진행하자 초대 국방장관 제임스 포레스탈은 "우리의 국방력을 강제로 파괴시키는 행위"라고 항의하며 자살하는 일마저 벌어졌다.

군비 축소로 인해 급격히 줄어든 병력을 어디에 어떻게 배치할 것인가가 당시 미 국방부와 국무부 등 군 수뇌부의 고민이었다. 군 수뇌부는 크게 줄어든 병력을 미국의 이익이 가장 첨예하게 걸려 있는 지역에 투입하는 것이 최선이라고 판단했다. 1947년 9월 25일 아이젠하워 합참의장은 제임스 포레스탈 국방장관에게 '이 적은 병력으로 한국에 기지나 병력을 유지한다는 것은 전략상 미국에 이익이 되지 않는다'는 메모를 보냈다.[369)]

1949년 6월 27일 미 육군성은 주한미군 철수 후 북한이 전면 남침할 경우에 대비한 극비 작전계획을 세웠다. 이 작전계획은 북한이 침공할 경우 'a)한국 거주 미국민의 긴급 철수, b)유엔 안보리에 문제 제기, c)유엔의 승인 하에 법과 질서의 회복과 38선의 불가침성을 재확인시킬 목적을 가진 미군과 기타 유엔 가입국의 부대로 구성된 특별 기동대의 치안유지적 활동 시작'이 주된 내용이다.[370)]

이 문서는 중요한 의미를 가진다. 미국은 한반도에서 공산군의 남침으로 전쟁이 벌어질 경우 유엔군을 조직하여 치안유지적 활동, 즉 전면전(general war)이 아니라, 전쟁 이전의 상태로 복원시키는 제한전(limited war)을 계획한 것이다. 이후 실제 공산군 남침이 벌어져 미군과 유엔군이 파병되어 전투를 벌이는 와중에 맥아더가 전면전을 주장했으나 트루먼 대통령은 끝까지 제한전이라는 선을 넘지 않았다.

한국에 잔류한 미 군사고문단의 운영 지침은 공산군의 남침 위협에 대한 대응보다는 이승만의 도발적 행동을 더 우려했다. 미 군부가 희망했던 한국군의 수준은 외부의 대규모 침공에 대비하는 것이 아니라 내부의 치안유지와 38도선에서의 무력충돌과 같은 소

규모 국경분쟁에 대처할 수 있을 정도면 충분하다고 판단했다.[371)]

미국은 혹시라도 이승만이 북진을 하지나 않을까 우려하여 남한에 대한 군사원조를 연간 1000만 달러로 제한하고, 원조금액도 소형 무기 구입에 한정했다. 이승만과 국방부장관 신성모[372)]의 끈질기고 간절한 요구에도 불구하고 전투기나 해군 함정, 야포 등 중화기는 제공되지 않았다. 공군도 대공포화가 없는 지역에서 정찰용으로 사용되는 6대의 항공기 이외에는 허용되지 않았다. 게다가 한국군의 38도선 월경 절대 금지, 공격 도발행위 엄금, 기동연습을 가능케 하는 방향으로 무장, 훈련, 부대 전개를 일체 하지 말 것 등 한국군에 대한 엄격한 통제력을 행사했다.

"미국은 냉전에서 지는 싸움만 하고 있다"

1949년 초가을 4000여 명의 북한군이 38선 이남의 옹진반도를 공격했을 때 미 군사고문단장 윌리엄 로버츠 장군은 "옹진반도는 전략적 가치가 없다"면서 국군의 옹진반도 철수를 제안했다. 이승만은 "미군은 후퇴하는 것으로 공산주의를 이길 수 있다고 생각하는가" 하고 일갈하며 로버츠 장군의 제안을 거절했다.

1949년 9월, 중국 대륙이 공산당의 수중에 떨어졌다. 장제스의 국민당은 타이완으로 쫓겨 가고 마오쩌둥이 중국 본토를 차지하면서 공산당의 팽창주의에 대한 공포와 불안이 엄습했다. 중국 대륙과 이웃한 한국은 이제 미국과 소련, 즉 민주주의와 공산주의 양대

세력이 첨예하게 대립하는 각축장으로 주목을 받게 됐다. 공산당의 팽창 위협이 현실화되기 시작하자 이승만은 1949년 9월 30일, 소련과 공산주의자들의 위협을 적은 편지를 로버트 올리버에게 보냈다.

'소련 입장에서 냉전은 연전연승입니다. 우선 그들은 공산주의 선동가들에게 무기와 자금, 선전 책자를 제공해 국민들 간의 불화를 조장합니다. 그리고는 공산주의 동조자들을 무장 세력으로 만들어 살인, 방화, 약탈을 자행하게 해 그 지역을 지옥으로 만듭니다.

공산주의자들은 그런 식으로 자신들의 세력을 강화하고 사회 곳곳에 깊숙이 침투합니다. 그들이 약탈을 자행하면 할수록 자금이 많아지고, 그 돈을 방화와 살인에 씁니다. 그러나 민족주의자들은 어디고 기댈 데가 없습니다. 그들은 자위를 위해 스스로 마련할 수 있는 모든 수단을 동원하고, 그런 일은 매년 반복되지만 민족주의자들이 무한정 그런 싸움을 계속할 수는 없는 일입니다. 그들은 조만간 손을 들 수밖에 없습니다. 중국이 그랬고 많은 나라에서 그런 일들이 벌어지고 있습니다.

미국은 지금 소위 냉전에서 지는 싸움을 하고 있습니다. 우리가 이들 깡패들을 퇴치하는 것만으로 가만히 앉아 지는 싸움을 계속하면 우리의 육체와 정신은 그리 오래 버티지 못할 것입니다.'[373]

1949년 9월 딘 애치슨 국무장관은 "한국에 대한 원조법안이 통과되지 않으면 대한민국은 3개월 안에 쓰러질 것"이라고 미 의회를 설득했다. 그럼에도 불구하고 미국정부는 한국군 무장을 위한 어떤 개선된 조치도 취하지 않았다.

이승만은 1949년 10월 24일, 미국의 언론과 여론 주도층에게 공산군의 침략 가능성, 그리고 한국군의 무장을 도와달라는 절박한 내용의 편지를 로버트 올리버에게 보냈다.

'우리의 최근 비밀 보고서는 (공산군이) 추수가 시작되는 대로 항공기는 물론 기타 모든 것을 동원하여 남한으로 쳐 내려올 만반의 준비가 되어 있다는 내용을 담고 있소. 무엇으로 우리는 이것을 막으려는 것이오? 우리의 탄약이 2일간, 또는 2개월간 지탱할 수 있다는 뜻은 각 사단이 각각 각개전투로 싸운다면 두 달이 되고, 전체 사단들이 한꺼번에 싸운다면 이틀밖에 못쓴다는 것을 의미한다는 따위의 논쟁은 귀하도 알고 있을 것이오. 소련 사람들이 밀고 내려온다면 그것은 분명 국지적인 공격이 아닌 전면 공세가 될 것이오…. 우리가 필요한 것은 우리 자신이 싸우기 위한 장비요. 그러나 그들(미국)은 우리 땅을 도로 찾기 위해 우리가 북진이라도 할까 두려운 것이오.'[374]

당시 미국이 공산군의 남침에 대해 얼마나 허황된 생각을 가지고 있었는지는 이승만의 11월 25일 편지에 잘 나타나 있다.

'미국 당국은 5개월 정도 버틸 만한 충분한 탄약을 우리가 가지고 있다고 주장하였소. 그 미국 사람들이 말하기를 "공산당이 소규모로 가끔 공격을 가해 오는데 우리가 탄약을 낭비하지 않는다면 5개월은 끌어나갈 것이오" 하였소. 한국군 장교들이 "만일에 공산군이 전면 공세로 밀고 내려온다면 우리는 어떻게 해야 하겠소?" 라고 말하니 미국 사람들 대답은 "그자들이 그런 식으로 내려오지 않으리라는 것을 우리는 알고 있소"라는 것이오.'[375]

이승만이 북진통일 주장한 이유

우리 국군의 실상이 이처럼 참담한 상황임에도 불구하고 이승만은 공개석상에서 여러 차례 북진을 주장했다. 그 결과 좌익 공산주의자들에게 호전광이라는 비난과 비판을 들었다. 이러한 북진 발언은 북한과 일부 좌익세력, 좌편향적 학자들에게 이용당해 이승만이 6월 25일에 먼저 북침을 하여 그에 대한 반격으로 북한이 처내려 왔다는 북침설이 생겨나는 배경이 된다.

과연 이승만이 북진론을 외친 속내는 무엇이었을까? 김종오는 『한국 현대사의 실상』이란 저서에서 북진론의 배경을 이렇게 설명하고 있다.

'대한민국 정부가 수립되기 전 제주도에서는 속칭 제주 4 · 3 폭동이 발생했고, 5 · 10 선거 방해를 비롯하여 전국 곳곳에서 남로당의 무력투쟁이 빈번히 발생하는 가운데 이승만이 초대 대통령으로 취임했다. 그러나 건국 2개월 만에 국군 14연대의 여순반란사건이 일어났고, 대구에서도 국군 6연대 일부 장병의 반란이 발생했으며 오대산, 태백산, 지리산 등 산악지대에서는 북에서 내려온 인민유격대가 무력투쟁의 거점을 마련하는 등 대한민국 전체가 내전 상태에 있었다.

이와 같이 전 국토가 공산화될 수도 있다는 위기의식 속에서 이승만의 북진통일론이 대두된 것이다. 이승만의 북진통일론은 국군에게 활력과 자신감을 불어 넣어주었고, 대공 전선에서 피를 흘리며 싸우던 군경에게는 더 없이 큰 위로와 애국심을 고취시켜주는 원동력이 되었다.'[376]

온창일(육군사관학교 전사학과 명예교수)도 한국민의 정치적 정신적 결집을 강화하고 사기와 전의를 북돋워주기 위해 이승만이 북진통일 구호를 사용했다고 분석한다.[377]

김일영은 당시 한국의 군사력으로 볼 때 북진통일은 허황되고 공허한 발상이었으나 이승만이 이를 거듭 주장한 이유는 국내의 정치적 목적과 대미 외교용이라는 두 가지 이유 때문이었다고 분석한다.[378]

이 무렵 이승만에게 북진정책은 부족한 정당성을 메워주면서, 동시에 북한과의 정통성 경쟁에서 우위를 점할 수 있는 선전도구였다. 이승만은 북진정책을 통해 당시 한독당과 중간파, 그리고 소장파 무소속 의원들이 주장하던 남북협상에 의한 평화통일론과, 남로당과 북한에 의한 체제 전복을 통한 통일정부 수립 노력에 맞설 수 있는 대국민 선전 및 동원논리로 사용하고자 했다.

북진정책의 또 다른 목적은 미군 철수가 강행되는 시점에서 그것을 늦추거나 철군에 따른 보상과 보장을 받기 위해 한반도의 긴장을 높일 필요가 있었고, 그 수단의 하나로 사용된 측면이 있다.

그러나 이승만의 기대와는 달리 미국은 기회 있을 때마다 북진 정책에 대한 우려와 그 호전성 및 무모성을 경고하고 견제하는 발언과 정책을 쏟아냈다. 1950년 1월 초 발표된 애치슨 선언이 그 중 하나다. 주한 미 군사고문단장 로버츠 장군은 "한국이 북한을 공격한다면 미국은 한국에 대한 모든 지원을 중단할 것"이라는 경고가 담긴 성명을 발표하기도 했다.[379]

애치슨 선언의 파장

미 국무부는 1949년 12월 23일, 「타이완에 관한 정책적 선전 방침」이란 비밀명령 제28호를 작성했다. 이 문서에서 미 국무부는 타이완이 역사적으로나 지리적으로 중국의 일부분이며, 중국은 나눌 수 없는 완전한 국가라고 강조했다. 따라서 타이완을 지지하는 어떤 방법도 미국의 이익에 불리하고, 미국을 위험한 전쟁에 빠지게 만들며, 중국 국민과 대립각을 세우게 한다고 지적했다.[380]

1950년 1월 5일에는 트루먼 대통령이 「타이완 문제에 관한 성명」을 발표하여 카이로선언과 포츠담선언 중 타이완의 중국 귀속에 관한 조항을 재차 확인했다. 이날 트루먼은 "미국은 무장부대를 동원해 타이완의 현재 정세에 간섭할 계획이 없다. 미국정부는 미국을 중국 내전에 말려들게 하는 그 어떤 경로도 따를 계획이 없으며, 타이완 군대에 군사원조 및 의견 제공을 진행하지 않을 것"이라고 선언했다.[381]

1950년 1월 12일, 딘 애치슨 미 국무장관은 워싱턴의 내셔널 프레스 클럽에서 「아시아의 위기: 미국 정책의 시험대」라는 연설을 했다. 이날 애치슨은 "아시아에 있어서 미국의 방어선은 알류산 열도에서 일본을 지나 오키나와와 타이완을 거쳐 필리핀으로 그어진다"고 선언했다. 이어 애치슨은 "타이완과 한국은 모두 미국의 방어권 밖에 있다. 다시 말해 미국 방위권 밖의 일에 대해서 미국은 관여하지 않을 것"이라고 선언했다.

그러나 애치슨 선언에 대한 지금까지의 해석은 잘못된 것이라는 주장이 제기됐다. 허동현(경희대 한국현대사연구원장)은 "애치슨이 한국을 미국의 방위선에서 제외했다는 주장은 7700단어에 이르는 긴 연설문의 몇몇 문구만을 지나치게 자의적으로 부각시킨 결과이다. 애치슨은 한국을 포기한다는 말을 결코 한 적이 없다"면서 애치슨 선언의 핵심을 이렇게 말했다.

"한국과 대만이 군사적으로 침략을 당하면 우선 공격당한 국민이 이에 맞서 싸워야 하지만, 그 다음에는 결코 갈대처럼 약하지 않은 유엔 헌장에 따라 모든 문명세계가 개입해야 한다. 한국에 대한 원조 포기나 중단은 가장 철저한 패배주의이며, 아시아에서 미국의 이해관계에 대한 가장 넋 나간 짓이다."[382]

김영일도 자신의 저서 『건국과 부국』에서 애치슨 선언을 이렇게 해석하고 있다.

"한국과 대만을 방위선에서 제외시킴으로써 재정지출 삭감을 주장하는 군부를 다독이면서, 북진통일이나 본토 수복을 외치는 이승만과 장제스의 무모한 모험을 견제하고, 그러면서도 유엔을 끌어들여 두 나라의 안전을 확보하겠다는 다목적 발언이라고 보는 것이 타당하다."

김영명은 애치슨의 연설은 한국에 대한 방위를 명백하게 포기하지는 않았지만 남한과 북한 모두에게 상당한 영향을 주었다고 지적한다. 남한 당국은 한국을 미국의 방위선에 포함시키지 않은 연설 때문에 동요했고, 북한 수뇌부는 같은 이유로 고무되었다는 것이다.[383] 존 메릴이 인터뷰한 전직 북한 언론인에 의하면 김일성은 애치슨의 연설 내용을 듣고 크게 기뻐했다고 한다.[384]

그러나 애치슨 선언을 아무리 선의로 해석한다 해도 그 핵심은 미국 방위선 밖의 지역에 있는 대한민국의 방위는 일차적으로 한국민의 책임이고, 다음에는 유엔의 책임이라는 뜻이다.[385] 애치슨 선언 발표 직후 아시아 각국에 주재하는 미국 외교관들은 중공의 타이완 함락에 대비한 성명서를 준비하라는 훈령을 받았다. 군부에서도 애치슨 선언으로 타이완이 중공의 손에 넘어가는 것을 당연한 일로 여기고 있었다.[386] 이 무렵 미국의 언론에는 큼지막한 검은 색 헤드라인으로 다음과 같은 글이 실렸다.

'트루먼, 공산당에게 공격해오라고 초대하다!'[387]

한국을 미국의 방위선에서 제외한다는 발언을 한 것이 애치슨이 처음은 아니다. 1948년 3월 5일 극동군 총사령관 맥아더가 국무성 정책계획실장 조지 캐넌과 도쿄에서 면담할 때도 미국의 방위선에서 한국을 제외하는 데 합의했다. 맥아더는 1949년 3월 기자회견에서 미국의 방위선에 대해 애치슨과 똑같은 발언을 했다. 이 내용이 『뉴욕타임스』 3월 2일자 1면에 특종 보도됐다.[388]

6 · 25는 피할 수 있었던 전쟁

이정식은 6·25는 피할 수도 있는 전쟁이었다고 지적한다. 미국의 현인(wise man)들이 "한국을 방위하겠다. 한국에 대해 공격하면 미국이 가만있지 않겠다"는 말만 확실히 했더라면 6·25는 일어나지 않았을 것이라는 주장이다.[389] 불행하게도 미국은 1950년 6월 25일 이전에 이런 발언을 한 적이 없다.

상황이 절박하게 돌아가던 1950년 3월 8일, 이승만은 로버트 올리버에게 남침에 대비하여 대한민국의 국방력을 보강해야 한다는 절박한 편지를 썼다.

'지금까지 우리는 서울–부산 간을 비행하는 2대의 2인승 항공기를 구입했을 뿐이오. 미군이 작년에 철수했을 때 국민들이 흥분해서 아무리 작아도 좋으니까 몇몇 유격대 진지를 폭격할 수 있도록 우리도 비행기를 몇 대 가져야 한다고 주장하였소.

그 당시 공산분자들은 개성을 쉽게 포격할 수 있는 어떤 한 고지를 점령했었소. 그것을 막기 위해서는 그 놈들을 공격할 수 있도록 기관총이 달린 항공기 한 대가 필요했소. 우리가 그것을 가지고 있지 못하였기 때문에 10명 내지 12명으로 된 특공대가 폭탄을 자기들 몸에 동이고 그 고지에 올라가 공산분자들을 때려 부순 것이오. 그리고 자기들도 목숨을 잃었소. 이들의 미망인들이 참석한 가운데 서울운동장에서 구슬픈 장례식이 거행되었소, 이것은 무방비에 대한 무서운 교훈이고 국민에게 크나큰 감명을 주었소….

우리는 지금 대공포도 없고 하늘에 띄울 항공기도, 심지어는 탄약조차 가지고 있지 않소. 현 군사원조계획은 탄약과 부속품과 그리고 기계가 돌아가도록 유지하는 데 필요한 기타 사소한 물건들만을 제공해 줄 뿐이오…. 이 전체적인 군사 문제를 요약하면 우리가 막대한 육군이나 대규모 공군을 요구하는 것이 아니라 우리 국방에 적절하리 만큼 각 병과의 병력을 두고자 육군, 공군, 해군을 창설해서 한국 국민뿐만 아니라 북쪽에도 심리적 영향을 주게 하자는 것이오.

그러나 이 일의 성취는 미 국무부가 한국을 포함시키도록 현재의 미국 방어선 해석을 수정해야 한다는 것을 뜻하는 것이오. 참모총장은 이것을 절대 지지하고 있으나, 이렇게 되면 소련과의 관계를 악화시키게 될 것이라 하며 국무부가 좋아하지 않소.'[390]

미국이 한국군의 무장에 이처럼 인색한 입장을 고수하고 있을 때 북한에서는 인민군의 대대적인 증강이 벌어지고 있었다. 중공군 출신으로 북한에 들어가 6 · 25 때 유엔군과 전투를 벌였던 김중생은 1949년 5월 김일성이 김일을 특사로 베이징에 보내 중국 조선족 부대를 인민군에게 넘겨달라고 요구하자 마오쩌둥은 즉석에서 만주에 주둔하고 있는 2개 사단은 지금 당장 입북이 가능하고, 기타 조선족 부대도 중국 내전이 끝나면 북으로 귀국할 수 있

다는 약속을 했다고 증언한다.[391]

마오쩌둥은 약속대로 1949년 중국 인민해방군 내에 조선족 장병들로 구성된 동북군구 소속 156, 164, 166사단 병력을 북한으로 귀환시켰다. 조선족 3개 사단은 1949년 7월부터 8월에 걸쳐 입북하여 166사단(병력 1만여 명)은 신의주에서 방호산을 사단장으로 하는 인민군 6사단으로, 164사단(병력 1만 2000명)은 나남에서 인민군 5사단으로, 156사단은 원산에서 인민군 12사단으로 편입되었다. 이밖에도 선양(瀋陽) 혼성단, 철도병단 조선족 부대, 동북군정대학 길림분교생 등 총 5만 5000명에서 6만 명 정도의 병력이 인민군에 편입되어 북한군 전력이 대대적으로 증강됐다.[392]

마오쩌둥이 중공군 소속 부대를 북한에 보낸 이유는 무엇이었을까. 1946년 5월 국공내전 때 만주지역의 공산군이 장제스의 군대에게 패하자 소련군 점령 하의 북한으로 퇴각하여 인력을 보충하고 소련군으로부터 무기 지원을 받아 전력을 강화했다. 그 후 중국으로 귀환하여 장제스 군대를 몰아내고 국공내전에서 승리했다. 마오쩌둥은 당시 북한을 후방기지로 활용하여 국공내전에서 승리했기 때문에 이번에는 북한을 돕기로 작정한 것이다.

당시 북한에 들어간 조선의용군은 중국에서 항일전쟁 때 혁혁한 전공을 세웠고, 국공내전 때는 늘 공산군의 선두에서 돌격전을 벌여 전투의 대세를 결정했다. 조선족 부대는 창춘(長春) 전투, 쓰핑가이 전투에서 결정적인 승리를 거두었고, 만주에서 광둥(廣東)까지 장제스 군대를 몰아붙이며 산악전, 평야전, 도시전, 가도전

등 여러 유형의 전투를 경험한 전쟁 고참들이었다. 그들은 중국에서도 알아주는 '조직력과 전투력이 강한 국제대오'로서 스페인 내전에서 이름을 떨친 '국제종대와 어깨를 나란히 할 수 있는 대오'라는 평을 들었다.[393]

1949년 7월 북한으로 넘어온 중국 인민해방군 166사단은 조선인민군 제6사단으로 편성된 후 한국군과 대치하던 옹진반도에서 38선을 넘어가 한국군 2개 중대를 전멸시켰다.[394] 마오쩌둥이 빛나는 전공을 세운 전투부대를 선뜻 북한에 내준 이유는 국공내전이 종료돼 더 이상 조선족 부대가 쓸모가 없어졌기 때문이다. 이에 대한 박갑동의 흥미로운 분석을 소개한다.[395]

첫째, 더 이상 사용처도 없이 처리에 곤란을 느꼈던 조선인 부대를 북한에 파견함으로써 잘 처리가 되었다.

둘째, 자국 내에 있는 이민족 무력부대를 없앰과 동시에 그들의 가족까지 딸려 조선으로 귀환시킴으로써 소수민족 문제를 유리하게 해결할 수 있었다.

셋째, 조선인 부대를 돌려보내면서 장병들에게 막대한 상금을 주되 그것을 현금이 아니라 은행 예금으로 주어 중국 내에 이해관계를 남겨두어 그들을 영구히 친중파로 만들 수 있다.

넷째, 이로 인해 대량의 친중파를 북한 군부 내에 집어넣을 수 있다.

다섯째, 이 부대를 앞장세워 남한을 무력 해방시킬 수 있다면 전 한국을 친중파의 손안에 집어넣을 수 있다.

여섯째, 소련에게 선수를 빼앗긴 조선에 대한 헤게모니를 중국이 되찾을 수 있다.

스탈린의 동북아 구상

1949년 봄 모스크바를 방문한 김일성과 박헌영은 3월 17일 소련과 문화 및 경제 관계 조약과 더불어 비밀 군사원조협정을 체결했다. 당시 모스크바 방문길에 김일성은 스탈린에게 남침 의사를 밝혔다. 스탈린은 미군의 철군이 이루어지지 않은 점을 들어 아직은 시기상조라며 남침을 허가하지 않았다.

소련은 북한에 6개 보병사단, 3개 기계화 부대, 8개의 국경수비대대에 필요한 무기와 장비, 그리고 정찰기 20대, 전투기 100대, 폭격기 30대를 제공하기로 약속했다. 이밖에도 100명이 넘는 소련 군사고문단을 1년 예정으로 북한에 파견하기로 했는데, 그 첫 그룹이 1949년 5월 북한에 도착했다. 북한군의 전력 증강은 1949년과 1950년에 걸친 겨울에 계속됐다.[396]

1950년 봄에 소련으로부터 북한으로 무기 공수가 증가했다.[397] 소련은 인민군 1개 사단에 소련 장교 15명씩을 배치했다. 그리고 180대의 군용기, 2차 대전 당시 독일의 타이거 전차를 격파하는 데 전공을 세운 T-34형 전차 300대, 야포와 자동화기 등 다량의 현대 무기를 북한으로 반입했다.[398] 북한은 일제가 북한 지역에 건설해 놓았던 수많은 기계, 화학공장 덕분에 북한제 국산총인 따발

총(多發銃)과 해안경비정을 만들어 실전에 배치했다.

반면에 미국이 6·25 전까지 한국에 제공한 군사원조는 해군 소해정 30여 척, 연락기(L-5형) 10대에 그쳤다. 한국 국민들이 모은 성금으로 10대의 훈련기(T-6)를 구매하려는 우리 정부의 판매 요구를 거절하여 결국 캐나다로부터 구입했다. 그 결과 6·25 발발 당시 육군의 장비는 장갑차 27대, 57㎜ 무반동총 140정, 2.36인치 로켓포 1900문, 구형 105㎜ 야포 91문이었다.

이쯤에서 6·25를 전후한 세계사의 맥락을 정리할 필요가 있다. 미국이 1945년 7월 17일 뉴멕시코 주에서의 핵실험으로 세계사의 헤게모니를 쥔 데 이어 소련도 미국 내에서 암약하던 소련 간첩들이 제공한 핵무기 기술정보를 바탕으로 1949년 9월에 핵실험에 성공하여 '공포의 균형' 상태가 유지됐다.

김일성이 스탈린과 만난 지 한 달 후인 1949년 4월 21일, 중국 공산당 군대가 양쯔 강을 건너 장제스 정부의 핵심 도시인 난징(南京)을 함락시켰다. 장제스 정부를 지원했던 미국은 중대 사태에도 불구하고 미군을 파병할 여력이 없었다. 이 상황을 예의주시한 스탈린은 김일성이 남침해도 미군이 한국을 돕기 위해 참전하지는 않을 것으로 판단했다.

난징을 함락시킨 마오쩌둥 군대는 양쯔강을 건너 장제스의 국민당 군대를 파죽지세로 밀어붙여 중국대륙이 공산화됐고, 10월 1일 중화인민공화국을 수립했다.

스탈린은 마오쩌둥을 신뢰하지 않았다. 이유는 1938년 당시 중국공산당의 주도권을 장악하고 있던 소련 유학파를 마오쩌둥이 숙청했으며, 1941년 소련이 나치 독일의 공격을 받아 위기에 처했을 때 스탈린은 마오쩌둥에게 "일본의 소련 공격을 예방하기 위해 중국공산당이 대일(對日) 공세를 취해 달라"고 요청했으나 마오는 이를 거절했다. 스탈린은 중국공산당이 결국 반소, 반마르크스 단체로 변할 것으로 예상했다.[399)]

스탈린은 장제스와 마오쩌둥이 국공내전으로 오랫동안 난타전을 벌여 서로 힘이 빠지기를 기대했다. 그러나 마오쩌둥은 소련의 지원을 받지 않고도 손쉽게 장제스를 제압하여 전 중국을 차지하자 소련의 입장이 묘하게 됐다. 중국이 유고의 티토 식으로 독자노선을 걸으면서 미국과 타협하면 소련이 고립될 수도 있는 상황이 되기 때문이다.

스탈린은 티토의 독립노선을 용인할 수 없었고, 마오쩌둥 혼자 아시아의 영웅이 되는 것도 바라지 않았다. 그러나 건국 후의 중국에 대해 이전처럼 중국과 북한의 연합을 막는 것도 간단한 문제는 아니었다. 남은 방법은 자신이 아시아 혁명에서 주도권을 잡는 것이었다.[400)]

이 와중에 김일성이 남침 허가를 요청하자 스탈린은 김일성을 이용, 미국과 중국 간의 갈등을 격화 또는 악화시키고, 유럽에서 미국의 무장력을 약화시킨다는 전략을 구상한다. 김일성은 1950년 3월 30일부터 4월 25일까지 모스크바를 방문하여 스탈린에게 남침을 요청하자 스탈린은 4월 10일 남침을 허가했다. 스탈린은 바실리예프 중장을 평양 주재 소련 군사고문단장으로 보내 북한의 남침 공격을 위한 작전계획을 작성했다. 스탈린은 김일성과의 모스크바 회담에서 다음과 같은 전쟁 구상을 밝혔다.

“북한의 공세 작전을 위해 엘리트 사단을 창설해야 하며, 기동 및 전투 장비는 기계화하고 무기는 완전히 보충되어야 한다. 그리고 3단계 공격 계획이 수립되어야 한다. 제1단계로 전투력을 38선 일대에 집중 배치하고, 제2단계로 북한은 평화 통일을 지속적으로 제안한다. 제3단계로 한국이 평화 통일 제안을 거부한 후 기습공격을 감행한다.

누가 침공했는지의 문제를 감추기 위해 먼저 옹진반도를 점령하는 것에 동의한다. 한국과 미국이 체계적으로 저항하거나 국제사회의 지원을 동원할 생각조차 할 수 없도록 이 전쟁은 기습적으로 수행되어야 한다. 소련은 직접 개입하지 않을 것이다. 마오쩌둥이 ‘아시아 문제’에 정통하니 그에게 맡겨야 한다.”[401]

1950년 5월 마오쩌둥을 만난 김일성은 “우리는 2~3주 안에 남한 점령을 끝낼 것이므로 미군이 구원군을 보내지 않을 것”이라고 장담했지만, 마오쩌둥은 미국의 개입 가능성에 대비하여 3개 군 병력을 중·북 경계선에 배치하겠다고 밝혔다.[402] 북한의 남침을 이용해 미군을 끌어들이고, 중공군마저 한반도로 불러내 미국과 싸우게 만들려는 스탈린의 책략이 구체적인 윤곽을 잡아가기 시작했다.

소련 군사고문단이 남침작전계획 수립

그 후 6·25는 스탈린의 의도대로 진행되었다. 소련 군사고문단은 남침작전계획을 작성해 인민군 총참모장 강건에게 넘겨주었다. 강건은 러시아어로 작성된 이 계획을 한국어로 번역해 김일성에게 보고했다. 소련 군사고문단은 이 계획의 초안을 「선제 타격 계획」이라고 명명했지만 공식적으로는 「반격 계획」이라고 표기했다.[403] 소련 군사고문단은 북한군 군단과 사단 사령부에 배치되어 공격 준비상태를 점검하고 부대를 지휘했다.[404]

이 무렵 도쿄의 맥아더 사령부는 공산군의 남침 징후들을 어느 정도 알고 있었다. 그 사실은 6·25 당시 육군참모총장을 지낸 정일권의 저서 『정일권 회고록』에서 발견된다. 1949~50년 초 정일권은 육군참모차장으로 재직 중이었는데, 미 군사고문단 소속의 정보책임자이며 군사고문단과 육군본부 간의 정보 연락을 담당하는 하우스먼 대위가 자신에게 알려준 도쿄 맥아더 사령부의 북한 관련 전략정보 내용을 다음과 같이 소개하고 있다.

▲전쟁 피난민을 가장한 중공군 한인부대가 1949년 6월부터 거의 매일같이 평양에 들어가고 있다(1949년 9월 1일).

▲북한 공산당은 남침할 시기를 3월 및 4월로 정했다(1950년 1월 5일).

▲최근에 입수된 보고에 의하면 북한 괴뢰군은 6월에 남한을 침략할 것이라고 한다(1950년 3월 10일).

▲북한 괴뢰정권은 3월 중순에 38선에서 5㎞ 이내의 지역에 거주하는 모든 주민들에게 후방으로 소개하라고 명령했다. 그리고 이 지역의 빈 가옥은 유격대들이 차지했다. 그 목적은 "전쟁을 준비하기 위한 것이고 남한의 첩보 활동을 방해하기 위한 것"이라고 보고되었다(1950년 4월 15일).[405]

1950년 5월 미 정보기관 G-2는 구체적이고 의미심장한 남침 징후들을 포착하고 있었다. 인민군이 탱크여단을 일선에 배치하고 있으며, 38선 2마일 이내의 주민들을 모두 이동시키고, 사리원에서 38선까지 모든 철도를 군사용으로만 사용하도록 했다. 또 소화기 탄환을 자급자족하기 위해 공장을 건설하고 통신과 간호를 위한 여성 징집, 10대 소년과 일본군 경험이 있는 자들의 징발 등이 이루어지고 있는 사실도 파악하고 있었다.[406]

명백한 남침 정보에도 불구하고 미국은 이를 저지하는 행위를 취하지 않았다. 후에 유엔군 사령관으로 한국에 와서 싸운 매튜 리지웨이 장군은 "유감스럽게도 값비싼 피의 대가를 지불하게 한 것은 북한군이 이룩했던 높은 수준의 전투능력을 바르게 평가하지 못한 데 있다고 나는 믿는다. 싸움이 시작되자 총사령부는 날마다 침략자를 저지하는 데 필요한 병력수를 높여가지 않으면 안 되었다. 우리는 적의 전력을 결코 바르게 평가하지 못했었다"고 한탄했다.[407]

1950년 5월 10일 신성모 국방장관은 중국 공산군 2개 사단이 북한에 도착한 사실을 외국 특파원에게 공개했다. 이틀 후 이승만은 이 문제와 관련한 기자회견에서 이렇게 발언했다.

"본인은 북한 군대가 38선 근처에 집중하고 있다는 소식을 들었다. 우리는 아무 것도 할 수 없다. 우리는 이 문제를 국제연합과 미국을 통해 해결할 것이다. 북한 군대는 38선 근처로 집중하고 있다. 본인은 북한 군대가 일본이나 중국을 침략하기 위해 38선에 집결하는 것이라고는 생각하지 않는다. 남한에서 미국은 바람직하지 못한 상황이 발생했을 경우 한국으로부터 빠져나갈 수 있도록 한쪽 발은 남한에, 한쪽 발은 외부에 놓고 있다. 로버츠 장군과 무초 대사는 한국을 위해 더 많은 무기를 얻으려고 애썼다. 그러나 미국 내의 국민들은 꿈만 꾸고 있는 것이다."

대전차 방벽 건설, 예산 사정으로 무산돼

한국전쟁 당시 CIA 국장은 헬렌쾨터 제독이었는데, 그는 CIA가 북한의 기습남침을 예측하지 못한 책임을 지고 물러났다.[408] 그러나 우리 국군이나 미 정보기관이 북한의 기습 남침을 전혀 예측하지 못했다고 단언하기는 어렵다. 6·25 남침 3개월 전인 1950년 3월, 육군본부는「육본 방어계획 제38호」를 완성했다.

육군본부 작전국장 강문봉 대령이 작성한 이 계획은 북한에게 선공 당할 것을 전제로 한 우리 군의 방어 전략이었다. 그 내용을 들여다보면 육본에서도 북한의 남침을 거의 확실하게 예상하고 있었음을 알 수 있다.[409]

▲지난 1월의 미 애치슨 성명 이래 북괴군의 움직임이 눈에 띄게 활발해져 침공도발의 징후가 더욱 뚜렷해지고 있음.

▲군이 주장해 마지않는 6월 위기설을 이제는 부정할 수 없는 경고임을 재삼 정부 측에 호소해야 할 것이며, 동시에 군으로서는 38선 방어의 강화를 적극적으로 서둘지 않을 수 없게 되었음.

▲방어책은 공격과 전수(專守)의 양면에 걸쳐 고려해야 할 것임.

▲공격계획은 38선의 위기를 능동적으로 억제할 수 있긴 하지만, 피아의 전력 차에 있어 격차가 너무 심한 점에 비추어 불가능할 뿐 아니라, 오히려 북괴군에게 침공의 구실을 줄지도 모르기 때문에 현황 하에서는 바람직스럽지 못할 것임.

▲그러므로 전수방어를 택하여 두 가지의 방책을 취하기로 함.

▲하나는 38선 20㎞의 전 방어선상에 작전 요충의 축성을 서둘러야 하며, 특히 대전차 방어를 위해 반영구적인 콘크리트로 방책을 구축해야 할 것임.

▲다른 하나는 방어 제2선의 축성인 바 38선 주저항선이 무너질 경우에 대비하여 서부의 임진강, 서울 북방의 의정부, 중부의 소양강, 동해안의 연곡천 등의 방어를 강화해야 할 것임.

▲북괴군의 예상 접근로는 옹진반도, 개성, 동두천, 포천, 홍천, 주문진 등이며, 북괴군은 서울을 향해 서부에 주공을, 중부와 동해안에 양동할 것으로 예측됨.

육본은 정부에 "무슨 수를 써서라도 적의 예상 접근로 상에 대전차 방어를 위한 호를 요소에 깊이 파야하고 대(對)전차 방벽을 콘크리트로 쌓아야 한다"고 요청했다. 그러나 예산상의 제약으로 이 요청은 시행되지 못해 6·25 개전 초기에 북한군 전차의 공격에 속수무책으로 당했다.

정일권 당시 육군참모차장은 만주군 시절 노몬한 사건[410] 때 소련군 전차의 위력을 직접 체험한 바 있다. 육박전에 강한 일본군도 철갑으로 둘러싸인 소련제 전차 앞에서는 속수무책이었다. 이런 경험을 가지고 있던 정일권은 대전차 장애물 공사가 어렵게 될 경우에 대비해 미 군사고문단에 대전차 지뢰를 요청했으나 미군 측은 "본국의 군사지원 예산에 포함되어 있지 않다"는 이유로 거절했다.[411]

3개월 후 인민군은 「육본 방어계획 제38호」에서 예측한 예상 접근로를 따라 침공을 해 왔다. 정일권은 "우리 군이 수립한 「육본 방어계획 제38호」에 따라 절반만이라도 축성공사를 할 수 있었다면 6·25 초전 하루 만에 38선 전부가 무너져 나흘 만에 서울을 잃게 되는 처참한 후퇴는 면할 수 있었을 것"이라고 아쉬워했다.[412]

1948년 5 · 10선거를 통해 구성된 제헌의회의 임기는 2년이었다. 제2대 국회의원을 선출하는 총선이 연기되는 등 우여곡절 끝에 1950년 5월 30일 실시됐다. 선거 결과 총의석 210석 가운데 이승만 지지 세력은 총 24석에 불과했고, 중도 무소속 의원들이 125석을 차지하여 이승만의 정치적 입지가 흔들렸다.

1950년 6월 7일, 북한은 조국통일민주주의전선이라는 유령단체를 통해 8월 5일부터 8일 사이에 남북 총선거를 실시하여 8월

15일 통일입법회의를 서울에서 개최하자는 평화 제의를 해 왔다. 북한군은 6월 10일 여단장급 이상 전 지휘관을 소집하여 작전회의를 열고 6월 23일까지 공격준비지점으로 이동하라고 지시했다.[413]

한국군은 6월 10일부로 2·6·7·8사단장을 교체하고 육군본부 작전국장도 바꾸는 주요 지휘관 인사를 단행했다. 6월 11일에는 북한의 평화공세를 의식하여 비상경계령을 하달했다. 그러나 특별한 징후가 없다고 판단하여 6월 23일 24시부로 비상경계 태세를 해제하고 일반 병사들은 외출, 외박, 휴가 등을 실시하라는 지시를 내렸다. 육군본부에서는 6월 24일 저녁 육군회관 개축 준공식을 열어 육군참모총장 및 참모와 수도권 주요 지휘관들이 모여 연회를 즐겼다.[414]

최근 들어 구소련의 비밀문서가 해제되어 세상에 공개됨으로써 6 · 25 남침을 둘러싼 논란이 잠잠해졌다. 이런 결정적인 증거들이 공개되기 전까지 좌익 혹은 좌파 학자나 인사들은 6 · 25의 원인에 대해 '남진'이니 하는 용어를 동원하여 남침 사실을 부인하는 데 전력을 다했다. 그 대표적인 학자가 『한국전쟁의 기원』을 쓴 브루스 커밍스다. 그는 한국전쟁의 원인을 1950년 6월 25일의 시각이 아니라 그 이전의 몇 년간, 혹은 일제의 식민정책에서 찾아야 한다고 주장한다.

이것은 전쟁을 일으킨 북한과 소련, 중공에 면죄부를 주는 행위나 다름없다. 남침의 원인을 규명하는 과정에서 '전쟁을 일으킨 주체가 누구냐'를 밝히는 것이 핵심 사안임에도 불구하고 이들은 가해자의 책임을 희석시키기 위해 온갖 노력을 다했다. 그것은 집안에 살인강도가 들어와 기물과 집을 파괴하고 식구들을 살해했는데도 불구하고, 그 원인이 집을 설계한 건축가의 실수라느니 하며 얼버무리는 행태나 다름없다. 더 희한한 것은 피해자들이 강도의 편을 들고 나서는 현상마저 벌어지고 있는 것이 작금의 현실이다.

06

"이 총으로 내 처를 쏘고…"

"어서 한국을 구하시오!"

1950년 6월 25일 새벽 4시.

비가 내리는 가운데 북한 인민군은 38선 전역에서 맹렬한 포격을 가한 후 전차와 보병부대를 38선 이남으로 진격시킴으로써 6·25 동란[415]이 시작됐다. 동해안의 정동진과 임원진에는 북한 육전대(해병대)가 상륙했고, 특수부대원 600여 명을 태운 무장 수송선 한 척이 부산을 향해 남하하다가 부산 북동쪽 54㎞ 해상에서 우리 해군의 백두산함에게 발각돼 치열한 교전 끝에 격침됐다.

백두산함은 전함이 한 척도 없는 상황에서 창설된 해군 장교와 병사들이 월급을 떼어 모은 돈과 해군의 아내들이 바느질을 해서 모은 돈으로 구입한 중고 함정이었다. 백두산함이 6·25 첫날 무장 수송선을 격침시키지 못했다면 북한 게릴라들이 부산 등 후방기지를 교란시켜 미군과 유엔군의 물자와 전투 병력이 상륙하는 데 큰 어려움을 겪었을 것이다.

새벽부터 내리던 비가 그치자 이승만은 아침식사를 마친 후 비원으로 낚시를 갔고, 영부인 프란체스카 여사는 오전 9시 어금니 치료를 받으러 치과에 갔다. 이승만은 비원에서 낚시를 하던 중 경무대 경찰서장 김장흥 총경으로부터 북한의 남침 상황을 보고받고 황급히 경무대로 돌아왔다.

오전 10시 30분, 경무대에 도착한 신성모 국방부장관으로부터 "개성이 오전 9시에 함락됐고 탱크를 앞세운 공산당이 춘천 근교에 진출했다"는 전황을 보고받은 직후 이승만은 임시 국무회의를 소집했다. 이어 오전 11시 35분 경무대로 찾아온 무초 대사와 만났다. 이승만은 무초 대사에게 "한국이 제1차 세계대전의 배경이 되었던 제2의 사라예보가 되어도 안 되겠지만, 이 위기를 이용하여 한국의 통일문제를 해결해야 한다. 우리는 남녀노소 할 것 없이 온 국민이 돌멩이나 몽둥이라도 들고 나와 싸울 것"이라며 총력전 의지를 밝혔다.

이승만은 기습 남침을 당한 위기 상황에서 국가수호를 위한 전쟁목표로 네 가지 원칙을 정했다.[416]

첫째, 한국에서 일어난 전쟁이 세계대전의 빌미를 제공하는 장이 되어서는 안 된다.

둘째, 한국민은 모든 국민이 참여하는 총력전을 펼친다.

셋째, 북한의 불법 남침을 남북통일의 절호의 기회로 삼는다.

해방 후 미·소에 의해 인위적으로 그어진 38선은 북한이 먼저 침범했기 때문에 이제 필요 없어졌다.

넷째, 위기를 타개하고 북진통일을 위해서는 미국과 유엔의 지원이 필요하다.

그는 무초 대사와 회담을 마친 후 미국의 지원을 얻어내기 위해 필요한 조치를 취하기 시작했다. 우선 주미대사관의 장면 대사와 한표욱 참사관에게 전화를 걸어 "우리 국군은 용맹하게 싸우고 있다. 어떻게 하든 미국의 원조가 시급히 도착하도록 노력하라"고 지시했다.

이승만은 6월 25일 밤을 앉은 채로 꼬박 세웠다. 이날 밤 북한의 야크기가 서울 상공을 선회했는데, 그 때마다 공습경보가 요란하게 울렸다. 전황이 악화되자 이승만은 6월 26일 새벽 3시, 도쿄의 맥아더 사령관에게 전화를 걸었다. 전화를 받은 전속부관이 "장군을 깨울 수 없으니 나중에 연락드리겠다"고 답하자 이승만은 화를 벌컥 내며 "한국에 있는 미국 시민이 한 사람씩 죽어갈 터이니 장군을 잘 재우시오" 하고 고함을 쳤다.

맥아더의 전속부관은 미국 국민이 한 사람씩 죽을 것이라는 말에 정신이 번쩍 들었는지 "잠깐 기다려 주십시오" 하더니 맥아더 사령관을 깨워 전화를 바꿔주었다. 맥아더 사령관이 전화를 받자 이승만은 "오늘 이 사태가 벌어진 것은 누구 책임이오? 당신 나라에서 좀 더 관심과 성의를 가졌다면 이런 사태까지는 이르지 않았을 것이오. 우리가 여러 차례 경고하지 않았습니까? 어서 한국을 구하시오" 하고 항의했다. 맥아더는 "무스탕 전투기 10대, 105㎜ 곡사포 36문, 155㎜ 곡사포 36문, 그리고 바주카포를 긴급 지원하겠다"고 약속했다.

6월 26일 오후 2시. 이승만은 육군본부와 치안국 상황실에서 전황 보고를 받고 경무대로 돌아올 때 서울 상공에 적의 야크기가 맴돌았다. 적기가 나타날 때마다 이승만은 방공호로 대피해야 했다. 6월 27일 자정을 넘기면서 주한 외국인들과 군사고문단이 철수하는 상황이 되자 이승만은 새벽 1시, 주미대사관에 전화를 걸어 장면 대사에게 지시했다.

"장 대사! 트루먼 대통령을 만나 즉시 이렇게 전하시오. 적이 우리 문전에 와 있다고. 미 의회가 승인하고 트루먼 대통령이 결재한 1000만 달러 무기지원은 어떻게 된 것이오?"[417)]

이승만은 장면 대사에게 즉시 트루먼 대통령을 만나 군사원조의 시급함을 설명하고 협조를 요청하라고 지시했다. 지시를 받은 장면 대사는 백악관으로 트루먼 대통령을 예방하여 이승만의 뜻을 전달했다. 트루먼 대통령은 장면에게 "한국이 여러 가지로 고난을 당하는 것을 알고 있다. 우리도 독립전쟁 때 어려움을 겪고 있을 때 프랑스의 라파예트 장군이 우리를 도와줬고, 1차 대전 때 유럽이 독일의 침공을 받고 어려움에 처했을 때 미국이 도와준 적이 있다"며 위로했다.[418)]

서울의 관문인 의정부가 인민군에게 점령당하자 정부 각료들은 대통령의 피난 문제를 검토한다. 6월 26일 밤 9시 김태선 서울시

경 국장이 경무대로 들어와 "서대문 형무소에 수 천 명의 공산분자들이 갇혀 있는데, 그들이 탈옥하면 인왕산을 넘어 제일 먼저 여기로 옵니다. 각하께서 일시 피난하셔서 전쟁의 전반을 지도하셔야 합니다"라고 보고했다.

5월 30일에 선출된 2대 국회의원들은 6월 19일 개원식이 있은 지 1주일 만에 6 · 25 동란을 당했다. 국회는 6월 26일 전 국무위원을 출석시켜 대책을 따졌으나 정부 당국조차 사태의 진상을 완전히 파악하지 못하고 있어 북한의 불법남침을 규탄하고 유엔과 미국에 긴급원조를 요청하는 결의안을 채택했다.

26일 저녁 서울의 전방 방위선인 의정부가 공격당하자 국회는 의원들에게 연락해 6월 27일 새벽 2시 긴급의회를 소집했다. 개회 초여서 36명의 의원에게는 회의 통보조차 못했다. 통보를 받은 의원 174명이 모인 심야회의는 원세훈 의원이 제안한 「수도 사수에 관한 결의안」과 「사태수습 긴급조치에 관한 대정부 건의안」을 결의하고 새벽 5시쯤 산회했다. 이때는 이미 이 대통령을 태운 특별열차가 한강철교를 건넌 뒤였다.

210명의 국회의원 중 62명이 남하하지 못하고 적 치하에서 고초를 겪거나 납북, 살해당했다. 62명의 잔류의원 중 적 치하에서 3명이 공산당에게 피살되고 27명이 납북됐으며, 생존한 32명 중 5명의 의원이 후에 임기를 마치지 못하고 사망했다.

긴박했던 대통령의 피난

6월 27일 새벽 2시. 신성모 국방장관, 이기붕 서울시장, 조병옥 등이 경무대로 와서 "각하 사태가 급박합니다. 빨리 피하셔야 겠습니다"라고 권하자 이승만은 "안 돼! 서울을 사수해! 나는 떠날 수 없어!" 하고는 문을 쾅 닫으며 방으로 들어갔다. 당시 상황에 대한 프란체스카 여사의 증언.

'나는 대통령을 뒤따라 들어가 침착하게, 그리고 간절하게 부탁했다.

"지금 같은 형편에서는 국가원수에게 불행한 일이 생기면 더 큰 혼란이 일어날 거라고 염려들 합니다. 그렇게 되면 대한민국의 존속이 어렵게 된답니다. 일단 수원까지만 내려갔다가 올라오는 게 좋겠습니다."

내 말이 떨어지기도 전에 대통령은 "뭐야! 누가 마미한테 그런 소릴 하던가? 캡틴 신(신성모 국방부장관)이야, 아니면 치프 조(조병옥)야, 아니면 만송(이기붕의 호)이야. 나는 안 떠나" 하고 고함을 질렀다.'[419)]

그러나 적의 전차가 청량리까지 들어왔다는 보고가 올라오자[420)]이승만은 참모들의 뜻을 따르기로 한다. 6월 27일 새벽 3시 30분, 기관차와 3등 객차 2량으로 만들어진 특별열차에 탑승한 이승만 대통령 내외와 경호원 및 비서진 6명은 한강을 건너 남하하기 시작했다.

열차 차창은 깨져 있었고, 열차 내에는 담요 한 장 제대로 갖추지 못했다. 그리고 중요한 국가 기밀서류도 제대로 못 꺼내올 정도로 긴박하게 떠난 피난길이었다. 가져간 피난 자금은 5만 원이 전부였다. 이 대통령은 얄팍한 오버를 덮고 시트에 기대 눈을 감았다. 프란체스카 여사도 긴장한 얼굴로 옆자리에 앉아 입을 다물었다. 25일 아침부터 한 번도 눈을 못 붙인 상태였다. 기차가 수원을 지나서부터 두 내외는 잠이 들었다. 당시 특별열차에 탑승하여 이승만 대통령의 피난길에 동행했던 비서 황규면의 증언이다.[421)]

'잠시 눈을 붙였던 이 대통령이 대전을 지나자 잠에서 깨어 아침의 평화로운 연변 풍경을 바라보며 몹시 무거운 음성으로 말을 건넸다.

"여보게 나는 평생 처음으로 판단을 잘못했나봐."

그 분 곁에서 여러 해를 일했지만 이때처럼 회오와 감상에 젖은 음성을 들어본 적이 없다. 대통령이 또 눈을 감고 무엇인가 곰곰 생각하는 동안 기차는 대구역에 들어섰다.

이 박사는 불현듯 나에게 "여기가 어디냐"고 물었다. 대구라고 대답하자 "기관차를 돌리라고 하게" 하고 호통을 치는 것이었다. 일단 기차가 정지하자 대통령은 정세가 궁금했던지 지사와 3사단장을 불러오라고 했다. 나는 역사로 달려가 조재천 지사와 유승렬 사단장을 불렀다. 얼마 후 조 지사와 유 장군이 기차 안으로 들어오자 이 박사는 현재의 정세를 물었다.

아직은 공산군이 서울까지는 못 왔으나 서울이 위험하다는 보고를 받은 대통령은 "자네들은 동요 말고 싸우게. 나 다시 서울로 가야겠네" 하고는 기관차의 머리를 대구역두에서 지금까지 달려온 북으로 되돌렸다. 27일 정오가 조금 지나서였다.

마담(비서들이 프란체스카 여사를 부르는 호칭-필자 주)이나 수행원들은 이래선 안 되겠는데 하는 생각을 하면서도 대통령의 태도가 하도 단호해 아무도 감히 입을 열지 못했다. 대전에 도착했을 때는 하오 4시가 넘어 있었다. 기차가 멎자마자 대구에서 연락이 있었던지 동산(윤치영), 우양(허정), 이영진 충남지사가 우리의 객차로 올라왔다.

"어서 내리십시오. 더 못가십니다. 벌써 서울은 빨갱이들이 다 점령했습니다."

동산과 우양은 이렇게 권했다. 그러나 이 박사는 "아니야, 올라가야겠네" 하고 버티었다. 이런 이 박사의 고집에 이 지사가 부채질을 했다.

"한 발짝이라도 서울 가까이 계셔야 민심에 동요가 적어집니다."

"자네 말이 옳아. 나 서울까지 다시 가야겠네."

그러자 마담이 그만 기차에서 내리자는 눈치를 보였다. 이 박사는 부인에게 "Life is dear to them too(생명이란 누구에게나 소중한 거야)" 라고 침을 놓았다. 아무튼 이 박사는 잠깐 쉴 셈으로 대전철도국 2층 사무실로 올라갔다. 내게는 기관사에게 돈을 주라고 분부하면서…. 그래서 가져온 돈 5만원 중 2만원을 떼어 주었다.'

대통령의 전화 방송

이 대통령이 기차에서 내려 대전역 사무실에서 잠깐 쉬는데 신성모 국방장관으로부터 전화가 왔다. 수원에서 건 그의 전화는 서울이 적에 떨어졌으니 북상하지 말라는 것이었다. 그러나 대통령은 막무가내였다. 수원까지라도 가야겠다고 했다. 사실 그때까지 서울은 적에게 점령되지 않았다.

이때 미 대사관 참사관 드럼라이트가 사무실로 들어왔다. 그는 무초 대사를 대신해서 유엔이 북한에 대해 군사제재를 결의했다는 소식과 트루먼 미 대통령의 해·공군 출동 및 대한(對韓) 긴급무기 원조 명령을 전달했다. 암담하던 분위기는 이 소식으로 활기를 되찾았다. 이 대통령은 북상을 단념하고 정부를 대전으로 옮기도록 결정했다.

임시관저로 마련된 충남지사 관저에 들어가서야 이승만 대통령 일행은 식사를 했다. 생각해보니 아침, 점심을 꼬박 굶었다. 식사를 마치자 막 대전에 도착한 무초 미 대사가 대통령을 찾아왔다. 무초 대사는 유엔안보리에서 소련이 거부권을 행사하지 못한 경위와 미국의 적극 개입방침을 설명했다.

"유엔안보리에 소련이 불참한 것이야말로 러키 찬스입니다. 하느님이 한국을 버리지 않은 증거입니다. 전쟁은 이제부터 당신의 전쟁이 아니라 우리의 전쟁이 되었습니다."

의미심장한 이 말은 전쟁의 방향을 제시하는 함축성이 담긴 말이었다. 무초 대사의 이 말에 힘을 얻은 이승만은 국민을 안심시키기 위해서 방송을 하는 게 좋겠다고 생각했다. 공보처장 이철원과 상의한 후 서울중앙방송국으로 전화를 해 6월 27일 밤 10시에 방송을 하기로 했다.

이미 시간은 10시가 다가오고 있었다. 이승만은 황규면 비서에게 방송 원고를 구술할 테니 받아쓰라고 했다. 내용은 "유엔과 미국에서 우리를 도와 싸우기로 했다. 지금 공중과 해상으로 무기, 군수품을 날라와 우리를 돕기 시작했으니 국민들은 고생이 되더라도 굳게 참고 있으면 적을 물리칠 수 있으니 안심하라"는 취지였다.

문장을 다듬을 새도 없이 대통령은 전화통에 대고 이 연설문을 읽었다. 서울 중앙방송국에서는 이 연설을 녹음하여 그대로 방송했다. 후에 서울에서는 방송하는 목소리가 작아 이상하게 생각한 사람도 있었다고 한다. 장거리 전화를 통한 방송이니 그럴 수밖에 없었다.

방송이 한참 나오고 있는데 방송국 쪽에서는 철수해야 한다고 아우성을 쳤다. 실로 아슬아슬한 순간이었다. 방송이 끝났을 때는 밤 11시가 좀 넘었다. 나중에 알고 보니 6월 27일 당직 아나운서는 밤 11시쯤 이승만 대통령의 담화 녹음 테이프를 걸어 놓고 방송국을 빠져나왔다고 한다.

6월 28일 새벽 2시가 되기 전 북한 인민군에 앞서 들어온 사복의 무장 편의공작대가 방송국을 점령했다. 이승만 대통령의 "국민은 안심하라"는 이 방송이 방송국을 점령 당하기 전의 마지막 방송이었다.

6월 28일 새벽, 서울 거리에 전차를 앞세운 인민군들이 밀려왔다. 공산군이 서울 중심부에 들어오기 서너 시간 전인 새벽 2시 반 한강교가 육군 공병대에 의해 폭파됐다. 아직도 한강 북쪽에는 많은 우리 병력이 남아 있었다. 후에 이것이 크게 사회문제가 되지만 어쨌든 적의 침공속도는 한강에서 잠시 늦추어졌다.

나폴레옹은 적에 의해 점령당한 수도는 정조를 상실한 소녀와 같다고 말했다.[422] 한국전 기간 중 수도 서울은 인민군과 중공군에게 두 차례나 정조를 상실하게 된다. 6·25 때 두 차례나 서울을 점령당한 뼈아픈 체험이 박정희 시절 행정수도를 대전 부근으로 이전해야 한다는 논란을 야기하게 되었다.

대전에 임시 집무실을 차린 이승만은 침실 머리맡에 모젤권총한 자루를 놓고 자는 습관이 생겼다. 영부인 프란체스카 여사는 싸늘한 총구가 기분이 나빴다고 한다. 부인의 표정을 읽은 대통령은 "최후의 순간 공산당 서너 놈을 쏜 뒤에 우리 둘을 하나님 곁으로 데려다 줄 티켓이야" 라고 말했다. 그 뒤부터 프란체스카 여사는 잠자리에 들기 전 "우리 두 사람 티켓을 잘 간수했어요?" 라고 묻곤 했는데, 그 때마다 대통령은 "잘 있지" 하며 웃었다.[423]

트루먼 대통령의 참전 결단

트루먼 미국 대통령은 1950년 6월 24일(미국시각), 주말을 맞아 자신의 고향인 미주리주 인디펜던스의 자택에서 휴식을 취하고 있었다. 밤 9시, 딘 애치슨 국무장관이 전화로 북한 인민군의 전면적인 남침 보고를 했다.

6월 25일(미국시각), 트루먼은 워싱턴으로 향하는 전용기 안에서 깊은 사색에 잠겼다. 당시 상황에 대해 트루먼은 자신의 회고록에서 이렇게 기록하고 있다.

'나는 과거 민주국가들이 이런 공격을 저지하지 않아 침략자들이 그런 짓을 계속하도록 방치했던 일들을 생각했다. 만약 공산주의자들이 자유세계로부터 아무런 저지를 받지 않고서 한국을 침략할 수 있도록 허용된다면 강한 공산국가를 이웃으로 두고 있는 작은 나라들은 협박과 공세를 견디지 못할 것이다. 이번 공격을 방치한다면 제3차 세계대전이 일어날 것이다. 비슷한 사건들이 제2차 세계대전을 불렀듯이.'

이날 저녁 영빈관(블레어 하우스)에는 애치슨 국무장관, 루이스 존슨 국방장관, 러스크 국무차관, 브래들리 합참의장, 셔먼 해군참모총장, 반덴버그 공군참모총장 등 14명의 최고위급 인사들이 모여 공산군의 전면 남침에 대한 대책을 숙의했다. 이날 회의 분위기에 대해 트루먼은 회고록에서 '아무도 미국이나 유엔이 물러서야 한다는 주장을 하지 않았다. 이 공격을 저지하기 위해선 무슨 수든지 써야 한다는 분위기였다'고 말하고 있다.

이날 밤 회의 끝에 트루먼은 "도쿄의 극동군 사령관 맥아더 원수는 최대한 빨리 한국 측에 무기와 보급품을 제공할 것. 미 공군력의 엄호 아래 주한 미국인을 철수시킬 것. 제7함대는 필리핀에서 타이완 해협으로 전개하여 중국의 공격에 대비할 것"을 지시했다.

6월 26일 저녁 트루먼은 블레어 하우스에서 두 번째 긴급 각료 회의를 열어 한국군을 돕기 위해 공군력 사용을 결정했다. 이날 트루먼은 백악관을 방문한 상원 외교위원장 톰 코널리 의원에게 "의회의 사전 승인 없이 한국에 미군을 투입할 수 있는 권한이 있는가" 하고 질문하자 코널리는 "만약 강도가 각하 집에 침입했다면 각하는 경찰서에 가서 허락을 받지 않고도 강도를 쏠 수 있습니다. 각하는 의회에서의 오랜 토의로 인해 두 손을 완전히 잡힐 수도 있습니다. 각하는 군 통수권을 가진 분으로서, 또 유엔 헌장 아래에서 그러한 행동을 취할 권한을 가지고 있습니다"라고 답변했다.

6월 27일 북한군이 서울을 점령한 날 밤, 유엔 안전보장이사회는 북한을 침략자로 규정하고 유엔군을 편성하여 공산군을 저지하기로 결의했다. 6월 30일, 한국전선을 시찰하고 온 맥아더 원수는 미 국방부에 "미국의 해 · 공군뿐만 아니라 육군을 투입해야 북한군을 저지할 수 있다. 2개 사단의 투입을 건의한다"고 보고했다. 이 내용을 보고받은 트루먼은 즉각 지상 전투부대 파병을 결정했다. 미국은 해 · 공군에 이어 육군까지 파병 결정을 함으로써 한반도의 운명에 깊이 발을 들여놓게 된다.

트루먼 대통령이 한국전 개입을 그렇게 신속하게 결정하고 집행할 수 있었던 것은 미국 정책결정 사상 두 번 다시 찾아볼 수 없는 기적이었다.[424] 미국의 이라크전 참전 과정을 보면 적어도 1년 이상의 결정과정을 거쳐 공격이 개시되었다.

리지웨이 사령관의 증언에 의하면 한국에서 전쟁이 터질 무렵 미국은 소련과의 전면전만을 계획하고 있었을 뿐, 봉쇄선 주변의 한국과 같은 지역에서 일어날 가능성이 있는 국지전에 대한 긴급 대응계획 같은 것은 생각지도 못했다고 한다. 그 결과 미국은 예고도 없이 전쟁에 휩쓸렸고, 미국 국민도 이해하지 못한 지구 반대편의 싸움에 말려들었다는 것이다.[425]

당시 미국이 이처럼 급박하게 한국전에 참전하게 된 이유는 무엇일까. 트루먼은 자신의 회고록에서 그 이유를 다음과 같이 밝히고 있다.

첫째, 공산당이 전체 한국을 지배하면 일본이 중대한 위협을 받게 된다.

둘째, 대한민국 수립의 책임을 맡았던 국제연합이 집단안보기관으로서의 중요성과 의의를 지니고 있으려면 한국이 지지를 받아야 한다.

셋째, 노골적이고 공공연한 공산 침략이 성공하도록 내버려두면 앞으로 아시아 전체의 정복을 자초하게 될 우려가 있기 때문이다.

트루먼은 자신의 한국전 참전이 아시아 전체의 공산화를 막기 위한 '반공의 성전(聖戰)'이라는 의미 부여를 하고 있다. 이정식은 미국이 서둘러 참전을 결정한 이유는 북한군이 남침을 개시했을 때 규모가 너무 방대했기 때문이라고 지적한다. 북한 인민군은 전투기와 전폭기를 합해 100여 대가 하늘을 장악했고, 소련제 전차

100여 대와 잘 훈련되고 조직된 몇 개 사단 전투 병력이 전선에 투입됐다.

미국은 이러한 대규모 남침은 스탈린의 관여 없이는 불가능하다고 판단했다. 미국은 스탈린이 세계 공산화를 위한 첫걸음을 내디딘 것으로 판단하고, 한국에서 스탈린의 공세를 막지 못하면 미국의 위신이 실추될 것이라고 판단했다. 그 결과 신속히 한국전에 참전을 결정했다.[426]

김충남과 문순보는 미국이 적극적으로 한국전에 참전한 이유는 공산주의의 팽창을 억지하려던 트루먼의 봉쇄정책이 도전 받았기 때문이라고 지적한다. 한국이 공산화되면 일본의 안위가 위태롭고, 다른 아시아 국가들도 위험에 빠질 우려가 있었기 때문에 신속히 참전했다는 것이다.[427]

한국전과 매카시 의원

트루먼의 한국전 참전 결정에 대한 흥미로운 이설(異說)이 존재한다. 그것은 '매카시즘'의 영향 때문에 미국이 서둘러 한국전 참전을 결정했다는 설이다.

1950년 2월 조지프 매카시 상원의원은 "국무성 안에 205명의 공산주의자가 있다"는 폭탄선언을 하면서 미국 내에서 이른바 '빨갱이 사냥'이라는 반공 열풍이 불었다. 중국 대륙의 공산화, 소련의 원폭 보유 등에 자극을 받은 공화당은 트루먼 대통령과 애치슨 국무장관 등 민주당 지도부가 공산주의에 지나치게 유화적이고, 정보관리가 허술하여 소련에 원자탄 비밀이 누설됐다며 공격을 퍼부었다. 매카시 의원은 애치슨 장관에 대해 "공산주의에 대하여 낑낑거리고 우는 소리를 냈으며, 굽실거렸던 어설픈 외교관"이라고 비판했다.[428]

거센 반공 열풍으로 정치적 위기에 처한 트루먼과 애치슨은 정부 요원들에 대한 충성 재검토 작업으로 수세에서 탈출하고자 했다. 그러나 이 조치는 매카시의 활동에 신뢰성을 높여주는 결과만 초래했다. 트루먼과 애치슨은 공화당과 반공세력의 압력, 그리고 내부적으로 안보문제를 은폐하고 있다는 비난을 피하기 위해 반공 공화당원인 존 셔먼 쿠퍼와 존 포스터 덜레스를 입각시켰다. 덜레스는 자신이 동아시아의 정책 결정에서 강력한 실권을 가진다는 조건으로 트루먼 행정부에 합류했다.[429]

이후 트루먼과 애치슨은 '소련에 대한 총력외교'로 방향을 수정했고, 한국에서 공산군이 전면 남침하자 반공주의자들의 오해를 사지 않기 위해 미국의 즉각 참전을 결정했다는 것이 미국 정치학자 스테펜 펠츠의 시각이다.[430]

스테펜 펠츠는 6 · 25 남침 보고를 받은 트루먼은 충분한 군사적 토론 없이 '대단히 신속하게' 참전 결정을 내렸다고 지적한다. 블레어 하우스 회의에서 보좌관들을 만나기 전에 이미 트루먼은 참전 결심을 굳혔으며, 보좌관 회의에서는 한국을 구원할 것이냐 말 것이냐가 아니라 한국을 구원하는 방법에 대한 토론이라는 주제를 명시했다는 것이다.

스테펜 펠츠의 시각에 동의한다면 트루먼이 신속하게 한국전 참전 결정을 내린 배후에는 매카시 의원의 활약이 숨어 있었다고 봐야 한다. 말하자면 매카시즘이 한국을 위기에서 구해준 셈이다.

미국의 기적과 같은 신속한 한국전 참전의 배후에는 매카시 상원의원 외에 또 한 사람, 당시 30대 후반의 젊은 부흥사로서 세계적인 부흥 바람을 일으킨 빌리 그레이엄 목사의 역할이 컸다는 주장도 있다.[431] 당시 그레이엄 목사는 한국에서 전쟁이 일어날 것을 예언하면서 미국이 대비해야 한다고 말했다. 트루먼이나 맥아더는 모두 독실한 기독교인이었다고 한다.

1950년은 미국 전체에 평화무드에 젖어 있던 때였는데, 빌리 그레이엄이라는 젊은 부흥 목사가 전국 집회를 하면서 "미국인이여 평화무드에서 깨어나라"는 메시지를 전하고 다녔다. 빌리 그레이엄 목사는 북한 공산군의 남침이 시작되기 9주 전인 4월 23일 보스턴에서 2만 5000여 명이 모인 대집회를 열었다. 마침 폭풍이 보스턴을 강타하여 야외 집회가 어려운 상황이었으나 빌리 그레이엄은 "집회가 시작되면 하나님이 하늘을 맑게 해 주실 것"이라며 집회를 강행했다. 부흥집회가 시작되자 하늘이 말끔히 개었다.

이날 빌리 그레이엄 목사는 집회 도중 "트루먼 대통령에게 전한다. 평화무드에서 깨우니 군사력을 강화하라. 이것은 하나님의 말씀이다"라고 말했다. 그는 트루먼 대통령에게 전국 회개의 날을 선포할 것을 요구하면서 '진정한 평화를 위한 5가지 방안'을 발표했다. 첫째는 미국이 강력한 군사력으로 재무장하여 이웃을 도울 준비를 해야 한다. 둘째, 국내안보, 셋째는 경제안보, 넷째는 인종과 피부색, 종교를 뛰어넘는 미국인들의 신뢰회복, 다섯째, 개개인은 예수 안에서 회개하고 믿음을 회복할 것과 겸손을 갖고 평화를 위한 전국적인 연합기도를 해야 한다는 내용이었다.

빌리 그레이엄 목사가 한국에 대한 관심을 갖게 된 것은 그의 부인 룻 그레이엄 여사의 영향 덕분이다. 룻 그레이엄 여사는 일제 때 북한 지역에서 활동하던 선교사의 딸로서, 함경북도 함흥이 출생지다. 부흥목사로서 세계적인 명성을 떨치던 빌리 그레이엄의 이런 외침은 백악관을 비롯한 미국 지도층에게 전해졌고, 트루먼은 미국이 본격 참전을 결정한 후인 1950년 7월 14일 빌리 그레이엄 목사를 백악관으로 초청했다.

유엔, 북한을 침략자로 규정

미국의 조기 참전에 영향을 끼친 또 한 사람은 이승만과 조지워싱턴대학, 프린스턴대학 동문인 존 포스터 덜레스다. 덜레스는 6·25 직전에 미 국무부 고문 자격으로 한국을 방문했다.[432] 이승만과 덜레스는 반공주의자라는 점에서 동지였다. 이승만은 방한한 덜레스에게 책상을 치며 미국이 군사원조를 제대로 해 주지 않는 점, 중국을 포기한 점, 그리고 애치슨 선언에 대해 설명하고는 "미국이 이런 식으로 하다간 크게 후회할 날이 있을 것"이라고 말했다.

덜레스는 6월 18일 전운이 감도는 38선을 시찰했는데, 다음날 덜레스는 국회에서 다음과 같이 연설했다.

"여러분들은 혼자 있지 않습니다. 여러분들이 인간의 자유라는 위대한 설계 속에서 여러분의 역할을 가치 있게 계속해서 수행하고 있는 한 여러분들은 혼자가 아닐 것입니다."

한국 방문을 마치고 일본에 체류 중이던 덜레스는 6월 25일 공산군의 남침 급보를 받고 즉각 도쿄의 맥아더 사령부로 갔다. 그는 며칠 전 자신이 시찰한 38선의 상황을 토대로 애치슨 국무장관에게 보내는 보고서를 작성했다. 그 보고서는 트루먼 대통령에게 보고되어 미국의 빠른 참전 결정에 큰 영향을 미쳤다.

국제적 시각에서 볼 때 6·25는 탄생한 지 1년도 안 된 공산 중국에는 재앙이었다. 트루먼 행정부가 타이완해협에 7함대를 파견해 타이완을 보호함으로써 중공의 타이완 침공이 어렵게 됐기 때문이다. 또 중공의 유엔 가입 기회도 무산됐고, 중국의 국제적 고립을 심화시켜 소련에 더욱 의존하게 만드는 결과를 가져왔기 때문이다.[433]

북한이 기습 남침하자 유엔은 세 가지 결의를 채택해 한국전쟁에 개입했다. 남침 당일 유엔안전보장이사회는 "북한의 남침을 유엔 헌장에서 규정하고 있는 '평화의 파괴'로 규정하고 전투행위를 즉각 중지하고 38도선 북쪽으로 병력을 철수할 것을 촉구"하는 결의(S/1501)를 했다.

공산군의 남침 무렵 소련은 타이완이 중국을 대표하는 회원국으로서 총회와 안보리에 의석을 차지하도록 한 결정에 항의하여 유엔의 각종 회의를 거부하고 있었다. 소련의 불참 덕분에 유엔 안보리는 "한반도에서 즉각적인 전투행위의 중지, 침공군의 38도선 이북 원위치로의 철수 요구, 모든 회원국은 본 결의의 집행을 위해 유엔에 모든 원조를 제공하고 북한 당국에 대한 원조를 자제한다"는 결의를 9 대 0, 기권 1표로 가결할 수 있었다.

6월 27일 밤 유엔 안보리는 두 번째 결의(S/1511)를 채택했다. 주된 내용은 "북한의 무력 공격을 격퇴하고, 이 지역에서의 국제평화와 안전을 회복하기 위해 필요한 지원을 한국에 제공할 것을 유엔 회원국에게 권고한다"는 것이었다. 이에 따라 미국을 비롯한 여러 회원국이 파병 등 각종 형태의 지원을 하기 시작했다. 만약 소련이 유엔 안보리에 참석하여 거부권을 행사했다면 이 결의가 정상적으로 가결되는 것은 불가능했을 것이다. 소련의 불참 덕분에 미군을 주축으로 한 유엔군은 손쉽게 한국 파병 결의를 하게 된다.

유엔안보리는 7월 7일 세 번째로 유엔의 깃발 아래 미국이 통솔하는 통합사령부 설치에 관한 결의(S/1588)를 채택했다. 다음날 트루먼 미국 대통령은 유엔의 결의를 받아들여 미 극동군사령관 맥아더를 유엔통합군사령관에 임명했다. 이 결의에 따라 미국, 영국, 프랑스 등 16개 국가가 군대를 파견했고, 덴마크와 노르웨이 등 5개국은 의료진을 파견했다.

그런데 소련 붕괴 후 공개된 비밀문서에 의하면 야콥 말리크 당시 유엔대사가 유엔 안보리에 불참한 것은 스탈린의 지시 때문임이 밝혀졌다.

"한반도에서 미군과 중공군 싸우게 하라"

2005년 러시아의 사회정치사 국립문서보관소(RGASPI)에 보관되어 있던 스탈린의 극비 편지가 공개됐다. 이 편지는 유엔 안보리 회의가 열린 지 두 달 후인 1950년 8월 27일 스탈린이 프라하 주재 소련 대사에게 보낸 편지로서, '체코슬로바키아 고트발트에게 아래 메시지를 구두로 전달할 것. 요구한다면 필사하여 줄 것'이란 발문이 달려 있다.

8월 27일이면 공산군이 남한의 거의 대부분을 장악하고 낙동강 방어선 돌파를 위한 총공세를 펼치고 있을 무렵이다. 스탈린의 편지는 1950년 6월 27일 스탈린이 유엔 안보리 회의에 소련이 불참한 이유에 대해 이렇게 밝히고 있다.

'미국정부가 안보리 다수결을 이용, 프리핸드(free hand)를 갖고 어리석은 짓을 마음대로 저지르도록 함으로써 여론이 미국 정부의 진면목을 알도록 그렇게 했다. 나는 우리가 이런 목적들을 달성하고 있는 중이라고 믿는다.

우리가 안보리에 불참한 이후 미국은 한국에 대한 군사적 개입에 엮여 들어가 군사적 명성과 도덕적 권위를 망치고 있다. 미국이 한국에서 침략자와 폭군 역할을 하고 있다는 사실과, 미국이 한때 생각했던 것만큼 군사적으로 강력하지 않다는 사실을 의심하는 사람은 없을 것이다. 더구나 미국이 극동에 묶여 현재 유럽에 신경을 쓸 여유가 없다는 사실도 명백하다. 이 같은 사실은 세계의 세력 균형에 있어서 우리에게 득이 되지 않겠는가?

미국정부가 극동에 계속해서 묶여 있고, 한국의 자유와 독립을 위한 투쟁에 중국을 끌어들인다고 가정하여 보자. 이로부터 무슨 일이 생길 것인가?

첫째, 미국은, 그 어떤 나라도 마찬가지이지만 방대한 병력을 보유한 중국과 싸워 이길 수 없다. 미국은 이 투쟁에서 (전선을) 지나치게 넓히게 될 것이다. 둘째, 그렇게 함으로써 미국은 가까운 장래에 제3차 세계대전을 일으킬 수 없게 될 것이다. 그리하여 제3차 세계대전은 얼마나 오래 걸릴지는 모르지만 연기될 것이고, 이는 유럽에서 사회주의를 강화하는 시간을 줄 것이며, 더구나 미국과 중국의 투쟁이 극동의 전 지역을 혁명화할 것임은 두 말할 필요도 없다….'[434]

스탈린의 이 극비 편지는 미군과 유엔군을 남한에 끌어들이기 위해 소련이 의도적으로 유엔 안보리에 참석하지 않았으며, 미군이 한국전에 발이 묶여 유럽에 신경을 쓸 여유가 없도록 전쟁을 오래 끌어야 하며, 중공 군대가 한국전에 개입하여 미군과 싸우도록 해야 한다는 점을 밝히고 있다.

1950년 6월 25일, 38선 북쪽 최전방에 포진해 있던 인민군 21개 보병연대 중 거의 절반인 10개 연대가 중국에서 건너온 조선족 부대(조선의용군)였다. 그리고 인민군 제4사단장 이권무, 5사단장 김창덕, 6사단장 방호산, 12사단장 전우 등이 조선족 부대 출신 장군들이었다.[435] 조선족 부대 출신들로 편성된 인민군 6사단은 6월 25일 당일 개성을 점령한 후 13연대는 인천 점령, 15연대는 강화도 점령 후 김포반도로 진출하여 서울 점령사단의 한강 도하작전에 합류했다. 이후 한강을 건너 영등포-안산을 점령하고, 오늘날의 서해안 고속도로를 따라 충남 서부지역을 거쳐 호남평야를 점령한 후 남해안을 우회하여 하동-진주 방면으로 진출했다.

중국 인민해방군 제166사단이었다가 북한에 들어와 인민군 6사단으로 바뀐 이 부대는 놀라운 속도로 남한을 휩쓸었는데, 그 공로로 김일성은 6사단 전체 군인에 대한 일 계급 특진, 6사단 전체 병력의 월급 50% 인상, 방호산 사단장을 중장으로 승격하고 2중 영웅 칭호를 수여했다.[436] 조선족 부대원 출신들로 편성된 인민군 4사단 18연대는 동두천 북방에서 38선을 남하하여 의정부를 점령한 후 서울로 진격하여 중앙청을 최초로 점령했다. 한강을 건넌 18연대는 수원을 지나 오산에서 미군의 스미스 대대를 격파하여 충격을 주었다.[437] 이후 대전 점령, 추풍령에서 미군 보급기지를 습격하는 전과를 올려 근위연대 칭호가 수여됐고, 연대장 장교덕을 영웅 칭호와 함께 사단장으로 승진했다.[438]

국군은 영웅적으로 싸웠다

인민군은 소련제 탱크, 중포 등 각종 최신 무기와 국공내전으로 실전경험을 풍부하게 쌓은 마오쩌둥 산하 조선족 부대 출신들의 가세, 그리고 소련의 군사지원 및 군사고문단의 지원 등으로 완벽하게 준비된 상태였다. 인민군의 남침 작전계획에 의하면 남침 2일차에 서울을 점령하고 5일 안에 수원-원주-삼척을 잇는 선까지 진출하도록 되어 있었다.

김일성은 남침을 개시하면 사흘 만에 전쟁을 종결할 수 있다고 큰소리쳤다. 인민군이 남침하면 남한 각지에서 20만에 달하는 남로당원들이 빨치산 활동과 민중 봉기를 일으켜 이승만 정권이 전복될 것으로 믿었다.

반면에 국군은 38선을 겨우 지킬 수 있는 치안유지군 정도의 경무장을 하고 있었다. 졸지에 기습을 당해 지리멸렬한 우리 국군의 전투능력에 대해 아직도 비판적인 시각이 강하게 남아 있다. 남침 사흘 만에 수도 서울이 함락되면서 정부 발표만 믿고 피난을 떠나지 않았던 수많은 시민들이 적 치하에서 살해당하거나, 납북되거나, 젊은이들의 경우 의용군으로 끌려가 총알받이로 허무하게 목숨을 잃었기 때문이다.

그러나 국군은 남침 초기 3일 만에 전력의 절반이 손실을 입는 참담한 상황에서도 압도적인 무기와 우세한 병력으로 밀고 내려오는 적들과 끝까지 맞서 싸웠다. 국민들은 정부에 대한 신뢰를 버리지 않았으며, 많은 젊은이들이 자원입대하여 낙동강 교두보를 지켜냈다.

김일성이 기대했던 20만의 남로당원들이 민중 봉기를 일으키지도 못했다. 이승만 정부가 전쟁 이전에 군대를 비롯한 모든 분야에 침투해 있던 좌익세력을 색출하지 못했다면 북한의 남침을 계기로 여순 반란과 유사한 일들이 여기저기서 일어나 유엔군이 도착하기도 전에 군대와 정부가 무너졌을 지도 모른다.

당시 한국에 있던 외국인들은 우리 국군이 영웅적으로 전투에 임했다는 사실을 한결같이 증언하고 있다. 무초 주한 미국대사는 "한국군은 기습을 당하고도 참으로 잘 싸웠다. 한국군의 조직적인 저항과 전선의 폭우가 한국을 구했다"고 말했다.

주한 미국대사관 1등서기관 해롤드 노블[439]은 한국군이 빈약한 무장에도 불구하고 소련제 전차와 전투기, 강력한 야포로 무장하고 중국 국공내전에 참전하여 실전 경험이 풍부한 베테랑 전투원들로 구성된 적의 거센 공격을 지연시키기 위해 영웅적으로 싸웠다고 평했다. 그 결과 인민군이 남침 당일에 서울을 점령했어야 정상임에도 불구하고 적의 진격을 48시간 이상 지체시키는 데 성공했다는 것이다. 다음은 해롤드 노블의 한국군에 대한 평가다.

'공산군이 그날 밤(6월 25일-필자 주) 서울에 도달하지 않았다는 것이 놀라웠다. 그들이 48시간을 지체한 것이야말로 한국군이 항복하기 보다는 차라리 죽겠다는 용기와 각오를 가졌다는 것을 입증해 준다. 한국의 보병과 포병들은 서울 북방에서 영웅적으로 싸웠으며, 적의 공격을 지연시키기 위해 기꺼이 그들의 목숨을 바쳤다. 북한 전차 지휘관들은 보병부대의 지원을 앞질러 휩쓸고 나갈 용기가 없었으며, 그들의 진격을 보병의 이동과 보조를 맞추어

나갔다.

비좁은 의정부 회랑 전투야말로 근대 전쟁에서 가장 치열한 것 중의 하나였다. 어떻게 유 장군(당시 의정부 전선을 맡았던 유재흥 국군 7사단장을 지칭-필자 주)과 그 부하들이 보다 우수한 대포와 한국군에 없는 비행기와 탱크를 가진 북괴 인민군을 저지할 수 있었는가 하는 것은 용기와 헌신적인 애국심으로 가득 찬 하나의 드라마였다.

훨씬 뒤에 북괴군을 능가하는 대포와 제공권을 장악한 미군들 마저도 북괴군에게 남쪽으로 밀리고 나서야 비로소 의정부 근처와 춘천, 그리고 임진강 아래서 싸운 한국군의 영웅적 행동이 분명해 졌다. 그러나 그때까지도 한국군을 염두에 둔 외부 사람들은 별로 없었으며, 오늘날까지도 한국군의 명예는 초기 며칠간의 그릇된 관념들로 먹칠을 당하고 있다.'[440]

자유인은 항복하지 않는다

해롤드 노블은 동부전선에서 용맹을 떨친 한국군 6사단과 8사단의 활약상에 대해서도 이렇게 기록하고 있다.

'동부전선에서 6사단은 춘천을 재탈환하여 적을 추격, 38선을 넘을 것인지 승인 요청의 무선을 보내왔고, 최동단(最東端)의 8사단도 적의 공격을 격퇴하고 38선까지 추격할지를 문의해 왔다. 전멸한 것으로 알려졌던 1사단도 다만 차단되어 있는 상태임이 밝혀졌다. 그 전날 1사단은 반격을 가해 문산을 탈환하고 개성에서 서울에 이르는 적의 주보급로를 차단하고 있었다. 불행하게도 우리는 이 소식을 듣지 못했기 때문에 문산이 적의 수중에 떨어진 것으로 착각하여 미 공군이 이 도읍을 맹폭격하여 1사단이 막심한 사상자를 내고 남쪽으로 후퇴하지 않을 수 없었던 것이다.

맥아더 장군이 브리핑을 받는 그 순간에 1사단은 한강으로 철수작전을 하면서 그 남안을 도강하여 전투를 계속하고 있었다. 수도사단과 2사단, 5사단, 7사단의 잔여병력은 재편성되어 한강 방위전투에 투입되어 적의 도강을 막고, 일부는 예비 병력으로 남아 있었다.

3사단의 일부는 대구에 있었고, 옹진반도에 있던 수도 사단 17연대는 적의 압력을 받아 오히려 해주시로 쳐들어갔다가 질서정연하게 철수 중이었다. 이 연대는 많은 배를 징발하여 남쪽의 서해안에 상륙하고 있었다. 우리가 수원에서 전황보고를 하고 있을 동안이 연대는 사상자를 제외하고는 모두 무사히 철수하여 탁월한 지휘력 밑에 용감하게 싸우고 있었다.'[441]

이승만은 1949년 11월 미국의 『코리언 클리퍼』라는 잡지에 기고한 글에서 "공산 전체주의를 신봉하는 사람들이 이해할 수 없는 것이 있다. 자유인은 항복하지 않는다"라고 썼다. 이 말을 지켜내기라도 하듯 이승만은 수도 서울이 적의 기습공격 사흘 만에 함락 당하고, 전투 며칠 만에 국군의 절반 이상이 와해되는 미증유의 위기를 겪으면서도 항복이 아니라 '끝까지 저항'을 명했다. 로버트 올리버는 "이승만 대통령이 남침 초기에 저항을 명한 그 결단이야말로 미국이 이끄는 자유세계와 소련 간의 냉전에서 결정적인 전환점으로 기록되어야 할 부분"이라면서 이렇게 말했다.

"1950년 6월 25일의 그 외로운 일요일 아침, 공산 침략에 맞서 싸우기로 한 그의 결정은 자유세계가 궐기해 소련 제국주의 침략의 물결을 저지하도록 경각심을 불어넣는 계기를 만들었다. 희생은 한국이 치를 수밖에 없었지만 자유세계는 공산주의에 대항할 필요성을 깨닫고 준비에 필요한 시간을 얻을 수 있었다."[442)]

이승만은 6월 29일, 한강방위선 시찰을 위해 도쿄에서 날아온 맥아더 장군과 수원농대에서 만났다. 이 대통령이 탑승한 비행기는 대전비행장을 이륙한 직후 적군 항공기의 요격을 피하기 위해 계곡을 전전하며 저공비행을 했다.

창졸간에 공산군에게 기습을 당해 국가의 운명이 풍전등화에 있던 이 순간, 도쿄에서 날아온 맥아더 장군은 우리에겐 구세주나 다름없는 존재였다. 이승만은 맥아더를 감격적으로 얼싸 안은 다음 하는 말이 "장군! 지금 장군의 구두가 한창 자라나는 모를 밟고 있소" 라고 나무랐다. 맥아더 장군은 "각하 몰랐습니다. 죄송합니다" 라며 깍듯이 사과했다.

이날 두 사람의 회동 장면은『라이프』지의 기자 데이비드 던칸이 보도한 것인데, 던칸 기자는 "이 대통령 일행의 비행기가 착륙했을 때 나는 이 대통령이 늙은 나이에 비해 아주 정력적인 분이라는 생각이 들었다. 위험한 처지에 그대로 노출된 순간에도 끄떡도

안하고 생사를 초월한 의연한 태도를 보여주었다는 이야기를 주변 사람들로부터 듣고 나는 깊은 존경의 마음이 들었다"는 기록을 남겼다.[443]

수원비행장 상공에서의 공중전

이날 수원농대에서 만난 두 사람은 한 시간 동안 공산군 남침 사태를 의논했다. 맥아더는 이승만에게 준비가 갖춰지는 대로 미국이 전폭적으로 지원할 것을 약속했다. 회동이 끝나고 이 대통령과 무초 대사가 대전으로 내려가려고 소형 비행기에 탑승하기 직전 북한의 야크기가 날아와 기총소사를 했다. 당시의 긴박했던 장면을 해롤드 노블은 이렇게 전한다.

'조종사는 비행기를 급히 이륙시키려 했으나 비행기는 한 바퀴 빙 돌고 멈췄다. 누군가 문을 찢고 이 박사와 무초를 밖으로 끄집어냈고, 이 박사의 손을 잡아 인근 논바닥으로 숨었다. 공습은 곧 지나갔는데, 막 보급물자를 싣고 온 C-54 수송기 한 대를 포함하여 지상에 있던 미군 비행기 몇 대가 기총소사에 맞았다. 적기가 사라지자 이 대통령은 흙투성이가 되어 이를 드러내고 웃으면서 일어났다.'[444]

수원비행장에서 벌어진 북한 야크기와의 교전 상황을 목격한 사람은 김정렬 장군(공군참모총장)이다. 이날 김정렬 장군은 이 대통령을 수행하기 위해 수원비행장에 나가 있었다. 김정렬 장군의 목격담이다.

'예정대로 바탄 호[445]는 오전 10시 30분에 착륙했다. 기다리고 있던 이 대통령이 걸어 나가 "어서 오시오. 마이 프렌드 제너럴!" 하고 환하게 반겼다.

"제가 왔습니다. 대통령 각하."

맥아더 장군도 두 손을 벌리고 이 대통령을 껴안았다. 이 대통령은 머리 하나 더 키 큰 장군의 품안에 꼭 안기고 말았다….

마침 그 시각, 비행장을 덮고 있는 운해의 상공 일각에서는 공중전이 전개되고 있었다. 야크 전투기가 몰려오는 것을 초계중인 미기(美機) 편대가 요격한 것이다. 승부는 물으나마나였다. 야크 4대가 순식간에 불을 내뿜고 추락했다. 한데, 그 공중전의 틈바구니를 타고 구름 밑으로 숨어든 별동 야크 두 대가 있었다. 별안간 비행장 북각(北角) 정면에 나타난 것이다.

"적기다!"

고함소리가 울렸다. 마침, 이 대통령과 맥아더 장군이 막 걷기 시작하는 때였다. 야크 2대는 일직선으로 기수를 처박아 왔다.

"사격 개시!"

비행장 주변에 설치한 대공 기관총이 일제히 불을 내뿜었다 바로 그 순간, 또 다른 기총 소리가 뜨르르륵 하고 하늘 가득히 울렸다. F-80 슈팅 스타 기의 4기 편대였다. 비행장 상공을 내지르며 야크를 향해 총탄세례를 퍼부은 것이었다. 야크가 비틀거렸다. 반전하면서 두 개의 검은 덩어리를 내던졌다. 폭탄이었다.

"각하가 위험하다!"

수행원들이 저마다 외치면서 이 대통령과 맥아더 장군을 감싸고 일제히 엎드렸다. 그 순간, 폭발음이 연발했다. 10m도 안 되는 아주 가까운 거리에서 두 개의 폭탄이 작렬한 것이다. 한편 상공에서는 야크 2대가 불덩어리로 떨어지고 있었다. 그리고 비행기를 버린 두 조종사의 낙하산이 바람타고 흔들거리고 있었다.'[446]

맥아더는 동행한 스트레트마이어 극동공군사령관에게 북한 비행장을 모두 폭격하라고 명령했다. 이날부터 미 공군과 해군은 평양비행장, 원산비행장 등을 쑥대밭으로 만들어갔다. 미 공군 기록(The US Air force in Korea, 1950~1953)에 의하면 이날 오린 폭스 중위가 야크기 2대를 격추했으며, 리처드 번스와 해리 샌드린이 각각 한 대씩을 격추했다.[447]

이승만과 무초 대사는 비행기를 타고 대전으로 오는 와중에 또다시 야크기에게 쫓기게 됐다. 조종사는 비행기 조종간을 급히 밀어 비행기 고도가 급속도로 낮아졌다. 지상과 가능한 한 가깝게 저공비행을 시도했다. 산과 산을 피하며 계곡을 따라 남하했다. 조종사가 어찌나 조종을 잘 하는지 야크기는 추격을 포기하고 다른 데로 가버렸다. 비행기에서 내린 대통령은 "조종을 잘 하는 조종사를 만났기에 망정이지…" 하며 피곤한 표정으로 말했다.

"무기와 탄약을 주십시오"

이승만 대통령과 회담을 마친 맥아더 장군은 수행원 10여 명과 함께 서울 한강 주변의 국군 방어선에 나타나 전황을 살폈다. 맥아더 장군은 한강 너머로 바라보이는 서울 남산과 그 주변 일대를 한참 동안 망원경으로 보고나서, 무슨 생각이 들었는지 갑자기 산병호 쪽으로 걸어가 육군 일등중사와 대화를 나누었다. 이 장면을 정일권은 다음과 같이 기록하고 있다.

'맥아더 장군이 일등중사에게 말을 걸었다.

"하사관, 자네는 언제까지 그 호 속에 있을 것인가?"

맥아더 장군을 수행한 김종갑 대령이 통역했다. 김 대령은 이때 시흥지구 전투사령부의 참모장이었다. 하사관은 부동자세로 또박또박 답했다.

"옛! 각하께서도 군인이시고 저 또한 대한민국의 군인입니다. 군인이란 명령에 따를 뿐입니다. 저의 직속상관으로부터 철수하라는 명령이 있을 때까지 여기 있을 겁니다."

"그 명령이 없을 때엔 어떻게 할 것인가?"

"옛! 죽는 순간까지 여기를 지킬 것입니다."

"오! 장하다!"

맥아더 장군은 크게 고개를 끄덕이면서 또 물었다.

"자네 말고 딴 병사들도 다 같은 생각인가?"

"옛! 그렇습니다. 각하."

"참으로 훌륭하구나. 여기 와서 자네 같은 군인을 만날 줄은 몰랐네. 지금 소원은 무엇인가?"

"옛! 우리는 지금 맨주먹으로 싸우고 있습니다. 소총뿐입니다. 북괴군의 전차와 대포에 밀리고 있습니다. 놈들의 전차와 대포를 까부술 수 있는 무기와 탄약을 도와주십시오."

"음! 그리고 또 없나?"

"옛! 그뿐입니다."

"알았네 하사관. 여기까지 와 본 보람이 있었군."

맥아더 장군은 하사관의 손을 꼭 쥐고 나서 김 대령에게 말했다.

"대령, 이 씩씩하고 훌륭한 병사에게 전해 주시오. 내가 도쿄로 돌아가는 즉시로 미군 지원군을 보내줄 것이라고. 그리고 그 때까지 용기를 잃지 말고 훌륭히 싸우라고."'[448]

맥아더는 도쿄로 돌아가 6월 30일 오전 4시, 워싱턴의 트루먼 대통령에게 일본에 주둔 중이던 미군 보병 2개 사단의 긴급 출동을 요청했고, 트루먼은 즉시 보병 사단을 한국에 급파하라고 지시했다. 정일권은 이 하사관의 이름은 기억하지 못하고 성만 박 씨로 기억했는데, 맥아더 장군은 박 중사와의 약속을 지켰다고 자신의 회고록에 기록하고 있다.

그 무렵 서울 노량진에 있던 국제전화 중계소가 적의 포화로 파괴됐다. 임시수도 대전에서 국제전화를 하려면 유성에 있는 중계소를 통하는 방법밖에 없었다. 이곳을 통해 일본에 있는 주일대표부를 거쳐야 워싱턴으로 중계가 가능하여 풍전등화의 한국 정부 입장에서 이 국제전화는 생명선 같은 것이었다. 우리 정부의 전화는 대통령 임시관저의 침실 바로 문 밖에 있었다. 이승만의 비서 황규면은 임시 수도 대전에서 국제전화와 관련된 에피소드를 증언했다.

'당시 일본의 전신전화국에서는 친절하게 통신 업무에 협력했다. 그쪽에서는 몇 분마다 한 번씩 시험 전화를 걸어 통화의 성능을 시험해 주었다. 통화는 영어를 썼는데 한번은 저쪽에서 영어를 잘못 알아듣는 것 같았다. 나는 할 수 없이 고맙다는 인사를 "도오모 아리가도"라고 했다.

이 말을 하고 수화기를 놓자 이 박사의 침실 문이 벌컥 열렸다. 이 박사는 눈을 부릅뜨고 "이 판에 아리가도가 뭐야, 응. 이 자가 정신이 있어 없어?" 하고 호통을 치는 것이었다.'

이승만은 평소 거의 욕을 안 했다. 욕을 해봐야 "고얀 놈", "포살할 놈"이나 애들같이 어리다고 해서 "탯덩어리"라는 정도가 고작이었다. 그런데 임시 수도 대전에서 신성모 국방장관을 보고 "탯덩어리"라며 혀를 찬 일이 있다.

지사 관사의 문을 들어서면 화강암 계단이 있다. 어느 날 오후 이승만은 무심히 밖을 내다보다가 신 장관이 이 계단에 앉아 턱을 괴고 하염없이 하늘을 쳐다보고 있는 모습을 보았다. 이승만은 비서 황규면에게 "저런 탯덩어리 좀 보게나, 저걸 국방장관이라고…" 하며 혀를 찼다.

또 다시 피난길에 올라

북한은 남침 3일 만에 서울을 점령하고 한강을 건너 국군을 거세게 몰아붙이며 남쪽으로 내려갔다. 7월 1일 미 제24사단의 선발부대가 부산에 도착했고, 이어 7월 5일에는 딘 소장이 이끄는 미 2사단 병력이 전선에 투입되었다.

인민군 탱크가 미처 폭파하지 못한 한강철교를 통해 한강을 건너 수원을 지나 남하하기 시작했다. 인민군의 강력한 압박이 시작되자 7월 1일 새벽 3시 20분. 미 대사관의 해롤드 노블이 대통령 관저로 달려와 대전 이남으로 정부를 옮겨야 한다고 이승만을 설득했다. 이승만은 "대전에서 죽는 게 낫지 더 이상 남쪽으로 내려가 경멸당하지는 않겠다"면서 대전 사수(死守)를 고집했다. 당시 정황에 대한 프란체스카 여사의 증언이다.

'대통령은 노트를 꺼내 내게 건네주며 메모를 부탁했다. 나는 조용히 그가 부르는 대로 받아 적었다.

"죽음이 결코 두려운 것은 아니다. 다만 어떻게 죽느냐가 문제다. 나는 자유와 민주제단에 생명을 바치려니와 나의 존경하는 민주국민들도 끝까지 싸워 남북통일을 이룩해야 할 것이다. 다만 후사 없이 죽는 게 선영에 지은 불효자일 뿐이다."

대통령을 다시 만난 해롤드 노블이 "정부의 계속성을 유지하기 위해선 대전 사수보다 남쪽으로 옮겨 앞으로의 대책을 세우는 게 시급하다"며 애원에 가까운 설득을 했다.'[449]

이 장면에 대해 해롤드 노블은 다음과 같은 기록을 남기고 있다.

'나는 이 대통령에게 주장한 바를 근거로 프란체스카 여사를 설득하고 있었다. 나는 국민들이 이 박사를 필요로 하고 있다는 점과, 장차 한국 역사에서 차지할 이 대통령의 역할을 새삼 강조했다. 나는 참패에도 불구하고 이 대통령이 국민을 이끌고 나가면 여기 대전에 남아 짐승처럼 죽어가는 것보다 훨씬 더 위대한 대통령으로 남게 될 것이라고 말했다.

나는 죽음에 대한 그녀의 공포에 호소한 것이 아니라 그녀의 남편이 취할 정당한 결정에 대한 요청을 거듭했던 것이다. 드디어 프란체스카 여사도 내 의견에 동조하여 남편더러 떠나자고 재촉하게 된 것이다.'450)

그날 새벽, 장맛비가 억수같이 내리붓고 있었다. 폭우를 뚫고 이승만 대통령 일행은 목포를 향해 자동차편으로 출발했다. 직접 부산 쪽으로 가지 못한 이유는 대구지방에 게릴라가 나올 것 같다는 정보 때문이다. 기차를 이용하지 않은 까닭도 기차로 가면 아무래도 행로가 자유스럽지 못하니 자동차로 가면서 임시응변의 조치를 하자는 이유 때문이었다.

험한 길을 달려 한 시간 남짓 후에 이리역에 도착했다. 경호차가 고장 나 경호경찰과 헤어지게 되고 길도 나빠 자동차로는 목포까지 이동이 어렵다는 생각이 들었다. 이철원 공보처장과 김 총경이 차에서 내려 이리역장에게 대통령을 모실 기차 편을 내달라고 청했다.

아침 8시, 이리 역에서 기차로 목포까지 이동하기 위해 대기하는 동안 황규면 비서가 아침식사 대용으로 건빵을 한 아름 사 왔다. 사람들은 입에 당기지 않는 듯 억지로 한두 개 우물우물 씹었는데, 이승만은 “거참, 별미네. 맛있는데” 하며 한 봉지를 눈 깜짝할 사이에 비웠다.

대통령 일행은 밤을 새우고 아침 요기도 못한 추한 행색으로 기차를 타고 목포로 달렸다. 열차는 오후에 목포역에 도착했고, 다시 목포에서 선박 편으로 부산으로 이동했다. 목포 해군경비사령부에서는 성능이 가장 좋다는 500톤 급의 514함(함장 주철규 대위)과 350톤 급의 307함을 준비했다. 오후 4시 이승만 대통령 일행은 514함에 올랐고, 307함도 호위를 위해 따라나섰다.

그날따라 비가 오는 날씨여서 바람이 셌다. 파도는 사납기가 이루 말할 수 없었다. 프란체스카 여사는 목포에서 부산으로 향하는 고된 선편 피난 장면을 이렇게 기록하고 있다.

‘목포에서 부산까지 배를 타고 가는데 파도와 풍랑이 심해 모두 배 멀미로 쓰러졌지만 75세의 남편은 혼자서 꿋꿋하게 버티던 모습이 생각난다. 그때 초죽음이 된 나는 물론, 수행원들까지 신음하며 노란 물을 토하고 쓰러지자 백발의 대통령이 일일이 돌보아 주었다. “아랫배에 힘을 주면서 인자하셨던 어머님을 생각해 봐. 그러면 속이 좀 가라앉을 걸세” 하며 젊은 수행원들을 격려하던 남편의 다정한 음성이 아직도 내 귀에 들려오는 것 같다.

이 대통령은 배 안에서 일행들을 돌보느라 눈 한번 안 붙였다. 함정 안에서 군인들과 똑같이 식사를 했다. 꽁보리밥에 짠지, 날된

장이 전부였다. 일행 모두가 음식 냄새조차 맡기를 싫어했지만, 대통령만은 밥을 한 알도 남기지 않고 한 그릇을 다 비웠다.'[451]

이승만은 7월 2일 오전 11시 부산 부두에 도착했다. 1주일 간 부산에 머물렀던 이승만은 임시 수도 대전과 너무 멀어 일 처리가 늦고 일사불란하게 지휘할 수 없다고 불만이 컸다. 결국 이 대통령 일행은 7월 9일 다시 대구로 올라가 조재천 경북지사 관저로 거처를 옮겼다. 당시 이 대통령이 대구까지 타고 간 기차는 차체며 차창이 온통 총상 투성이였다. 전투가 얼마나 치열했는지를 역력하게 보여 주었다.

대구에 와서야 경북도청에 국무회의실을 마련했고, 극장을 빌어 국회도 소집하는 등 제법 정부다운 모습을 갖추게 된다. 유엔군사령부도 대구에 설치됐고, 외국의 종군기자와 특파원들도 대구로 몰려왔다.

국군의 작전지휘권 유엔에 넘긴 이유

1950년 7월 7일 유엔안보리는 유엔군사령부 설치에 대한 결의안을 채택했다. 이 결의안은 유엔안보리를 대신하여 한국에서 침략자와의 전쟁을 수행하는 권한을 미국 대통령에게 위임하고, 회원국들이 파견한 군대는 미국의 통일된 지휘체제 아래 둔다는 내용이었다. 7월 13일 한국에서 유엔군 지상부대를 통합 지휘할 미군사령부가 대구로 이동했고, 다음날인 7월 14일 한국군 육군본부도 대구의 미8군 사령부 인접지역으로 이전했다.

이날 이승만 대통령은 무초 주한 미국 대사를 통해 유엔군사령관 맥아더 장군에게 “현재와 같은 적대상태가 지속되는 동안 한국의 육해공군에 대한 지휘권(command authority)을 당신에게 이양한다”는 서한을 전달했다. 이승만의 편지를 받은 맥아더 장군은 7월 18일 무초 주한 미국대사를 통해 “이승만 대통령의 결정을 영광으로 생각하는 바이며, 유엔군의 종국적인 승리를 확신한다”는 요지의 답신을 보냈다. 이승만의 서한과 맥아더의 회답은 7월 25일 유엔 사무총장에게 전달되어 안보리에 제출됨으로써 유엔통합군사령관이 한국군에 대한 지휘권을 갖게 되었다.[452]

좌파들은 국군의 작전 지휘권을 미군에 넘긴 것은 주권의 포기라며 이승만을 비판한다. 그러나 이승만은 한국군의 작전 지휘권을 맥아더 장군에게 이양함으로써 유엔군사령부에 한국전 수행 책임을 전적으로 맡기고, 한국군은 유엔군의 일원이 되어 전쟁을 하는 군대로 탈바꿈했다. 이것이 이승만이 국군의 작전 지휘권을 이양한 이유다. 비록 한국이 유엔에 가입하지는 않았지만, 한국군을 맥아더 유엔통합군사령관의 지휘 아래 둠으로써 한국군을 유엔군의 일원으로 만들고, 한국을 유엔의 일원으로 만드는 효과를 발휘하고자 한 것이다.[453]

남정옥은 이승만 대통령의 작전지휘권 이양은 주권의 포기가 아니라 유엔 회원국이 아닌 한국에게 유엔 회원국의 자격을 주었고, 유엔군이 아닌 국군에게 유엔군의 일부로 싸울 수 있는 여건을 제공함과 동시에, 미국 주도의 유엔군에게 전쟁에 대한 무한 책임을 지우려는 이승만의 심모원려에서 나온 조치라고 평가한다.[454]

이승만 대통령을 비롯한 각료들은 경북지사 관저와 그 일대 민가에 집무실과 숙소를 마련했다. 대구의 임시 경무대는 조재천[455] 경북지사 부인이 가정부 두 명을 데리고 70여 명에 달하는 국무위원과 피난 온 국회의원 등 식객들을 돌봐야 했다.

대구의 여름은 끔찍하게 더웠다. 물 사정이 어려워 대통령 내외는 빨래도 마음 놓고 못할 정도였다. 특히 홑몸으로 피난 온 정부 요인이나 경호원들의 의복 문제가 심각했다. 옷을 사 입을 형편이 못 돼 군복을 얻어 입었는데, 당시의 궁핍했던 상황을 프란체스카 여사는 이렇게 기록하고 있다.

'남자들 빨래 솜씨로는 비눗물이 덜 빠지게 마련이다. 가끔 지사관저 뒷마당 빨랫줄에 비눗물이 덜 빠진 남방셔츠가 널려있어도 물이 귀해 손봐줄 수가 없었다. 여기저기를 깁거나 올이 다 닳아 구멍이 나기 직전의 빨래들이었다. 너무나 딱한 건 팬츠였다. 헤지기 직전의 천 조각에 불과했다. 나는 노블 참사관이 갖다 준 침대시트를 침모와 함께 밤새껏 말려 그것들로 팬츠를 여러 장 만들었다. 이 팬츠를 조재천 지사 부인에게 주어 직원들 숙소에 보냈다.

지사 관저 앞에 있는 양조장과 규모가 좀 큰 집들은 서울에서 내려온 정부 관리와 사회 각계 인사들의 공동 합숙소였다. 방이 부족해 밤에는 모두들 새우잠을 자거나, 차례가 늦은 사람은 앉아서 자는 경우도 허다했다. 밤중에 누군가 화장실을 다녀오면 그때는 자던 자리를 뺏기는 것으로 알았다. 자동차가 부족해 지프에 4~5명씩 끼어 타는 콩나물시루 신세들이었다. 장관들도 예외는 아니었다. 너나없이 등허리에 땀띠가 나도록 정신없이 뛰어다녔다. 그래도 누구 하나 불평하는 사람이 없었다.'[456]

한 나라의 국가수반이 지내기에는 여건이 열악한 상황임에도 불구하고 이승만이 대구를 고집한 이유는 자신이 대구에 머물러 있어야 미군이 더 이상 후퇴하지 않을 것으로 판단했기 때문이다. 국회도 행정부의 이동에 따라 대구와 부산으로 옮겨가며 본회의를 열었다. 그 동안 흩어졌던 국회의원들도 모여들어 7월 27일 대구 문화극장에서 제8회 임시국회가 문을 열었다. 6월 27일의 새벽 회의가 자동 폐회된 지 꼭 한 달 만이었다. 이때 참석한 의원은 재적의원(210명)의 3분의 2가 겨우 되는 148명뿐이었다.

"지금이야말로 통일의 시기"

낙동강을 사이에 두고 벌어진 격전 상황은 당시 여성 종군기자로 활약했던 마거리트 히긴스 기자[457]가 쓴 '아군 진지에 탱크 5대 침입. 상황은 불투명함. 문제없음. 우리는 진지를 확보 중임'이라는 긴박한 기사로 짐작할 수 있다. 히긴스 기자는 전쟁 발발 이틀만인 1950년 6월 27일 김포에 도착해 1950년 12월까지 6개월 동안 미군과 함께 전장을 누비며 한국전을 취재한 300여 명의 기자 중 유일한 여성 종군기자였다. 히긴스는 자신의 비망록 『한국전쟁』

에서 이렇게 말했다.

"북한군이 서울을 점령하자 한국군 10만여 명의 병력은 2만 명 이하로 줄어들었다. 많은 한국군 장병은 옷을 갈아입고 민간인으로 변신해 남쪽으로 향하는 피난민 대열에 합류했다. 그러나 늦여름쯤에는 한국군 규모가 15만 명 이상으로 증원됐다. 이후 미군 장교들은 한국군 장병들이 포화 속에서 보여 준 용기에 대해 찬사를 아끼지 않았다."

7월 11일, 자유중국의 샤오위린(邵毓麟) 대사가 2만 내지 2만 5000명의 자유중국군 파병을 제의해 왔다. 이승만은 이 제의를 정중히 거절했다. 그의 거절 이유는 "중공군을 내 손으로 불러들일 수는 없잖아" 하는 것이었다.[458]

국군과 미군이 후퇴를 거듭하며 반전의 기회를 모색하던 1950년 7월 20일, 이승만은 미군 파병과 유엔군 참전을 이끌어낸 트루먼 미국 대통령에게 감사 서한을 발송한다. 그런데 이 편지 내용 속에 6 · 25가 통일의 기회이며, 우리 정부의 동의와 승인 없이 한국에 관해 타국이 결정하는 어떤 협정이나 양해사항도 받아들일 수 없다는 결연한 의지를 밝히는 대목이 발견됐다.

'본인은 이곳에서 미국의 전쟁사상자가 늘어나는 것을 알 때 심히 가슴 아프게 생각합니다. 이역만리 이곳에서 자유를 위하여 그렇게 많은 사람들이 자기 생명을 바치지 않으면 안 된다는 것은 비극적 사실입니다. 우리나라 군대는 국토 안에서 자기네 나라를 위해 싸우고 있으니까 사상자가 아무리 참혹하다 하더라도 본인으로서는 귀국의 희생자들보다는 우리의 사상자 이야기를 듣는 것이 보다 더 마음 편합니다….

각하도 아시다시피 한국인이 아무도 참여하지 않은 38선에 관한 1945년 군사협정의 결과로서 한국 국민은 자기네 자신의 의사에 반하여 분단되었습니다. 이와 같은 분단은 북한에서 소련의 지령과 통제 아래 한국의 전통과 감정과는 전적으로 이질적인 공산 정권의 발전을 허용케 하였습니다….

전쟁 이전의 상태로 복귀시키고 재집결 재훈련 재무장하는 시간 여유를 가지고 또다시 공격을 가해오도록 적의 방종을 기다리려고 한다는 것은 아주 어리석은 짓일 것입니다. 결연한 각오로 제국주의 침략의 암적 존재를 없애고 세계 공산주의에 의하여 우리나라 깊숙이 부자연스럽게 자라난 악성 종양을 도려낼 시기가 도래한 것입니다.

대한민국 정부와 국민은 지금이야말로 한국통일의 시기라고 생각하고 있으며, 한국 사람들과 강력한 맹방들의 이와 같은 엄청난 희생으로 초래되는 어떤 결과도 통일 이하의 것은 생각조차 할 수 없습니다.

대통령 각하. 각하께서도 동일한 결론에 도달하셨을 것으로 본인은 확신하는 바이지만 우리 정부의 입장을 각하께 분명히 밝히고자 합니다. 한국 정부의 동의와 승인 없이 한국에 관해 타국이 결정하는 어떠한 협정이나 양해사항도 이를 구속력이 없는 것으로 간주할 것입니다….'[459)]

"다시는 망명정부 만들지 않겠다"

이승만은 6·25를 승리로 이끌어 남북으로 분단된 나라의 통일을 이루는 호기로 삼을 생각이었다. 그러나 트루먼은 이승만의 견해에 동의하지 않고 전쟁 이전 상태로 되돌린다는 제한전 개념을 끝까지 고수했다.

1950년 7월 26일, 이승만은 맥아더 장군에게 절실한 호소문을 작성했다. 무초 주한 미국대사는 이 호소문을 발송하지 않는 것이 좋겠다고 말렸으나 이승만은 자신이 느낀 바를 수행하는 것이 옳다면서 이 호소문을 발송하고, 그 사본을 로버트 올리버에게 보냈다. 관련 내용을 소개한다.

'앞으로 24시간을 더 기다려서는 안 될 시기가 왔습니다. 사실상 우리는 그렇게 할 수가 없습니다. 워커 장군에게 포병 장비와 중포를 한국군에게 주도록 훈령하시고 북진하는 한국 육군에게 계속해서 항공 지원을 하도록 패트리지 장군[460]에게 명령하십시오. 남쪽으로 멀리 밀려와 있는 적의 최전선을 지원할 증원 병력이 적에게는 없습니다. 그리고 우리는 서울로 향해 밀고 올라가서 후방으로부터 적군의 주요부를 차단할 수 있습니다.

우리는 절대로 성공을 확신합니다. 지금 우리가 이 일을 못하면 적은 남한 전체를 점령하게 되고, 한국 국민의 생명뿐만 아니라 미국인들의 생명 역시 큰 위험에 처하게 될 것입니다. 부디 한국인들을 신뢰하시고, 그들이 모두 빌며 허락받기 원하는 것을 허락하십

시오.'[461]

이 호소문에 대해 로버트 올리버는 "적의 증원 병력이 없다는 사실을 간파한 이승만 대통령의 전황 분석은 대단히 예리한 것"이라고 평했다. 인민군은 남한의 완전정복이 빨리 끝날 것이고, 승리자를 위로하기 위해 식량과 기타 물자들을 가지고 주민들이 몰려나올 것을 자신한 나머지 보급물자에 대한 준비를 제대로 하지 않았음을 간파했기 때문이란 이유에서다.

로버트 올리버는 "공산 침략자들의 인상적인 성공에도 불구하고 남한 사람들은 사실상 침략자들을 멀리했고, 대한민국 정부에 충성을 바쳤다. 공산군들이 다른 나라에서 발견한 사실과는 몹시 대조적으로 대한민국 국민들로부터는 아무런 지원도 받지 못했다"[462]고 지적한다. 국민들의 대한민국에 대한 충성의 근저에는 건국 전후 무장공비들이 대구와 여수, 순천, 제주도 등 남한 곳곳에서 저지른 약탈과 양민 학살의 참상, 그리고 6·25 직전에 단행된 이승만의 농지개혁이 숨 쉬고 있었다.

어느 날 대구역에서 부산행 피난열차가 떠난다 하여 피난민과 정부요인 등 많은 군중이 대구역에 모여들었는데, 때마침 적의 박격포탄이 근처에 떨어져 기차 유리창이 깨지는 등 소란이 일었다. 이승만은 대구 시내로 포탄이 떨어지는 긴박한 상황에서도 "낙동강이 우리의 최후 방어선이자 생명선"이라고 외쳤다.

7월 29일 인민군이 함양을 점령하자 주민들이 크게 동요하여 행동지침을 물어왔다. 이승만은 "모두 떨치고 일어나 몽둥이, 죽창, 폭약물 등 닥치는 대로 무장하여 전투 준비를 서두르라"고 이들을 격려했다.

그러나 전황은 날로 악화됐다. 낙동강 방어선 여기저기에 구멍이 생겨 대구가 위태롭게 되자 이승만은 7월 29일, 부인 프란체스카 여사에게 도쿄로의 철수를 명한다. 당시 정황에 대한 프란체스카 여사의 증언.

'이날 밤 대통령이 나를 불러 도쿄의 맥아더사령부로 떠나라고 했다. 거의 명령조였다.

"마미, 적이 대구 방어선을 뚫고 가까이 오게 되면 제일 먼저 당신을 쏘고 내가 싸움터로 나가야 돼요. 그쪽에 부탁해 놓았으니 당신만은 여기를 떠나주시오."

나는 절대로 대통령의 짐이 되지 않을 것이며, 최후까지 대통령과 함께 있겠다고 힘주어 말했다. 내 손을 꼭 잡은 대통령이 "다시는 망명정부를 만들지 않을 거야. 우리 아이들(국군)과 같이 여기서 최후를 마칩시다" 하며 등을 토닥여주었다. 창 밖 멀리 떼 지어 몰려드는 피난민들의 울부짖음이 가슴 저리게 들려왔다. 가족들의 이름을 부르며 애타게 찾는 소리, 끌고 온 송아지의 배고픈 울음소리며 달구지의 삐걱대는 소리가 화살처럼 귀에 박힌다.

"하나님, 어찌하여 착하고 순한 우리 백성이 이런 고통을 받아야 합니까? 이제 결전의 순간이 다가옵니다. 우리 한 명이 적 10명을 대적할 수 있는 힘과 용기를 주소서…."

창틀을 움켜쥔 대통령의 기도도 울음 섞인 목소리였다.'[463)]

지키느냐, 죽느냐

대전 방어전을 지휘하던 윌리엄 딘[464] 미 제24사단장이 실종됐다는 비보가 날아들었다. 군사 전문가들은 한국전이 역전될 수 있었던 것은 대전에서 인민군의 남진을 사흘 간 지연시킨 딘 장군의 대전 사수작전으로 인해 부산에 미군 기갑부대가 상륙할 시간을 벌어준 결과라고 평가한다. 맥아더 사령부는 미 제24사단이 7월 20일까지만 대전을 사수해주면 성공이라고 봤다. 미 24사단은 7월 20일까지 버티다 20일 오후에 대전에서 철수함으로써 맥아더 사령부가 원했던 귀중한 시간을 벌어준 것이다.

7월 20일 인민군 주력인 3, 4사단이 대전을 점령했다. 김일성은 수안보 온천까지 내려와 전선회의를 주재하면서 8월 15일까지 부산을 점령해 광복절을 남조선 해방축제일로 만들라고 명령했다.

인민군에게 포로가 된 딘 소장의 후임으로 한반도로 파견된 월턴 워커 장군[465]은 2차 대전 중 유명한 패튼 장군의 참모장으로 활동했고, 후에는 제24전차군단장으로 베를린을 점령한 백전노장이었다. 워커 사령관은 병사들에게 "우리는 더 이상 물러설 수 없고, 물러설 곳도 없다. 무슨 일이 있어도 결코 후퇴란 있을 수 없다. 내가 여기서 죽더라도 끝까지 한국을 지키겠다. 너희가 파놓은 벙커 속에서 죽을 때까지 싸우라"는 비장한 사수 명령을 내렸다.

워커 장군의 이 말은 "지키느냐 아니면 죽느냐(stand or die)"로 널리 알려졌다. 워커 장군의 지휘 아래 한미 연합군은 낙동강 전선 사수에 나섰다. 이런 이유 때문에 낙동강 전선은 이후 '워커 라인'이라고 알려지게 된다.

국군과 미군이 낙동강 방어전을 준비하고 있던 7월 27일, 도쿄에 있던 맥아더 장군이 예고도 없이 대구로 날아왔다. 이날 맥아더 장군은 정일권 육군참모총장, 알먼드 장군, 워커 사령관에게 인천상륙작전에 대한 상세한 계획을 설명하고, 그 때까지 낙동강 전선 방어를 위한 용전분투를 부탁했다.

이날 맥아더의 발언을 보면 최초의 인천상륙 날짜를 7월 22일로 계획하고 있었으나 전황이 악화되어 연기했음을 알 수 있다. 당시 맥아더의 발언 내용은 정일권 육군참모총장의 자서전에 다음과 같이 기록되어 있다.

"우리는 공산군의 공격을 견제하면서 시간과 싸워왔지만 이제부터는 승리를 위해 싸워나가야 한다. 내가 바라는 승리란 오직 공산국 섬멸 한 마디뿐이다. 전번의 한강 시찰에서 이 결의를 굳히고, 도쿄로 돌아가는 즉시 알먼드에게 계획을 지시한 바 있다. 바로 인천상륙이다. 하나 전국(戰局)이 생각대로 되지 않아 작전 결행을 늦추기로 했다.

구체적으로 말하면, 첫 계획은 '블루 하트'(파란 심장)였다. 제1기병사단을 상륙시키려 했다. D데이는 7월 22일이었다. 그러나 딘 사단의 대전 방어가 위태로워서 포항으로 돌릴 수밖에 없었다.

제2안을 '크로마이트 작전'으로 하여 미 본토로부터 제2사단과 제1해병여단으로 결행하려 했다. 그러나 여기 낙동강 전선의 급박해진 방어에 또다시 돌릴 수밖에 없다. 인천상륙의 두 번째 연기다. 제2사단과 해병여단, 하와이의 제5연대 전투단 및 5개 전차대대가 8월 중순까지 이곳으로 오게 될 것이다.

그러나 인천상륙은 기필코 결행한다. 공산군을 깡그리 섬멸해버릴 수 있는 유일한 작전이기 때문이다. 그러면 언제를 D 데이로 잡을 것인가. 나의 생각으로는 아무리 늦어도 앞으로 1개월 후로 잡고자 한다. 전국의 고비도 이 1개월간에 결산될 것이다. 그 때까지의 방어전에 특히 정 장군(정일권)의 한국군의 용전분투를 기대한다. 한국군은 장비나 보급을 충분히 받지 못하고 있으나 미군 GI(병사)들에겐 바랄 수 없는 반공필승의 투지를 간직하고 있다. 나 역시, 이 신념을 갖고 있다….

나는 여기 낙동강 라인에 역사적인 이미지를 남기고자 한다. 즉 공산군을 막아낸 방어전의 라인으로서가 아니라, 데모크라시(민주주의)의 결집력으로써 공산 침략군을 섬멸해 나가는 반공의 스타트 라인으로 역사에 장식하려는 것이다. 왜냐하면 스탈린은 지금 세계 적화를 노리고 있다. 그 첫 시도가 이 6·25이며, 북괴군은 스탈린의 용병이다."[466]

이 말을 들은 정일권은 하마터면 박수를 칠 뻔 했다고 회고록에서 밝히고 있다. 맥아더는 대구를 떠나면서 정일권에게 이렇게 말했다.

"이 대통령 각하께 전해주시오. 맥아더가 바삐 왔다가 뵙지 못하고 떠났다고. 그리고 맥아더는 대통령 각하의 변함없는 친구이고 영원한 반공 트리오라고….”

나중에 이 대통령에게 이 인사말을 전하자 노 대통령은 목멘 소리로 “오, 그러한가?” 라고 한 마디 하고 시선을 창밖으로 돌렸다고 한다. 눈물을 보이고 싶지 않아서였다.[467]

낙동강 방어선에서의 혈투

우리 현대사에서 1950년 8~9월은 풍전등화라는 표현이 들어맞을 정도로 긴박함의 연속이었다. 포항-영천-대구-마산으로 이어진 동서 80㎞, 남북 160㎞의 ‘낙동강 방어선’이라 불리는 마지막 보루에서 국군과 유엔군은 처절한 항전을 계속했다. 어느 한 곳이라도 전선이 뚫리면 부산이 하루 이틀 사이에 공산군 수중에 떨어질 일촉즉발의 상황이었다.

낙동강 방어전에 임한 아군은 국군 5개 사단, 미 8군 3개 사단 등 총 8개 사단이었다. 통상 사단 방어 정면은 아무리 길어야 15㎞인데, 8개 사단이 240㎞를 방어하자니 1개 사단이 통상 방어구역의 2배인 30㎞를 담당해야 했다.[468] 국군과 유엔군은 왜관의 낙동강 철교와 인도교를 비롯한 모든 교량을 폭파한 뒤, 8월 4일 새벽 낙동강 방어선으로 철수했다. 국군은 왜관에서 동해안에 이르는 북쪽을, 미군은 왜관에서 진해만에 이르는 서쪽을 맡아 방어에 나섰다.

그 무렵 북한 인민군은 김천에 전선 사령부를 설치하고 전선 사령관은 김책이 맡고 있었다. 북한군 총병력은 2개 군단(총 13개 사단)으로 미8군 정면에 4개 사단으로 구성된 제1군단, 국군 정면에 6개 사단으로 구성된 제2군단, 그리고 예비로 3개 사단을 편성해 놓고 있었다. 김일성이 김천에 나타나 사단장과 군단장 전원을 모아놓고 "8월 15일까지 부산을 점령하라"고 외쳤다.[469)]

대구 북방 22㎞에 위치한 다부동에서는 국군 제1사단이 인민군 3개 사단을 상대로 장렬한 전투를 벌였다. 북한군 2만 4000여 명, 국군 1만여 명이 죽거나 다치는 혈전이 55일간이나 계속됐다. 국군 1사단은 대구를 노리고 달려드는 북한군 3개 사단에 치명적인 패배를 안겨 전세를 역전시키는 계기가 되었다.

8군사령관 워커 중장은 L-19 경비행기를 타고 전선 상공을 누비면서 마이크를 잡고 직접 전투를 지휘했다.[470)] 당시의 통신시설은 오늘날에 비하면 비교가 안 될 정도로 열악했다. 부대와 부대끼리 통신이 잘 되지 않아 서로 위치를 모른 채 부딪치기도 했다.

워커 장군의 전속 조종사인 린치 대위는 워커의 공중지휘를 잘 보좌하는 기술이 있었다. 워커 사령관이 밑으로 내려가자고 하면 어떤 때는 엔진을 끄고 땅에 닿을 정도로 지상에 가까이 비행하곤 했다. 엔진을 끄고 마이크를 사용하면 그만큼 지상에서 소리가 잘 들린다. 워커는 마이크를 잡고 "적은 저기 있다. 오른쪽을 공격하라" "왼쪽으로 우회하여 궁지에 빠진 우군 부대를 구하라" 라는 등의 현장 명령을 내렸다.

워커는 소방부대를 끌고 다니면서 위급한 지역을 도왔다. 마이켈리스 대령[471]이 이끈 25사단 27연대가 바로 그 소방부대였다. 다부동이 위험하다고 하면 워커는 즉각 마이켈리스 부대를 다부동에 투입하고, 진동고개가 위험하다고 하면 곧바로 27연대를 그쪽으로 끌고 갔다. 27연대는 동에 번쩍 서에 번쩍 하면서 급한 불을 꺼 한국전의 위대한 별이 되었다.

8월 14일, 무초 주한 미국대사는 대구가 적의 공격권에 들어가자 이승만에게 정부를 제주도로 옮길 것을 건의했다. 무초 대사는 "적의 공격으로부터 멀리 떨어져 있고, 최악의 경우 남한 전체가 공산군에 점령된다 해도 망명정부를 지속시켜 나갈 수 있기 때문"이라고 설명했다. 당시 정황에 대한 프란체스카 여사의 기록이다.

'무초가 한참 열을 올려 이야기하고 있을 때, 대통령이 허리에 차고 있던 모젤 권총을 꺼내들었다. 순간 무초는 입이 굳어져버렸고 얼굴색이 하얗게 질렸다. 나도 깜짝 놀랐다. 대통령은 권총을 아래위로 흔들면서 "이 총으로 공산당이 내 앞까지 왔을 때 내 처를 쏘고, 적을 죽이고 나머지 한 알로 나를 쏠 것이오. 우리는 정부를 한반도 밖으로 옮길 생각이 없소. 모두 총궐기하여 싸울 것이오. 결코 도망가지 않겠소" 라고 단호히 말했다.

대통령이 권총으로 어쩔 것은 아니었지만 긴장한 무초 대사는 더 이상 아무 말 못하고 혼비백산하여 돌아갔다.'[472]

이 무렵 미군은 낙동강 주저항선을 편성하면서 극비리에 별개의 방어선을 더 준비하고 있었다. 울산 동북쪽 17㎞의 서동리(경상남북도 경계지점)에서 경상남북도 경계선을 지나 밀양 북쪽의 유천과 서쪽 무안리의 능선을 따라 마산 동북쪽 고지까지를 잇는 약 90㎞의 이 방어선은 미 8군 공병참모 데이비드슨 준장의 이름을 따서 '데이비드슨 라인'이라고 명명됐다. 맥아더 장군이 워커 사령관에게 비밀리에 지령한 예비 제2방어선이었다. 이는 주저항선이 무너져 대구를 잃었을 때를 대비하는 최종 방어라인이며, 미 8군이 어쩔 수 없이 철수해야 할 때 부산항을 유지하기 위한 목적이었다.[473]

미 공군은 8월 16일 B-29 폭격기 98대를 동원, 왜관 부근의 인민군 집결지에 노르망디 상륙작전 이래 최대의 융단폭격을 퍼부었다. 이처럼 강도 높은 폭격과 적절한 방어태세 유지로 인민군은 8월 한 달 동안 무려 7만여 명의 병력을 잃었다. 남침 초기 제공권을 장악했던 인민군 공군은 한 달 만에 100여 대가 격추되어 7월 20일 이후에는 공군 작전이 중단됐다. 이후 전 한반도는 미 공군의 훈련장이나 다름없는 상황이 됐다.[474]

8월 18일 정부는 부산으로 임시 수도를 이전했다. 전세가 점차 불리해지자 미8군 사령관 워커 장군은 신성모 국방장관에게 국방부와 내무부도 부산으로 철수하라고 했다. 신 국방은 국방부를 부산으로 철수하면서 조병옥 내무부장관에게 내무부도 옮기라고 했다. 그러나 조병옥은 이를 완강히 거부하고 대구 사수를 주장하면서 유엔군에 배속돼있던 경찰군을 지휘했다. 조병옥은 직접 워커 장군을 찾아가 "대구가 함락되면 아무리 유엔군이라도 부산을 고수하지 못하는 비극을 초래할 가능성이 있으므로 대구 철수를 반대한다"고 강력히 주장했다.

당시 미8군 사령부도 부산 이동 준비를 끝내고 있었는데 조병옥의 설득에 워커 장군도 마음을 돌려 "나도 사령관실에 침대를 갖다 놓고 작전 지휘를 하겠으니 귀하도 계속 경찰군 작전에 협조해 달라"면서 이동 계획을 취소했다.

조병옥은 경북도청의 임시 내무부로 돌아와 모든 경찰 간부를 소집했다. 다른 공무원들은 모두 대구를 떠나 초조해 하던 경찰 간부들은 "이제야 피난령이구나" 하고 생각해서 어떤 간부는 짐을 챙겨 나오기까지 했다. 조병옥은 "우리는 대구를 사수한다. 지금부터 이탈자는 전시 군법을 적용하여 처벌하겠다"고 선언했다. 경찰 간부들은 "내무장관의 만용으로 우리 모두 죽게 됐다"고 불평했고, 어떤 사람은 그 자리에 주저앉아 눈물을 흘리기도 했다.

조병옥의 지시에 의한 내무부의 대구 잔류는 민심을 수습하고 혼란을 줄이는데 큰 도움이 되었다. 이승만은 두고두고 조병옥의 대구 잔류 결단을 높이 평가했다. 황규면 비서의 증언에 의하면 이승만도 대구를 끝까지 떠나지 않으려 했다. 무초 대사와 미군 장성들은 8월 초부터 이 대통령에게 부산으로 떠날 것을 권고했지만 이승만은 이 제의를 단호히 거절했다. 표면적 이유는 "내가 더 내려가지 않아야 국민의 동요가 적어진다"는 것이지만, 사실은 미군의 전의에 대한 의구심 때문이었다. 이승만은 비서진에게 자주 이런 말을 했다.

"내가 부산으로 가지 않으려는 것은 미국 사람들을 믿을 수가 없어서 그래. 이 사람들이 내가 여기 이렇게 버티고 있으니까 그대로 있지, 부산으로 가면 언제 대구를 내놓을지 몰라. 죽으나 사나 낙동강을 마지막 방어선으로 버텨야 해."

대한민국 정부 제주도 이전 계획

다부동과 포항에서의 격전에 이어 9월 4일부터 영천을 둘러싼 대혈전이 벌어졌다. 영천은 낙동강 전투의 최후 결전장으로서 국군 제2군단장 유재흥 장군이 방어를 맡고 있었다. 인민군은 박성철이 지휘하는 15사단이 영천에서 유재흥 장군의 부대와 혈투를 벌였다. 15사단장 박성철은 김일성의 직계 심복으로 후에 북한 제2부수상에 올랐으며, 1972년 김일성의 특사로 청와대를 방문했던 인물이다.

9월 8일, 대구 방어의 전략적 요충지인 영천을 인민군에게 빼앗기자 미8군 사령관 워커 장군은 정일권 육군참모총장에게 "한국군 중에서 가장 믿을 수 있고 잘 싸우는 2개 사단과 각계각층의 민간인 10만 명을 극비리에 선정해 달라. 반공단체의 지도층 및 경찰 간부들을 민간인 리스트에 포함시켜 달라"는 요청을 받았다.

워커 장군은 데이비드슨 라인으로의 전면 철수명령을 준비해놓고 있었다. 영천이 점령되었으니 대구가 적의 수중에 떨어질 것이고, 이렇게 되면 미군은 한국을 떠나게 될 것인데, 이 때 한국군 2개 사단과 선발된 민간인 10만 명을 제주도나 하와이, 괌 등지로 이송시켜 망명정부를 세우기 위한 계획이었다.

정일권 장군이 이 내용을 이승만에게 보고하자 대통령은 "워커 그 사람 역전의 맹장이라고 듣고 있는데, 보기보다는 여간 겁쟁이가 아니구먼" 하며 실망의 빛을 감추지 못했다.

"그래, 2개 사단과 10만 민간인을 하와이에라도 데려가겠다는 것인가. 평생 동안 고국을 떠나서 일본 제국주의와 싸운 나더러 이제는 겨레를 이끌고 다시 고국을 떠나라 할 참이었던가…."

이 대통령은 격노하여 말했다.

"정 장군! 워커 장군에게 말하시오. 나, 대한민국 대통령은 누가 가자고 해서 나의 조국을 등질 비겁자가 아니라고 말하시오. 나, 이승만은 공산군이 여기 부산에 오면 내가 먼저 앞장서 싸울 것이오. 그래서 내 침실 머리맡에는 언제나 권총이 준비돼 있다고 말하시오. 가려거든 가라고 하시오. 미군들은 왜 여기에 왔는가. 공산 침략군을 물리치고 정의와 자유를 지키자고 온 것 아닌가. 그런데도 좀 위태롭다 해서 가고 싶다면 자기들끼리만 떠나라고 하시오!"[475]

그 무렵 영천을 점령한 인민군은 경주 쪽으로 진격 방향을 틀었다. 이를 미리 예측한 유재흥 군단장은 경주로 넘어가는 길목에 5개 연대를 매복시켜 놓고 적이 오기만을 기다리고 있었다. 9월 10일부터 13일까지 사흘 간 국군은 전사(戰史)에 길이 남을 '영천 섬멸전'을 전개했다. 이 전투에서 인민군은 시체 3799구, 포로 309명 등 투입된 병력 거의 전부가 사살되거나 부상을 당하는 궤멸적인 타격을 입었다. 우리 국군의 피해는 전사 29명, 부상 148명, 실종 48명 등 경미했다. 영천 섬멸전의 대승으로 미군의 데이비드슨 라인으로의 철수는 없던 일이 되어버렸다.

영천 섬멸전이 시작되기 전날인 9월 9일에는 경주 지역의 방어선이 적의 대공세로 위태롭게 됐다. 정일권 참모총장은 수도사단 18연대(일명 백골부대)[476] 연대장 임충식 대령[477]에게 다음과 같은 훈령을 보냈다.

"우리 대한민국의 명운은 오직 백골부대 여러분의 용전에 달려 있다. 여러분의 백골로서 경주를 사수하라. 본직(本職)은 여러분의 분발을 믿어 의심치 않는다. 감히 말하노니, 여러분은 경주를 무덤으로 삼아 전원 옥쇄하라!"[478]

수도사단 18연대는 연대장 이하 전원이 흰 해골이 그려진 철모를 쓰고 다녀 백골부대라는 명칭으로 불렸는데, 전투를 했다 하면 승리하여 인민군에게는 공포의 대상이었다. 전공이 뛰어나 부대원 전원이 두 번이나 일 계급 특진을 했다. 이처럼 긍지 높은 연대에 육군참모총장이 옥쇄를 명하자 임충식 연대장은 대원들에게 이렇게 훈시했다.

"우리 연대의 영예 높은 백골정신을 유감없이 발휘할 때가 왔다. 참모총장 각하의 각별하신 격려의 뜻을 받들어 연대장은 진두에 서서 경주를 사수할 것이다. 이 연대장이 진두에서 조금이라도 물러서면, 누구라도 좋다. 이 연대장을 쏴 죽여주기 바란다. 그리고 이 연대장의 시체를 방패삼아 최후의 일병까지 싸워주기 바란다. 그 대신, 너희 중에 우리 백골정신을 더럽히는 자가 있을 때엔 이 연대장이 가차 없이 처벌할 것이다."

연대 장병들은 일제히 "백골! 백골! 백골!"을 삼창하고 '결사(決死)' 두 글자를 백골 철모에 동여매고 경주를 지켜냈다. 경주를 지켜냈을 뿐만 아니라 지원 나온 미군 제19연대와 협동하여 안강-기계를 탈환하는 동시에, 인민군 제12사단을 역포위 하여 섬멸하는 전과를 거두었다.[479]

인민군은 싸울 힘이 없었다

박갑동은 9월 15일 인천상륙작전이 없었다 해도 인민군이 낙동강 전선에서 더 이상 버틸 수 없었다고 말한다. 이유는 남침 때 한 톨의 식량도 북한에서 가져오지 않았기 때문이라는 것이다. 그의 설명이다.

'인민군의 최대 약점은 보급부대가 없었다는 것이다. 이것은 러시아 혁명 내전시대에 적군(赤軍)이 식량을 전적으로 혁명을 지지하는 민중에 의존하여 번잡한 식량 수송을 하지 않고 기민하게 부대 이동을 한 점을 모방한 것으로 보인다…. 인민군은 각지에 인민위원회라는 것을 조직하여 식량을 조달시켰다. 인민군은 농민에게 "토지를 공짜로 줄 테니까 식량을 내라"고 했다….

8월 15일 김일성은 군당, 인민위원회에 특별명령을 내리고 남한 농민에 대하여 서류상의 수속을 없애고 "이것을 너에게 준다"고

구두로 토지를 나누어 주라고 독촉했다. 남한 농민으로부터 의용병으로서의 병력과 식량을 염출하기 위해 김일성은 드디어 최후의 수단을 쓴 것이다….

남한을 해방한 후 남한 인민에게 무엇을 먹이며 무엇을 입히느냐 하는 배려가 전혀 없었을 뿐 아니라 "남한에 무기만 갖고 가면 모든 것이 공짜로 혁명이 이룩된다"는 식의 약탈적인 김일성의 생각은 남한 인민에게 커다란 곤란을 주었고, 두 번 다시 김일성의 통치하에는 들어가지 않겠다는 강한 혐오감만을 남겼다.'[480]

북한은 남한에서 식량을 조달하기 위해 노력했으나 남한 주민들의 비협조로 뜻을 이루지 못하자 농민들에게 공짜로 땅을 나눠 준다는 조건으로 식량을 염출하려 했다. 그러나 이 방법도 전혀 먹혀들지 않았다. 남한 농민들은 이미 농지개혁으로 땅을 소유하고 있었기 때문이다.

게다가 북한은 점령지에서 대량으로 '의용군'을 강제 징집하여 전선으로 내몰았다. 그들은 남한 청년들을 동원하여 국군에게 총부리를 들이대도록 한 것이다. 김일성은 인민군 점령 하에서 남한 인민의용군으로 강제 징집한 숫자를 40만이라고 밝힌 바 있다. 백주 노상에서 젊은이들을 강제로 납치하여 총알받이로 내모는 일들이 자행되면서 인민군에 대한 민심이 크게 이반되었다.[481]

07

대한민국 국군은 북진하라

인천 상륙은 5000대 1의 도박

1950년 9월 15일 새벽, 스트러블 해군 제독이 지휘하는 제7합동기동부대 소속의 항공모함과 순양함, 구축함과 제10군단 병력이 탑승한 대규모 선단이 인천 앞바다에 집결했다. 이날 유엔군 소속 함정은 8개국에서 참전한 261척. 미 제5해병연대 제3대대의 선봉 공격대가 인천 수로에 진입하자 순양함과 구축함들이 일제히 함포 사격을 개시했다. '크로마이트(chromite) 작전'이라 명명된 인천상륙작전이 전격 단행된 것이다.

미국의 모든 군사전문가들은 "인천에 군사적 상륙은 미친 짓"이라며 반대했다. 수로가 좁아 대규모 선단의 진입에 어려움이 크고, 10m에 이르는 조수 간만의 차, 적이 좁은 수로에 기뢰를 매설할 경우 많은 피해가 예상되는 등 수많은 제약 요인으로 인해 성공 확률이 5000 대 1 정도로 낮았기 때문이다. 그러나 맥아더는 "5달러를 내고 5만 달러를 딸 수 있는 기회"라며 반대파들을 끈질기게 설득했다. 그의 예언대로 5000 대 1이라는 희대의 도박은 멋지게 성공했다.

낙동강 전선의 돌파를 위해 비좁은 경상도 지역에 전력을 집중시켰던 공산군은 허리에 비수를 맞은 형국이었다. 중공의 수뇌부는 인민군의 남침 초기부터 미군의 인천 상륙 가능성에 대해 수차에 걸쳐 김일성에게 경고했다. 그럼에도 불구하고 눈앞의 승리에 도취돼 아무런 조치도 취하지 않은 김일성의 태도에 경악을 금치 못했다.

마오쩌둥은 인민군이 연승 행진을 하던 7~8월에 북·중 국경을 따라 병력을 배치했다. 중공군 최정예 부대인 제4야전군에서 3군을 차출하여 36개 사단, 총 70만 병력에 7개 포병사단과 고사포부대를 합류시켰다. 마오쩌둥은 중공의 한국전 개입을 피할 수 없는 운명이라고 생각했다.[482)]

9월 15일, 인천항에는 오후 늦게부터 가랑비가 내렸다. 미 제10군단은 상륙지점인 레드, 블루, 그린 해안에 병력과 장비를 양륙(揚陸)시키고 다음날 아침부터 서울을 향한 진격을 개시했다. 9월 20일 오전, 행주 부근의 주민들이 낫과 곡괭이로 무장하고 인민군 패잔병 200여 명을 포로로 잡아 부근을 지나던 미군과 한국군 해병대에게 끌고 왔다. 당시 정황에 대한 정일권 육군참모총장의 기록이다.

'미 해병 부대장과 국군 해병 부대장은 주민들의 협력이 고맙긴 했으나, 이제부터 서울에 돌입할 참인데 이 많은 포로들은 짐이 될 뿐이었다. 그렇다 해서 잡아온 포로들을 내팽개칠 수는 없는 노릇이다.

국군 해병대의 신현준 연대장이 묘안을 생각해냈다. 포로들을 한 줄로 세워놓고 한 사람씩 신라의 달밤을 부르게 했다. 당시 크게 유행한 히트곡, 참으로 기막힌 착안이었다. 3분의 2 정도가 제대로 불렀다. 이들은 인민의용군의 미명으로 강제 징발당한 남한 출신이며, 부르지 못한 나머지는 북괴군 병사임이 틀림없었다. 이 나머지 60여 명만 포로 취급하여 후송케 하고, 남한 출신자들은 고향을 물어보고 각기 가족들에게 보내 주기로 했다.

한데 석방된 남한 출신들은 해병 연대를 뒤따르고 싶어했다. 아무리 타일러도 "북괴군에게 복수하지 않고서는 그 동안의 원한을 풀 수 없습니다. 저희도 서울로 진격케 해 주십시오" 하며 해병대와 함께 서울에 돌입하겠다고 했다.'[483]

정일권 총장은 9월 14일, 이승만 대통령에게 인천상륙작전의 D데이가 내일이라고 보고했다. 당시 정황에 대한 정일권의 기록이다.

'대통령은 감격어린 노안으로 내게 물었다.

"그러면 총반격은 언제 하게 되는가?"

16일부터라고 하자 노(老) 대통령은 "어디까지 반격할 것인가? 하고 물었다. 38선까지라고 답했다.

"아닙니다" 하고 대통령은 단호히 말했다.

"미군은 그러할지 모르나, 우리 국군의 목표는 백두산이어야 합니다. 38선을 돌파해 나가야 합니다. 이 기회를 놓쳐서는 안 됩니다. 다시없는 기회입니다. 나의 이 결심을 명심해 주기 바랍니다!"

노 대통령의 목소리는 단호하고 힘이 있었다.'[484]

"두만강, 압록강까지 밀고 간다"

며칠 전까지만 해도 망명정부 운운하던 상황에서 전세가 180도로 바뀌어 국군과 유엔군이 낙동강 방어선을 돌파하여 적을 거세게 밀어붙이기 시작했다. 이승만은 9월 20일 인천상륙작전 경축대회에서 "두만강, 압록강까지 밀고 가서 철의 장막을 쳐부수자"고 의미심장한 발언을 한다.

"지금은 대세가 기울어 소련 공산군들이 세계에 애소(哀訴)하여 평화적 해결을 하고자 한다. 이것은 다 쓸데없는 말이다. 우리 전쟁은 이북에서 침략하므로 우리가 싸운 것이요, 이북 공산도배들이 이남에 들어와서 살인, 방화할 때에는 이것을 내란이라고도 할 수 있으나, 소련이 군기 군물을 주어서 침략군들을 들어오게 하였으니, 이때부터는 내란이 변하여 한국과 아라사(러시아)와 싸우는 전쟁이 되었다.

소련이 한국 내란에 참여하여 민주정부를 침략한 것은 민주세계를 토벌하려는 것이므로 연합군이 들어와서 공산군을 물리치며 우리와 협의하여 싸우는 것이다. 그러므로 우리가 지금 38선에 가서 정지할 리도 없고, 또 정지할 수도 없는 것이니, 지금부터는 이북 공산도배를 다 소탕하고 38선을 두만강, 압록강까지 밀고 가서 철의 장막을 쳐부술 것이니…."[485]

이날 이승만의 "38선을 두만강, 압록강까지 밀고 간다"는 발언은 미국이나 유엔과 전혀 상의 없이 발표된 것으로서, 38선 이북 지역까지 밀고 올라가 북한 지역을 수복하여 통일을 이루겠다는 의지를 공개석상에서 최초로 밝힌 것이어서 의미가 깊다.

워커 장군이 지휘하는 8군이 낙동강 전선을 뚫고 북상하여 서울 외곽에서 인천상륙군과 합류한 것은 9월 27일이었다. 이로써 인민군 병력은 대부분 죽거나 부상당하거나 소멸됐다. 부대 정렬을 갖춘 채 북한으로 온전히 넘어간 사단은 단 하나도 없었다.[486]

인민군 장교들은 계급장을 떼고 권총 하나만 들고 산으로 도망갔으며, 살아남은 인민군은 죽을힘을 다해 태백산 줄기를 타고 북한으로 가든지, 아니면 빨치산이 되기 위해 지리산, 회문산, 백운산으로 뿔뿔이 흩어졌다.[487] 낙동강 전선에서 후퇴한 북한군은 7만여 명이었는데 그 중 38선 이북에 도달한 병력은 3만 명이 채 안됐다. 북한이 잃은 병력 가운데 1만여 명은 사망했고, 1만 2000여 명은 포로로 붙잡혔으며, 2만여 명은 게릴라가 되었다.[488]

알먼드 장군이 지휘하는 10군단이 서울을 탈환한 것은 인천 상륙 13일 만인 9월 28일이었다. 이 무렵 맥아더사령부는 미 국무부로부터 "서울을 점령하더라도 서울에 대한민국 정부를 수복시키는 일은 국무부가 처리하겠다"는 긴급 전문을 받았다.

맥아더는 이를 무시했다. 그는 유엔결의안에 의해 침략자를 물리치라는 명령을 받은 유엔군사령관이었다. 유엔군사령관으로서 침략자를 물리쳤으면 당연히 대한민국 정부를 복귀시킬 권한이 있다고 스스로 판단했다. 9월 29일 맥아더는 도쿄에서 서울로 날아와 중앙청에서 수도 서울 반환식을 가졌다.[489)]

9월 29일 이승만 일행은 항공편으로 부산을 출발, 김포 비행장에 도착했다. 비행장에는 맥아더 장군이 영접을 나와 감격의 인사를 나누었다. 두 사람은 서울 환도(還都) 기념식이 열리는 중앙청으로 이동하기 위해 출발 준비를 했다. 맥아더 장군이 대통령의 차를 앞세우도록 지시하자 이승만은 "오늘은 개선장군이 먼저 환영을 받아야 하오. 장군의 차를 앞세우시오. 이것은 한국 국민 전체의 뜻이오" 하고 먼저 출발하도록 했다.[490)]

한참을 달려 한강이 나타나자 이승만은 주르르 눈물을 흘렸다. 당시 정황을 프란체스카 여사는 이렇게 기록하고 있다.

'차는 마포를 지나 서대문 쪽으로 달렸다. 서울의 시가지는 무참하게 파괴되어 있었다. 전쟁이 할퀴고 간 도로변에는 영영실조로 수척해진 시민들이 태극기를 들고 나와서 대통령을 보자 눈물을 흘리며 만세를 부르고 손을 흔들어 환영해 주었다. 대통령과 나도 감격하여 눈물이 솟구쳐 올랐다.

교차로마다 모래주머니로 방벽을 만들어 놓았는데, 굶주린 서울 시민들을 북괴군이 총칼로 위협하고 강제 동원하여 만든 것이라고 했다. 시가지로 들어설수록 공산군의 살육과 방화와 파괴의 흔적이 더 심하게 드러났다.

중앙청 역시 검게 그을었고, 유리창은 모두 박살이 났는데, 아직도 매연이 가시지 않은 채였다. 멀리서는 아직도 포성과 총소리가 들려오고, 시내에는 게릴라들이 숨어서 가끔 급습해 오므로 조심해야 한다고 했다.

우리는 차에서 내린 다음 중앙청 현관을 지나 중앙홀로 들어갔다. 아직도 연기 냄새가 사방에서 나고 있었다. 구리로 된 둥근 돔은 찌그러져 있었고, 가끔 천장에서는 작은 유리조각이 떨어져 내리곤 했다.'[491]

정오부터 중앙청에서 열린 서울 환도 기념식에서 맥아더 장군이 연단에 올라 다음과 같이 연설했다.

"자비로운 하느님의 가호로, 인류의 최대의 희망과 열망의 상징인 우리 유엔군은 여기 대한민국의 오랜 수도 서울을 수복하였습니다. 이제 서울은 잔학한 공산주의의 압제에서 벗어나, 시민들은 대한민국의 자유와 존엄성을 누리게 되었으며, 다시는 잃지 않으리라는 굳은 신념 밑에서 생활할 수 있게 되었습니다.

이 결정적인 승리를 우리의 힘으로 되찾게 해주신 전능하신 하느님께 충심으로 감사드리는 바입니다…. 대통령 각하. 저와 저희 장교 일동은 이 순간부터는 군무에 전념하여, 민사(民事)의 모든 것은 각하와 각하의 정부에 맡기고자 합니다."[492]

맥아더가 수도 서울의 행정 책임을 이승만과 대한민국 정부에 넘긴 것은 미 국무부의 뜻과는 다른 것이었다.

"국군은 38선을 넘어 즉시 북진하라"

연설을 마친 맥아더 장군은 이 대통령의 손을 잡아 연단으로 인도했다. 이승만은 맥아더 장군에게 "한국 정부와 국민을 대표하여 압도적으로 우세한 적에 대하여 승리를 획득한 귀관의 탁월한 지휘에 심심한 사의를 표명하는 동시에 영원히 감사의 뜻을 잊지 않을 것을 맹서하는 바입니다" 라는 치사와 함께 태극무공훈장을 수여했다. 수복 기념식이 끝난 직후 이승만은 맥아더에게 국군의 북진을 통보한다. 프란체스카 여사의 기록이다.

'중앙청에서 식이 끝난 뒤 대통령이 맥아더 원수에게 심각한 얼굴로 말했다.

"우리는 지금 지체 없이 북진해야 하오. 그들은 재편성할 시간이 없을 것이고 저항도 없을 것입니다."

맥아더 장군은 국제연합이 38선을 넘도록 자기에게 권한을 부여하지 않았다는 이유로 반대의사를 표시했다. 대통령은 장군에게 "국제연합이 이 문제를 결정할 때까지 장군은 휘하 부대를 데리고 기다릴 수 있지만, 한국군이 밀고 올라가는 것을 막을 사람은 아무도 없는 것 아니오? 여기는 그들의 나라요. 장군이 우리 군대에 공중지원을 한다면 그들은 그렇게 할 수 있을 것이오. 내가 명령을 내리지 않아도 우리 국군은 북진할 것입니다" 하고 힘주어 말했

다.'[493]

그 무렵 육군참모총장 정일권은 한국군의 작전 지휘권을 갖고 있는 유엔군사령부로부터 38선에서 작전을 중지하라는 명령을 받고 있었다. 서울 수복 기념식이 열린 다음날 정일권은 육본의 일반참모, 헌병사령관과 함께 경무대로 들어오라는 호출을 받았다. 일행은 대통령 집무실로 안내되었다. 집무실 접견은 극히 드문 일이어서 정일권은 예사롭지 않은 일이 벌어질 것을 직감했다. 당시 정황에 대한 정일권의 기록이다.

'이 대통령은 첫 마디부터 여느 때와 달랐다.

"우리 3사단과 수도사단이 38선에 도달했는데도 어찌하여 북진 명령을 내리지 않는 것인가? 38선 때문인가? 아니면 딴 이유 때문인가."

"38선 때문입니다"라고 답하자 노(老) 대통령의 노기 띤 목소리가 한층 높아졌다.

"38선이 어찌 되었다는 것인가? 무슨 철조망이라도 쳐 있다는 것인가, 장벽이라도 쌓여 있다는 것인가. 넘지 못할 골짜기라도 있다는 것인가?"

나로서는 처음 겪는 노 대통령의 노여움이었다. 고개를 들지 못했다. 잠시 후 다시 말이 떨어졌다.

"인사국장은 어떻게 생각하는가? 38선을 넘어도 되는 것인가, 안 되는 것인가."

황헌친 대령은 주저 없이 명쾌하게 답했다.

"각하의 명령이면 언제라도 넘어야 한다고 생각합니다."

이에 일행 모두에게 같은 질문이 떨어졌다. 대답은 모두 하나였다. 특히 강문봉 대령은 유엔이 북괴군을 침략자로 낙인찍은 이상, 도망치는 침략자를 추격하는 것은 당연한 일이라고 덧붙였다. 최경록 대령은 38선은 이미 북괴군이 짓밟은 것이니 우리 국군만이 지켜야 할 이유가 없다고 했다. 이 대통령은 비로소 노기를 풀어 만족할 때의 얼굴로 나의 결심을 물었다. 나는 힘주어 대답했다.

"저희는 대한민국의 군인입니다. 유엔군과의 지휘권 문제가 있습니다만, 저희는 각하의 명령을 따라야 할 사명과 각오를 지키고 있습니다. 38선 돌파는 이제 시간문제일 뿐입니다. 명령을 내리신다면, 제가 현장에 가서 책임지고 결정하겠습니다."

잠시 후 이 대통령이 결론을 내렸다.

"여러분의 의견은 나에게 용기를 주었습니다. 나는 맥아더 장군에게 우리 국군 지휘권을 맡기기는 했으나, 내가 자진해서 한 것입니다. 따라서 되찾아 올 때에도 내 뜻대로 할 것입니다. 지휘권을 두고 이러쿵저러쿵 따질 일이 아닙니다. 그러한즉, 대한민국 군인인 여러분은 대한민국 대통령의 명령만 충실히 지켜주면 되는 것입니다."

하고 책상에서 종이 한 장을 집어 들어 나에게 주었다.

"이것은 나의 결심이오, 나의 명령입니다."

종이에는 붓글씨로 이렇게 적혀 있었다.

"대한민국 국군은 38선을 넘어 즉시 북진하라. 1950년 9월 30

일 대통령 이승만'"[494]

맥아더와 트루먼의 동상이몽

이승만 대통령으로부터 북진하라는 엄중한 명령을 받고 온 정일권은 참모총장 고문 하우스만과 이 문제를 숙의했다. 하우스만은 국제 전사(戰史)를 뒤지고 법령집을 들춘 끝에 긴급추적권(hot pursuit)이라는 방법론을 찾아냈다. 긴급추적권은 전쟁 중 원래는 적을 추적하여 전투를 벌이지 못하게 되어 있는 지역이라도 긴급상황이 발생하여 불가피하게 일정 기간, 일정 지역을 추적하여 적을 공격할 수 있는 권한이다.[495]

이 권한을 이용하여 수도사단 23연대가 38선을 넘어 북진을 개시한 것은 10월 1일 오전 11시 25분이었다. 23연대 소속의 1개 중대 병력은 북진 명령이 내려지기 전에 이미 38선을 넘어가 양양 뒷산까지 진출해 있었다.

미국은 1947년 채택한 봉쇄정책에 의해 38선에서 진격을 멈추고 고민에 빠졌다. 만약 38선을 넘어 북한 지역을 수복하는 작전에 돌입하면, 그것은 봉쇄정책을 벗어나 롤백 정책으로 가는 길이었기 때문이다.[496] 미국은 논란 끝에 38선 돌파를 결정, 10월 3일 도쿄의 맥아더 사령부는 "유엔군은 10월 3일 0시를 기해 38선 이북의 북한에 작전을 연장한다"는 일반명령 제2호를 발표했다. 워커 8군사령관이 도쿄로부터 정식 북진명령을 받은 것은 10월 7일이었고, 8군의 2개 군단 중 전진부대인 밀번 중장이 지휘하는 1군단 병력이 38선을 넘은 것은 이틀 뒤인 10월 9일이었다. 국군이 38선을 넘은 지 무려 9일 만에 미군 주력부대가 38선을 넘은 것이다.

유엔총회는 10월 7일 결의 376(V)을 채택했다. 그 주요 내용은 (1)유엔은 전체 한국의 안전보장을 위한 모든 적절한 조치를 취한다 (2)한국에 통일되고 독립된 민주정부를 수립하기 위해 유엔 감시 하에 총선거를 포함한 모든 조치를 실시한다 (3)한국통일부흥위원단(UNCURK)을 설치하여 기존의 유엔한국위원단의 한국 통일에 관한 업무를 계승하고 한국에 대한 구제와 부흥에 관련된 일을 담당토록 한다는 것이었다.[497]

이날 유엔은 유엔군의 38선 이북 북진을 허락하는 결의안을 채택했는데, 그 목적을 "침략군의 무력을 분쇄하여 북한 인민들이 자유롭게 선거에 임할 수 있도록 하기 위함"이라고 밝혔다. 미군과 유엔이 유엔 주도의 북한 점령정책을 세운 사실은 중요한 의미를 갖는다. 앞으로 북한이 갑자기 붕괴될 경우 북한에 대한 통치주체와 관련하여 역사적 선례로 작용할 수 있기 때문이다.[498]

양양에서 북진을 개시한 국군 1군단 소속의 2개 사단은 38선에서부터 200㎞를 열흘 만에 주파하여 10월 10일 원산을 점령했다. 워커 사령관은 정일권 참모총장에게 "나의 군 생애에서 도보 진격에 의한 이와 같은 쾌속 진격은 일찍이 보지도 듣지도 못했다. 정말 믿어지지 않는 기록"이라고 칭찬을 아끼지 않았다.

국군 제2군단(제6, 7, 8사단)은 중앙 내륙의 산악지대를 북상하여 10월 6~8일 사이에 38선을 넘어 평강, 철원, 김화 지역을 점령했고, 10월 12일 평양 동북쪽으로 진격에 나섰다.

서부전선에서는 미 제1군단 예하의 국군 제1사단과 미 제1기병사단이 평양 점령을 놓고 치열한 선두다툼을 벌였다. 백선엽 장군이 지휘하는 국군 제1사단은 38선 고랑포에서 약 170㎞ 떨어진 평양을 10월 19일에 점령했다. 하루 평균 20㎞를 진격한 것이다.

그러나 맥아더 장군과 트루먼 미국 대통령은 동상이몽(同床異夢) 상태였다. 북진을 계속하여 한반도에서 공산세력을 몰아내고 통일을 이루고자 했던 맥아더의 원대한 포부는 트루먼의 '제한전' 정책이란 암초를 만났다. 그 첫 단서는 인천상륙작전이 결행되던 날 나타났다. 인천 앞바다에 떠 있는 기함 마운트 매킨리 호에서 상륙작전을 지휘하던 맥아더 장군은 워싱턴으로부터 날아온 전보를 받았다. 전보의 주된 내용은 다음과 같았다.

1) 여하한 상황이라도 육해공군 공히 소련 및 중공의 국경을 건드려서는 안 된다.

2) 소련과 맞닿아 있는 두만강 하구와, 중공과 접경해 있는 압록 두만의 두 강에는 한국군 이외의 어떠한 부대도 진출시켜서는 안 된다.

3) 해공군도 소련 및 중공 령과 근접되어 있는 지역에서 작전해서는 안 된다.

이는 미 국가안전보장회의가 제시한 소위 '3불가(不可)' 원칙이었다. 기함 마운트 매킨리 호 함상에서 이 원칙을 통보받은 맥아더는 다음과 같은 북진작전 의견을 워싱턴에 타전했다.

1) 미 제8군을 편제 그대로 평양으로 진격시킨다.

2) 미 제10군단을 동해안의 원산에 양륙하여 제8군과 협격작전을 담당케 한다.

3) 한국군은 동해안과 내륙으로 진격시킨다.

4) 청천강과 함흥 이북에는 한국군만 진격하도록 하겠다.

맥아더의 북진작전 의견에 대해 미 합동참모본부는 서울 수복 하루 전인 9월 27일, 다음과 같은 훈령을 타전했다.

'귀관의 군사적 목적은 북한군을 궤멸시키는 것이다. 이를 위해 귀관에게 38선 이북에서 양동 상륙작전, 공중작전, 지상전투 등을 포함한 군사행동을 실시하도록 권한을 부여한다. 그러나 그 어떤 상황에서도 만주나 소련 접경지역을 넘어서는 안 된다. 정책적 견지에서 어떠한 부대도 만주와 소련의 국경을 넘게 해서는 안 되며, 한국군 이외의 군대를 한·만 국경이나 한국 동북부로 진격시켜서는 안 된다. 귀관의 38선 남북 작전을 지원하는 데 만주와 소련 영토에 대한 공군과 해군 행동은 포함되지 않는다.'[499]

이것은 9월 15일의 '3불가 원칙의 준수'를 재차 지시한 내용이었다. 맥아더는 10월 2일, 일반명령 제2호로 "유엔군은 10월 3일 0시를 기해 38선 이북의 북한에 작전을 연장한다. 한국군 이외의 모든 부대는 정주-군우리-영원-함흥선 이북으로 진출해서는 안 된다"는 맥아더 라인으로 화답했다. 이 일반명령 제2호로 인해 국군과 유엔군의 북진이 정식으로 개시됐다.[500]

수복지역 통치문제로 유엔군과 마찰

다시 찾은 경무대는 악취가 코를 찔렀고, 대통령 내외가 쓰던 물건들을 다 약탈해가고 카펫과 의자만 남아 있었다. 경호원들이 대통령 집무실로 들어가자 그곳에는 '남일'[501]이라는 이름이 새겨진 고급 양복 윗저고리가 걸려 있고, 양말까지 널려 있었다. 남일이 양복도 버려두고 양말도 못 신은 채 황급히 도주한 것이다.

경무대에서 공산당 고위 관리들이 마시다 남겨두고 간 소련제 양주가 가득 들어 있는 상자가 발견됐다. 프란체스카 여사는 이 전리품을 승전 선물로 여기저기 보냈다. 무초 대사에게는 보드카 두 병과 백포도주인 부르뉴 두 병을 선물했고, 해롤드 노블과 워커 장군에게도 몇 병을 보냈다.[502]

국군과 유엔군이 38선을 넘어 적을 추격하기 시작하면서 수복지역 통치 문제가 발생했다. 유엔은 10월 7일, "대한민국의 주권은 남한에 국한되며, 북한에 질서가 회복되면 유엔 감시하의 새로운 선거를 실시할 것"이라는 결의안을 통과시켰다. 이 결의안에 따라 맥아더 장군은 북한 문제가 유엔에서 결정될 때까지 유엔군이 북한지역을 수복한 상태 그대로 통치한다는 작전명령을 발표했다.

미국과 유엔은 북한 점령지역의 통치 문제는 군사적으로는 한국군의 역할을 어느 정도 인정하지만, 정치적 사안은 일단 유엔에게 전담시키고 일정 단계가 경과한 후에야 한국정부에 이양한다는 것이었다. 이에 한국정부는 강력 반발했다. 이승만은 1950년 10월

19일자로 로버트 올리버에게 보낸 서한에서 "대한민국은 남한에 국한되며 국제연합이 북한에서 선거를 실시하겠다"는 유엔의 결의에 대해 이렇게 토로하고 있다.

'미국은 언제나 전쟁에 이기고 평화에 지고 있소. 드럼라이트 씨가 10월 16일 화요일 아침에 나를 찾아와서 대한민국을 남한에 국한시킨다는 임시위원회 선언에 대해 나더러 어떤 성명도 내지 말라고 부탁하였소. "불과 2~3개월만 참으면 될 터이니까요" 하면서 염려할 것이 하나도 없다고 그는 말하였소. 나는 그에게 이 몇 개월 동안에 당신네들은 이 전쟁에서 얻은 것을 모두 잃게 될 터이고, 한국 사람들을 그것을 결코 회복할 수 없을 것이라고 말해 주었소….

소련은 준비만 되면 언제든지 밀고 내려오게 되어 있고, 그들의 외교정책은 오랜 세월에 걸쳐 세밀히 계획되고 거기에 따라 진행되었다는 사실을 우리 모두는 알고 있소. 한국 사람은 고사하고 미국인의 피의 대가로 한국을 또 다시 소련에게 팔아넘기려는 것은 상상조차 할 수 없는 일이오.'[503]

이승만은 로버트 올리버에게 보낸 1950년 10월 27일자 서신에서 수복지역에 대한 미군정의 위험성을 이렇게 밝히고 있다.

'미국 사람들은 누가 누군지 알지도 못하면서 주민들을 다루어 나갈 것이오. 숨어 있던 공산분자들은 모두 돌아오게 될 것이며, 국민들은 정신을 차리지 못하게 될 것이오. 어떤 모양의 선거가 앞으로 실시될 것인지 귀하는 상상할 수 있을 것이오. 주입식으로 세

뇌되고 공산당이 일러준 말만을 알고 있는 국민들은 자기네 나라를 다스리고 있는 외국인만을 눈으로 보고 대한민국에 반대표를 던질 것이 확실하오. 이 사람들은 국제연합이나 미 제국주의자의 괴뢰가 되기를 원치 않을 것이오…. 무초 대사는 어제 도쿄와 워싱턴 방문 차 이곳을 떠났소. 나는 이런 일을 받아들이느니 차라리 물러나는 것이 좋겠다고 그에게 말하였소. 그는 사태의 심각성을 알고 있소.'[504]

이승만은 유엔에 의해 한국의 유일한 자주정부로 인정받은 독립국가의 원수로서 북한 지역의 행정에 대한 권한을 맡을 책임과 재량을 가지고 있다고 생각했다. 그러나 현장에서는 한미 간에 충돌이 끊이지 않았다. 점령정책을 둘러싸고 유엔군(미군)과 한국 정부가 서로 다른 행정 책임자를 임명함으로써 갈등이 빚어졌다.

이승만의 명을 받고 수복지역 질서유지를 위해 평양으로 향하던 우리 경찰병력 200여 명이 해주에서 미 24사단에 의해 정지 당하는 사건도 발생했다. 보고를 받은 이승만은 "그 자들이 여기가 감히 어디라고 그따위 짓을 하다니…. 기어이 탯덩이 녀석을 정신 차리도록 해 주겠어" 하고 흥분했다. 이승만은 미 24사단장 존 처치 장군을 '탯덩이 녀석'이라고 부르며 못마땅해 했다. 이승만은 무초 주한 미 대사를 호출하여 "이 나라 안에서 우리에게 어디로 가라, 어디는 가지 말라고 명령하는 자가 과연 누구냐" 하고 강력히 항의했다.[505]

38선 이북의 수복지역 행정관할 문제는 중공군의 개입으로 한국군과 유엔군이 북한에서 후퇴하면서 막을 내렸는데, 이는 우리가 확실하게 대비책을 세워야 할 문제다. 만약 북한과 또 다시 전쟁이 벌어져 우리가 북한 지역을 수복하게 될 경우, 유엔을 비롯한 국제사회는 또 다시 1950년 10월 7일의 결의안 비슷한 것을 들고 나올 가능성에 대비하여 나름의 확고한 논리와 대책을 마련해야 할 것이다.

미국과 중공의 예고된 대결

10월 27일, 이승만은 수복된 평양을 찾아 시민들의 열렬한 환영을 받았다. 연설을 마친 이승만은 군중 속으로 들어가 수많은 시민들과 악수하고 포옹을 하는 바람에 경호원들이 애를 먹었다. 이날 이승만은 평양시민 환영대회에서 감동적인 연설을 하여 평양 시민들을 흥분시켰다.

김일성은 10월 11일 "조국의 위기에 처하여 전 인민에게 고함"이라는 녹음연설을 방송케 하고 야음을 틈타 경호대의 호위 하에 강계로 빠져나갔다. 한국군과 유엔군이 평양에 진입한 것이 10월 19일이니, 김일성은 한국군이 평양에 나타나기 일주일 전에 수도를 버리고 도주한 것이다.

강계도 미군 폭격이 격렬해지자 압록강을 건너 만주의 통화(通化)로 도주했다. 김일성은 1950년 10월부터 1951년 1월까지 강계에 중앙당 연락소를 설치하고 주요기관은 만주로 옮겼다.[506]

유엔군이 38선을 넘어 북진을 개시하자 중공군이 은밀하게 압록강을 건너 북한으로 잠입하기 시작했다. 중공과 미국은 1949년부터 격돌의 기회를 노리는 맹수처럼 신경전을 벌이던 와중에 미군이 38선을 넘어 북진을 개시하자 한반도에 본격적으로 병력을 투입하기 시작한 것이다.

중국은 1949년 국공내전의 막바지에 장제스가 타이완으로 거점을 옮기자 타이완해협 부근에 15만 병력과 4000여 척의 선박을 집결시켰다. 마오쩌둥은 1949년 7월 당내 서열 2위였던 류샤오치(劉少奇)를 비밀리에 소련으로 보내 스탈린에게 타이완 해방을 위해 전투기 200대와 조종사 훈련을 위한 군사고문단 지원을 요청했다. 이들이 도착하면 타이완에 상륙, 장제스의 숨통을 끊고 명실상부한 중국 통일을 달성한다는 계획을 세웠다. 마오쩌둥은 타이완 점령으로 중국 전역의 통일을 이루는 시기를 1950년 6월에서 8월 사이로 예상했다.

스탈린은 류샤오치의 요청을 흔쾌히 받아들였다. 그러나 6개월도 안 돼 스탈린은 선(先) 중국-후(後) 조선 지원 정책을 뒤집고 김일성의 남침을 승인함으로써 마오쩌둥의 타이완 점령은 물거품이 되었다.[507]

김일성의 남침으로 타이완은 목숨을 건졌지만, 마오쩌둥은 미국이 필리핀 해역에 있던 제7함대를 북상시켜 타이완 방어에 나선 점을 간과할 수 없었다. 왕수쩡은 '한반도에서 전쟁이 일어났을 때 미국 정부가 한반도의 충돌은 아랑곳하지 않고 제7함대를 보내 중국 영토에 속했던 타이완해협을 무장 봉쇄했다. 이 때문에 타이완을 해방시키려던 중국 인민해방군의 계획에 차질이 생겼고, 결국 중국 통일의 꿈은 좌절되고 말았다'고 지적하고 있다.[508]

중공 수뇌부는 타이완을 포기하려 했던 미국이 인민군 남침을 계기로 타이완에 개입하자 "중국 영토에 대한 제국주의적 무력 침략"이라면서 미국과의 대결은 피할 수 없다고 생각했다. 마오쩌둥은 미군에 비하면 해공군력은 현격한 열세지만 지상전은 해 볼만 하다고 판단했다. 항일전쟁과 국공내전 등 산전수전 다 겪은 수백만 군대가 존재하고 있었기 때문이다. 타이완해협을 헤엄쳐 건너 미군을 공격할 수는 없으니 중공군은 압록강을 걸어서 건너 한반도에서 미군과 대결하는 쪽을 택했다.[509] 결국 타이완이 미·중 관계를 폭발시키는 도화선 역할을 한 것이다.

스탈린의 배신 알고도 한국전 개입

중공군의 한국전 개입은 1950년 7월 2일, 미군의 남한 파병 결정 직후 검토되기 시작한다. 이날 중국의 저우언라이(周恩來) 총리는 주중 소련 대사 로시친에게 이렇게 말한다.

"마오쩌둥은 미군이 인천에 상륙할 가능성이 있으므로 서울 방어를 위해 인천에 견고한 방벽을 만들어야 한다고 생각한다. 만약 미군이 38선을 넘으면 중국군은 조선 사람으로 변장하여 미국에 대항하는 의용군 역할을 하려 한다. 이 목적을 위해 이미 봉천지구에 12만 명으로 구성된 3개 군을 집결시켰다. 이들을 엄호하는 데 소련 공군이 협력해 줄 수 있는지 알고 싶다. 북조선 지도부는 마오쩌둥이 두 차례 경고했음에도 미국의 군사적 개입 가능성을 과소평가한다."

이 요청에 대해 스탈린은 "우리 공군력으로 중국의 병력을 지원하겠다"면서 중공의 개입을 부추긴다. 중공이 파병을 망설이자 스탈린은 다음과 같은 전문을 보내 마오쩌둥의 등을 떠밀었다.

'미국은 현재 대규모 전쟁 준비가 되어 있지 않다. 군국주의가 아직 부활하지 않은 일본은 미국을 도울 수 없다. 중국과 상호원조 조약을 맺은 소련까지 말려들 것이라고 무서워할 필요도 없다. 우리는 미국, 영국보다 강하다. 만약 전쟁이 불가피하다면 지금 전쟁을 하는 것이 좋다. 이승만의 한국이 미국과 일본의 대륙 전진기지가 될 수년 뒤보다는 지금 싸우는 게 유리하다.'

마오쩌둥은 10월 15일, 파병 결정을 하고 소련 공군의 엄호를 요청하자 스탈린은 "중공군에 20개 사단 분의 장비를 제공할 용의는 있지만 공군 지원은 당분간 불가능하다"면서 발을 뺐다. 중공군은 미 7함대가 타이완해협에 버티고 있는 것을 보고는 타이완해협 쪽에 집결해 놓았던 50만 병력을 만주지역으로 이동시켰다. 이들이 나중에 모두 압록강을 건너 한국전에 뛰어들었다.

세계 최강 미국과 태어난 지 1년 밖에 안 된 중공이 한반도에서 맞붙었을 때 두 나라의 상황은 천양지차였다. 미국은 2차 대전의 모든 참전국들이 전화(戰禍)로 엉망이 되었을 때 유일하게 본토에 피해를 입지 않은 나라였다. 당시 미국의 산업분야 총 생산 가치는 전체 서구세계의 절반 이상을 차지했다.

1950년은 마오쩌둥이 중화인민공화국을 수립한 지 1년이 지난 해였지만 국공내전이 완전히 종료된 상황은 아니었다. 중국 인민해방군의 주력부대는 국민당의 잔여군대가 점령한 일부 연해 도서 지역에 최후의 공격을 퍼붓고 있었다. 또 수만 명의 다른 인민해방군은 드넓은 서북과 서남, 그리고 티베트 지역으로 진군하여 변방에 남아 있는 국민당 유격대와 토구 세력을 물리치기 위해 사투를 벌이고 있었다.[510] 당시 변방 지역에 흩어져 있던 국부군 소속 병력은 40만 명에 달했다. 그렇다면 왕수쩡의 눈에 비친 1950년 중공의 산업력과 군사력은 어떤 모습이었을까.

'중국군의 각 군대가 보유한 70㎜ 이상의 화포는 190여 문에 불과했다. 이는 미군의 1개 사단이 보유한 장비의 절반에 불과한 데다, 그나마도 항일전쟁과 국공내전에서 노획한 구식 화포가 무기의 대부분을 차지했다. 중국 인민해방군에는 정규 공군부대가 없었고 대공무기도 매우 부족했다. 신중국의 군대가 가진 것이라고는 좁쌀과 소총뿐이었다. 그나마 좁쌀의 공급도 부족한 데다 소총도 연식과 기종이 통일되지 않은 것들로 구성되어 있었다.'[511]

이처럼 국가적으로 어려운 상황에도 불구하고 마오쩌둥이 소련의 공군 지원이 없는 상황에서 한국전 개입을 결정한 이유는 무엇이었을까. 주지안룽(朱建榮)의 연구에 의하면 당시 중국은 한반도, 베트남, 타이완은 미국이 아시아 대륙을 침략하는 세 개의 중요 지점이고, 미국이 중국 대륙에 직접 군사 위협을 가하는 세 개의 전초기지로 이해하고 있었다. 중국 지도부는 아시아에서 미국의 침략행동의 최종 목표는 중국 대륙이라고 인식하고 있었다는 것이다.

마오쩌둥은 한반도에서 전쟁이 발발하고 미군의 참전이 결정되자 "트루먼이 명령을 내려 조선, 타이완, 베트남, 필리핀을 복종하게 만들려고 하고 있다. 우리는 필리핀을 제외하고 미국의 뜻대로 되게 하지는 않을 것이다. 타이완은 반드시 되찾아야 한다. 베트남과 조선에 대해서도 좌시할 수 없다"고 말했다.[512]

중공군 300만 명 한국전에 투입

또 한 가지, 중국이 한국전에 개입하게 된 이유는 국공내전 당시 투항한 국민당 군대의 처리 문제였다. 투항한 국민당 군대는 공산주의에 대한 충성심이 없고 믿을 수도 없어 총부리를 공산당에게 돌릴 가능성도 있었다. 마오쩌둥은 골치 아픈 존재들을 한반도로 출병시켜 소모시키는 대가로 소련으로부터 무기와 제조기술을 지원받아 중공군을 세계적인 강군으로 탈바꿈하고자 했다.[513]

중공은 자신들의 한국전 개입 명분을 '보가위국 원조항미'(保家衛國 援朝抗美: 북한을 도와 미국에 대항하는 것은 집을 지키고 나라를 방어하는 것)이라는 슬로건으로 선전했다. 중국 인민해방군은 물자 지원이나 무기 장비 면에서 미군에 비해 상상을 초월할 만큼 뒤떨어져 있었다. 한국에 온 중공군은 목화솜을 누벼 만든 군복을 입고 있었는데, 북한의 민둥산 색깔과 비슷한 황색이었다. 당시 중공군의 형편을 왕수쩡의 저서를 통해 살펴본다.

'목화솜을 누벼 만든 군복은 건조한 날씨에는 더없이 따뜻하지만 물이 스며들면 말리기가 여의치 않았다. 솜옷 안에 중국인들이 입은 것은 군복 하복과 우연히 입게 된 이러저러한 옷들이었다. 헝겊신에는 신발 끈이 없었고, 신발 밑창은 고무였다. 보병 대부분은 일본식 소총을 지녔는데, 이는 제2차 세계대전이 끝났을 때 만주에서 노획한 것이 분명했다. 하지만 박격포와 경기관총은 미국제로, 중국 국민당에게서 노획한 전리품이었다.'[514]

그렇다면 중공은 한국전에 어느 정도의 병력을 투입했을까. 10월 19일부터 중공군 제42군의 선두 정찰부대인 124사단 370연대를 선두로 하여 압록강을 건너온 중공군은 60만 대군[515]이었다. 제42군은 만포철교와 임시로 가설한 부교를 통해 압록강을 도하했다. 제39군의 115사단과 116사단은 단둥에서 강을 건넜다.

중국 측이 1990년대 이후에 밝힌 숫자로는 1953년 정전협정 체결에 이르기까지 25개 보병군단(79개 사단)을 비롯하여 그 외 40개 이상의 사단(12개 공군사단, 16개 포병사단, 10개 철도·공병사단, 10개 전차연대, 일부 공안부대)을 합쳐 2백 수십만에서 300만에 이르는 병력이 한국전에서 싸웠다. 1953년 4월부터 7월까지 병력 투입이 최고조에 이르렀을 때는 일시에 130만 명이 넘는 병력이 한반도에 투입되었다.[516]

중공군은 한국전에서 엄청난 인명의 희생을 각오해야 했다. 병력은 많았지만 소련제 전투기와 탱크의 지원을 받지 못해 소총과 방망이 수류탄으로 빈약하게 무장하고 있었기 때문이다. 중국 측은 전투에 의한 사상자를 36만 6000명, 그밖에 비전투 사상자(혹한, 기아, 질병, 사고 등에 의한 사상자)가 대규모로 발생했다고 밝히고 있다. 서방측은 한국전에서 중공군 사상자를 60만~90만에 이르는 것으로 추정하고 있다.[517]

보잘 것 없는 무장을 한 중공군에게 국군과 유엔군이 힘 한 번 못쓰고 평택-원주 선까지 밀려난 이유는 맥아더의 전술전략상의 실수 때문이다. 데이비드 핼버스탬은 "미군이 20세기에 범한 최대의 실수는 맥아더가 군대를 압록강까지 몰아붙인 것"이라고 비판한다.

중공은 10월 9일 베이징방송을 통해 "미군의 38선 돌파는 중공의 안전에 대한 중대한 위협이다. 중국 인민은 평화를 지키기 위해 침략전쟁에 맞서게 됨을 결코 두려워하지 않을 것"이라는 성명을 발표했다.[518] 이날은 미 제 1군단이 예성강을 건너 38선을 돌파한 첫 날이었다. 정일권은 10월 9일의 베이징방송을 유엔에 대한 중공의 선전포고로 해석했다.[519]

맥아더는 인천상륙 후 이해할 수 없는 명령을 내렸다. 인천에 상륙하여 서울을 탈환한 에드워드 알먼드 장군이 지휘하는 제10군은 서울 지역을 워커의 8군에 인계하고 인천에서 수송선에 탑승하여 서해-남해-동해를 우회하는 2000㎞를 항해한 다음 원산에 상륙하라고 명령했다. 또한 낙동강전선에서 치고 올라온 8군은 전선을 정비하여 38선을 넘어 북진하라는 명령을 내렸다.

이 명령으로 인해 전쟁의 질서가 엉망이 되었다. 인천상륙작전에 동원된 미 해병 1사단은 인천으로 되돌아가 인천에서 배를 타고 한반도를 빙 돌아 원산으로 향했고, 미 7사단 병력은 서울에서 육로로 부산으로 내려가 부산에서 군함을 타고 원산으로 향했다. 이로 인해 인천항은 해병 1사단을 실어내느라 다른 모든 기능이 정지됐다. 부산에서 서울로 오는 육로 보급로도 느닷없이 7사단 병력이 부산으로 역행하여 내려가는 바람에 좁은 도로가 완전 마비 상태가 되었다.[520]

10월 26일 미 제1해병사단이 원산에, 미 제7사단은 중공군이 북한 지역에 출현한 날(10월 25일)보다 더 늦은 11월 4일 이원에 상륙했다. 그래서 3주일 동안 1개 군단이 바다에서 시간을 허비하게 된다.

제10군의 상륙이 늦어진 이유는 원산 앞바다에 설치된 기뢰를 제거하는 데 시간이 걸렸기 때문이다. 당시 원산항의 소해 작전에 투입된 소해정은 고작 30척에 불과했고, 그나마 20척과 그 배에 탑승한 수병들은 패전국 일본 해군 소속이었다. 기뢰 제거에 1주일이 걸렸고, 작전을 진행하는 동안 세 척의 소해정이 기뢰와 접촉하여 침몰했다.[521]

맥아더의 이 결정에 많은 지휘관들이 의문을 나타냈다. 지상군을 워커 장군의 8군과 10군으로 분리하여 10군을 해로로 우회시킴으로써 패주하는 북한군 섬멸의 기회를 놓쳤기 때문이다.

맥아더의 치명적인 실수

미군은 백두산-개마고원-묘향산으로 이어지는 험준한 낭림산맥을 가운데 두고 에드워드 알먼드 소장이 이끄는 제10군단은 동부군으로, 월튼 워커 중장이 지휘하는 미8군은 서부군으로 병력이 양분됐다. 워커의 서부군은 평양을 수복한 후 청천강을 건너 압록강으로 진격했고, 알먼드의 동부군은 원산과 이원에 상륙한 후 동해안을 따라 북상했다. 유엔군은 상호 지원이나 지상정찰 연락을 유지하지 못한 채 각기 다른 루트로 전진했다.[522)]

문제는 양 집단군 사이에 80㎞에 달하는 치명적인 간격이 벌어졌다는 점이다. 한반도는 북쪽으로 갈수록 폭이 넓어지고 도로도 험준한 협로로 변해 워커 장군의 군대는 광범하게 분산되고 8군과 우측에 있는 제10군단의 틈새는 점점 벌어졌다.[523)]

실전경험이 풍부한 중공군이 이러한 전선의 허점을 놓칠 리 없었다. 중공군은 양 집단군 사이의 빈 공간을 뚫고 비밀리에 침투하여 유엔군이 후퇴하거나 달아날 수 있는 좁은 길을 모두 봉쇄하고 유엔군의 북상을 숨죽이며 지켜보고 있었다. 미군이 압록강으로 진군하는 동안 중공군은 현대 전쟁 역사상 최대 규모의 매복 작전을 빈틈없이 준비한 것이다.[524)]

인천상륙작전의 성공으로 군신(軍神)처럼 떠받들어지던 맥아더는 중공군의 움직임에 대해 오판을 거듭한다. "중공군의 개입은 없을 것이고, 있다 해도 소규모일 것이며, 그마저도 공군력에 의해 떼죽음을 당할 것"이라던 그의 예언은 크게 빗나갔다.

10월 20일 순천과 숙천 상공에서 공수작전 현장을 시찰한 맥아더는 평양 근교의 미림비행장에서 주요지휘관 회의를 소집했다. 이날 회의에 한국군 지휘관으로는 정일권 육군참모총장이 참석했고, 미군 측에서는 미 8군 사령관 워커 장군, 미 제10군단장 알먼드 장군, 미 극동공군 사령관 스트레이트마이어 장군, 미 제1군단장 밀번 장군, 도쿄 극동군 사령부 참모장 윌로비 장군 등 6명이었다. 이날 맥아더는 50여 분에 걸쳐 전쟁에 대한 소신과 포부를 밝혔다. 이날 맥아더가 언급한 중공군 개입 문제에 대해 정일권은 자서전에 다음과 같은 기록을 남겼다.

"대통령은 소련과 중공이 개입해 올 가능성을 근심하고 있었으나 본직은 그 가능성은 거의 없고, 전쟁의 종국이 성큼 다가서고 있음을 밝혔다. 중공은 왜 개입 못하는가? 그 이유도 분명하다. 대전 후의 혼란기를 틈타서 중국 전역을 장악하기는 했으나, 공산정권을 선언한지 아직 9개월 밖에 안 되는 형편에서 군사력을 돌려댈 만한 여유가 없다. 중공군은 잡군(雜軍)이며 무기도 미, 영, 소, 독, 체코, 일본 제품 등 잡다하며 탄약도 충분치 못하다. 경제가 되살아나기 위해서는 앞으로 10년이나 더 있어야 하는데, 지금 당장에 무슨 재력으로 파병할 수 있겠는가. 군수산업 역시 마찬가지다. 또한 대병력과 물자를 적시적절하게 수송할 만한 교통시설도 돼 있지 않다."[525]

이날 맥아더 장군은 한정된 병력으로 조기 종전을 서두르기 위해 뉴 맥아더 라인, 즉 유엔군의 진출 한계선을 설정하고 "전군이 신속하게 이 선까지 진격하라"고 설명했다. 유엔군 작전명령 제4호에 의해 그어진 뉴 맥아더 라인은 선천에서 시작하여 고인동–평원–풍산–성진을 연결하는 선이다.[526] 뉴 맥아더 라인은 10월 2일 일반명령 제2호로 설정된 맥아더 라인을 압록강 60㎞ 전방까지 끌어올린 것이다. 뉴 맥아더 라인에 대해 정일권 장군은 다음과 같이 우려 섞인 의견을 내놓았다.

첫째, 이 라인은 한국에서 가장 험난한 고지대를 가로지르고 있다. 따라서 기동력과 병참선 유지에 막심한 지장을 겪게 될 것이다.

둘째, 북한의 겨울은 10월부터 시작된다. 11월 중순부터는 산과 들판이 얼어붙게 된다. 한낮에도 영하 10도 이하가 보통이며, 새벽이면 영하 40도까지 내려간다.

셋째, 한국군의 겨울 준비는 거의 제로에 가깝다. 장병들은 6월 이래 여름 군복으로 북진하고 있다.

이런 이유를 들어 정일권 장군은 지형적으로 봐서 진격을 일단 멈춘다면 청천강–함흥 선이 가장 적절하다는 의견을 제시했다.[527] 그러나 맥아더 장군은 10월 24일 오히려 한술 더 떠 "유엔군에 부과된 북조선군 격멸의 임무가 달성될 때까지 전 지휘관이 아무런 제한도 받지 않고 한·만 국경선까지 진출하라"는 유엔군 총진격

명령을 내렸다. 이 명령에 따라 미군과 국군 전 부대는 압록강과 두만강을 향한 총진격을 개시했다.

압록강을 건너온 중공군이 우리 국군과 최초의 전투를 벌인 날은 10월 25일이었다. 이날 국군 제6사단 2연대(연대장 함병선 대령)가 온정리를 지나 초산 서쪽의 압록강변 마을인 벽동으로 이동하던 중 대낮에 중공군에게 기습을 당해 온정리로 철수했다. 같은 날 국군 제1사단 15연대(연대장 최영희 대령)도 영변에서 수풍댐을 향해 진격하다가 운산 근처에서 정체불명의 적군에게 기습 매복 공격을 당했다. 다음날 동부전선의 국군 제1군단 소속 제26연대도 장진호 제1발전소와 2발전소 중간지점에서 중공군에게 기습 공격을 당했다.

우리 국군의 중공군 출현 보고에 대해 도쿄의 극동군사령부는 "만주에 집결한 중공 정규군은 12군단(36개 사단)의 약 32만 명으로 추산되나 이들이 압록강을 넘어섰다는 확증은 아직 없다. 매일 100대 이상의 비행기를 출격시켜 북조선 전역을 정찰하고 있으나 평양 공략 이래 적군부대의 이동은 잡히지 않고 있다"면서 반신반의하는 회신을 보내왔다.

'새로운 전쟁' 시작되다

중공군은 10월 25일부터 11월 5일까지 12일 간 기습을 부리다가 11월 6일 감쪽같이 자취를 감추었다(제1차 공세). 미군 측이 중공군의 개입을 공식으로 확인한 날은 11월 5일이다. 중공군 개입 사실을 확인한 후 맥아더 장군은 어떻게 대응했을까. 정일권은 회고록에서 다음과 같이 밝히고 있다.

'맥아더 장군은 11월 6일, B-29 폭격기 90대를 출격시켜 압록강의 철교 세 개(신의주, 삭주, 만포진)에 대한 폭격 명령을 내렸다. 이 소식을 접한 워싱턴의 통합참모본부는 도쿄사령부에 "한만국경 8㎞ 이내 지역의 폭격은 별명이 있을 때까지 보류하라"는 중지 명령을 내렸다. 이 명령이 도쿄에 전해진 것은 B-29 폭격기 편대가 이륙하기 1시간 20분 전이었다.

맥아더 장군은 "중공군의 증강을 저지하는 유일한 방법은 공군력에 의한 압록강 철교 폭파뿐이며, 이는 전쟁 수행의 원칙적인 작전이자 보다 더 큰 재액(災厄)을 예방하는 수단"이라면서 워싱턴의 재고를 촉구했다. 그러자 워싱턴의 통합참모본부는 "그렇다면 철교의 남쪽 절반만 폭격할 것"이라는 조건부 폭격 재가가 떨어졌다. 11월 8일, B-29, B-26 중폭격기와 F-80 전투기 등 연 600여 대가 일본의 여러 기지에서 출격했다. 약 한 시간 후 공군사에서 특기할만한 공중전이 압록강 상공에서 전개됐다. 강 건너의 중공기지에서 미그 15 전투기가 덤벼들었다. 뻔히 내려다보이는 활주로를 노려보면서 미 공군기 조종사들은 군침만 꿀꺽거렸다. 단 한 치라도 압록강을 넘어설 수 없다는 단서가 붙어 있었기 때문이었다.'[528]

당시 워싱턴은 유엔군이 어떤 경우에도 북한의 국경 남쪽 5마일선 이상을 진격하지 못한다는 것과 미 공군에 국경선을 엄격히 그어 중국 쪽으로는 단 1㎞도 넘어 폭격을 해서는 안 된다는 것, 그리고 비록 한반도 지역 내라고 할지라도 수풍발전소와 발전시설은 절대 공격해서는 안 된다는 방침을 정해놓고 있었다.[529)]

중공군이 대거 압록강을 건넜고, 미 공군이 이들을 쫓아 국경 너머로 가려고 할 때 워싱턴은 "어떤 경우든 국경선을 넘는 행위는 용납되지 못한다"라는 명령을 거듭 내렸다. 중공군은 이 결정을 미리 알고 편안한 마음으로 압록강을 건널 수 있었다.[530)]

1950년 11월 28일, 매복해 있던 중공군 제38군과 40군이 워커 장군이 지휘하는 미8군의 배후를 차단함으로써 미8군은 거대한 포위망에 갇히게 된다. 맥아더는 도쿄에서 긴급 작전회의를 소집하고 미8군의 후퇴와 10군단의 흥남 철수를 승인했다. 승승장구하던 유엔군이 눈 내리는 북한 전선에서 총 퇴각을 시작했다.

유엔군은 이날로부터 불과 열흘 만에 190㎞를 후퇴했다. 맥아더는 "나의 전쟁은 끝났다. 이것은 새로운 전쟁의 시작"이라면서 워싱턴에 최대한의 추가 파병, 타이완의 장제스 군대 투입, 중국의 해상 봉쇄, 중국 본토 폭격, 확전 권한 등을 요구를 했다. 그러나 워싱턴은 이를 승인하지 않았다. 이 요구를 수용하면 중공 소련과의 전면전이 벌어질 수도 있기 때문이었다.

대신 트루먼은 국가 비상사태 선포와 500억 달러 규모의 국방 예산 편성을 선언한다. 미국은 한국전을 계기로 군축노선에서 벗어나 거대한 경제력을 가동하여 공산주의와 맞서기로 한 것이다.

중공군의 개입과 관련하여 애치슨은 국무장관에서 물러난 직후 다음과 같은 의견을 내놓았다.

"중공군의 북한 진입은 미국 외교정책 사상 가장 엄청난 재앙 중의 하나였으며, 트루먼 집정기에 있었던 최대의 재난이었다. 그것은 내가 알고 있었던 그 어떤 것보다도 더욱 효과적으로 미국 외교정책을 파괴하고 방해했다. 정부 내의 공산주의 문제, 부패사건 등은 이 커다란 재난을 가리려는 수작에 불과했다."[531)]

그런데 정일권의 회고록에 의하면 이승만과 맥아더는 이미 중공군의 개입 사실을 예견하고 있었으며, 이에 대한 의견을 교환하는 편지를 주고받았음을 증언하고 있다.

'이승만 대통령에게 온정리–운산–장진호의 이변(중공군 출현–필자 주)을 종합 보고했을 때였다. 노 대통령은 보고를 듣고 나서 "역시 나왔구먼. 이젠 겁쟁이 트루먼도 배꼽에 힘 좀 넣겠지" 하고 지극히 태평스러웠다. 전국(戰局)의 앞날에 대해서도 낙관하고 있었다.

"걱정할 것 없습니다. 맥아더가 잘 알아서 할 것이오" 하고 "정 총장. 맥아더와 나는 중공군이 나온다고 보아 왔습니다. 장군, 그(맥아더–필자 주)는 중공군 개입 가능성을 겉으로는 부인했으나 북진 전략에 대한 트루먼의 잔소리를 막기 위해서인 것입니다. 맥아더 그는 훨씬 앞을 내다보고 있는 것이니, 경우에 따라서는 원폭(原爆) 사용도 불사할 각오라고 내게 굳게 약속한 바 있습니다. 그의 전략가로서의 심모(深謀)는 참으로 탁월합니다." 하고 격찬해

마지않았다.'[532]

이어 이승만 대통령은 정일권에게 두 통의 편지를 보여주었는데, 한 통은 이승만이 맥아더에게 보낸 편지의 필사본이었고, 또 한 통은 맥아더가 1950년 10월 13일 이승만에게 보낸 답장이었다. 다음은 이승만이 맥아더에게 보낸 편지 내용이다.

'북진이 순조롭게 진행됨에 따라 워싱턴과 영 · 불은 소련 및 중공의 군사개입을 겁내고 있는 경향이 두드러지고 있는데, 본직(本職)은 소련은 몰라도 중공의 개입 가능성은 매우 크다고 보는 바입니다. 솔직히 말하면, 이번 트루먼 대통령을 만나더라도(트루먼과 맥아더의 웨이크 섬에서의 회동을 말함-필자 주) 이 가능성을 긍정하지 말았으면 합니다. 귀하가 긍정함으로 해서 북진을 방해하는 작전상의 제한이 가중될 우려가 있기 때문입니다. 한국민은 거족적으로 북진통일만을 열망하고 있습니다. 그리고 귀하의 영매하신 지도가 아니고서는 이 열망 달성이 불가능하다는 점을 굳게 믿고 있습니다. 이 간절한 심정을 살펴주시기를 바라는 바입니다.'[533]

이승만과 맥아더는 알고 있었다

이에 대한 맥아더의 답장은 다음과 같았다.

'전적으로 동감합니다. 본직은 믿을 만한 정보통의 보고를 받고 있습니다. 중공군은 반드시 나타날 것입니다. 하나, 이 가능성을 겉으로는 긍정할 수 없습니다. 그들은 숨어서 압록강을 건널 것입니다. 조금도 모르는 것으로 할 것입니다. 중공은 그 방대한 군사력을 배경삼아, 가까운 장래에 아시아에 있어서 데모크라시의 최대 위협이 될 것입니다. 그 배후에는 소련이 있습니다.

중공의 잠재적인 군사력을 때릴 만한 기회는 지금 아니고서는 없을 것입니다. 전략은 이미 준비되어 있습니다. 다만 워싱턴이 어디까지 본직의 전략을 뒷받침해 주느냐가 문제입니다. 경우에 따라서는 거센 반대에 부딪힐 것입니다. 하지만 불퇴전의 결의는 조금도 변하지 않을 것입니다. 이미 말씀드린 바와 같이 필요하다면 원폭도 불사할 것입니다.'[534]

중공에 대한 원폭 공격과 관련하여 정일권은 1951년 초 동해안 양양 전선으로 시찰을 나온 맥아더와 만나 나눈 대화를 자신의 회고록에서 다음과 같이 밝히고 있다.

"이제까지 만주 폭격과 원폭 사용을 주장해 왔지만 조금도 잘못은 아니다. 원폭이라 했지만 본보기로 허허벌판에 한 발 터뜨려 보자는 것이었다. 난들 왜 가공스러움과 죄악스러움을 모르겠는가. 다만 중공군에게 제동을 걸어 보자는 것인데, 트루먼은 끝내 거부해 오고만 있다. 군사전략을 정치의 잣대로 재고 있는 것은 이해할 수 있지만…. 지금도 늦지 않았는데….

제너럴 정, 당신도 잘 알다시피 원폭을 그토록 바라고 있는 당신네 이 대통령에게 말할 수 없이 미안하오. 만날 때마다 '원폭도 불사한다'고 했던 약속이 이처럼 허사가 될 줄은 몰랐다고, 노인에게 전해 주시오….”[535]

1950년 11월 29일, 이승만은 각료회의에서 중공군의 개입에 대한 정일권 참모총장의 보고를 들은 후 “중공군이 지금 침략해 온 것은 하나님이 한국을 구하려는 방법인지 모른다”면서 다음과 같이 의미심장한 말을 했다.

“만일 소련이 한국 국경 너머로 후퇴하고 국제연합에서 이제는 특권이나 이권들을 흥정하게 되었더라면, 국제연합과 미국 사람들은 소련 연방과의 협력을 과시하기 위해 무슨 일이라도 했을 것이며, 군사상의 승리만이 아니라 외교상의 승리라고 만족했을 것입니다.

국제연합군 부대와 장비들은 조만간 철수되었을 것이며, 한국군은 효과적으로 방어하기에는 너무나 긴 국경선을 점령하도록 남겨놓았을 것입니다. 미국 국민의 분노가 가라앉고 공산당의 평화선전 공세로 국민들이 잠잠해진 가운데 중공군의 준비가 끝났다면, 이들의 압도적인 병력과 장비, 현대적인 항공지원, 그리고 한국의 전 해안선을 둘러싼 해군작전 등을 저지하기가 어렵게 될 것입니다. 현재 해안선을 봉쇄하고 있는 함선들을 철수시키는 것이 무엇을 뜻하는지 한번 상상해 보십시오.

우리는 한국 지배가 소련의 계획에 들어있고, 북한군의 실패가 그들 계획의 포기를 의미하지 않는다는 사실을 잊어서는 안 됩니다. 지금 한국에 중공군을 끌어들인 것은, 국제연합군이 철수한 뒤에 그런 일이 발생하는 것보다 우리에게는 낫다는 것입니다. 그러므로 우리는 싸워야 합니다. 최악의 경우가 한국에 닥칠지 모르나 민주주의를 구하게 될 것입니다."[536]

휴전협정에 서명을 한 비운의 유엔군 사령관 클라크 장군은 휴전 30년 후인 1983년 '미국의 소리(Voice of America)' 방송에 출연하여 다음과 같이 회고했다.

"유엔군은 거의 다 승리해 가는 입장이면서도 조기 휴전을 바라는 미 국민과 유엔 일부 국가들의 요구에 밀린 워싱턴 당국이 증원군 파견과 만주 폭격을 주저했기 때문에 승부 없는 모양의 휴전으로 끝나고 말았다. 이 휴전은 특히 미군으로서는 전략 면에서 지극히 명예롭지 못한 결말이 아닐 수 없다.

만약 당시의 워싱턴 당국이 지상군 보병 2개 사단의 증파를 바라는 현지 제8군의 요청을 받아들이고, 맥아더 장군 때부터 금기 사항으로 취급당한 만주 폭격(원폭 포함)을 허가했다면 유엔군은 훌륭히 군사적 승리를 거두었을 것이다."[537]

화력 부족을 인력으로 때운 중공군

정일권의 회고에 의하면 유엔군과 중공군의 전투는 '장비와 인력의 싸움' 성격으로 진행됐다. 중공군은 화력 부족을 병력으로 때우는 방식의 전투를 벌였다. 중공군은 처음부터 미군은 6 대 1, 한국군은 3대 1의 병력 우세를 확보한 후 싸움에 돌입한다는 전쟁지침을 가지고 있었다. 때문에 미군이나 한국군은 중공군과 전투를

별이면 6배, 또는 3배의 대병력을 상대해야 했다.[538)]

중공군은 막대한 병력을 집중하여 정면 돌파와 침투 및 우회를 하는 게릴라 전법을 병행했다. 중공군의 공세는 짧으면 5일, 길어야 2주간 집중공격을 퍼붓고는 홀연히 사라졌다. 바닥 난 탄약과 식량을 보급받기 위해서였다.

마오쩌둥은 국공내전 당시 200만에 달하는 장제스의 국민당 군대를 항복군으로 받아들였다. 미국이 장제스 군에 지원했던 M1소총, 칼빈, 45구경 권총, 105㎜ 포와 같은 미제 무기도 그대로 접수했다. 미국이 장제스 군에 보내준 GMC, 드리쿼터, 지프 같은 미군 차량도 중공군의 보급수단으로 한반도로 넘어왔다. 심지어 앰뷸런스나 미국 적십자사가 제공한 부상병 운반용 들것까지도 그대로 한국전선에 들고 나왔다.[539)]

마오쩌둥은 200만에 달하는 장제스 투항군 병력을 한국전에 동원해 인해전술에 사용했다. 그것은 끝없는 인력 소모전이었다. 6·25 때 중공군 포로 신문을 담당했던 이정식은 포로가 된 중공군의 90%가 예전 장제스 군대 병사들이었다고 한다.[540)]

11월 26일부터 정기국회 개회일인 12월 20일까지 개회하려던 국회는 사태가 심각해짐에 따라 12월 8일 제9회 국회를 긴급 소집했다. 제9회 임시국회는 국민방위군 설치법을 제정했다. 21일 국민방위군 설치법이 공포되고 50만 장병을 무장한다는 정부 방침에 따라 40세 이하의 남자들이 제2국민병으로 소집됐다. 국가 총력전을 전개하여 중공군과 맞서 싸우겠다는 의지의 표현이었다.

중공군은 제4야전군 30만 병력으로 서부전선을 공격하고, 제3야전군의 20만 병력으로 동부의 장진호 전선에서 미 제1해병사단과 미 제10군단(3개 사단), 국군 1군단(2개 사단)의 이동로를 차단하려 했다. 미 제10군단장 알먼드 장군은 해상 철수작전을 명했다. 철수작전은 12월 14일부터 24일까지 10일간, 철수 순서는 흥남에서 미 제1해병사단, 국군 수도 사단, 미 제7사단, 미 제3사단 순으로 철수하고 한국군 제3사단은 성진에서 승선키로 했다.

적진에서 10만이 넘는 병력이 해상으로 철수하는 것은 2차 대전 당시 프랑스 덩케르크에서 30만 명에 달하는 영불 연합군이 독일군에게 밀려 철수한 이래 사상 최대의 해상 철수작전이었다. 우리 국군은 해상 철수 과정에서 미군의 적극적인 협조를 받아 11만 명의 피난민까지 철수시키는 데 성공했다. 국군과 유엔군의 북한지역에서 철수는 12월 24일 오후 2시, 흥남항의 군사시설을 폭파한 후 해상으로 철수하면서 완료됐다.

중공군의 파상공격으로 서울이 또 다시 위태롭게 되자 정부는 12월 26일 국민에게 "갈 데 있고, 갈 수 있는 사람들은 피난 떠나라"는 요지의 특별성명을 발표했다. 이번에는 정부도 조직적인 철수대책을 수립하여 일사불란하게 부산으로 이전했다. 정부는 곳곳에 구호소를 설치하여 피난민들을 도왔으며, 모든 공무원들에게 두 달 치 월급을 한꺼번에 주고 피난을 가도록 배려했다.

12월 27일, 교통사고로 사망한 월튼 워커[541] 미 8군사령관의 후임으로 부임한 매튜 리지웨이 장군이 이승만 대통령을 찾아와 신고를 했다. 리지웨이 장군은 탄띠 달린 멜빵 양쪽 가슴팍에 수류탄 한 개씩을 단 공수부대 전투복장을 하고 이승만 대통령에게 부임 신고를 했다. 이 모습을 본 이승만은 정일권 참모총장에게 "우리 국군 지휘관들도 모두 리지웨이 사령관처럼 수류탄을 달도록 하라"는 지시를 내렸다.[542]

1951년 1월 1일, 중공군 5개 군단(15개 사단)이 서울에 주공(主攻)을 집중하여 쇄도해 오기 시작했다(제3차 공세). 적 15개 사단과 맞선 아군은 국군 3개 사단과 미군 1개 사단이었다. 아군 1개 사단이 적 4개 사단을 상대해야 하는 힘든 싸움이었다. 아군의 전선 수습을 위해 서울을 비워야 하는 상황이 됐다는 보고를 들은 이승만 대통령은 침통한 표정으로 이렇게 말했다.

"또 서울을 버려야 하는가…. 군사작전을 위해서라면 따라야겠지. 하지만 서울 시민과 피난민들에 대해 참으로 면목이 없습니다. 이 정월은 예년 없이 춥다는데, 그들은 얼마나 고생하겠는가. 지난 6월에는 추위만은 없었으나 이번에는 눈과 추위를 견디어야 하니…. 철없는 어린이와 허약한 부녀자들, 그리고 노인들이 얼마나 고생스럽겠는가."

또 다시 서울 빼앗겨

이승만은 곧 정일권 참모총장에게 서울 시민들의 피난을 위해 임시가교를 마련하라고 지시했다. 임시로 가설된 부교를 통해 국군과 미군의 10만 병력과 중장비, 차량, 탄약 등 병참물자들이 도강했고, 서울 시민들도 부교를 건너 피난을 떠났다. 이것이 그 유명한 1951년의 1·4후퇴다.

1·4후퇴는 1950년의 6월 후퇴 때와는 모든 것이 달랐다. 이승만 대통령은 1950년 12월 24일자로 서울 시민의 피난을 공식으로 지시했고, 정부에서도 「서울 철수에 따르는 피난민 소개구호대책」을 마련했다. 덕분에 공주, 아산, 평택, 천안 등지에 마련된 피난민 수용소에서 140만 명의 피난민들이 정부와 공공단체의 보호를 받을 수 있었다.

이승만 대통령 내외는 경무대에서 최후까지 버티다가 1월 4일 오전 8시 경무대를 떠나 부산으로 이동했다. 여의도 비행장으로 통하는 한강 부교 부근에는 얼음을 타고 한강을 건너는 피란민 대열이 처참했다.

37도선까지 철수한 국군 3개 군단과 미군 2개 군단은 평택–제천–삼척을 잇는 선에서 중공군의 3차 공세(1950년 12월 31~1951년 1월 10일)를 여유 있게 막아냈다.

1951년 1월 12일 이승만은 리지웨이 사령부에서 전황 설명을 들었다. 리지웨이 장군은 "이제는 적이 어떻다는 것을 알았으며, 우리가 전선을 지킬 수 있다는 사실을 확신합니다. 준비를 갖추는 대로 곧 밀고 올라가겠습니다"라고 설명했다. 이승만은 리지웨이 장군을 치하한 뒤 한국 청년들의 무장 문제와 한미 간에 얽힌 역사문제에 대해 다음과 같이 말했다.

"리지웨이 장군. 왜 귀하는 싸울 태세를 갖추고 훈련된 한국 청년들을 무장시키지 않습니까? 왜 50만 한국 청년들을 공산당과 싸울 수 있도록 무장시키지 않습니까? 미국은 우리가 언젠가는 뒤에서 당신들을 칼로 찌를 것이라고 걱정할 필요가 없습니다.

군사원조도 받은 것 없이 스스로의 생명을 바쳐서 공산군과 성공적으로 싸워온 나라는 오직 한국뿐입니다. 왜 귀하는 한국 청년들을 밀어 제쳐놓고, 대신 일본을 무장시켜 또다시 일본을 열강으로 만들려고 합니까? 한국은 말할 나위도 없고 필리핀이나 태국, 그리고 다른 아시아의 모든 나라들은 일본에 대해서 의구심을 갖고 바라보고 있습니다.

우리나라가 당한 쓰라린 경험은 이러합니다. 우리는 일본 사람들이 러시아와 싸울 수 있게 이 땅을 통과시켜 주었더니 그들은 결코 우리나라를 떠나지 않았습니다. 오히려 미국의 도움을 받아 한국에 머무르면서 40년 동안 한반도를 점령했습니다. 바로 당신네들 미국이 1905년, 러시아와 싸울 수 있게 일본의 군비를 증강시켜 주었습니다. 그리고 제2차 세계대전 중에 당신네들은 바로 그 러시아가 일본과 싸우도록 러시아의 군비를 증강시켜 준 것입니다. 이제는 또다시 일본의 군비를 증강시켜 주려 하고 있습니다.

러시아나 일본이나 그들 야망대로 남의 나라를 정복하기 위해 다 같이 한국을 필요로 하고 있습니다. 겨울에 얼어붙지 않는 항구, 그리고 쌀과 광물 등이 그들에게 필요하다는 뜻입니다. 당신들은 언제나 한국이 아시아의 관건이라는 사실을 똑바로 보지 않으며, 이 두 열강이 그로 인해 전쟁에 휘말렸다는 사실을 제대로 보지 못하고 있는 것입니다.

그리고 귀국은 극동에서 한국을 강력한 보루로 만들어 이 두 세력을 견제하려 들지 않고, 우리의 적들만 부추기고 있습니다. 일본 군대는 이미 공산주의자들에 의해 침투되어 있습니다. 만약 당신들이 한국전쟁에서 패하거나 철수한다면 당신들은 일본 공산당을 저지할 수 없습니다. 내 말을 명심하여 들으시오. 그러나 만약 당신이 우리의 청년들을 훈련하고 무장 시킨다면, 결코 후회를 하지 않으리다."[543]

1951년 2월 5일, 국군과 미군이 37도선을 박차고 나가 중공군을 북쪽으로 밀어 올리자 중공군은 2월 12일, 2월 공세로 맞섰다(제4차 공세). 2월 13일, 프랑스 대대를 포함, 4개 대대로 편성된 미 제23연대는 지평리 일대에서 직경 1.6㎞의 원형 방어진지를 편성하여 병력이 4배나 많은 중공군과 맞섰다. 프랑스 대대와 23연대 장병들은 사흘 간 밀려오는 중공군의 공격을 육탄으로 막아냈다. 그 결과 중공군은 포로 79명을 포함 5000여 명이 사살된 반면 아군은 52명의 전사자와 259명의 부상자, 실종자 42명으로 압승을 거두었다.

이 전투의 승리로 중공군은 사기가 크게 꺾였고, 유엔군은 반격의 기회를 잡아 전선을 38선 부근으로 밀어 올리는 '킬러 작전'을 개시했다. 2월 공세에서 중공군의 치명적인 약점이 백일하에 드러났다. 중공군은 방대한 병력을 동원하면서도 병참 보급 기능은 전

근대적 수준을 면치 못하고 있었다. 게다가 남만주에서 한강 선까지는 450㎞에 달하는 거리라서 탄약과 식량을 제 때 보급하기 힘들었다. 드디어 중공군의 인해전술에 대한 두려움이 사라지고 반격작전에 자신을 갖게 된 것이다.

3월 15일, 국군 제1사단이 서울을 재수복했고, 이어 적들을 38선 이북으로 밀어 올리는 데 성공했다. 그로부터 9일 후인 3월 24일 맥아더 장군이 전선 시찰을 와서 한미 합동 군단장 회의를 긴급 소집했다. 이날 맥아더 장군은 다음과 같이 의미심장한 발언을 했다.

"중공군은 근대전을 치를 만한 군수 생산 능력이 없으며, 우리와 싸워 이길 만한 군사력이 아니다. 우리 유엔군은 행동 제한을 계속 받고 있으며, 이 제한으로 인해 적군에게 군사적 이익을 주고 있음에도 불구하고 중공군이 무력으로 한반도를 정복하는 것은 완전히 불가능하다는 사실이 증명됐다.

따라서 유엔이 전쟁 범위를 한반도 지역에 제한하려는 노력을 버리고, 유엔으로 하여금 중국 본토의 연안 및 내륙까지 작전케 한다면 그 결과는 곧 중공 궤멸과 직결된다는 사실을 통감하게 되었을 것이다.

우리는 지금 군사적으로는 아무 의의가 없고, 다만 부질없는 정치 논쟁거리에 지나지 않는 38선을 눈앞에 두고 있다. 그리고 이 38선을 다시 돌파할 것인가 말 것인가를 결정하지 않으면 안 된다. 또한 돌파한다면 어디까지 전진할 것인가를 정해야 할 것이다.

하나 본직(本職)은 이 한계를 정책적으로 못 박을 입장이 아니며, 전략구상에 관해서도 갖가지 제약을 받고 있다. 다만 본직의 권한으로 결정할 수 있는 전술적인 당면 방침을 말한다면, 우리는 38선 회복 후의 군사적인 안전을 도모하는 의미에서 38선 돌파, 즉 작전의 연장이 불가피한 경우에는 돌파해 나가야 한다고 믿어 의심치 않는다."[544]

한계 드러낸 미국의 전쟁 의지

맥아더가 한미 합동회의를 연 날 이승만도 "유엔군은 압록강, 두만강까지 진격해야 한다"는 성명을 발표했다. 두 사람의 의견은 일치했다. 유엔군은 38선 앞에서 머뭇거리지 말고 또 다시 북진하여 공산주의의 숨통을 끊어야 한다는 것이었다.

"한만 국경에 이르기 전에 정지하게 된다는 것은 아무 의미도 없는 것이다. 이제껏 달성해 온 모든 승리는 다 헛것이 되어 버릴 것이며, 불원간 다시 큰 싸움을 하지 않으면 안 되게 될 것이다. 한국의 진실한 벗이라면, 공산주의의 진실한 적이라면 결코 이 전쟁이 최후 목적인 한국의 통일과 독립을 완수하고 완전한 승리를 획득하기 전에는 어디서든지 간에 정지하지 않을 것이다."[545]

중공군의 대공세로 유엔군이 37도선까지 밀리자 미국은 1951년 2월 6일, 합동참모본부가 국무성과 합의하여 「한반도에 관한 다섯 가지 정책 선택지에 관한 문서」를 만들었다. 미국은 한국에서 ▲

무력에 의한 통일 ▲완전 철수 ▲중국으로의 확전 ▲현재의 전선에서 장기 교착 ▲협상을 통한 해결 등 다섯 가지 방안을 설정하여 검토한 끝에 마지막 방안, 즉 전전(戰前)의 상태를 회복시키는 방향에서 한국 문제를 해결하기로 결정했다.[546)]

미국은 한반도에서 군사적 승리가 불가능하다는 판단을 내리고 명분 있는 휴전을 한 다음 일본을 재무장시켜 중공과 소련에 대한 견제 세력으로 이용한다는 쪽으로 입장을 정리했다. 한반도의 분단을 그대로 놔둔 채 휴전으로 전쟁을 끝내기로 한 것이다.

맥아더는 도쿄사령부와 워싱턴 간의 협조가 점점 어려워져가는 것을 보면서 두 가지 측면에서 염려했다. 첫째는 미국정부가 전쟁 의지를 잃어가고 있는 것 아닌가 하는 것이었고, 둘째는 워싱턴에 좌경주의자들이 스며들어 있을지 모른다고 걱정했다. 그 무렵 워싱턴에서는 마오쩌둥을 공산주의자가 아니라 민족주의자로 선전하거나 중공은 언젠가는 소련 견제 역할을 담당하는 미국의 우방이 될 것이라고 주장하는 정치인들이 너무 많았다.[547)]

맥아더 장군은 휴전 논의를 자살적 유화정책이라고 보고 공산 음모자들에 맞서는 전면전쟁을 요구하는 편지를 미국 상원위원회에 보냈다. 이에 맞서 트루먼 대통령은 4월 10일 맥아더를 모든 지휘관직에서 해임하고 리지웨이 장군을 그의 후임으로 임명했다. 리지웨이 장군이 맡고 있던 주한미군 사령관은 제임스 밴 플리트[548)]가 후임으로 부임했다.

맥아더의 해임은 본인에게 정식 루트를 통해 통보된 것이 아니라 언론에 미리 새나가는 바람에 새벽 1시에 부랴부랴 기자회견을 열어 해임 성명을 발표하는 형식으로 진행됐다. 맥아더는 도쿄에서 라디오 방송을 들은 부관을 통해 자신의 해임 소식을 들었다. 후에 맥아더는 "하인도 이런 식으로 해고되지는 않을 것"이라며 불쾌해 했다.

맥아더가 추구한 승리는 한반도에 있는 적군의 섬멸과 한국을 민주정부로 통일하는 것만을 의미하지는 않았다. 그의 구상은 공산주의가 다시 일어나지 못하게 붉은 사조의 역사적인 퇴조를 기록할 타격을 가하고, 공산주의의 세계적인 패배를 꾀하는 것이었다.[549] 말하자면 3차 세계대전을 각오한 전면전을 벌여 지구상에서 공산주의를 말살해야 한다는 굳은 철학을 가지고 있었다.

그러나 트루먼은 초지일관 6 · 25를 제한전으로 규정하고 있어 두 사람 간의 충돌은 불가피했다. 트루먼은 한반도보다 유럽이 훨씬 중요한데, 병력을 동아시아에 쏟아 넣고 있을 때 유럽에서 전쟁이 터지면 유럽을 지키기 힘들다는 생각에 젖어 있었다. 트루먼이 내린 맥아더의 소환명령서에는 한국에서 공산주의 침략을 저지하되 전면전으로 비화되는 것을 막고 3차 대전을 예방하는 '제한전'의 성격이 잘 나타나 있다.[550]

트루먼 대통령의 맥아더 해임에 대해 앤 코울터는 다음과 같이 말했다.

'미국인은 맥아더의 해임에 대해 분노했다. 트루먼의 패배적 정책에 신물이 난 국민들은 전국에서 트루먼 허수아비를 불태웠다.

국제부두노조는 맥아더의 해임에 항의하여 조업을 중단하기도 했다. 맥아더가 샌프란시스코 공항에 도착했을 때 50만 인파가 공항에서 도심까지 도열해서 조국으로 돌아오는 영웅을 열렬히 환영했다. 뉴욕에서는 7백만의 시민들이 맥아더를 위해 종이 꽃가루를 뿌렸는데, 이는 제2차 세계대전이 끝난 후 귀국하던 아이젠하워를 환영했던 시민보다 배가 많은 숫자였다.

전국의 여론조사는 국민의 66%가 맥아더의 해임에 반대하는 것을 보여주었다. 공화당은 맥아더를 상하 양원 합동회의에서 연설하도록 초청했다. 많은 사람들은 트루먼을 탄핵하라고 요구했다. 매카시 상원의원은 맥아더의 과시적 태도를 싫어했지만 트루먼이 전쟁을 이기는 장군을 해임하는 결정에 대해서는 더욱 불쾌한 심기를 드러냈다. 그는 트루먼이 "한밤중에 달콤한 술에 취해서 그런 결정을 했다"고 비난했다.'[551]

"비기기 위해 죽어야 하나?"

유엔총회는 1950년 10월 7일 "공산 침략자를 격퇴하고 무력에 의하여 한국을 통일한다"는 결의문을 채택했으나 중공군의 한국전 개입으로 이 결의문은 무시됐다. 트루먼에 의한 맥아더 해임은 유엔총회의 결의에 따라 공산 침략을 분쇄하여 한국의 통일을 쟁취하려는 이승만과 맥아더의 필사적인 노력이 패배했음을 의미하는 일대 사건이었다. 즉 전쟁을 통해 북한 지역을 수복하여 통일을 이룬다는 이승만과 맥아더의 원대한 구상이 폐기되고 휴전을 통해 한반도의 분단이 영구화되는 길로 들어서게 된 것이다.

맥아더 해임 소식이 전해진 4월 11일, 부산 임시 경무대에서 긴급 각료회의가 소집됐다. 이날 이승만 대통령은 다음과 같이 결연한 의지를 국무위원들에게 밝혔다.

"여러분! 우리는 지금 맥아더를 잃음으로 해서 중대한 고비에 당면하게 되었습니다. 이 같이 일을 당하고 보니, 그의 군인으로서의 위대함과 그의 우리 대한민국에 대한 애정과 이해심이 얼마나 깊었던가를 한층 느끼게 됩니다.

트루먼 그 사람은 우리에게서 맥아더 장군과 함께 희망을 빼앗아 갔습니다. 트루먼 그 사람은 세계 민주주의의 중심이요, 인류 정의의 수호자인 미합중국의 대통령이면서도 어찌하여 이 같은 짓을 했는가. 공산 침략군에 무릎을 꿇겠다는 것인가. 백기를 들겠다는 것인가?

나는 이렇게 생각하는 바입니다. 트루먼 그 사람은 이 전쟁을 적당히 끝내려는 것입니다. 그렇게 되면 우리 대한민국은 어떻게 될 것인가? 또 하나의 38선이 생겨 또다시 삼천리강산이 두 동강 나고, 3000만 민족이 영영 갈라지게 되는 것입니다. 해서 국무총리 그리고 장관 여러분….

나는 결심했습니다. 우리는 비록 유엔군의 원조를 받고 있으나 우리 국토, 우리 민족을 갈라놓게 되는 어떠한 조치도 수용할 수 없으며, 이 전쟁을 적당히 그만두려 한다면 승리 아니면 죽음을 각오하여 결사반대를 할 것입니다."[552)]

유엔군 사령관 리지웨이 장군이 도쿄 사령부로 전출을 가고 제임스 밴 플리트 장군이 4월 1일 부임하여 미8군 사령관 및 유엔군 사령관의 지휘권을 이어받았다. 밴 플리트 장군은 제2차 세계대전의 노르망디 상륙작전 당시 연대장에서 미 29사단장으로 발탁되면서 '야전의 맹장'이자 철저한 공격형 지휘자로 알려진 인물이었다.

부산 임시 경무대로 부임 인사를 온 밴 플리트 장군은 이승만 대통령에게 차렷 자세로 인사를 하고는 "대통령 각하. 저는 싸우러 왔습니다. 유엔군은 이제부터 공산 침략군을 격멸하고 말 것입니다" 하고 말했다.

중공군은 철의 삼각지대를 중심으로 중부전선에서 공세를 펼쳤으나, 국군과 유엔군이 이를 되받아쳐 10만 명 가까운 인명손실을 입혔다. 정일권은 당시 상황에 대해 "중공군 포로들은 하나같이 굶주려 있었고 탄약조차 없었다. 먹지 못해 지친 병사들이 생포 당하기 위해 길가에 줄지어 있는 형편이었다"고 기록하고 있다.[553)]

중공군의 1951년 봄 춘계공세는 중공의 전쟁 수행능력이 한계에 다다랐음을 보여주었다. 춘계 공세를 기점으로 국군과 유엔군은 전선의 주도권을 확실하게 장악했다. 이 무렵 밴 플리트 장군은 중공군의 춘계 대공세를 막아내고 적을 크게 무찌른 전과의 확대를 위해 도쿄 사령부에 원산 상륙작전을 건의했다. 미군을 원산에 상륙시켜 동해안의 국군 제1군단의 북진과 호응케 하여 중부 및 서부전선의 중공군 후방을 흔들어 놓겠다는 야심찬 구상이었다.[554)]

밴 플리트 장군의 구상은 기진맥진한 중공군을 거세게 두들겨 전선을 평양-원산 선까지 밀어 올린다는 것이었다.

그러나 도쿄 사령부는 이 작전을 허가하지 않았다. 그 무렵 도쿄의 리지웨이 장군의 구상은 밴 플리트의 공세적인 자세와 크게 달랐다. 리지웨이는 "공격은 계속되고 있었으나 큰 피해가 따를 무모한 추격은 가능한 한 피하도록, 조심스럽고 철저하게 연구된 자세를 넘어 신중하게 선택된 목적지로 진격하는, 목적이 한정된 형태의 공세"[555]를 원했다. 이 무렵 전방의 군인들 사이에선 "비기기 위해 죽어야 하나"라는 냉소적인 표현이 유행했다.[556]

6·25와 소련 간첩들의 역할

이승만과 맥아더의 전쟁 목표는 이 기회에 공산당을 때려 부숴 통일을 달성하고 공산주의자들의 아시아 정복 의지를 꺾는 것이었다. 트루먼에게 있어 6 · 25는 1947년 자신이 발표한 '트루먼 독트린'의 완성, 즉 공산주의 봉쇄였다. 영국 수상 애틀리는 동아시아에 매달려 있는 미국을 설득하여 유럽방위에 전념할 수 있도록 한국전을 서둘러 끝내야 할 입장이었다. 인도 수상 네루는 공산국가와 비공산국가 간의 긴장을 완화시켜 자신이 제3세계의 지도자로 떠오르도록 적절한 기회에 전쟁을 중단키는 것이 급선무였다.

전황이 38선 부근에서 교착 상태로 빠져들 무렵인 1951년 6월 23일, 소련의 유엔주재 대사 야콥 말리크는 "우선 휴전을 하고 38

도선으로부터 상호간 군대 철수를 규정하는 정전을 하여 교전국간에 교섭을 시작해야 한다"는 라디오 방송을 했다. 이 소식을 접한 영국은 "영국을 비롯해 많은 나라들이 한동안 추구해 온 것"이라며 쌍수를 들어 환영했다.

이승만은 1951년 6월 27일 "통일 이외의 어떤 평화안도 거부한다"는 성명을 발표했다. 이승만은 백선엽 장군을 통해 유엔 측 대표에게 성명서를 보냈다. 성명서 내용은 "공산 침략자가 한국에서 축출되고 대한민국 정부 아래 국토가 통일될 때까지 전쟁은 계속되어야 한다. 만일 미국과 국제연합 총회에서 규정한 제약 때문에 그것이 불가능하다면 그때에는 적을 몰아내기 위해 대한민국 국군에게 자체적으로 북진하도록 권한을 주고 원조하라"는 것이었다.

이승만이 휴전에 계속 반발하자 영국이 십자포화를 퍼부었다. 영국 언론들은 '이승만은 영국이 받아들일 수 없는 인물'[557] '이 박사 정부를 흡수할 수 있는 정권이 들어서게 해야'[558] '국제연합은 우선순위로 보아도 뒤지고 자기네들 관점에서 보아도 그처럼 별 볼 일 없는 한국과 같은 구석진 곳에 다시는 자진해서 싸우러 가지 않을 것'[559] 등등 기사와 사설을 통해 격렬하게 비난했다.

영국은 왜 그토록 집요하게 이승만을 공격하고 나섰을까? 구소련의 정보기관 KGB에서 정보관으로 근무했던 유리 모딘은 『나의 케임브리지 동지들』이란 자서전을 발간했다. 영국의 명문 케임브리지대학 출신의 소련 간첩들, 이른바 '케임브리지 5인방'에 대한 공작을 폭로하는 내용이다.

그의 저서에 등장하는 킴 필비, 가이 버제스, 앤서니 블런트, 도널드 매클린, 존 케른크로스 등 케임브리지 5인방은 영국의 동맹국이었던 미국 정보기관과 깊은 연계를 맺고 서방 세계의 최고 기밀에 속하는 정보들을 빼돌려 소련에 제공했다.

킴 필비는 소련 간첩으로 암약하며 소련이 김일성의 6 · 25 남침 계획을 승인하는 데 있어 결정적 역할을 하는 정보를 제공했다. 그는 한국전쟁 때는 미국에 파견된 영국 정보기관의 현지 책임자로 워싱턴에서 활동했다. 그는 미 CIA와 영국 외무성을 오고가는 연락관으로서 CIA 국장 등 간부들과 접촉하여 두 기관의 상호 정보교환에 개입했다. 그가 CIA로부터 얻은 한국전쟁 관련 최고급 정보들은 영국 정보기관 MI6 본부 내의 소련 간첩이었던 도널드 매클린(영국 외무성 미국담당관)을 통해 실시간으로 소련에 넘어갔다.

그 무렵 도널드 매클린은 워싱턴 주재 영국대사관의 원자력정책 담당관이었으며, 가이 버제스는 2등서기관이었다. 이들 두 외교관은 워싱턴 주재 영국 정보책임자로 와 있던 킴 필비의 지휘를 받고 있었다. 맥아더에게 만주 지역을 폭격하지 못하도록 지시한 사실, 맥아더를 해임한 이유가 소련 간첩들의 활동과 어떤 상관관계가 있는지는 이제부터 더 많은 연구를 통해 밝혀내야 할 숙제다.

모스크바 간첩단과 중공군 개입이 어떤 연관을 갖고 있는지에 대해 정확히 밝혀진 것은 없지만 어쨌든 중공군은 맥아더의 예상과는 판이하게 대군을 한반도에 투입했으며, 유엔군의 배치와

압록강 지역에 대한 워싱턴의 정책 방안 등을 정확히 알고 있었다.[560]

소련과 중공은 킴 필비-도널드 매클린 라인을 통해 제공된 정보를 통해 미국의 6·25 관련 전략을 꿰뚫어 보면서 유리하게 전쟁을 이끌어갈 수 있었다. 소련 간첩들은 미 지도부가 중공에 원폭 공격을 하지 않는다는 것과, 전쟁이 중국 본토로 확전되지 않는다는 사실을 알아내 소련에 통보했다.

이승만은 1951년 11월 27일 『워싱턴 데일리 뉴스』 특파원과 기자회견에서 유엔군의 철수 문제가 제기되자 "갈 테면 가시오. 우리는 당신네들보고 와달란 말을 하지 않았으며, 또 남아달라는 말도 하지 않겠소. 그러나 우리는 여기 남아서 싸우겠소. 죽기밖에 더하리요" 라며 비장한 각오를 밝혔다.

이승만의 노력은 이제 전쟁에서의 승리가 아니라 한국의 분단을 영구화시킬 휴전협정을 막는 쪽으로 선회한다. 이는 휴전을 바라는 강대국들과 충돌코스를 향해 질주하게 됨을 뜻하는 것이었다. 이승만의 초청으로 한국으로 출발을 앞둔 로버트 올리버는 1951년 7월 1일 가족에게 다음과 같은 편지를 보냈다.

'한국의 위기는 호전되고 있는 것이 아니라 더욱 악화일로에 있소. 이 대통령은 요지부동이요. 유엔군이 계엄령을 선포하든가 아니면 한국군 장군들과 정치인들이 뭉쳐서 그에게 맞서도록 설득함으로써 유엔군의 협정 수락을 강요하는 등 그를 실각시키려는 일이 벌어질 것이라고 지금 나는 믿고 있소.'[561]

이후 미국은 올리버가 우려한 쪽으로 사태를 몰고 갔다. 이승만의 실각, 혹은 제거작전은 1952년 부산 정치파동을 겪으며 본격 가동되기 시작한다.

08

한미상호방위조약 체결하다

대통령 직선제 개헌으로 국회와 격돌

이승만 초대 대통령의 임기는 1952년 7월 23일까지였다. 그 무렵 이승만의 입지는 사면초가 형국이었다. 낙동강 전선을 지켜내고, 남한의 공산화를 막은 업적에도 불구하고 남침 초기 '서울 사수' 방송으로 수많은 인명이 적의 손에 넘어갔고, 거창 양민학살사건, 국민방위군 사건이 연이어 터지면서 신뢰가 땅에 떨어졌기 때문이다.

국민방위군 사건은 방위군 간부들이 25억 원에 달하는 방위군 예산을 착복해 제2국민병으로 소집된 장정 수천 명이 아사하거나 병사한 부정사건이다. 거창 사건은 1951년 2월 10일 공비 출몰 지구인 거창군 신원면 일대 주민 500여 명이 공비와 내통했다는 혐의로 11사단 9연대 3대대(대대장 한동석 소령) 장병에 의해 무차별

살해된 사건이다. 이 두 사건은 모두 정치 문제화 하여 이해 3월 29일 국회에서 각기 특별조사위원회가 설치됐다.

1951년 5월 7일 이승만은 국민방위군사건과 거창 양민 학살사건의 책임을 물어 각료 몇 사람을 교체하면서 내무장관 조병옥도 경질했다. 이승만이 조병옥을 경질한 것은 한국정치에 대한 미국의 간섭을 차단하고, 더 나아가 미국이 한국전쟁을 자국에게 유리하게 끌고 가려는 것에 대한 저항이었다.[562]

미국은 중공군의 개입으로 한반도에서 군사적 승리가 불가능하다는 판단을 내리고 명분 있는 휴전, 그리고 일본을 재무장시켜 중공과 소련에 대한 견제 세력으로 이용한다는 쪽으로 입장을 정리했다.[563] 미국에서 비밀 해제된 외교문서에 의하면 미 국무성과 주한 미국대사관은 1951년 후반기부터 이승만을 대체할 인물로 장면,[564] 장택상,[565] 김성수,[566] 조병옥[567] 등을 후보에 올려놓고 있었다. 미국은 1952년 한국의 대통령 선거를 이용해 북진통일을 고집하는 이승만을 패배시키고 미국 측 의견에 잘 따르는 유화적인 인물을 당선시키면 휴전협정은 쉽게 성사시킬 수 있을 것으로 판단했다. 주한 미국대사 무초는 1952년 2월 15일자 전문에서 차기 대통령으로는 장면이 최선이라고 보고했다.

'…다른 두 후보인 이범석[568]과 신익희는 우리가 볼 때 격이 좀 떨어진다. 최선의 두 후보는 장면과 허정인데, 그들은 추종자가 적고 좀 허약하다. 내각제를 도입하면서 이승만을 재선시키는 방법도 있다. 그것은 다른 강력한 후보자가 없는 상태에서 이승만의 영향력을 제한시키는 한 가지 방법일 수 있다. 그러나 이승만이 원치 않을 것이고, 내가 보기에도 그것은 프라이팬에서 나와 불로 뛰어드는 격이다. 왜냐하면 한국인들은 내각제를 운영할 능력이 전혀 없기 때문이다. 국회에서 대통령을 뽑을 때 장면이 당선되는 것이 우리의 최선의 희망이다.'[569]

로버트 올리버는 이승만이 건국 직후부터 대통령 선거권을 국회로부터 국민에게 이양시키는 헌법 개정을 생각하고 있었다고 밝히고 있다. 대통령 직선 문제는 1948년 7월 제헌헌법 제정 당시에도 논란이 됐었다. 이승만은 건국을 지연시켜서는 안 된다는 생각 때문에 초대 대통령의 국회 선출에 동의했다. 그가 대통령을 국회에서 선출하는 문제에 동의한 것은 어떤 방식으로 대통령을 선출하든 자신이 당선되리란 확신이 있었기 때문이다. 이승만은 국회가 대통령 선거권을 가지도록 동의하면서 "한국 국민이 그럴 만한 능력을 보여주게 될 때에는 그 권리를 국민에게 돌려주어야 한다"는 단서를 붙였다.

이승만이 대통령 직선제 속내를 공개석상에서 밝힌 것은 1950년 3월 24일이다. 이날 이승만은 기자회견에서 "1952년 대통령 선거는 국회보다 국민이 선거권을 가지도록 헌법이 개정되어야 한다"고 말했다.[570]

1951년부터 이승만은 정치적 반대파들로 인해 국회 내에서의 입지가 불안했다. 이 상태에서 국회에서 대통령을 선출할 경우 이승만은 패배가 거의 확실했다. 1951년 가을 한국을 방문한 로버트 올리버는 이승만에게 "국회의원들이 박사님을 재선시키지 않을 것이라고 하는 설이 널리 퍼져 있는데, 이에 동의하십니까" 하고 물었다. 이 질문에 이승만은 이렇게 답했다.

"아마 그 사람들의 말이 맞을 거요. 그 이유를 아시오? 일본인과 미국인들은 모두가 자기들 나름의 이유로 대통령이 바뀌기를 원하고 있소. 국회는 한국 국민을 위하는 것이 아니라 외국 사람들의 이익을 위하여 뇌물도 받고 압력마저 받고 있는 중이오. 한 마디로 말해 현행 헌법 하의 선거는 한국 스스로의 선택에 의한 것이라기보다 우리나라 외부로부터 가해지는 압력에 의한 것이 될 것이오."[571]

미국 입장에서 볼 때 휴전을 반대하는 이승만은 자신들의 세계 전략에 있어 걸림돌이나 다름없었다. 1951년 후반기부터 미 국무부나 주한미군, 주한 미국 대사관 측은 이승만을 대체할 가능성이 있는 인물들에게 어떤 암시들을 계속 던지기 시작했다.[572] 그러나 이승만의 입장은 확고했다.

"38도선을 철폐하고 북한 지역을 수복하기 위해 필요한 투쟁을 나 말고 누가 끝까지 해 내겠는가?"

이런 사명감에 불타는 이승만이 택한 돌파구는 대통령 선출을 국회가 아니라 국민의 손으로 넘기는 것이었다. 이를 위해서는 헌법 개정이 필요했다. 이승만은 1951년 11월 30일 대통령 직선제 개헌안을 국회에 제출했다. 공고기간을 마치고 1952년 1월 28일 표결에 들어갔는데 재석의원 163명 가운데 찬성 19, 반대 143, 기권

1로 압도적인 표차로 부결됐다.

충격을 받은 이승만은 "국회의원이 잘못하면 국민의 투표로서 소환한다"는 성명을 발표했다. 이 성명이 나온 후부터 18개 사회단체들이 개헌안 부결 반대 민중대회를 열고 국회의원 소환운동을 벌였다. 이 무렵 부산에는 백골단, 땃벌떼, 민족자결단 등 각종 유령단체들이 국회 해산 구호를 외치는 등 공포분위기를 조성했다.

이승만 제거 위한 쿠데타 계획

이승만은 1951년 중반부터 자신을 지지하는 정당의 필요성을 심각하게 검토하기 시작했다. 이승만은 조선시대 사색당파의 폐해를 느껴서인지 초기에는 정당정치를 기피했다. 신당의 필요성을 생각하면서부터 주위 사람들에게 "요즘 정치하는 사람들이 정당하는 방법을 몰라, 그러니 내가 정당을 만들어 당을 하는 본보기를 보여주어야겠어"란 말을 자주했다.

이승만은 1951년 광복절 기념사에서 "농민과 노동자를 토대로 삼아 일반 국민이 나라의 복리와 자기들의 공동복리를 보호하기 위해 정당한 정당을 만들 때가 왔다"고 선언했다. 신당 운동은 원내와 원외 두 갈래로 추진됐다. 그러던 중 11월 30일 정부에서 대통령 직선제와 양원제를 골자로 하는 개헌안이 제출되자 이를 계기로 현행 제도를 고수하려는 원내파가 이를 적극적으로 반대하면서 신당운동은 완전히 분열됐다.

원내외가 똑 같은 자유당이란 간판을 내걸고 독자적인 발당 대회를 가졌다. 한쪽은 원내 자유당(오위영, 정헌주, 김영선 의원 중심)으로 불리는 내각책임제 개헌 지지 세력, 다른 쪽은 대통령 직선제 개헌을 적극 밀고 나간 원외 자유당(이범석 등 족청 세력 중심)이었다. 원내 자유당은 내각제 개헌안을 통과시켜 상징적 대통령에 이승만, 실권을 쥔 국무총리에 장면을 추대한다는 청사진을 가지고 있었다. 반면 원외 자유당은 대통령 직선제 개헌이 목표였다.

원내 자유당과 민국당, 민우회 등 야당 연합세력은 1952년 4월 17일 대통령은 상징적 존재이고, 국무총리가 행정수반이 되는 내각책임제 개헌안을 국회에 제출했다. 내각책임제 개헌 공작이 구체화되고 실현단계에 접어들자 4월 20일 장면 국무총리는 이승만에게 사표를 제출했다. 직선제 개헌을 추진하는 이 대통령의 뜻을 거스르고 장면이 내각책임제 개헌을 해 국무총리가 될 꿈을 꾸자 이승만은 배신감에 사로잡혔다.

이에 맞서 이승만과 원외 자유당은 5월 14일에 정부 개헌안을 약간 수정한 대통령 직선제 개헌안을 또 다시 국회에 제출했다. 원내의 반이승만 의원들은 5월 29일 국회에서 대통령 선거를 전격 실시해 장면을 대통령으로 선출할 계획을 세워놓고 있었다.

이 사실을 간파한 이승만은 5월 24일 공석 중인 국무총리에 장택상, 내무장관에 이범석을 임명하고 다음날 0시를 기해 '공산침투분자와 폭도 소탕' 명목으로 부산을 비롯한 전남북, 경남의 23개시군에 비상계엄령을 선포했다.

5월 26일 47명의 국회의원이 탄 통근버스가 견인차에 끌려 헌병대에 연행됐고, 국회의원 10명이 국제공산당에 연루되었다는 명목으로 체포됐다. 체포 구속된 의원들은 대부분 장면 지지자들이었다. 부통령 김성수는 "계엄 선포는 반란적 쿠데타"라고 비난하면서 항의 사임했고, 미국은 유엔한국위원단을 통해 계엄령 해제와 국회의원 석방을 요구했다.

이승만은 6월 2일 직선제 개헌안이 24시간 이내에 통과되지 않으면 국회를 해산하겠다고 최후 통첩했다. 이승만은 자신의 지지세력을 동원하여 열광적인 분위기를 만들었고, 정치적 반대파를 억압하기 위해 동원한 깡패들이 곳곳에서 무자비한 폭력을 행사했다. 정국이 일촉즉발의 위기상황으로 치닫자 미국은 도쿄 극동군사령부의 클라크 장군에게 '유엔군사령부에 한국 육군 중장을 앞세운 쿠데타 계획을 수립하라'는 긴급 전문을 발송했다. 클라크 장군은 이 지시에 따라 다음과 같은 이승만 제거계획을 수립했다.

'속임수를 써서 이승만을 서울로 초대한다. 그 사이 유엔군 병력(한국군)은 부산으로 진주하여 정부 시설을 장악한다. 이승만에겐 계엄령을 해제하고 국회의 자유를 허용하도록 지시한다. 거절하면 그를 연금한다. 그 대신 국무총리가 그런 선언을 하도록 한다.'

그러나 미국정부는 전략을 바꿔 이승만을 계속 유지시키기로 입장을 정리했다. 애치슨 미 국무장관은 주한 미국대사에게 다음과 같은 전문을 보냈다.

'한국정부에는 어느 정도의 리더십이 있어야 한다. 만약 이승만이 약간 통제되고 부드러워질 수 있다면, 이러한 리더십을 가장 잘 제공할 수 있는 사람이다.… 우리는 대통령 직선제와 대통령에 대한 의회의 통제권을 높이는 방향으로 개헌을 하는 것이 현재의 위기를 타개하는 가장 바람직한 방안이라고 생각한다.'

미국은 한국에서 내각제를 실시하는 것은 시기상조이고, 야당 인사 중에서도 이승만을 대체할 만한 리더십을 보유한 인물이 없다는 점에서 이승만 이외에는 대안이 없음을 현실로 받아들였다. 그리하여 야당 의원들에 대한 설득과 회유에 나섰다. 장택상 국무총리는 정부와 국회의 갈등을 해소시킨다는 명분 아래 정부 측 개헌안과 국회 측 개헌안을 절충한 발췌개헌안을 협상 카드로 내놓았다. 이는 대통령 직선제와 국회 양원제의 정부안을 뼈대로 국무위원 불신임권을 준다는 국회 안을 합친 것이었다.

6월 21일 발췌개헌안이 국회에 상정되자 내각제 지지 의원들이 국회 출석을 거부, 정족수 미달로 심의가 불가능해졌다. 이범석과 원용덕은 경찰과 계엄군을 동원하여 숨어 있는 의원들을 국회로 끌고 왔다. 7월 4일 밤 경찰과 관제시위대가 국회를 포위한 가운데 기립표결을 한 결과 찬성 163, 반대 0, 기권 3으로 발췌개헌안이 국회를 통과했다.

개헌안이 통과되고 8월 5일 실시된 대통령 직선제 선거에서 이승만은 투표자의 74.6%인 523만 표를 얻어 대통령에 당선됐다.

그는 대통령 재선을 쟁취한 대신 전 세계로부터 '독재자'란 비판에 시달려야 했다.

당시 이승만은 6·25를 휴전으로 봉인하고 철군하려는 미국과 사사건건 마찰을 빚고 있었다. 미국 정부는 고집불통의 노인에게 사사건건 끌려 다니면서 인명피해가 늘어나는 것에 진저리를 치고 있었다. 이승만은 대통령 선거를 통해 야당이 미국의 지원 하에 자신을 제거하려 한다고 판단했다.

이처럼 절박한 상황에 처한 이승만은 "미국과 야당이 나를 제거하려 한다면, 나도 방법이 있다"면서 승부수를 던진다. 그는 직선제 개헌을 쟁취하기 위해 물리력을 동원하고 관제 가두시위로 국회를 몰아붙였으며, 계엄령을 선포하여 공포 분위기를 조성한 끝에 정치적 승리를 거두었다.[573]

부산 정치파동의 본질은?

부산 정치파동은 단순히 권력을 둘러싼 투쟁만이 아니라 한국에 적합한 권력구조가 무엇인가를 둘러싼 대립, 전쟁 정책을 둘러싼 한미 간의 갈등이 중첩되어 있었다. 당시 한국은 전쟁 속에서 국가를 형성해 가고 있었으며, 정당정치는 아직 뿌리를 내리지 못하고 있었다. 이런 상태에서 과연 내각제가 한국에 적합했을까.

미국도 이 점을 잘 알았기 때문에 이승만을 대체하는 대신 '순화'시키기로 마음을 바꾼 것이다.[574] 미국은 야당 세력을 지지해 이승만을 교체하려고 마음먹고 있었지만 내각제 개헌에 대해서는 부정적인 생각을 가지고 있었다.

중공군의 개입 이후 미국은 전쟁을 휴전으로 봉합하여 분단을 기정사실화하고자 했고, 이승만은 이에 반발하여 북진통일을 주장했다. 미국은 자신들의 정책을 실현시키기 위해 자신들의 영향력이 미치는 국회를 이용해 이승만을 밀어내고자 했다.

이승만은 이러한 미국과 그들의 영향력 아래에 있는 국회에 맞서 휴전을 저지하고 북진통일을 실현하기 위해서는 대통령 직선제 개헌을 통해 자신이 계속 집권해야 한다고 주장했다. 북진통일론은 일본을 중심으로 생각하는 미국의 동아시아 정책과 재분단을 겨냥한 미국의 한반도 정책에 대한 약소국 지도자 이승만의 강력한 무기였다.[575)]

이후 휴전은 한국에 대한 사형집행 영장이자 분단의 고착화라는 사실을 잘 알고 있는 이승만은 휴전을 완강하게 반대했다. 이는 서둘러 휴전을 하려는 미국의 입장과 크게 상충되는 것이었다. 미국 언론은 이승만을 "칼을 품고 춤추는 늙은 고집쟁이" 등 갖가지 말로 비난했다.[576)]

이승만이 휴전회담을 반대한 이유는 1952년 5월 19일 전미(全美)시장(市長)회의 녹음 연설에 잘 나타나 있다. 이날 연설에서 이승만은 "공산 침략은 우리가 그것을 완전히 패퇴시키거나 우리가 패퇴하는가 둘 중 하나이지 그 사이에 타협적인 해결책은 있을 수 없다"면서 "90만이나 되는 공산군이 북한에 남게 된다면 그것은 공산 측의 승리"라고 주장했다. 이어 이승만은 "안전보장협정의 체결과 우리에게 총을 한 자루 준다는 것은 미국 청년을 한 사람 살리는 것"이라며 미국을 압박했다.

그러나 미국을 비롯한 참전 국가들의 거센 압력으로 대세를 거스를 수 없게 되자 이승만은 한미상호방위조약을 얻어내는 쪽으로 전략을 수정한다. 아이젠하워 대통령, 존 덜레스 국무장관, 콜린스 육군참모총장 등 미국 지도부는 이승만이 제안한 한국과의 상호방위조약 체결에 거부감을 가지고 있었다. 미국은 하루라도 빨리 휴전을 하고, 미군을 철수시켜 한반도에서 손을 떼고 싶은 마음이 굴뚝같았다. 때문에 미국은 휴전을 반대하는 이승만을 달래기 위해 다음과 같은 카드를 마련했다.

'미국은 휴전을 한 후 미군을 오키나와로 철수시킨다(한반도에서 손을 떼겠다는 뜻). 16개 유엔 참전국이 공동으로 한국의 안보를 보장하며(유엔의 권위를 빌어 전쟁 재발을 억제하겠다는 뜻), 만약 적이 재침할 경우 전쟁을 한반도에 국한하지 않겠다는 내용의 대제재 선언(The greater sanction declaration)을 공포한다. 아울러 한국군을 20개 사단으로 증강한다(남한은 스스로 알아서 지키라는 뜻).'

1953년 5월 25일 아이젠하워 대통령은 미국의 입장을 엘리스 브리그스 주한 미국대사와 클라크 유엔군 총사령관을 통해 이승만에게 전달했다. 이승만은 미국의 입장을 전달받자 이렇게 답했다.

"대제재 선언은 전혀 무의미한 것입니다. 당신들은 유엔군을 모두 철수시켜도 좋습니다. 누구한테도 우리를 위해 싸워달라고 요청하지 않을 것입니다. 처음부터 민주국가들에게 도와달라고 요청한 것이 우리의 잘못이었습니다. 미안합니다만 현재 상황에서 나는 아이젠하워 대통령에게 협조를 약속해줄 수 없습니다."[577)]

이승만은 한시라도 빨리 휴전협정을 체결하려는 미국을 집요하게 물고 늘어졌다. 이승만은 북진통일과 휴전 반대를 위한 범국민 운동을 거세게 벌였다. 이승만은 만약 휴전협정이 체결된 후에도 중국 군대가 압록강 이남에 계속 주둔한다면 유엔군사령관에게 위임된 한국의 작전 지휘권을 회수하여 국군 단독으로라도 끝까지 싸울 것이라는 결의를 아이젠하워 대통령에게 통보했다.[578)]

반공포로 석방

이승만은 휴전협정의 조건으로 미국에 한미상호방위조약 체결을 요구했다. 그러나 미국은 "어느 나라와도 이런 조약을 체결한 전례가 없다"며 거절했다. 이승만은 미국이 휴전을 갈망하고 있다는 사실을 꿰뚫어보고 있었다. 이승만 자신도 휴전을 할 수밖에 없는 현실을 알고 있었다. 이 상황에서 최선의 카드는 휴전의 판을 뒤흔들어 미국으로부터 한국이 원하는 선물 보따리를 얻어내는 것이었다. 이승만은 이를 위해 반공포로 석방 카드를 꺼냈다.

휴전회담은 1951년 7월 10일 개성에서 유엔과 공산군 측이 참석한 가운데 개시됐다. 1952년 5월경까지 쌍방 간에 군사분계선 설정, 휴전감시기구 구성, 관련 국가들에 대한 권고사항 등에 대한 합의가 이루어졌다. 그러나 전쟁포로 문제로 논란을 거듭하다가 1952년 10월 8일 무기 휴회에 들어갔다.

1953년 2월 22일 클라크 유엔군 사령관은 김일성과 펑더화이(彭德懷)에게 중환, 중상 포로 송환을 제의했다. 공산 측은 3월 28일 이 제의를 수락하고 52년 10월 8일 이래 무기 휴회에 들어간 휴전 회담을 다시 열자고 제의했다.

4월 20일부터 1주일 간 유엔 측은 5800명을, 공산 측은 684명의 상병 포로를 각기 송환했다. 이 송환이 끝나자 휴전회담이 재개됐다. 유엔 측과 공산측은 포로 송환 문제에 관해 다음과 같이 합의했다.

첫째, 양측은 송환을 원하는 모든 포로를 두 달 안에 송환한다.

둘째, 송환을 거부하는 포로를 보호하기 위해 비무장지대 안에 중립국 감시위원단을 설치하고 위원단과 포로를 인도군이 수비한다.

셋째, 송환 거부 포로에 대해 90일 간 본국 파견원이 설득하도록 한다.

이승만은 최덕신 장군으로부터 포로 송환 합의 내용을 보고받고는 대노했다. 스탈린이 2차 대전 종전 후 독일군에게 포로로 잡혔다가 송환된 병사들을 모두 숙청한 일이 있었기 때문이다. 6·25 전투 중 국군과 유엔군에게 붙잡힌 포로 중에는 북한이나 중공으로 돌아가기를 거부하는 사람들이 많았다. 2차 대전 종전 당시의 사례로 볼 때 귀환을 거부하는 포로들을 억지로 돌려보낼 경우 그들이 희생될 것이 불을 보듯 뻔했다. 우리 정부의 항의와 반대에도 불구하고 6월 8일 포로 교환 협정이 체결됐다. 반공 포로들은 중립국감시위원단과 인도군 수비대에 넘겨질 판이었다.

이 포로 협정에 우리 대표는 서명을 거부했다. 최 장군으로부터 서명을 거부했다는 보고를 받은 이승만은 “자네야말로 진정한 대한민국의 국군 장교”라고 칭찬했다. 이승만은 반공포로를 석방하기로 결심했다. 포로의 강제 송환이냐 자유 송환이냐를 놓고 휴전회담이 2년을 끌어왔기 때문에 이 상황에서 한국 측이 반공포로를 일방적으로 석방하면 휴전회담을 무효화할 수도 있는 폭발력이 큰 카드였다.

포로 협정이 체결되기 이틀 전에 이승만은 헌병 사령관 원용덕 중장을 경무대로 불렀다. 대통령은 원용덕 장군과 극비리에 한 시간 이상 요담했다. 그 후부터 원용덕이 자주 경무대에 드나들며 대통령과 밀담을 나누곤 했다.[579]

1953년 3월 22일 대통령 특명으로 독립된 헌병총사령부를 설치할 때 야당은 물론 군 내부에서도 반대 의견이 거셌다. 이승만은 “내가 헌병총사령부를 한번 요긴히 쓸 데가 있어” 하고 반대 의견을 웃어넘겼다. 대통령은 헌병총사령부를 설치하면서 내심 반공포로 석방을 계획했던 것이다.

1953년 6월 18일 0시를 기해 헌병총사령부는 이승만 대통령의 명령에 따라 부산, 대구, 광주, 마산, 영천, 논산, 부평 등지의 포로수용소에서 반공 포로 3만 5457명 중 2만 6424명을 일방적으로 석방했다. 이것은 우리가 원치 않는 휴전협정을 언제라도 방해할 수 있다는 이승만의 강력한 의지의 표현이었다.

미국이나 유엔군 사령부 측과 아무런 협의 없이 반공 포로 석방이 단행되자 "정전을 반대하기 위한 계획적인 방해"라고 세계의 여론이 들끓었다. 아이젠하워 미국 대통령은 즉각 반공포로 석방을 비난하는 성명을 발표했고, 피어슨 유엔총회 의장, 클라크 사령관도 항의 서한을 보내왔다. 브리그스 주한 미 대사는 대통령에게 항의하면서 손으로 책상을 치기도 했다. 그러나 이승만의 입장은 단호했다.

"이북 공산당에 가지 않으려는 사람을 강제로 보낸다는 것은 정의에 위배되는 거야. 나는 정의를 실천했어, 미국 사람이 나를 이 자리에서 체포해 간다면 내 뒤를 따를 국민이 몇 천만이고 있어."

당시 정가에선 미군이 단독으로 계엄령을 선포해 이승만 대통령에게 반격을 가하리란 소문이 나돌기도 했다. 소문을 들은 이 대통령은 "내가 하는 일은 모두 내가 알고 하는 일이야. 그러니까 걱정 말고 내가 하라는 대로 해" 하고 비서들을 안심시켰다.

에버레디 계획 수립

약소국이 자신을 지키기 위해 반공포로 석방을 단행한 사건은 세계인들에게 강렬한 인상을 남겼다. 이승만의 도박은 단순히 정치적 목적을 위한 것만이 아니었다. 그것은 인류의 양심을 향한 거사였다. 돌아가면 비참하게 죽을 것이 확실한 2만 7000명을 무모한 방법을 써서라도 살려내는 숭고한 인류애를 위한 행동이었다.

이 무렵 미국은 이승만이 휴전협정에 계속 반대하는 등 자신들의 의견을 따르지 않을 경우 이승만을 제거하기 위한 '에버레디 계획'을 가동했다. 이 계획은 1953년 5월 22일 미8군 사령관 맥스웰 테일러 장군에 의해 입안됐고, 유엔군사령관 클라크 장군의 동의를 얻어 합동참모본부에 제출됐다. 미국이 주도하는 에버레디 계획의 주요 내용은 다음과 같다.[580)]

1) 유엔군은 가능한 한 한국군을 이용하여 이승만 대통령과 다른 비타협적 지도자들을 구금한다. 이는 곧 군사정부의 수립을 의미할 수도 있다.

2) 이승만이 휴전을 타결시키고 이행하는 데 계속 협조하지 않거나 유엔군의 안보를 위협하는 행동을 취한다면 유엔군은 한국에서 철수할 것이며, 한국군에 대한 무기 지원을 중단할 것임을 유엔군이 이승만에게 알린다.

3) 미국이 이승만에게 휴전의 인정뿐만 아니라 유엔군과의 완벽한 협조를 가능케 할 만족스러운 확신을 부여하는, 한국과의 쌍무적 안보조약 체결에 동의한다.

아이젠하워 대통령, 덜레스 국무장관, 미 합동참모본부의 각 군 참모총장들은 이승만 대통령 체포와 남한을 다시 미군정 하에 두는 문제를 심각하게 고려했다. 그들은 이승만에 대한 쿠데타 계획을 세우는 과정에서 당시 미국을 공식 방문하고 있던 백선엽 장군의 역할을 주목하고 있었다.

이승만은 이런 일들이 워싱턴에서 진행되고 있는 줄도 모르고 미국을 압박하기 위해 1953년 6월 18일 반공포로 석방이라는 비장의 카드를 꺼내 들었다. 아이젠하워는 같은 날 이승만에게 "귀하가 즉시, 그리고 명백하게 현재의 적대행위를 수습하고 종결시켜 유엔군의 권위를 인정하려 하지 않는다면, 필요하다고 생각하는 조치를 취할 수 있는 권한을 부여받은 유엔군의 또 다른 계획의 시행이 불가피할 것"이라는 편지를 보냈다.[581]

또 워싱턴을 방문한 백두진 국무총리와 회담한 덜레스 장관도 "한국이 유발시킨, 있을 수 없는 상황은 유엔의 권위에 대한 도전"이라면서 "화합과 협조 없이도 몇 가지 새로운 계획이 실행될 수 있다"고 강조했다. 아이젠하워와 덜레스가 언급한 '계획'이란 에버레디 계획이라는 군사 쿠데타에 의한 이승만 실각을 의미하는 것이었다.

미국의 에버레디 계획에 대해 미국의 정치학자 존 코치는 "이승만은 미국이 잠정적인 쿠데타 주도자로 주목하고 있었던 백선엽 장군을 포함하여 군 고위 관료의 지지를 받고 있었기 때문에 내부 쿠데타로 타도되리라고 미국이 생각했다면 이는 오산"이라고 지적했다.[582]

휴전을 간절히 원하고 있던 미국이 선택할 수 있는 카드는 에버레디 계획으로 이승만을 제거하고 군정을 실시하거나, 아니면 상호방위조약 체결이라는 이승만의 요구를 들어주는가 하는 두 장뿐이었다. 이 위기의 순간에 이승만과 조지 워싱턴대학, 프린스턴대학 동문인 덜레스 국무장관은 "한국에서 미국이 싸우고 있는 명분에 대치되는 계획과 행동은 생각할 수 없다"면서 미8군이 작성한 에버레디 계획을 강력 반대했다.[583)]

반공포로 석방으로 충격을 받은 아이젠하워 대통령은 월터 로버트슨 국무부 차관보를 대통령 특사로 한국에 급파하여 이승만을 설득하기 위한 회담을 열었다. 회담은 6월 24일 로버트슨 특사가 서울에 도착한 이래 무려 2주 동안 14번이나 계속됐다. 로버트슨이 서울에 도착했을 때 거리 곳곳에는 영문과 국문으로 '휴전 반대' '북진통일' 구호가 적힌 플래카드와 깃발들이 휘날렸고, 시내에서는 시위 군중들이 휴전 반대 데모를 벌였다.

회담 첫날 로버트슨 특사는 "한국은 많은 유엔군 병력의 생명과 피의 대가로 확보하려는 휴전을 방해할 권리가 없다"는 덜레스 미 국무장관의 항의서한을 전달했다. 이에 이승만은 다음과 같이 반박했다.

"우리는 미국을 확고히 신임했지만 과거에 미국으로부터 두 번씩이나 배반당했습니다. 즉 1910년 일본이 대한제국을 병합했을 때와 1945년 한국이 분단되었을 때입니다. 현재의 상황은 다른 하나의 배반 같은 것을 시사합니다. 만약 우리가 이제부터 우리 친구들에게 지금까지 품고 있던 무조건적인 신뢰를 의심하기 시작한다면 당신들은 우리를 탓하겠습니까?

우리가 미국과의 협력을 계속하다간 우리도 또 하나의 자유중국이 되어버리든가, 그렇지 않으면 또다시 40년 전 한국의 모습으로 전락할 것입니다. 우리가 어제의 적들에게 팔릴 바에야 차라리 한국이 통일될 때까지 전쟁을 계속할 것입니다."[584)]

미국을 붙들고 늘어지다

이승만은 과거 한미관계의 역사에서 미국이 저질렀던 실책과 배신행위를 무기로 꺼냈다. 이승만의 날카로운 지적에 로버트슨의 얼굴은 굳어졌고 침묵할 수밖에 없었다. 이승만은 수십 년에 걸친 해외 망명생활을 통해 산전수전 다 겪으며 누구보다 미국 정치의 생리에 정통한 미국 전문가였기에 중요한 회담장에서 미국의 약점을 집요하게 파고든 것이다.

로버트슨은 7월 1일 덜레스 국무장관에게 보낸 보고서에서 이승만에 대해 "빈틈없고 책략이 풍부한 인물일 뿐만 아니라 자기 나라를 국가적 자살행위로 몰고 갈 충분한 능력이 있는 매우 감정적이며, 분별력이 없고, 비논리적인 광신자이지만, 그의 철저한 반공주의와 불굴의 정신은 지원되어야 마땅하다"고 평했다.

회담이 난항을 거듭하자 로버트슨은 공개석상에서 "차라리 다음날 귀국하는 것이 좋겠다"는 푸념을 할 정도였다. 2주간의 밀고 당기는 치열한 회담 끝에 로버트슨은 "남한이 아시아 민주주의의 전시장이 되도록 막대한 원조를 제공하겠다"고 이승만에게 확약했다.[585] 미국은 휴전협정을 성사시키기 위해 다음과 같은 안건들을 테이블에 올려놓았다.

1) 정전 후 한미 양국은 상호방위조약을 체결한다.

2) 미국은 한국에 장기적인 경제 원조를 제공하며 1단계로 2억 달러를 제공한다.

3) 미국은 한국군의 20개 사단과 해공군력을 증강시킨다.

4) 양국은 휴전회담에 있어 90일이 경과되어도 정치회담에 성과가 없을 경우 이 회담에서 탈퇴하여 별도의 대책을 강구한다.

5) 한미 양국은 정치회담을 개최하기 이전에 공동목적에 관하여 양국의 고위회담을 개최한다.

미국 측이 제시한 조건을 이 대통령이 수용함으로써 7월 27일, 3년 넘게 진행됐던 전투가 끝나고 휴전이 이루어졌다. 한미상호방위조약 체결을 위한 회담에서 이승만이 얼마나 당당하게 회담에 임했는지는 당시 회담에 참석했던 로버트 올리버가 생생하게 전하고 있다. 8월 7일, 조약 체결을 위해 덜레스 미 국무장관과 마지막 회담을 할 때의 장면이다.

'회담이 시작되자 덜레스가 운을 뗐다.

"대통령 각하. 우리가 합의 본 바 결론에 도달하시리라 믿습니다."

"당신은 나의 생각을 알지 않소? 의논해 봅시다." 이 대통령이 답하였다.

"의논할 것이 없습니다. 국제연합 국가들이 이미 우리가 천명해야 할 입장을 결정지어 놓았습니다. 이것은 변경시킬 수가 없습니다." 덜레스는 이렇게 못 박았다.

이 대통령은 벌떡 일어서며 노기 띤 어조로 말했다.

"그렇다면 당신은 무엇 때문에 왔소? 당신이 나와 함께 조건들을 의논할 의사가 없다면 이 자리에 있을 필요가 없는 것이오. 그 조건들을 내게 전문으로 통보할 수도 있었을 것 아니오?"

덜레스는 달래듯이 이렇게 누그러뜨렸다.

"우리는 각하를 무시할 뜻이 없습니다. 우리는 각하의 휴전 승인을 원합니다. 각하의 승낙을 얻으려고 제가 온 것이 아닙니까?"

잠시의 침묵이 흐른 뒤 덜레스는 말을 이어 미국뿐 아니라 국제연합도 한국이 자신의 민주 독립 정부 아래 통일이 되는 목표를 완전 지지해 왔다고 설명하였다.

"우리의 목표가 바로 각하의 목표와 같습니다. 차이점이 있다면 그것은 오직 각하는 전쟁을 통해 목표를 달성하는 것이고 우리는 평화적 방법으로 달성하려는 것뿐입니다. 각하는 왜 우리가 싸움을 계속해야 한다고 고집하십니까?"

이 대통령은 정색을 하고 대답하였다.

"나는 당신 생각에 전적으로 동의하고 있소. 어느 나라도 이번 전쟁에서 한국만큼 커다란 피해를 본 일이 없으며 우리의 목표가 평화적으로 달성될 수 있다면 우리보다 더 다행한 국민은 없을 것이오. 내가 묻고 싶은 단 한 가지 질문은 이것이오. 만일에 당신네들이 평화적인 교섭을 통하여 우리의 공동 목적을 달성할 수 없을 때에는 어떻게 하겠소?"

"그때에 가서는 어떻게?" 이 질문이 서로가 피할 수 없고 그렇다고 가능한 해결책도 뚜렷하지 않은 요점이며, 두 사람이 끝내 합의점을 찾지 못하는 핵심이었다. 국제연합과 미국은 한국에서 공산당을 몰아내기 위하여 그저 싸움만을 계속하고 있을 처지가 못되었다. 자기네들끼리 합의를 본 해결책이라는 것이 고작 이 목표 달성을 "평화적인 방법"으로 시도해 보기 위하여 공산 측과 정치 회담을 연다는 것이었다.

이런 견해에 대하여 이 박사는 공개적으로 명시하였다. "전쟁터에서 쟁취 못한 것을 회담 탁자 위에서 당신네에게 양보해 주리라고 어떻게 공산당에게 기대를 걸 수가 있소?" 그는 물었다.

이것은 덜레스가 답할 수 없는 물음이었다. 이 박사는 마지막 안간힘을 써서 물었다.

"90일 이내에 우리의 공동 목표를 달성시키는 데 정치적 방법이 효과를 거두지 못할 경우에는 미국이 다시 전투를 재개한다는 점에 동의하겠소?"

이에 대하여 덜레스는 자기는 동의할 권한이 없다고 말했다.

"그렇다면 정치 회담이 실패한다고 가정할 때 당신네들은 어떻게 하려는 심산이오?" 이 박사는 물었다.

"우리는 실패할 생각이 없소." 덜레스는 이렇게 주장했다. "실패는 미국의 방식이 아닙니다. 우리는 목표가 성취될 때까지 평화적 방법으로 계속 밀고 나갈 것입니다."

합의를 볼 수 없었기 때문에 두 사람은 공동 성명을 발표하지 않기로 결정했다. 이승만은 휴전 협정에 서명할 수 없었으나 "이를 방해하지 않기로" 합의했다.' [586]

청년들의 피로 봉인된 방위조약

한미 양국은 1953년 8월 8일 서울에서 '대한민국과 미합중국 간의 상호방위조약'에 가조인을 했다. 덜레스 미 국무장관은 가조약에 조인한 뒤 "이 조약은 우리 청년들의 피로 봉인되었다"고 선언했다.

이로써 이승만은 북진통일의 꿈을 포기하는 대가로 한반도에서 전쟁이 재발하면 미국의 자동 개입을 보장 받고, 한국이 70만 대군[587]을 보유하는 아시아의 군사강국으로 부상하는 기반을 마련하는 데 성공했다. 조약에 가조인을 한 다음날인 8월 9일, 이승만은 전 국민에게 "한미방위조약이 체결되었으므로 우리의 후손들은 누대에 걸쳐 이 조약으로 말미암아 갖가지 혜택을 누릴 것"이라는 담화문을 발표했다.

8월 10일, 이승만은 휴전에 관한 자신의 입장을 밝히는 다음과 같은 성명을 발표했다.

"휴전협정은 전쟁을 줄이는 것이 아니라 더 큰 전쟁의 준비 행위이고 더 많은 고난과 파괴를 의미하며, 전쟁과 내란에 의한 공산당의 더 많은 침략행위의 서막이 된다는 나의 확신 때문에 나는 휴전협정 서명에 반대하였습니다. 이제 휴전이 서명된 이 마당에 나는 그 결과에 대한 나의 판단이 틀렸던 것으로 나타나기만 기원할 뿐입니다. 정치 회담이 한국의 해방과 통일의 문제를 평화적으로 해결하기 위해 노력을 기울이는 동안 우리는 휴전을 방해하지 않을 것입니다.

미국과 우리가 양해한 사항은 우리 상호간의 이해가 얽힌 이 지역의 안보를 유지함에 있어 우리 양국 간에 효과적인 협력을 다짐하고 있습니다. 남한의 재건사업은 신속하고도 효과적으로 진척될 것입니다. 공산당도 북한에서 우리만큼의 노력을 기울일 것인지 아무도 모릅니다. 공산 학정 속에 당분간 그대로 남아 있게 되는 우리의 불쌍한 동포들에게 나는 이렇게 외치는 바입니다.

"절망하지 마시오. 우리는 결코 당신들을 잊지 않을 것이며 져버리지 않을 것입니다. 우리의 잃어버린 이북 5도와 북한의 우리 동포들을 다시 찾고 구출하려는 한국 국민의 근본 목표는 과거와 같이 장차에도 그대로 남아 있습니다."[588]

이승만과 회담을 마치고 미국으로 돌아간 월터 로버트슨 특사는 의회에 제출한 보고서에서 이승만에 대해 이런 평을 남겼다.

"이 대통령에 대해 말들이 많지만 한 마디로 그의 주장은 공산주의와의 싸움이다. 우리 동맹국들 모두가 그의 정신을 지녔다면 세상은 덜 시끄러울 것이다."

1953년 10월 1일 변영태[589]와 덜레스가 워싱턴에서 한미상호방위조약에 공식 조인했다. 서명 직후 이승만은 '전 국민에게 보냄'이라는 성명에서 "우리 후손들이 앞으로 누대에 걸쳐 이 조약으로 인해 많은 혜택을 누릴 것이다. 이 분야에 있어서 한미 양국의 공동 노력은 외부 침략자들로부터 우리의 안보를 오랫동안 보장할 것이다"라고 밝혔다.

조약은 1954년 1월 15일 한국 국회가, 1월 26일 미국 상원이 비준했다. 그러나 한국군 증강 문제를 둘러싼 한미 간의 의견대립으로 비준서 교환이 연기되었다가 11월 17일 정식으로 발효되었다.

한미상호방위조약은 제2조에서 한미 어느 한쪽이 외부로부터 무력 공격에 의해 위협받을 경우 상호 협의 하에 단독이든 공동이든 그것을 저지하기 위한 '적절한 조치'를 취할 것을 규정하고 있다. 제3조는 '적절한 조치'를 취하는 구체적인 방법으로서 '각자의 헌법상의 수속에 따라 행동할 것'을 선언하고 있다.

이 두 조항만 놓고 보면 한반도에서 공산군이 재차 남침할 경우 미군이 자동으로 개입한다는 보장이 없다. 헌법상 절차를 거쳐 대통령이 의회의 승인을 요청할 때 의회가 거부하면 미국은 참전이 불가능하기 때문이다. 그래서 4조에서는 한국에서의 전쟁이 미국이 즉각 개입하도록 하는 장치를 마련했다. "상호 합의에 의해 미합중국의 육군, 해군과 공군을 대한민국의 영토 내와 그 부근에 배치하는 권리를 대한민국은 허여하고 미합중국은 수락한다"는 조항이다.

휴전 후 미국은 이 조항에 의해 미군을 남한에 주둔할 수 있게 되었으며, 주한미군 제2사단을 서울 북방의 서부전선에 배치했다.

이는 북한이 서울을 겨냥해 기습 남침할 경우 미군을 공격할 수밖에 없게 만들기 위해서였다. 해외에 주둔하는 미군이 공격을 받을 경우 미국 대통령은 의회의 승인 없이 즉각적이고 자동적으로 참전할 수 있게 된다.[590] 이것이 이른바 인계철선 개념이다.

값을 따지기 어려울 정도로 엄청난 혜택

이승만은 상호방위조약을 통해 미군의 남한 내 주둔을 의무화시킴으로써 미국이 과거 1882년에 체결해놓고 조약의 의무를 이행하지 않았던 전철을 밟지 않도록 미국의 발목을 단단히 잡아놓았다.[591]

한미동맹 관계의 수립으로 대한민국은 한국에서 발을 빼려던 미국을 붙잡아 둘 수 있었고, 미국의 동아시아 집단안보 체제에서 반공의 전초기지가 되었다. 그 대가로 한국이 지불한 것은 휴전협정을 방해하지 않겠다는 각서 한 장뿐이었다. 우리가 뭘 하겠다는 것도 아니고, 그저 미국이 하는 일을 방해하지 않겠다는 말 한마디로 일찍이 어느 약소국도 받아본 적이 없는 강대국의 파격적인 지원을 받아낸 것이다.[592]

이것이 이승만의 신기에 가까운 외교술의 본질이었다.[593] 이승만은 우리가 외교적으로 줄 것은 없고 받아내야 할 것은 많다는 현실을 언제나 머릿속에 두고 있었다. 그러면서도 그는 앞날을 내다보고 상대방의 속셈을 통찰하여 항상 보다 유리한 위치에서 때로는 고압적인 태도로 임하려고 애썼다.

그는 미국을 한국에 묶어두기 위해 미국을 난처한 지경에 몰아넣은 때가 한두 번이 아니다. 한미방위조약을 얻어내기 위해 휴전협정을 반대하고 반공포로의 일방적 석방을 단행한 것이 대표적인 사례다. 그는 한국에 와 있는 미국 관리들에 대해 필요하면 언제든지 철저한 냉대로 견제하면서 다른 채널을 통해 대화를 했고, 할 말은 다 했다.

군정 하에서 하지와는 반목했지만, 맥아더와는 대화를 계속했고, 전시 중에는 무초 대사를 골탕 먹이면서 미군 장성들을 쓰다듬은 것도 그런 예의 하나다. 이승만은 덜레스 미 국무장관과 그렇게 친했으면서도 "덜레스가 일본 편만 들고 우리의 정당한 주장은 외면한다"고 마구 비난하기도 했다.

이승만은 초토화된 국토의 전후 복구비와 경제 원조, 국군 20개 사단으로 증강, 한미상호방위조약 체결 등을 구걸이 아니라 미국을 봐주는 모양으로 확보했다.[594] 한 번은 군사원조 회담에서 우리 측의 제트기 공여 요청에 대해 미국 측이 "조종사도 없는데 어떻게 제트기를 주느냐"고 거절했다는 보고를 받았다.

이 얘기를 들은 이승만은 "미국엔 옛날부터 제트기 조종사가 따로 있었나. 훈련을 하면 되는 거야. 내일 당장 우리 조종사 100명을 보낼 테니 훈련을 시켜달라고 해" 하고 지시했다. 결국 미국은 제트기를 주지 않을 수가 없었다.

유영익은 한미상호방위조약이 우리에게 준 혜택은 그 값을 따지기 어려울 정도로 엄청난 것이었다고 말한다. 그는 한미상호방위조약의 이점을 다음과 같이 밝혔다.

1) 한반도 및 그 주변의 장기적 평화가 유지되었다.

2) 한미동맹에 따른 미국의 확고한 대한(對韓) 방위보장에 힘입어 한국은 1970년대 전반기까지 GNP의 4%라는 비교적 적은 국방비만 쓰면서 경제개발 우선정책으로써 경이적인 경제성장을 이룩할 수 있었다.

3) 한미동맹은 국군의 비약적인 팽창을 이루었다. 대한제국이 일본에 병탄되었을 때 보유병력이 8000명 정도였던 데 비해 한미동맹 조약에 따라 한국은 20개 사단을 현대화했고, 70만 대군을 갖게 되었다.

4) 한미동맹은 한국의 민주화를 도왔다. 미국은 남한의 정치적 안정이 동북아권의 안정에 필수적이라고 인식했기 때문에 남한의 민주화에 관심을 가질 수밖에 없었으며, 실제로 장기적으로는 정치적 민주화를 후원했다.

5) 한미동맹으로 미국의 지원을 받게 된 한국은 외교 망을 확대했다.

6) 한미동맹으로 과거 동양에서 가장 폐쇄적이었던 은둔국 한국은 '팍스 아메리카나'를 구가하는 미국과 맹방이 됨으로써 서구문명에 완전히 개방되었다. 원래 대륙 국가였던 한국은 이 과정에서 해양 지향의 태평양국가로 탈바꿈했다.[595]

한미동맹은 이후 60여 년 동안 지속되어오고 있다. 이춘근은 동맹이 60년이나 지속된다는 것은 국제정치사상 놀라운 일이라고 지적한다. 한미동맹이 가장 성공적이며 양호한 동맹이라고 평가받는 이유는 동맹의 목적인 '전쟁 방지'에 성공했으며, 동맹을 맺을 당시 세계에서 가장 가난했던 대한민국이 세계 10위권의 경제대국으로 성장했다는 점이다. 또 사실상 민주주의가 무엇인지 잘 모르던 대한민국이 미국식 민주주의에 가장 근접한 민주주의 정치체제를 갖춘 국가가 되었다는 점이다.[596]

한미동맹으로 인해 동북아에서는 60년 간 전쟁이 사라졌다. 그동안 동북아는 화약고나 다름없었다. 청일전쟁, 러일전쟁, 만주사변, 중일전쟁, 태평양전쟁, 6·25 등 대규모 전쟁이 연이어 발생했기 때문이다. 그런데 1953년 한미동맹으로 남한에 미군이 주둔하면서 장기적인 평화가 이어졌다.

장기간의 평화 덕분에 제일 먼저 일본이 경제발전을 이루어 세계적인 경제대국으로 일어섰고, 이어 한국이 산업화와 민주화에 성공했으며, 중국이 개혁 개방으로 세계 경제의 중심국으로 등장했다. 결론적으로 최근 들어 전개된 동북아의 눈부신 성장은 60년 전 휴전으로 미봉한 채 한반도에서 발을 빼려는 미국의 발목을 붙잡아 한국에 주둔케 한 이승만의 심모원려 덕분이다.

한미상호방위조약과 베트남 평화조약

남정옥은 6·25 전쟁 기간 이승만의 역할을 이렇게 정리하고 있다.

'그는 노구를 이끌고 총탄이 퍼붓는 전선을 누볐고, 통일완수를 위해 국군 단독 북진명령을 내렸고, 소득 없는 휴전을 저지하기 위해 반공포로를 석방했고, 자력으로 막을 수 없는 휴전을 앞두고는 전후 안전보장대책으로 한미상호방위조약, 국군 전력증강(20개 사단 증편), 경제원조 등을 얻어내기 위해 유엔군에서 국군을 철수하여 단독북진을 외치며 이를 성취했던 진정한 국권수호자이자 국가지도자였다.

전후에는 전후복구와 함께 북한군의 현존 위협 앞에서 국군의 전력증강을 위해 매진했다. 6·25 전쟁 이전 10만 명에 불과했던 국군을 70만 대군으로 성장하게 했고, 8개 사단이던 육군을 30여 개 사단으로 증편시켰고, 해군은 함대사령부를 보유하게 됐고, 공군도 전투 비행기를 보유한 전투비행단을 갖춤으로써 3군 합동체제를 유지하며 주한미군과 함께 한반도의 전쟁억지세력으로 발전하게 되었다.'[597]

김충남과 문순보는 한미상호방위조약이 한국의 안보를 위해 얼마나 중요한 것이었는가는 20년 뒤 베트남과 비교할 때 명백해진다고 설명한다. 1973년 미국은 상호방위조약이 아닌 평화조약을 체결하고 베트남에서 철수했는데, 그로부터 2년 후 공산군이 사이공을 점령하고 공산통일을 했다. 반면에 한국은 한미상호방위조약으로 인해 아시아 반공전선의 보루로 등장하게 된다.[598]

우선 눈에 띄는 혜택은 군사력 확보였다. 1904년 러일전쟁 당시 일본은 육해군을 합쳐 120만 대군을 보유하고 있었다. 반면에 조선이 망할 무렵인 1907년 대한제국의 총 병력은 중앙군 4215명, 지방군 4305명, 헌병대 265명 등 총 8785명에 불과할 정도로 군사력은 처참한 수준이었다.[599)]

1950년 6·25 발발 직전 한국군은 육군 9만 6140명, 해군 7715명, 공군 1970명이었다.[600)] 장병들은 충분한 훈련을 받지 못했고, 소총과 박격포 등 소화기로 무장하고 있었다. 한미 양국은 1954년 11월 17일 워싱턴에서 한미상호방위조약의 후속 조치로 「한국에 대한 군사 및 경제원조에 관한 합의의사록」에 서명했다.

이 의사록의 주된 내용은 유엔군 사령부가 대한민국의 방위를 위한 책임을 부담하는 동안 대한민국 국군을 유엔군 사령부의 작전 지휘권 하에 두는 조건 하에 미국은 한국에 1955년도 회계연도에 4억 2000만 달러의 군사원조와 2억 8000만 달러, 도합 7억 달러의 경제 원조를 제공키로 했다. 이 액수는 후에 1억 달러가 추가되어 총 8억 달러로 늘어났다. 동시에 한국군 10개 예비사단 추가 신설, 79척의 군함과 100대의 제트 전투기를 제공하는 것이었다. 이로써 대한민국은 단군 개국 이래 최대 최강의 군사력인 75만 대군을 보유한 아시아의 군사 강국으로 성장할 수 있게 됐다.[601)]

1954년 당시 우리나라의 수출총액이 2400만 달러였는데, 연간 총 수출액의 34배에 달하는 어마어마한 액수를 이승만은 미국으로부터 얻어내는 데 성공한 것이다.

| 에필로그 |

이승만의 국가건설

스탈린과 맞서 싸운 대전략가

제2차 세계대전 후 승전국의 일원이 된 스탈린의 소련은 동독, 폴란드, 헝가리 같은 주변국가 모두를 공산화했다. 소련군이 점령했던 유럽 국가들뿐만 아니라 우크라이나, 우즈베키스탄 같은 중앙아시아 국가, 월맹과 몽골, 북한, 중국에 이르기까지 서유럽을 제외한 유라시아 전역이 공산제국주의의 일원이 되었다. 이 공산화 쓰나미의 와중에 한반도의 남쪽 대한민국만은 공산화되지 않고 격랑을 헤쳐 가며 자유민주체제를 수립한 유라시아 대륙의 유일무이한 나라였다.

이승만의 강력한 리더십 아래 신탁통치와 좌우합작을 강제하던 미국을 설득하고, 소련과 중공의 지원을 업은 북한 공산집단의 침략에 맞서 싸우면서 대한민국의 자유민주체제를 건국하고 지켜낸 덕분이다. 이런 배경 때문에 다른 나라들은 봉건제 폐지나 선거권 확대와 같은 참정권 투쟁이 민주주의 투쟁의 주류를 이루었지만, 대한민국 민주 투쟁의 본질은 공산 전체주의로부터 자유민주체제를 지켜내는 것, 즉 반공 투쟁이었다.[602)]

이승만은 일본 군국주의와의 대결을 기피하던 미국을 대상으로 일본 제국주의와 싸워야 한다는 것을 역설하고 입증했다. 일본 군국주의에 대한 승리 뒤에는 모든 민주세력이 힘을 모아 소련 공산주의와 싸워 이겨야 한다는 것을 당 시대에 가장 명확하게 이해한 인물이었다. 세계사는 민주주의와 전체주의의 대결로 진행되고 있고, 전체주의를 이끌고 있는 세력은 일본 군국주의와 소련 공산주의라는 사실을 미국 루스벨트 정부와 트루먼 정부를 대상으로 힘겹게 설득하고 관철시켜 나갔다. 그 결과가 자유민주주의와 반공 체제 대한민국의 건국이었다.[603)]

미8군 사령관, 유엔군 사령관으로 한국전쟁을 지휘했던 리지웨이 장군은 "우리가 한국에서 '완전한 승리'를 놓쳤음에도 불구하고 우리는 국제공산주의에 대해 널리 알려진 첫 패배를 안겨주었다"고 말한다.[604)]

이 땅에서 3년 넘게 계속됐던 전쟁에서 얻은 것은 리지웨이의 말처럼 국제공산주의에 대해 첫 패배를 안겨준 것, 그리고 38선 경계선 위쪽 북한의 일부 땅을 한국 지배하에 두게 된 것이었다. 전 세계 20여 개 나라의 군인들을 비롯해 남북한 주민 수백만이 죽고 다치는 치열하고 처절했던 싸움에도 불구하고 그토록 열망했던 통일은 휴전 덕분에 물 건너가고 이 땅에는 분단의 고착화라는 살벌한 유산이 남았다.

전쟁사가 새뮤얼 마셜은 한국전쟁을 가리켜 "금세기에 일어난 소규모 전쟁 중 가장 혹독한 전쟁"이라고 평했다. 애치슨은 "세계 최고의 전략가들에게 저주받은 전쟁을 치르기에 정치적으로나 군사적으로 최악의 장소를 물색해보라고 했다면 만장일치로 한국을 선택했을 것"이라고 언급했다.[605]

6·25 동란은 미국이 참전했던 전쟁 가운데 참전병력이나 비용, 참전기간 면에서 제1 · 2차 세계대전에 이어 세 번째, 그리고 사상자 수에서는 제1 · 2차 세계대전, 남북전쟁에 이어 네 번째로 평가받을 정도로 중요한 전쟁이었다.[606] 휴전협정에 서명했던 유엔군 사령관 겸 미 극동군 사령관 마크 클라크 대장은 한국전을 이렇게 평하고 있다.

'나는 휴전협정에 조인했다. 그러나 이것은 미국이 사상 처음으로 승리 없는 전쟁의 휴전협정에 조인한 미군 사령관을 탄생시킨 것이다.'

이승만은 휴전을 대가로 한미상호방위조약을 성사시키기 위해 집요하게 미국을 물고 늘어졌다. 미국은 '에버레디 계획'이라는 쿠데타 시나리오까지 수립할 정도로 이승만을 부담스러운 존재로 여겼다. 『크리스천 사이언스 모니터』 지의 워싱턴 지국장 로스코 드럼몬드는 1953년 6월 15일 다음과 같은 기사로 이승만을 평가했다.

"이승만은 정복되지 않았다. 그는 결코 정복할 수 없는 인물이다. 그는 오늘날 극동에서 군비가 가장 잘 되어 있으며 사기도 충천한 최강의 반공군(反共軍) 지도자다. 공산독재에 끝까지 저항하겠다는 의지는 한국 국민들 사이에 충만해 있다. 현재 대한민국 국민만큼 반공정신이 투철한 사람들은 지구상에 없다고 해도 틀린 말은 아닐 것이다. 한국은 서방진영을 필요로 하고, 서방 쪽은 한국이 필요하다. 우리를 분리시키려는 어떤 시도도 용납되어서는 안 된다."[607]

1951년 9월 5일, 전선이 휴전선 부근에서 교착상태에 들어갔을 때 유엔한국위원회는 유엔총회에 다음과 같은 보고서를 제출했다.

'신생 한국은 제대로 자리 잡을 여유도 없이 전쟁과 파괴로 큰 타격을 받았다. 비상사태가 계속되었으며 전국 대부분 지방이 적어도 한차례 전쟁터가 되었다. 행정 및 안보 면에서 감당키 어려운 문제들에 봉착했다. 따라서 한국정부에 실책이 있고 권력남용이 일어나고 부패와 비능률이 있다는 것은 결코 놀라운 일이 아니다. 그러나 한국은 다음과 같은 근거로 희망적이다.

1) 한국 지도자들은 정치와 행정을 향상시키기 위해 진지한 노력을 하고 있다.

2) 한국은 전쟁의 어려움을 놀라울 만큼 잘 이겨냈다. 그 모든 어려움과 혼란과 위험 속에서도 정부 조직은 와해되지 않았다. 수복된 지역은 행정이 신속하게 복귀되었다.

3) 대부분의 국가에서 전시에는 국회의 역할이 행정부에 비해

상대적으로 약화되는 경향이 있지만, 한국 국회는 경험도 부족하고 사명감도 결여된 편이지만 전쟁 중에도 상당히 적극적인 역할을 했다.

4) 정부에 대한 비판은 상당할 정도로 허용되었으며, 그 결과 정부의 실책은 수정 보완될 수 있었다. 잘못된 정책은 밝혀지고 국회와 언론을 통해 비판되었다.

5) 한국 정부는 본 위원회의 관찰활동 등 국제기구의 활동에 아무런 제약을 가하지 않았다.'

유엔 한국통일부흥위원단(UNCURK)도 비슷한 견해를 가지고 있었다. 그들은 대한민국이 적의 점령 하에서 고초를 겪으면서도 민주국가로서 얼마나 훌륭하게 대처했는지에 관해 "대한민국은 전시라는 긴장 상태에서도 눈에 뜨일 만큼 훌륭하게 대처했다. 정부 기능은 여러 가지 애로, 혼란, 위험에도 무너지지 않았다. 각 지방이 해방됨에 따라 민간행정은 짧은 시일 내에 다시 회복되었다"는 내용의 보고서를 유엔총회에 제출했다.[608)]

많은 것을 잃고, 많은 것을 얻은 전쟁

6·25는 우리 민족 입장에서는 엄청난 살육과 파괴, 재산상의 손실을 가져온 저주스러운 전쟁이었지만 역설적으로 우리는 6·25를 통해 너무나 많은 것을 한꺼번에 얻었다.

첫째, 6·25는 남침 직전에 시행된 농지개혁과 어우러지면서 한국 사회의 계급구조를 근본적으로 변화시켰다.

둘째, 이러한 계급구조 변화는 향후 한국의 정치발전과 경제발전에 심대한 영향을 미쳤다.

셋째, 전쟁은 농지개혁과 함께 사람들에게 '조선인'이 아니라 '한국 국민'으로서의 정체성을 심어주었다.[609]

한국에서는 농지개혁으로 지주계급이 몰락하고, 자본가 계급이 등장했다. 이는 한국 민주주의 발전에 긍정적인 영향을 미쳤다. 한국이 경제발전에 성공한 요인으로 가장 많이 지적되는 것이 효과적인 국가개입과 그것을 가능하게 만든 '발전국가'[610]다. 김일영은 농지개혁과 전쟁이 자율성이 큰 국가를 만드는 데 결정적으로 기여했기 때문에 발전국가 체제가 가능했다고 지적한다. 그 이유는 다음과 같다.

농지개혁과 전쟁은 한국의 전통적인 지배계급인 지주를 몰락시켰다. 따라서 남미나 동남아 국가들과 비교할 때 한국의 국가는 지주계급에게 발목 잡혀 어떤 정책을 추진하지 못하는 일은 없게 되었다. 지주계급이 몰락한 공백을 신흥 자본가가 메웠는데, 그들은 자생력이 약해 처음부터 국가(정치)에 의존하지 않고는 성장할 수 없는 존재들이었다.[611]

1948년 대한민국의 건국으로 형식상의 국민국가가 탄생했으나 국민으로서의 정체성은 아직 형성되지 못했다. 한국인이라는 국민적 정체성은 농지개혁으로 그 단초가 마련되었고, 전쟁과 반공으로 가속화되었다. 전쟁은 외적인 차별지움을 통해 내적인 통합을 강화하는 효과를 가져왔다. 이 점에서 김일성은 한국의 국민 형성의 일등 공신인 셈이다.

6·25가 한국 사회에 가져온 근본적인 변화는 우선 허약하기 짝이 없던 대한민국이 강력한 국가체제를 갖추었다는 점이다. 70만 대군을 보유하게 되었고, 미국으로부터 원조물자의 유입으로 공권력과 정부 기능이 급속도로 강해졌다.

친공세력은 전쟁 기간 중 월북하거나 사살되어 거의 자취를 감추었고, 살아남은 이들은 대한민국 체제에 대한 굳건한 믿음이 생겼다. 인민군에게 국토를 점령당해 한때나마 공산주의를 체험한 대중들은 공산주의자들이 저지른 끔찍한 인민재판과 학살, 강제동원, 무차별적인 세금 부과 등을 보면서 강력한 반공세력이 되었다. 무엇보다 대한민국은 군대의 팽창과 한미상호방위조약을 토대로 산업화와 민주화를 성공시키는 발판을 3년여의 전쟁을 통해 마련하는 데 성공했다.

한국은 수 천 년을 중국이라는 대륙문명권의 문화를 받아들이며 살아왔다. 이런 상황에서 1945년 38선으로 인한 인위적인 분단으로 인해 북한은 중국 중심의 대륙문명권에 그대로 남았으나, 섬처럼 고립된 남한은 대륙과 단절하고 미국 중심의 해양문명권에 편입되었다. 38선과 그에 이은 휴전선으로 인해 한국에서 문명사적인 대전환이 일어난 것이다. 이후 한국은 해양문명권과의 동맹을 통해 근대화, 산업화를 이룩하고 민주화와 선진화의 길로 들어서 세계사적인 성공을 거둔 국가가 되었다.

스탈린은 2차 대전을 통해 동유럽과 유라시아 대륙을 공산화하는 등 전후 세계질서를 자국에 유리한 방향으로 이끈 대전략가였다. 그런 노련한 스탈린과 맞서 싸운 이승만은 한국의 지도자라는 울타리를 뛰어넘어 세계사의 한 획을 그은 인물이다. 그는 한반도의 전략적 안목을 토대로 태평양에서의 미국의 운명과 기본적으로 연결되어 미국 극동정책의 방향을 제시했다.

로버트 올리버는 이승만이 한반도의 공산화에 거세게 저항함으로써 미국과 유엔으로 하여금 소련이 아시아 대륙 전체를 공산화 화려는 시도를 막아내는 기회를 제공했다고 지적한다. 결과적으로 이승만은 동북아 지역의 서구화, 현대화, 민주화에 결정적인 기여를 한 것이다.

이승만은 동북아에서 공산주의에 대한 방파제 역할을 훌륭하게 수행함으로써 역설적으로 공산주의자들에게 집요한 공격의 대상이 되었다. 오늘날 한국의 좌파들이나 주사파들의 이승만에 대한 극악무도한 공격의 본질은 바로 이승만이 남한의 공산화를 막아내고 자유 민주국가를 건국하고 지켜낸 인물이기 때문이다.

해방에서부터 건국, 그리고 6·25 참전과 휴전에 이르는 과정에서 미국의 역할에 대해 좌파들은 지극히 부정적인 이론과 잘못과 견해로 도배질을 하다시피 하고 있다. 그러나 우리는 비현실적인 이상론이 아니라 현실론으로 당시의 건국 과정을 냉철하게 바라볼 필요가 있다.

분단은 한국인들이 2차 대전 후 군국주의 일본으로부터 스스로의 힘으로 해방시키지 못한 대가다. 그럼에도 불구하고 우리는 지금껏 분단을 논할 때면 일제 탓, 미국 탓으로 돌리며 위안을 삼았다. 그것은 조선 멸망의 책임을 이완용과 을사오적에게 돌리고 모든 사람이 면죄부를 받으려는 것과 거의 비슷한 심리다.

윌리엄 스톡[612]은 미국은 한반도의 분단에 큰 책임이 있지만, 한반도 전체에 대한 공산주의자의 지배를 저지했다는 측면도 고려해야 한다고 지적한다. 미국이 일본으로부터 한국을 해방하고, 그 절반을 공산주의자들의 점령에서 구하여 대한민국의 잠재력을 폭발시킨 공로를 겸허하게 인정해야 한다는 뜻이다.[613]

국민이 주인이 되는 국가 건설

이승만이 집권했던 1948년부터 1960년까지의 12년은 일제 식민지에서 해방된 후 미국의 지원을 받아 우리 힘으로 국가의 인프라를 구축하는 근대적 국민국가 건설의 시기였다. 대한민국의 건국은 이미 만들어진 국가를 물려받은 것이 아니라, 한반도 역사상 최초로 국민이 주인이 되는 근대 국가를 새롭게 수립한 것이다.

3년 여 지속된 전쟁의 와중에 한국인들은 국가에 대한 개념이 싹트기 시작했고 국민 형성의 기회가 되었다. 공산주의를 겪어보지 못했던 남한 주민들은 인민군 점령 치하에서 가짜 선거, 현물세 징수, 점령지역 주민들의 강제 전시동원, 인민재판과 학살, 납치 등을 체험하면서 애국심이 강화되었다.

미군의 남한 진주와 군정, 6·25 참전, 원조 제공, 한미상호방위조약 체결 등의 과정을 통해 이 땅에는 미국식 자유민주주의 문화와 정치제도, 시장경제와 자본주의 경제 시스템이 뿌리내리게 되었다. 이승만은 미국에서 오랜 기간 망명 생활을 하면서 미국식 사고와 문화, 선진 시스템을 경험했다. 그는 기회가 생길 때마다 한국인 엘리트들을 미국으로 유학을 보내 선진 문물과 제도, 신기술과 시스템, 노하우를 한국에 이식시키는 역할을 했다.

한 나라에서 자유민주주의 정치제도가 원활하게 작동하려면 시민적 교양의 중산층, 법치주의, 보통선거, 삼권분립, 복수정당 같은 조건들이 갖춰져야 한다.[614] 또 경제적 바탕과 행정능력, 치안능력과 국방력이 요구된다. 이승만 시대는 제헌의회에서 제정한 제헌 헌법을 제외하고는 위에서 열거한 모든 것이 미비한 상태였다.

해방 후 남한의 1인당 국민소득은 35달러, 문맹자 비율은 78%로 절대다수의 국민들이 초등교육조차 이수하지 못해 읽거나 쓰고 수식을 제대로 할 수 없는 상황이었다. 이승만의 정치 고문이었던 로버트 올리버는 해방 당시 남북한을 통틀어 중등교육 이상을 이수한 사람이 2만 6,000여 명에 불과했다고 밝히고 있다.

게다가 국토 분단으로 인해 북한에 의존하던 자원과 생산시설, 전력이 하루아침에 끊기면서 남한의 산업과 경제는 완전 고립되어 파탄이 났다. 정상 국가에서는 국민이 낸 세금으로 군대를 운영하고 나라 살림을 꾸려나가는데 비해, 건국 직후 남한의 사정은 국민들로부터 납세는커녕 국가가 국민을 먹여 살리지 않으면 수많은 사람들이 굶어죽을 판이었다.

1945년부터 냉전이 본격화 된 1950년까지 루마니아, 헝가리, 체코슬로바키아, 동독, 알바니아 등 소련군 점령지였던 동유럽이 차례로 공산화되었고, 중국 대륙의 공산화에 이어 동남아 지역에서도 공산주의가 마른 들판의 불길처럼 번져가고 있었다. 한국이 6·25 남침을 당하고도 공산화되지 않은 것은 기적이나 다름없다.

신생 대한민국은 해방의 혼란과 건국 초기 여수 순천 반란사건, 6·25 남침이라는 미증유의 위기를 겪으며 민주적 전통이나 근대적 정부 구성, 민주적 시민을 육성할 시간적 여유나 기회가 없었다. 정당다운 정당도 없었고, 정부도 형태만 갖추었을 뿐 인재 부족으로 주어진 임무를 제대로 수행할 수 없었다.[615] 이런 상황에서 민주주의가 제대로 작동하기를 기대하는 것은 '쓰레기 더미에서 장미꽃이 피어나기를 바라는 것'이나 마찬가지였다.

클린턴 로시터는 민주주의를 위협하는 세 가지 위기로 전쟁, 반란, 경제위기를 꼽았다. 건국 직후 이승만 시대는 민주주의라는 제도의 본질을 제대로 이해하지 못한 상황에서 이 세 가지 위기가 복합되어 우리에게 강제됐다. 이런 시대 상황을 무시하고 오늘날의 기준으로 인권과 자유, 민주화의 미비를 들어 이승만을 독재자로 비판 매도하는 것은 정상적인 사고가 아니다.

김충남은 미국 역사에서도 전쟁과 같은 위기 상황에서는 대통령의 권한을 확대 행사한 경우가 종종 있었다고 한다. 미국 역사상 가장 위대한 대통령으로 꼽히는 링컨은 남북전쟁이라는 국가위기에 직면하자 헌법에 보장된 인권을 번번이 무시하고 징집을 기피하거나 반대한 자, 적대세력을 지원하거나 호의적으로 대한 자들을 모두 군사재판에 회부하여 처벌했다.

링컨은 자신의 정책에 반대한다는 이유로 수천 명을 재판 없이 투옥하고 자신을 비판하는 신문사 발행인들을 체포했다. 군인들을 선거에 개입하게 했고, 야당 의원들을 의회에서 추방했다. 그래서 그는 언론으로부터 독재자, 또는 폭군으로 불렸다.[616]

이승만 시대 한국의 변화

국가 유사시 자유와 인권을 제약한 사례는 링컨 시대의 미국뿐만이 아니다. 이스라엘은 건국 직후부터 국가안보와 사회질서를 유지하기 위해 비상조치(emergency regulations)를 발동하고 이민, 언론, 여행, 시위 등 국민의 기본권에 대해 많은 제약을 가해왔다.

이승만은 훈련되고 숙련된 인재, 경험과 능력을 갖춘 리더가 턱없이 부족한 상태에서 대한민국을 지켜내고 건강하게 성장시키기 위해 흠결이 있는 인재들을 끌어안을 수밖에 없었다. 조직 운영 경험이 있는 거의 대부분의 인재는 생존을 위해 어쩔 수없이 일제 아래서 일했거나 협력자였던 것이 당시의 현실이었다. 이들을 철저히 배제한 후 일제와 어떤 협력도 하지 않은, 이슬처럼 맑고 깨끗한 지식인과 항일 독립투사들만으로 국가 건설과 운영이 가능했다면 문제는 달라진다.

그러나 당시의 현실은 국가 운영에 필요한 고급 인재가 현저히 부족한 나라였다. 이승만은 공산세력으로부터 신생 대한민국을 지키기 위해 민주주의와 민족정기를 당분간 희생시킬 수밖에 없다고 판단했다. 현실적 대안이 없었기 때문이다. 이런 이유 때문에 마키아벨리는 "건국과 같은 혼란기에는 여러 가지 난관으로 인해 '부당한 행위'를 하더라도 그것을 비난할 수만은 없다"고 했다.[617]

이승만은 배재학당에 입학하여 서구지향 노선을 밟기 시작한 이래 미국을 인류문명의 이상으로 보았다. 그가 보기에 당시 미국은 자본주의 시장경제가 발전했고, 기독교 정신이 지배하는 일종의 신앙공동체였을 뿐만 아니라 기회균등의 나라였다. 이승만의 사회사상은 결국 한국을 미국 사회와 닮은 모습으로 바꾸는 것이었다.[618]

이승만은 미국과 일부 유럽 국가들이 채택한 대통령제야말로 백성이 지도자를 직접 뽑고, 지도자와 백성이 함께 나라의 부강을 도모하는 제도로서 전 세계의 정치제도 가운데 최상의 것으로 보았다.

이승만은 약소국인 한국이 미국과 동맹을 맺어 안보를 강화하고자 했다. 그 결과 이승만은 한미동맹을 통해 대한민국을 동북아의 군사강국으로 변모시켰다. 농업 국가였던 한국은 군대가 대규모로 팽창하는 과정에서 거의 농촌 출신인 수백만의 젊은이들을 급속도로 사회화시키는 효과가 있었다.

젊은이들은 군에서 전통적인 인습과 가치관에서 탈피해 근대적인 생활양식을 접하게 되었고, 각종 기기의 조작 기술을 배우거나 회계와 예산계획 작성 등 관리 기술을 습득하여 기술자와 행정가가 지녀야 할 자질과 능력을 갖출 수 있었다. 그 결과 한국 남성 대부분이 군 생활로 협동정신을 익히고, 신무기를 사용하고, 근대적 기계를 조작하는 기술을 습득함으로써 1960년대의 경제발전에 긍정적으로 연결되었다.[619)]

6·25 당시와 그 후의 상당 기간 동안 군대는 한국 사회 내에서 가장 선진적인 조직체였다. 군대라는 방대한 조직을 운영하기 위해서는 합리적이고 과학적인 조직체계는 물론 운영방식도 갖춰야 했다. 한 마디로 군대가 서양의 과학기술, 문화 수용의 매개체 역할을 한 것이다.[620)] 이것이 1961년 5·16 쿠데타로 군사정권이 등장하는 계기가 된다.

군사력 다음으로 괄목할 만한 성장을 보인 분야는 교육이었다. 해방 당시 한국인의 문맹자(식민지 교육기관에 취학하지 않은 인구) 비율은 78%였다. 일제 통치 하에서 초등교육을 받은 한국인이 전체 인구의 22%에 불과했고, 그 중 전문학교 이상 대학 졸업의 학력 소지자는 전체 인구의 0.2% 미만이었다.[621)] 로버트 올리버는 해방 당시 남북한을 통틀어 중등교육 이상을 받은 사람이 2만 6000명이라고 밝히고 있다.

이승만은 휴전 이듬해인 1954년 '의무교육 6개년 계획'을 수립하고 문교부 예산의 60~80%를 의무교육에 투입했다. 또 휴전 직후부터 '문맹국민 완전퇴치계획'을 수립하여 1만여 개의 국문 보급반을 편성하여 군대, 직장, 마을 등 전국으로 보내 거국적인 문맹퇴치운동을 펼쳤다. 그 결과 1959년까지 전국 적령 아동의 95.3%가 취학하는 놀라운 성과를 거두었다.

이승만이 도입한 6년제 의무교육과 문맹퇴치운동은 우리나라 국민 대다수로 하여금 민주정치에 참여할 수 있는 기본적 능력을 갖추게 함으로써 이 땅에 민주주의 정치가 꽃필 수 있는 결정적인 토대를 마련했다. 또 이승만 시대에 추진된 교육은 전통시대의 신분주의 내지 차별주의 교육과는 달리 모든 국민에게 동등한 교육기회를 부여함으로써 국민 각자에게 평등한 사회적 계층 상승기회를 열어주어 한국 사회의 평등화와 비약적인 경제발전에 근원적으로 기여했다.[622]

고등교육기관은 해방 당시 대학과 전문학교를 합해서 19개교, 학생 8000여 명에 불과했으나 19160년에는 총 68개교, 학생 수는 약 10만 명으로 늘었다. 1953년부터 1960년까지 정규 유학생 자격으로 해외에 나가 공부한 학생은 4884명, 단기 연수 목적의 기술훈련 유학생은 2309명, 미 국무부의 교육교환계획(6개월 이내의 단기 시찰계획)에 따라 각계 지도자 940명이 미국을 다녀왔다.

1950년대에 선진 군사제도와 각종 무기체계의 운영을 위해 국군 장교와 하사관이 미국의 각종 병과학교에 파견되어 전문 교육을 받고 귀국한 숫자가 9886명이었다.[623] 이승만 정부 시절 대대적으로 육성된 군의 장교단은 1961년 5·16 군사쿠데타로 집권하여 국가 근대화를 추진하는 핵심세력으로 등장한다.

이승만의 적극적인 교육정책은 이 땅에 문맹 퇴치는 물론이요, 모든 국민에게 동등한 교육기회 제공, 실용주의적인 과학기술교육을 통한 양질의 노동력 배출을 통해 사농공상(士農工商)의 전통적인 가치관에서 벗어나 1960~70년대 고도의 산업화, 근대화를 가능케 하는 결정적인 동력원으로 작용하게 된다.

박정희의 성공은 이승만 덕분

미국은 2차 세계대전 이후 탄생한 140여 개의 신생 국가들 중 약 30개 국가에 개입하여 군사적 경제적 지원을 제공했다. 그런데 이 많은 나라들 중 미국이 처음부터 이루고자 했던 목표, 즉 지속적인 경제 성장과 안정된 민주주의를 모두 달성한 곳은 대한민국과 타이완뿐이었다. 그렇다면 다른 나라는 실패한 산업화와 민주화, 경제 성장을 우리는 어떻게 성공했는가.

6·25 때 종군기자로 활약하며 여성 언론인 최초로 퓰리처상을 수상한 마거릿 히긴스 기자는 자신의 저서 『자유를 위한 희생』(War in Korea)에서 이렇게 말했다.

"국민이 굶어 죽는 곳에서는 민주주의가 제대로 작동될 수 없다. 기아는 절망을 낳고, 절망은 폭력을 낳고, 폭력은 경찰국가를 낳는다."

이승만 시절은 민주주의의 실천보다 국민들 굶어 죽지 않도록 하는 것이 더 시급한 국가적 과제였다. 정치 평론가인 파리드 자카리아는 대한민국처럼 제2차 세계대전 이후에 등장한 신생 민족국가들이 민주주의 제도를 채택하여 발전할 수 있었던 유일한 이유는 이 국가들이 처음부터 민주주의를 채택하지 않았기 때문이라고 설명한다.

그렉 브라진스키는 한국이 독재로부터 자유주의 독재(liberalizing autocracy) 단계를 거쳐 민주주의로 진화했다고 주장한다.[624] 자유주의 독재란, 형태는 독재 정권이지만 경제발전을 추진하고 국내 질서를 유지하며 종교와 여행의 권리를 허용했던 정권을 지칭한다.

1965년 경제학자 애들만과 모리스는 한국의 제반 상황을 면밀히 분석한 후 한국의 국민소득 수준은 94개 개도국 중 60등인 데 비해 사회문화개발 발전 복합지수는 14등이라고 발표했다.[625] 이승만 정부에서 부흥부장관을 역임한 신현확[626]은 "아무 것도 없는 농가에서 서마지기 땅을 마련하기까지가 가장 어렵듯이 1950년대에 고생과 노력을 통해 경제발전의 기초를 마련하는 것이 가장 힘들었다"고 회고한 바 있다.

이대근도 1960년대 이후의 개발연대에 고도성장을 가능케 한 기반이 이미 1950년대에 높은 수준으로 구축되어 있었다고 말한다.[627] 박정희 시절에 산업화가 가능했던 이유는 이승만 시대부터 그것을 가능케 하는 인자들이 준비되어 싹트기 시작했고, 근대화에 필요한 경험의 축적이 있었기에 가능했다고 보는 것이 타당한 시각이다.

이승만은 독재라는 오명에도 불구하고 세 차례의 헌법 제정과 개정을 통해 미국식 대통령 중심제를 이 땅에 뿌리내렸다. 그 결과 1961년 이후 대통령에 오른 대통령들은 '제왕적 대통령제'라는 강력한 리더십을 바탕으로 신생 대한민국을 세계 역사상 가장 빠른 속도로 고도성장을 이룰 수 있었다.

이승만은 헌법 개정을 통해 집권 연장이라는 무리수를 두었고, 그 때문에 결국 시민봉기를 촉발시켜 하야하는 신세가 됐다. 그러나 이승만 시대를 연구해 온 다수의 학자들은 이승만 시대에 농지개혁, 의무교육, 징병제 등을 통해 한국은 명실상부한 사민평등 사회로 탈바꿈했고, 고등교육의 확대로 양질의 노동력이 풍부하게 배출되는 토대를 마련함으로써 1960년대 이후 세계 경제사상 유례없는 압축형 경제성장을 가능하게 만들었다고 지적한다.[628]

이승만의 업적 중에서 가장 중요한 것을 꼽는다면 필자는 단연코 미국과의 동맹을 꼽는다. 19세기 후반 이래 한반도와 그 주변의 동북아에서는 청일전쟁, 러일전쟁, 만주사변, 중일전쟁, 태평양전쟁, 6·25 등 대규모 전쟁만 여섯 차례 벌어져 끔찍한 전화(戰禍)에 휩쓸렸다. 그런데 한미 동맹이 맺어진 1953년 이후 60년 동안 동북아에서는 한 번도 전쟁이 일어나지 않았다. 한미 동맹이 '세계의 화약고'로 불리던 한반도에서 뇌관을 제거해 버린 때문이다.[629]

1953년 이후 대한민국에 주한미군이 주둔하여 강력한 전쟁 억지력으로 작용함으로써 14년 주기로 큰 전쟁이 벌어졌던 동북아에 평화가 정착되기 시작했다. 그 결과 패전국 일본이 부흥하여 세계적인 경제대국으로 도약했고, 한국이 산업화와 민주화를 통해 선진국 대열에 들어섰다. 이어 중국이 개혁 개방을 통해 'G-2'로 부상하는 등 동북아는 전 세계에서 가장 역동적인 지역으로 변모했다.

오늘날 동북아가 세계 경제의 중심으로 떠오른 것은 한미상호방위조약으로 미군이 한국에 주둔한 것이 결정적인 원인이다. 이런 이유로 인해 이승만은 동북아의 번영을 이끌어 낸 위대한 리더라는 평을 들어 마땅하다.

소설가 김성한 선생은 "무능한 통치자는 역사의 범죄자"라고 말했다. 그렇다면 그 반대로 유능한 통치자는 역사의 영웅으로 추앙받아 마땅하다. 과연 이승만은 대한민국의 현대사에서 역사의 범죄자인가, 아니면 영웅인가.

주)

우리가 이승만을 알아야 하는 이유

1) 송건호, 「이승만」, 『한국현대인물사론』, 한길사, 1984, 253~254쪽.
2) 조정래 작가와 『태백산맥』에 대한 현대사 왜곡의 실상에 대해서는 필자가 쓴 「『태백산맥』 조정래의 현대사 왜곡」(『월간조선』, 1994년 5월호) 기사에 자세히 나와 있으니 이를 참고하시기 바란다.
3) 이 말은 브루스 커밍스가 『한국전쟁의 기원』에서 이승만의 독특한 성격을 지적한 것이다.
4) 이영훈, 「성리학 전통에 비친 해방정국과 건국」, 이인호·김영호·강규형 편, 『대한민국 건국의 재인식』, 기파랑, 2009, 351쪽.

1. 난세의 혁명가

5) 이승만, 「청년 이승만 자서전」, 원영희·최정태 편, 『뭉치면 살고…』, 조선일보사, 1995, 64쪽.
6) 그의 아들 해롤드 노블은 해방 후 미군정 정치연락장교 겸 점령군 사령관 하지 장군의 정치고문으로 활동했고, 주한 미국대사관 1등서기관으로 근무하면서 6·25를 체험한 후 『이승만 박사와 미국대사관』이라는 저서를 발간했다.
7) 유영익, 『이승만의 삶과 꿈-대통령이 되기까지』, 중앙일보사, 1996, 26쪽.
8) 프란체스카, 「아내 프란체스카가 본 이승만」, 이현희, 『이야기 이승만』, 신원문화사, 1995, 383쪽.
9) 김옥균·박영효·홍영식·서광범 등과 갑신정변을 일으켰으나, 정변이 실패하자 미국으로 망명하여 의사가 되었다. 미국으로 귀화하여 미국 국적을 취득했고 영문 이름은 필립 제이슨이다. 일시 귀국하여 배재학당에서 강의를 했으며 「독립신문」을 발간하고, 독립협회를 결성했다. 일제시대에는 독립운동에 앞장섰으며 해방 후에는 하지 장군의 초청으로 미군정청 고문으로 활동. 1951년 미국에서 작고.
10) 1898년 8월 10일 창간되어 1910년 8월까지 12년 동안 3240호를 펴냈다. 초대 사장은 이종일, 주필은 이승만이었다.
11) 이승만 지음·이정식 역주, 「청년 이승만 자서전」, 원영희·최정태 편, 『뭉치면 살고…』 조선일보사, 1995, 89쪽.
12) 최초의 만민공동회는 독립협회 주최로 1898년 3월 10일 서울 종로에서 약 1만 명의 시민이 참여한 가운데 열렸다. 그 후 거의 날마다 대중 집회가 열렸으며 독립협회를 벗어나 독자적인 민중운동으로 성장했다. 만민공동회가 점점 강력해지자 대한제국 정부는 주요 인사를 체포하고 보부상들을 동원해 강제로 해산시켰다.
13) 정진석, 「언론인 이승만의 말과 글」, 원영희·최정태 편, 『뭉치면 살고…』, 조선일보사, 1995, 47쪽.
14) 김용직, 「대한민국 건국의 정치외교사적 소고」, 이인호·김영호·강규형 편, 『대한민국 건국의 재인식』, 기파랑, 2009, 174쪽.
15) 유영익, 『건국대통령 이승만』, 일조각, 2013, 24쪽.
16) 이승만 지음·이정식 역주, 「청년 이승만 자서전」, 원영희·최정태 편, 앞의 책, 77~79쪽.

17) 이승만 지음·이정식 역주, 「청년 이승만 자서전」, 원영희·최정태 편, 앞의 책, 82~83쪽.

18) 프란체스카, 「아내 프란체스카가 본 이승만」, 이현희, 앞의 책, 384쪽.

19) 전상인, 「이승만의 사회사상·사회운동·사회개혁」, 유영익 편, 『이승만 대통령 재평가』 연세대학교 출판부, 2007, 382쪽.

20) 『내가 만난 이승만 대통령 : 이상재 편』 (사)건국대통령 이승만박사 기념사업회, 2013, 19쪽.

21) 제임스 브래들리 지음, 송정애 옮김, 『임페리얼 크루즈-대한제국 침탈 비밀외교 100일의 기록』, 도서출판 프리뷰, 2010, 343쪽

22) 러시아의 만주 침략과 일본의 국제무대 등장 관련 내용은 이정식, 『대한민국의 기원』 일조각, 2011, 31~57쪽 참조.

23) 하얼빈을 중심으로 하여 만저우리(만주리)와 수분하, 그리고 다롄을 잇는 철도 노선.

24) 보성전문학교(고려대) 법과 수료, 1915년 대한독립단 회장, 1920~43년 재미 대한인동지회장, 1929~43년 미국 하와이 『태평양주보』 주필, 1943년 대한민국임시정부 워싱턴 주미위원 등을 역임하며 이승만을 도왔다. 독립운동에 기여한 공로로 건국훈장 애국장 등을 받았다. 1993년 작고.

25) 이원순, 『인간 이승만』, 신태양사, 1988, 79쪽.

26) 강성학, 『시베리아 횡단열차와 사무라이-러일전쟁의 외교와 군사전략』, 고려대 출판부, 2000, 288쪽.

27) 1905년 7월 29일 일본 총리 가쓰라 다로(桂太郎)와 미국 루스벨트 대통령의 특사인 육군 장관 윌리엄 태프트 사이에 맺어진 비밀협약. 협약 내용은 첫째, 미국과 같은 친일적인 나라가 필리핀을 통치하는 것이 일본에 대하여 유리하며, 일본은 필리핀에 대해 어떠한 침략적 의도를 갖지 않는다. 둘째, 극동의 평화유지는 일본·미국·영국 정부의 상호 양해를 달성하는 것이 최선의 길인 동시에 유일한 수단이다. 셋째, 미국은 일본이 한국에서 보호권을 확립하는 것이 러일전쟁의 논리적 귀결이며 극동의 평화에 직접적으로 공헌할 것으로 인정한다는 것이었다.

28) 서인한, 『대한제국의 군사제도』, 혜안, 2000, 290~291쪽.

29) 로버트 올리버 지음, 박일영 옮김, 『이승만 없었다면 대한민국 없다』, 동서문화사, 2008, 27쪽.

30) 유영익, 앞의 책, 25쪽.

31) 이정식, 앞의 책, 155쪽.

32) 미국의 제28대 대통령(1913~1921). 윌슨은 정계에 나서기 전인 1890년부터 프린스턴대학교의 교수로 재직했고, 1902년 이 학교 총장에 올랐다. 1911년 미국 민주당 후보로 뉴저지 주지사에 당선, 1912년엔 민주당 대통령 후보로 추대돼 대통령에 당선됐고, 4년 후 재선됐다. 1919년 노벨평화상을 수상했다.

33) 이승만의 박사 학위논문은 1912년 프린스턴대학교에서 단행본 서적으로 출판되었다. 후에 제1차 세계대전이 발발하여 공해상의 중립 문제가 부각되자 이승만은 중립의 뛰어난 권위자로 자주 거론됐다. 이호, 『하나님의 기적 대한민국 건국』(상), 도서출판 복의 근원, 2013, 112쪽 참조.

34) 이승만이 프린스턴대학교에서 국제법 박사 학위 취득한 날은 조국의 주권 상실과 같은 날이었다. 권영설, 「이승만과 대한민국 헌법」, 유영익 편, 『이승만 연구』, 494쪽 참조.

35) 이호, 앞의 책(상), 110쪽.

36) 이한우, 『거대한 생애 이승만 90년』(상), 조선일보사, 1995, 101쪽.

37) 유영익, 앞의 책, 8쪽.

38) 이승만의 YMCA 관련 부분은 유영익, 『건국대통령 이승만』, 일조각, 2013, 27~28쪽 참조.

39) 1919년 미국 필라델피아시 한인자유대회 서기장. 임시정부 대통령 비서관 역임. 워싱턴에서 이승만과 함께 구미위원부를 개설하고 미국 19개 도시에 한미친우회를 설립하여 독립운동을 벌임. 이승만의 후임으로 구미위원부 위원장에 임명. 건국 후 1948년부터 1951년까지 외무부장관 역임.

40) 이 사건으로 기독교 지도자 700여 명이 검거됐고, 심한 고문 끝에 123명을 기소했는데, 최종 유죄 판결을 받고 구속된 사람이 105명이라서 '105인 사건'이라고 한다.

41) 한국 이름 길례태(吉禮泰.) 1905년 황성YMCA야구단을 만들어 우리나라에 야구를 처음 소개한 인물이다.

42) 이호, 앞의 책(상), 138쪽.

43) 안종철, 「문명개화에서 반공으로」, 최상오·홍선표 외 지음, 『이승만과 대한민국 건국』 연세대학교 출판부, 2010, 161쪽.

44) 유영익, 앞의 책, 282쪽.

45) 유영익, 앞의 책, 320쪽.

46) 유영익, 앞의 책, 325~327쪽.

47) 이한우, 앞의 책, 144쪽.

48) 고정휴, 「대한민국임시정부 임시대통령으로서의 이승만」, 유영익 편, 『이승만대통령 재평가』 연세대학교 출판부, 2007, 22쪽.

49) 언더우드 선교사의 추천장을 받아 난징(南京) 진링(金陵)대학에서 3년간 영문학과 철학 공부. 상하이에서 고려공산당에 가입. 1922년 1월 7일 모스크바에서 레닌과 트로츠키를 만나 조선 사정을 논의. 중국 상하이에서 쑨원과 중국 공산당 인사들과 교류하며 중국 혁명운동에 참여. 해방 후 건국준비위원회 결성, 조선인민공화국 선포, 1947년 암살당함.

50) 1880년 충남 대덕군 출생. 호는 단재(丹齋). 1898년 성균관 입교, 독립협회 가입, 만민공동회 운동 때 적극 활동. 장지연의 요청으로 황성신문 논설기자, 대한매일신보 논설기자로 활동. 신민회 회원. 일제의 식민사관에 맞서 근대민족사학 확립. 해외로 망명하여 블라디보스토크에서 권업회 조직하고 권업신문 주필. 1912년 광복회 조직. 베이징에서 박용만 등과 제2회 보합단(普合團), 군사통일촉성회 조직, 무장 군사 활동을 통한 독립운동 추진. 『조선상고문화사』(朝鮮上古文化史), 『조선상고사』(朝鮮上古史), 『조선사연구초』(朝鮮史研究艸) 등 집필. 이후 무정부주의 독립운동에 참여. 일제에 체포되어 복역 중 1936년 뤼순 감옥에서 옥사.

51) 유영익, 앞의 책, 39쪽.

52) 고정휴, 「대한민국임시정부 임시대통령으로서의 이승만」, 유영익 편, 『이승만 대통령 재평가』, 연세대학교 출판부, 2007, 22쪽.

53) 1913년 미국 샌프란시스코에서 안창호의 주도로 창립된 사회 교육 기관. 무실(務實), 역행(力行), 충의(忠義), 용감(勇敢)의 4대 정신이 지도 이념이었다. 즉 거짓을 버리고 참을 사랑하며, 빈말보다 실천을 강조하고, 충성되고 신의를 지키며, 매사에 굳은 의지로 진취적이며 능동적인 정신을 발휘한다는 것이다. 국내외 지부를 설립하여 실력 양성 운동에 힘썼고 『홍사단보』(興士團報)를 발행하여 국민

계몽에 힘썼다.

54) 유영익, 앞의 책, 44쪽.

55) 박성수, 『독립운동사 연구』, 창작과 비평사, 1980, 8쪽.

56) 이정식, 『대한민국의 기원』, 일조각, 2011, 79쪽.

57) 이정식, 앞의 책, 58쪽.

58) 로버트 올리버 지음, 황정일 옮김, 『신화에 가려진 인물 이승만』, 건국대학교 출판부, 2002, 175쪽.

59) 이정식, 앞의 책, 61쪽.

60) 김충남은 『Japan Inside Out』을 『일본의 가면을 벗긴다』라고 번역했다.

61) 1941년 9월호.

62) 이원순, 앞의 책, 197쪽.

63) 한철호, 『미국의 대한정책 1834~1950』, 한림대 아시아문화연구소, 1998, 67~68쪽.

64) 한철호, 앞의 책, 62쪽.

65) 애비슨 목사는 이승만의 상투를 잘라준 사람이다.

66) 안종철, 「문명개화에서 반공으로」, 최상오·홍선표 외 지음, 『이승만과 대한민국 건국』, 연세대학교 출판부, 2010, 165~166쪽.

67) 유영익, 앞의 책, 58쪽.

68) 서희건, 이승만 전 대통령 외교고문 로버트 올리버 박사 인터뷰, 「한국 번영 보니 이 박사 옳았다」, 『조선일보』, 1995년 2월 26일.

69) 로버트 올리버 지음, 박일영 옮김, 『대한민국 건국의 비화』, 계명사, 1990, 41쪽.

70) 손세일, 「이승만과 김구(63): 미-일 전쟁으로 슬픔의 눈물은 끝났다!」, 『월간조선』, 2007년 6월호.

71) 손세일, 「이승만과 김구(66): 임시정부의 좌우합작과 한인 게릴라부대 창설 계획」, 『월간조선』, 2007년 9월호.

72) 이화장 소장, 이승만 육성 녹음테이프.

73) 손세일, 「이승만과 김구(66): 임시정부의 좌우합작과 한인 게릴라부대 창설 계획」, 『월간조선』, 2007년 9월호.

74) 한도 가즈토시 지음, 박현미 옮김, 『쇼와사(1)』, 루비박스, 2010, 348쪽.

75) 손세일, 「이승만과 김구(70): 독수리작전과 냅코작전」, 『월간조선』, 2008년 1월호.

2. 분단의 주범(主犯)은 스탈린

76) 윌리엄 랭던은 1933년 11월부터 1936년까지 서울주재 미국 영사로 근무했고, 만주와 도쿄에도 근무하는 등 아시아 문제에 정통한 인물이었다.

77) 손세일, 「이승만과 김구(63): 미-일 전쟁으로 슬픔의 눈물은 끝났다!」, 『월간조선』, 2007년 6월호.

78) 손세일, 「이승만과 김구(67): 적당한 시기에 한국을 독립시키기로」, 『월간조선』, 2007년 10월호.

79) 카이로 회담은 당초에는 스탈린도 참석하는 4대국 수뇌회담으로 계획됐으나 스탈린이 장제스의 참석을 반대하는 바람에 카이로에서 3개국 수뇌가 회담한 후 11월 28일부터 12월 1일까지 이란의 수도 테헤란에서 루스벨트, 처칠, 스탈린이 만나는 두 개의 회담으로 분리해서 열렸다.

80) 양동안, 『대한민국 건국사』, 건국대통령 이승만박사 기념사업회, 1998, 28쪽.

81) 이정식, 앞의 책, 337쪽.

82) 김영훈, 『분단과 전쟁』, 도서출판 다나, 1994, 37쪽.

83) 도고 시게노리 지음, 김인호 옮김, 『격동의 세계사를 말한다』, 학고재, 2000, 379쪽.

84) 이정식 지음·허동현 엮음, 『21세기에 다시 보는 해방 후사』, 경희대 출판문화원, 2012, 117~117쪽.

85) 이주천, 『루스벨트의 친소정책』, 신서원, 1998, 368쪽.

86) 1936년 선거 때부터 루스벨트의 자문관, 1938년 통상장관. 제2차 세계대전 때 연합군을 돕기 위한 무기대여 계획의 책임자로 임명되었으며(1941), 전쟁물품 위원회와 태평양전쟁위원회 위원으로 활동했다.

87) 앨저 히스는 1904년 11월 10일 메릴랜드의 볼티모어에서 태어나 존스홉킨스대학과 하버드 법과대학원 출신의 엘리트였다. 학창시절 성적이 대단히 우수했다고 한다. 히스는 뉴욕의 작가이며 예술사가였던 프리실라 팬슬러와 결혼했는데, 그녀는 후일 히스가 빼돌린 국무부의 문서를 타이핑하는 등 히스를 도와준 인물로 지목된다. 앨저 히스 관련 내용은 이주천, 「앨저 히스 간첩사건에 대한 연구사적 검토」, 『미국사연구』 제22집 별책. 한국미국사학회, 2005, 122쪽 참조.

88) 이원순, 앞의 책, 222쪽.

89) 조셉 굴든 지음, 김병조 옮김, 『한국전쟁 비화』, 청문각, 2002, 7쪽.

90) 이정식, 앞의 책, 100쪽.

91) 양동안, 앞의 책, 29쪽.

92) 이정식, 앞의 책, 182~183쪽.

93) 38선 관련 내용은 이선교, 『한국전 다시 써야 한다』, 가람문학사, 1992, 13쪽 참조.

94) 미국의 38선 설정 관련 내용은 이정식, 『대한민국의 기원』 일조각, 2011, 101~103쪽 참조.

95) 이정식, 앞의 책, 439쪽.

96) 이정식, 앞의 책, 106쪽.

97) 포고문 요지는 다음과 같다.

"붉은 군대와 연합 군대들은 조선에서 일본 약탈자들을 구축하였다. 조선은 자유국이 되었다. 그러나 이것은 오직 신조선 역사의 첫 페이지가 될 뿐이다. 왜놈들이 고대광실에서 호의호식하며 조선사람들을 멸시하며 조선의 풍속과 문화를 모욕한 것을 당신들이 잘 안다. 이러한 노예적 과거는 다시 돌아오지 않을 것이다….

조선 사람들이여 기억하라! 행복은 당신들의 수중에 있다. 당신들은 자유와 독립을 찾았다. 이제는 모든 것이 죄다 당신들에게 달렸다.…붉은 군대의 역량과 위력은 위대하다. 그러나 이 역량과 위력은 언제든지 다른 인민들을 정복하려는데 사용하지 않았으며 또는 사용하지 않을 것이다….

조선 사람들이여! 기억하십시오! 당신에게 유력하고 정직한 친우인 소련이 있습니다. 조선의 자유와 독립 만세! 조선의 발흥을 담보하는 조선과 소련 친선 만세!"

98) 양동안, 앞의 책, 44~45쪽.

99) 이연식, 『조선을 떠나며-1945년 패전을 맞은 일본인들의 최후』, 역사비평사, 2013, 115쪽.

100) 이지수, 「제2차 세계대전과 소련의 한반도 정책」, 이인호·김영호·강규형 편, 『대한민국 건국의 재인

식』, 기파랑, 2007, 63~64쪽.

101) 1893년 출생. 제1차 세계대전 때 프랑스 전선의 대대장으로 참전. 제2차 세계대전에 참전하여 과달카날 전투, 솔로몬군도 작전, 부겐빌 작전에서 일본군에 대승을 거둠. 1945년 8월 25일 주한미군사령관 겸 미군정사령관. 1963년 작고.

102) 손세일, 「이승만과 김구(75): 미군 진주와 양분되는 정국」, 『월간조선』, 2010년 6월호.

103) 손세일, 「이승만과 김구(75): 미군 진주와 양분되는 정국」, 앞의 자료.

104) 포고 제1호의 내용은 다음과 같다.

"미군은 근일 중에 귀국에 상륙하게 되었다. 당 군은 동경에서 금일 일본군이 항복문서에 조인을 하게 되었으므로 여기에 의해 미군은 연합군 대표로서 상륙하는 것으로 그 목적은 귀국을 민주주의 제도 하에 있게 하고 국민의 질서유지를 도모하는 데 있다. 국가조직의 개선은 일조일석에 이루어지는 것이 아니며 안녕질서에는 큰 혼란과 유혈이 따르지 않게 하지 않으면 안 된다. 어떠한 개혁도 서서히 진행되어야 한다. 여러분도 장래의 국가건설을 위해 또 민주주의적 생활의 유지를 위해 최대한의 노력을 하지 않으면 안 되는 것이다…." 브루스 커밍스 외, 『분단전후의 현대사』, 일월서각, 1983, 426쪽.

105) 양동안, 앞의 책, 125~126쪽.

106) 이춘근, 『미국에 당당했던 대한민국의 대통령들』, 글마당, 2012, 48쪽.

107) 1945년 8월말부터 소련 점령군사령부의 정치사령관을 역임했고, 1947년 중반부터는 민정사령관을 겸임하면서 북한 정권 탄생에 핵심적인 역할을 담당했다. 레베데프는 당시 소련군 극동사령부 정치위원이었던 슈티코프와 함께 주요 결정을 하여 김일성에게 지시를 함으로써 북한 정권 탄생은 물론 남한의 좌익과 공산주의자들에게 지시를 내려 한반도 전체에 공산정권을 수립하려 했다.

108) 슈티코프는 해방 후 북한에 들어와 1946년 8월부터 11월까지 4개월간 일기형식으로 기록을 남겼는데, 이것이 『슈티코프 비망록』이다. 이 비망록은 박헌영을 비롯한 남북의 공산주의자들이 슈티코프의 뜻대로 움직였음을 적나라하게 보여주고 있다. 슈티코프는 1945년 4월 연해주 군관구 군사평의회 위원으로 부임하면서 한국문제에 개입하기 시작했으며 김일성을 발탁했다. 미소 공동위원회 소련 측 수석대표, 연해주 군관구 정치담당 부사령관(1947~48)을 거쳐 북한주재 초대 소련 대사(1948~51)를 지냈다.

109) 이정식, 앞의 책, 189쪽.

110) 이 내용은 일본의 『마이니치(每日)신문』이 1993년 2월 26일 발굴 보도함으로써 세상에 알려졌다.

111) 이정식, 앞의 책, 178쪽.

112) 이정식, 앞의 책, 189쪽.

113) 항일전쟁 중 화베이(華北)에서 활약한 중국 공산당의 주력부대. 1937년 제2차 국공합작 후의 명칭이며, 1947년에 인민해방군으로 명칭이 바뀌었다.

114) 이정식 지음·허동현 엮음, 『21세기에 다시 보는 해방 후사』, 경희대학교 출판문화원, 2012, 26~31쪽 참조.

115) 이정식 지음·허동현 엮음, 앞의 책, 50쪽 참조.

116) 이정식, 앞의 책, 43, 57쪽.

117) 로버트 올리버 지음, 박일영 옮김,『이승만 없었다면 대한민국 없다』, 동서문화사, 2008, 49~50쪽.

118) 로버트 올리버, 앞의 책, 52쪽.

119) 일제하와 해방공간에서의 공산당 활동에 대해서는 양동안, 앞의 책, 81~83쪽.

120) 1900년 충남 예산 출생. 경성고등보통학교(경기고)와 서울 YMCA 영어 반에서 영어 공부. 1929년 6월 모스크바 동방노력자공산대학에서 2년간 수학. 남조선노동당의 당수. 1921년 상하이에서 공산주의를 공부한 후 국내로 잠입하려다 체포되어 감옥살이를 여러 번 했다. 1930년대에도 지하조직을 만들어 활동했다. 1946년 정판사 위폐사건이 적발되어 체포령이 내려지자 월북했다. 북한에서 그는 부수상 겸 외무장관에 올랐다. 1956년 미국 스파이였다는 죄목으로 사형되었다.

121) 박헌영과 소련영사관 관련 부분에 대해서는 양동안, 앞의 책, 84~87쪽. 손세일 비교평전, 「이승만과 김구(73):건국준비위원회 3주일」,『월간조선』, 2010년 4월호 참조.

122) 중앙일보 특별취재반,『비록 조선민주주의인민공화국』, 중앙일보사, 1992, 285~286쪽.

123) 로버트 올리버 지음, 황정일 옮김,『신화에 가려진 인물 이승만』, 건국대 출판부, 2002, 234쪽.

124) 한인들의 공산주의 운동의 뿌리는 이동휘 등이 1918년 러시아의 블라디보스토크에서 조직한 한인사회당, 한명길 등이 러시아의 이르쿠츠크에서 1921년 4월 결성한 이르쿠츠크파 공산당, 그리고 이와 별도로 이동휘 등이 1921년 5월 중국 상하이에서 결성한 고려공산당(상해파 공산당) 등이 있다.
국내에서는 1925년 4월 25일 국내 공산주의 서클이었던 화요회와 일본 유학생계의 북풍회, 그리고 민중사계 및 신생활사계 구성원 19명은 서울에서 조선공산당을 창당하고, 다음날 고려공산청년회를 결성했으며, 국제공산당 제3인터내셔널(코민테른)과 국제공산주의청년동맹으로부터 정식 승인을 받았다. 조선공산당은 일제의 탄압으로 산발적인 활동을 벌이다가 네 차례에 걸친 검거 선풍으로 1928년 12월 7일 해체됐다. 조선공산당 재건 관련 내용은 유동렬, 「남북공산당, 전국서 테러·폭동·양민학살」, 인보길 엮음,『이승만 다시 보기』기파랑, 2011, 200~201쪽 참조.

125) 양동안은 한민당 구성원들의 특징을 다음 네 가지로 분석했다. 첫째 일제하에서 물산장려운동, 신간회, 브나로드, 한글보급, 해외 독립운동을 비롯하여 교육 언론 문화 사업을 전개한 온건한 민족주의 운동에 참여한 인사들이 많았다. 둘째, 고학력 지식인들, 특히 국내의 전문학교나 대학 졸업자, 해외 유학을 다녀온 인사들을 비롯하여 일제 치하에서 언론인이나 교육자, 변호사, 의사, 문필가 등으로 활동했던 인텔리들이 다른 정당에 비해 상당히 많았다. 셋째, 지주와 상공인들의 자제가 다른 정당에 비해 많아 부자 정당이라는 소릴 들었다. 넷째, 김성수가 설립한 동아일보, 보성전문학교, 경성방직회사, 중앙학교 등에서 일했던 인사들이 주축을 이루었다. 양동안, 앞의 책, 118~121쪽 참조.

126) 1924년 경북 풍기 출생. 일본 주오(中央)대학 법학과 졸업, 와세다대 영문과 중퇴, 서울대 철학과 졸업. 초대 대통령 비서관, 신민당 국회의원.

127) 박용만,『제1공화국 경무대 비화』, 내외신서, 1986, 24쪽.

128) 양동안, 미군정 관련부분은 앞의 책, 130~131쪽. 손세일「이승만과 김구」(76) 참조.

129) 양동안, 앞의 책, 139쪽.

130) 양동안, 앞의 책, 140쪽.

131) 베닝호프의 보고서 관련 내용은 손세일, 「이승만과 김구(76): 조선인민공화국의 주석과 내무장관」,『월간조선』, 2010년 7월호 참조.

132) 태평양 전쟁 중기까진 제 7 보병사단의 부사령관이었고, 콰잘린 환초 상륙전 이후 콜레트 장군의 후임으로 사단장. 레이테 섬 전투와 오키나와 전투에서 7사단을 지휘했다. 태평양전쟁 종전 후 한국에서 미군정청의 초대 군정장관 역임.

3. "이승만을 남한 정치권에서 퇴출시켜라"

133) 이한우, 앞의 책, 202쪽.

134) 이한우, 앞의 책, 202쪽.

135) 한표욱, 『한미외교 요람기』, 중앙일보사, 1984, 37~38쪽.

136) 이승만과 맥아더의 친분 관련 내용은 이호, 『하나님의 기적 대한민국 건국』(하), 복의 근원, 2013, 62~63쪽 참조.

137) 2진은 12월 2일 환국했다. 임시정부 요인들이 1, 2진으로 나누어 환국한 이유는 미군 수송기 정원이 15명이었기 때문이다. 해방 이후 남한에서 활동한 임시정부 요인들은 총 28명이었다. 이중 1진 귀국 인사는 6명(김구, 김규식, 이시영, 김상덕, 엄항섭, 유동열)이었고, 2진 14명(홍진, 조성환, 황학수, 장건상, 김붕준, 성주식, 유림, 김성숙, 조경한, 조완구, 조소앙, 김약산, 최동호, 신익희), 2진 귀국 후 개별적으로 귀국한 인사 6명(이청천, 박건웅, 윤기섭, 손두환, 조시원, 이범석), 해방 전부터 국내에 거주했던 인사 1명(연병호), 미국에서 활동하다 귀국한 인사 1명(이승만)이다. 양동안, 「대한민국과 임시정부와의 관계」, 이인호·김영호·강규형 편, 『대한민국 건국의 재인식』, 기파랑, 2009, 134쪽 참조.

138) 이정식, 앞의 책, 400쪽.

139) 박용만, 앞의 책, 32~33쪽.

140) 손세일, 「이승만과 김구(80): 미군 정부의 국가비상사태 선언을 지원하다」, 『월간조선』, 2010년 11월호.

141) 존 메릴 지음, 이종찬·김충남 공역, 『한국전쟁의 기원과 진실』, 두산동아, 2004, 53쪽.

142) 통치위원회 결성 구상은 후에 미군정의 좌우합작위원회 구성으로 이어진다. 존 메릴 지음, 이종찬·김충남 공역, 『한국전쟁의 기원과 진실』, 두산동아, 2004, 54쪽 참조.

143) 양동안, 앞의 책, 200~201쪽.

144) 독립운동가·언론인·정치가(1890~1945). 호는 고하(古下). 1921년 동아일보 사장에 취임하여 김성수와 함께 동아일보를 중심으로 농촌 계몽 운동을 했다. 1945년 말 신탁통치 안에 대한 소용돌이 와중에 자택에서 한현우에게 암살당했다.

145) 이정식 지음·허동현 엮음, 『21세기에 다시 보는 해방 후사』, 경희대 출판문화원, 2012, 186쪽.

146) 이정식, 『대한민국의 기원』, 일조각, 2011, 9쪽.

147) 김일영, 『건국과 부국』, 기파랑, 2012, 48쪽.

148) 이정식, 앞의 책, 142~143쪽.

149) 이정식, 「건국대통령으로서의 이승만」, 유영익 편, 『이승만대통령 재평가』, 연세대학교 출판부, 2007, 36~37쪽.

150) 박갑동, 『한국전쟁과 김일성』, 도서출판 바람과 물결, 1988, 24쪽.

151) 양호민, 『38선에서 휴전선으로』, 생각의 나무, 2004, 102쪽.

152) 양호민, 앞의 책, 95쪽.

153) 이철순, 「이승만의 단독정부론에 대한 고찰」, 이인호·김영호·강규형 편, 『대한민국 건국의 재인식』, 기파랑, 2009, 498쪽.

154) 이정식, 앞의 책, 107쪽.

155) 김영훈, 앞의 책, 51쪽.

156) 이영훈, 『대한민국 역사』, 기파랑, 2013, 85쪽.

157) 왕수쩡(王樹增) 지음, 황선영·나진희 옮김, 『한국전쟁』, 글항아리, 2013, 52쪽.

158) 이지수, 「제2차 세계대전과 소련의 한반도 정책」, 이인호·김영호·강규형 편, 『대한민국 건국의 재인식』, 앞의 책, 69~70쪽.

159) 이지수, 「제2차 세계대전과 소련의 한반도 정책」, 앞의 책, 71쪽.

160) 이지수, 「제2차 세계대전과 소련의 한반도 정책」, 앞의 책, 78쪽.

161) 철의 장막' 연설의 요지는 다음과 같다.

"소련은 팽창주의 국가다. 발탁 해의 스테틴에서부터 아드리아의 트리에스테까지 철의 장막이 대륙을 가로질러 내려 있다. 이 장막의 뒤에 고대 중부 유럽 및 동부 유럽의 수도가 모두 들어 있다. 바르샤바, 베를린, 프라하, 비엔나, 부다페스트, 베오그라드, 부카레스트, 소피아 등 역사적으로 유명한 모든 도시와 시민이 소련의 영향력 안에 있으며, 모두가 어떤 형태로든지 소련의 영향력을 받고 있을 뿐만 아니라 모스크바로부터 고도의 정치적 통제 및 조정을 받고 있다. 그들이 원하는 것은 전쟁의 성과와 그들 세력 및 공산주의 이론의 무한한 확장뿐이다."

162) 미소공위의 슈티코프와 하지 입장 관련 내용은 양동안, 앞의 책 221~224 참조.

163) 박홍순, 「대한민국 건국과 유엔의 역할」, 이인호·김영호·강규형 편, 『대한민국 건국의 재인식』, 기파랑, 2009, 101쪽.

164) 로버트 올리버 지음, 박일영 옮김, 『이승만 없었다면 대한민국 없다』, 동서문화사, 2008, 52쪽.

165) 이지수, 「제2차 세계대전과 소련의 한반도 정책」, 앞의 책, 82쪽.

166) 윤석오 외, 『경무대 비화』, 중앙일보사

167) 김영훈, 앞의 책, 195쪽.

168) 유영익, 앞의 책, 150쪽.

169) 손세일, 「이승만과 김구(87): 이승만의 정읍발언과 민족통일총본부 설치」, 『월간조선』, 2011년 7월호.

170) 이지수, 「제2차 세계 대전과 소련의 한반도 정책」, 이인호·김영호·강규형 편, 『대한민국 건국의 재인식』, 기파랑, 65쪽.

171) 『서울신문』, 1946년 6월 4일.

172) 이정식, 앞의 책, 445쪽.

173) 허정, 『내일을 위한 증언』, 샘터, 1979, 137~138쪽.

174) 이승만의 정읍발언 배경 부분은 이정식, 「건국대통령으로서의 이승만」, 유영익 편, 『이승만 대통령 재평가』, 연세대학교 출판부, 2007, 46~48쪽 참조.

175) 남광규, 「미소공위와 미소의 조선임시정부 수립대책」, 『국제정치논총』 47-3, 2007, 119~142쪽.

176) 인보길, 「미 국무성, 반소(反蘇)주의자 이승만 귀국여권 취소」, 인보길 엮음, 『이승만 다시 보기』, 기

파랑, 2011, 194~195쪽.

177) 로버트 올리버 지음, 박일영 옮김, 『이승만 없었다면 대한민국 없다』, 동서문화사, 2008, 59쪽.

178) 로버트 올리버, 앞의 책, 76쪽.

179) 이정식, 앞의 책, 359쪽.

180) 이정식, 앞의 책, 158~159쪽. 마셜은 1947년 1월 미국 국무장관으로 취임하여 미국의 전후전략을 짜는 일을 맡게 된다.

181) 이상 중국 국공내전이 한반도 분단에 미친 영향 관련 내용은 이정식, 『21세기에 다시 보는 해방 후사』, 경희대 출판문화원, 2012, 54~94쪽 참조.

182) 팔로군이 북한을 경유하는 교통로는 다음과 같다. 1노선: 안동-신의주-남양-투먼, 2노선: 퉁화-지안-만포-투먼, 3노선: 다롄-남포, 4노선: 다롄-나진-북만주.

183) 딩쉐에쑹, 「동북해방전쟁 시기 동북국 주조선 사무소의 회고」, 『21세기에 다시 보는 해방후사』, 경희대 출판문화원, 2012, 254쪽..

184) 이정식, 앞의 책 159~161쪽.

185) 이주영, 「미(美) 온갖 협박에도 "공산당과 손 못 잡아!"」, 인보길 엮음, 『이승만 다시 보기』, 기파랑, 2011, 34쪽.

186) 이정식, 앞의 책, 163쪽.

187) 이정식, 앞의 책, 185쪽.

188) 허동현, 「대한민국의 건국외교와 유엔」, 『숭실사학회』 제30집(2013년 6월), 257쪽.

189) 이정식, 앞의 책, 146~147쪽.

190) 이주영, 「미(美) 온갖 협박에도 "공산당과 손 못 잡아!"」, 인보길 엮음, 『이승만 다시 보기』, 기파랑, 2011, 34쪽.

191) 박용만, 앞의 책, 63~64쪽.

192) 이정식, 앞의 책, 145쪽.

193) 존 메릴 지음, 이종찬·김충남 공역, 『한국전쟁의 기원과 진실』, 두산동아, 2004, 55쪽.

194) 조선공산당이 1945년 10월부터 조선정판사에서 일제가 사용하다가 남겨둔 지폐 원판을 이용해 거액의 위조지폐를 발행한 사건. 조선공산당원 김창선 등 7명은 조선공산당 재정부장 이관술, 중앙위원 겸 해방일보사 사장 권오직의 지시를 받고 조선정판사에서 100원권 원판으로 6차례에 걸쳐 조선은행권 약 200만 원씩 총 1,200만 원을 위조하여 이관술에게 제공, 조선공산당 자금으로 사용하게 했다. 미군정청은 위폐 발행이 조선공산당에 의해 저질러진 조직적인 사건이라는 결론을 내리고 이관술 · 권오직을 비롯한 관련자에 대한 수배령을 내리는 한편, 조선정판사가 들어서 있는 근택 빌딩을 폐쇄시키고 조선정판사에서 인쇄하고 있던 조선공산당 기관지 『해방일보』도 폐간시켰다.

195) 박일원, 『남로당의 조직과 전술』, 세계출판사, 1984, 30~32쪽.

196) 박일원, 『남로당의 조직과 전술』, 세계출판사, 1984, 30~32쪽.

197) 존 메릴 지음, 이종찬·김충남 공역, 『한국전쟁의 기원과 진실』, 두산동아, 2004, 54쪽

198) 중앙일보 현대사연구팀, 『발굴 자료로 쓴 한국현대사』, 중앙일보사, 1996, 236~237, 242쪽.

199) 조선공산당 관련 내용은 이정식, 『대한민국의 기원』, 일조각, 2011, 113~116쪽 참조.

200) 유영익, 『건국대통령 이승만』, 일조각, 2013, 152쪽.

201) 『동아일보』, 1947년 1월 26일.

202) 양호민, 『38선에서 휴전선으로』, 생각의 나무, 2004, 13쪽.

203) 이날 트루먼 대통령은 다음과 같이 선언했다. "세계 역사의 현 단계에서 거의 모든 나라는 어떻게 살아야 하는가를 양자택일해야 하는 상황에 처해 있다. 하나는 다수의 뜻에 따르는 체제로서 사람들이 자유로운 제도, 대의정부, 자유선거, 개인의 자유, 언론과 종교의 자유, 그리고 정치적 압제로부터의 자유를 누린다. 다른 하나는 소수가 다수에 강제한 삶의 양식인바 테러와 압제를 동원하여 신문과 라디오를 통제하고 선거를 조작하며 개인적 자유를 탄압한다. 나는 무장된 소수나 외부세력이 자유민들을 복속시키겠다고 달려들 때 이에 저항하는 그들을 돕는 것이 미국의 정책이 되어야 한다고 믿는다. 나는 우리가 자유민들을 도와서 그들이 자신들의 운명을 스스로 개척해 나가도록 해야 한다고 믿는다."

204) 김일영, 『건국과 부국』, 기파랑, 2012, 55~56쪽.

205) 김일영, 『건국과 부국』, 기파랑, 2012, 55~56쪽.

206) 존 메릴 지음, 이종찬·김충남 공역, 『한국전쟁의 기원과 진실』, 두산동아, 2004, 56쪽.

207) 존 메릴 지음, 이종찬·김충남 공역, 『한국전쟁의 기원과 진실』, 두산동아, 2004, 56쪽.

208) 김일영, 앞의 책, 58쪽.

209) 유영익, 『건국대통령 이승만』, 일조각, 2013, 154쪽.

210) 박용만, 앞의 책, 35쪽.

211) 이정식, 앞의 책, 165~166쪽.

212) 이정식, 앞의 책, 172~173쪽.

213) 양동안, 앞의 책, 43~437쪽.

214) 제임스 메트레이, 「한국: 아시아에서 봉쇄를 위한 시험대」, 『한국전쟁과 한미관계』, 도서출판 청사, 1987, 215쪽.

215) 이정식, 앞의 책, 176쪽.

216) 이정식, 「건국대통령으로서의 이승만」, 유영익 편, 앞의 책, 59쪽.

217) 박홍순, 「대한민국 건국과 유엔의 역할」, 『대한민국 건국의 재인식』, 기파랑, 2009, 104~105쪽.

218) 박홍순, 「대한민국 건국과 유엔의 역할」, 앞의 책, 108쪽..

219) 이영훈, 앞의 책, 124쪽.

220) 존 메릴 지음, 이종찬·김충남 공역, 『한국전쟁의 기원과 진실』, 두산동아, 2004, 57쪽.

221) 이호, 『하나님의 기적 대한민국 건국』(하), 도서출판 복의 근원, 2013, 210쪽.

222) 이호, 앞의 책(하), 210쪽.

223) 김구와 김규식의 건국 반대운동 관련 내용은 이정식, 「건국대통령으로서의 이승만」, 유영익 편, 『이승만 대통령 재평가』, 연세대학교 출판부, 2007, 62쪽 참조.

224) 존 메릴 지음, 이종찬·김충남 공역, 앞의 책, 63쪽.

225) 성명 내용은 다음과 같다.

"나는 통일된 조국을 건설하려다가 38선을 베고 쓰러질지언정 일신에 구차한 안일을 취하여 단독정부를 세우는 데에는 협력하지 아니하겠다. 나는 내 생전에 38 이북에 가고 싶다. 그쪽 동포들도 제 집을 찾아가는 것을 보고서 죽고 싶다. 궂은 날을 당할 때마다 38선을 싸고도는 원귀의 곡성이 내 귀에 들리는 것도 같았다. 고요한 밤에 홀로 앉으면 남북에서 헐벗고 굶주리는 동포들의 원망스러운 용모가 내 앞에 나타나는 것도 같았다. 삼천만동포 자매형제여! 붓이 이에 이르매 가슴이 억색(抑塞)하고 눈물이 앞을 가리어 말을 더 이루지 못하겠다. 바라건대 나의 애달픈 고충을 명찰하고 명일의 건전한 조국을 위하여 한 번 더 심사(深思)하라."

226) 허동현, 「대한민국의 건국외교와 유엔」, 『숭실사학회』 제30집(2013년 6월), 261쪽.

227) 『동아일보』, 1948년 3월 2일.

228) 존 메릴 지음, 이종찬·김충남 공역, 앞의 책, 64쪽.

229) 양동안, 앞의 책, 500~501쪽.

230) 제주 4·3사태 관련 내용은 존 메릴 지음, 이종찬·김충남 공역, 앞의 책, 64~69쪽 참조.

231) 『동아일보』, 1948년 4월 2일.

232) 『동아일보』, 1948년 4월 2일.

233) 로버트 올리버, 『신화에 가린 인물 이승만』, 건국대 출판부, 2002, 275쪽.

234) 제주 4.3사건 관련 부분은 존 메릴 지음, 이종찬·김충남 공역, 『한국전쟁의 기원과 진실』, 두산동아, 2004, 93~102쪽, 161~167쪽 참조.

235) 1948년 3월 25일 북조선민주주의민족통일전선은 평양방송을 통해 "조선의 통일적 자주독립을 위하는 전조선 정당 사회단체 대표자 연석회의를 개최하자"고 제의했다. 이에 따라 연석회의는 4월 19부터 23일까지 평양 모란봉극장에서 열렸다. 이 회의에는 북한의 15개 정당 · 사회단체와 남한의 41개 정당 · 사회단체에서 선출된 695명의 대표자들이 참석했다.

236) 「레베데프 비망록」(16), 『부산일보』 1995년 3월 7일.

237) 이정식, 앞의 책, 389쪽.

238) 「레베데프 비망록」(15), 『부산일보』 1995년 3월 3일.

239) 「레베데프 비망록」(16), 『부산일보』 1995년 3월 7일.

240) 이날 김구의 발언 요지는 다음과 같다. "어떠한 모략도 어떠한 인면수심도 치열한 애국심 앞에 그 정체가 드러날 것을 나는 확신한다. 우선 이런 동포끼리 해방 후 3, 4년 동안이나 38선이라는 국경 아닌 국경으로 말미암아 외국인의 턱밑만 쳐다보고 말을 못할 이유가 무엇인가, 담판을 해보아서 안되면 차라리 38선을 베개삼아 베고 자살이라도 함이 마땅하다고 생각한다. … 나는 이번 북조선에 갔다 오면 내보일 것이 무엇이 있을까. 공수래공수거(空手來空手去)가 아닐까. 나로서는 의구심이 없지 않다."

241) 허동현, 「대한민국의 건국외교와 유엔」, 『숭실사학회』, 제30집(2013년 6월), 257쪽.

242) 이정식 지음·허동현 엮음, 『21세기에 다시 보는 해방 후사』, 경희대 출판문화원, 2012, 190~191쪽

243) 「레베데프 비망록」(11), 『부산일보』 1995년 2월 17일

244) 「레베데프 비망록」(18), 『부산일보』 1995년 3월 14일.

245) 이정식, 앞의 책, 425쪽.

246) 이정식 지음·허동현 엮음, 『21세기에 다시 보는 해방 후사』, 경희대 출판문화원, 2012, 191쪽.

247) 김일영, 「통치자로서의 이승만 대통령」, 유영익 편, 『이승만 대통령 재평가』 연세대학교 출판부, 2007, 78쪽.

248) 김일영, 「통치자로서의 이승만 대통령」, 유영익 편, 『이승만 대통령 재평가』, 연세대학교 출판부, 2007, 82~84쪽.

249) 이정식, 「건국대통령으로서의 이승만」, 유영익 편, 『이승만 대통령 재평가』, 연세대학교 출판부, 2007, 71쪽.

250) 서울주재 중화민국 공사이던 류위완은 장제스 총통의 지시를 받고 이승만, 김구, 김규식이 화합하여 대한민국 건국에 협조하도록 막후에서 활동했다. 류위완은 후에 유엔주재 중화민국 대사로 근무했다.

251) 김효선, 「김일성도 선생님을 대통령으로 모시려고…」, 인보길 엮음, 『이승만 다시 보기』, 기파랑, 2011, 183쪽.

252) 제주도의 2개 의석은 공석인 채로 남아 있다가 1949년 봄에 실시된 보궐선거로 채워졌다. 존 메릴 지음, 이종찬·김충남 공역, 앞의 책, 94쪽.

253) 이호, 앞의 책(상), 225쪽.

254) 이호재, 『한국외교정책의 이상과 현실: 이승만 외교와 미국』, 법문사, 1975, 243쪽.

255) 존 메릴 지음, 이종찬·김충남 공역, 앞의 책, 86쪽.

256) 이승만은 김구 암살 이틀 후(6월 28일) 로버트 올리버에게 보낸 서신에 다음과 같이 밝히고 있다. '가장 충격적인 일은 김구 씨 암살 사건이었소. 그가 남북협상을 주장하면서 남한의 각 도를 망라하여 지난날의 임시정부 지지를 맹세하는 단체들을 조직하는 한편, 명년 6월 국회의원 선거에 자기 지지자들을 당선시키려고 준비를 서두르는 가운데 반정부 선동을 하고 있다는 이야기는 이미 알려져 있던 사실이오. 국민들 간에는 그의 비애국적인 성명이나 활동을 비난하는 강한 감정이 번져 있었소. 그러나 그의 암살 소식이 전해지자 온 국민은 충격을 받았소.

그를 암살한 사람이 비밀 회담을 가지기 위해 그를 자주 방문했던 믿을 만한 육군 장교의 한 사람이었다는 사실이 발표되자 세상은 모두 잠잠해졌소. 그는 또한 한국독립당 내에서 전략적 위치에 있던 사람들 가운데 하나라는 사실도 알려졌소. 내게 알려진 바로는 이 육군 장교가 김구 씨를 방문했고, 그는 자기 비서들을 밖으로 내보내고 그와 비밀 대화를 나누고 있었다는 것이오. 그 때 마침 세 발의 총탄이 발사되고 그를 그 자리에서 숨지게 하였소. 이렇게 되자 사람들이 방으로 뛰어들어 그 자객을 붙잡아 혼수상태로 병원에 끌고 갈 정도로 두들겨 팼소. 지금쯤은 회복이 되고 있는 것으로 알며, 충분히 건강이 회복되는 대로 그의 동기와 또 배후자가 있다면 그 사실도 모두 밝혀내게 될 것이오.' 로버트 올리버 지음, 박일영 옮김, 『이승만 없었다면 대한민국 없다』, 동서문화사, 2008, 285~286쪽.

257) 『대통령 이승만박사 담화집』(1), 공보처, 1953, 45~46쪽.

258) 김충남, 『대통령과 국가경영』, 서울대학교 출판문화원, 2012, 82~83쪽.

259) 김충남, 『대통령과 국가경영』, 서울대학교 출판문화원, 2012, 82~83쪽.

4. "공산주의는 호열자(콜레라) 같아서…"

260) 이승만의 반소, 반러 의식 관련 내용은 이철순, 「이승만의 단독정부론에 대한 고찰」, 이인호·김영

호·강규형 편, 『대한민국 건국의 재인식』, 기파랑, 2009, 501~503쪽 참조.

261) 손세일, 「이승만과 김구(72): 원자폭탄 투하와 소련의 대일 참전」, 『월간조선』, 2008년 3월호.

262) 유영익, 앞의 책, 99쪽.

263) 박갑동, 앞의 책, 44쪽.

264) 공산당의 변화 관련 내용은 이정식, 앞의 책, 281~282쪽 참조.

265) 이주천, 『루스벨트의 친소정책』, 도서출판 신서원, 1998, 33~34, 366쪽 참조.

266) 유리 모딘 지음, 조성우 옮김, 『나이 케임브리지 동지들』, 한울, 2013, 61쪽.

267) 앤 코울터 지음, 최일성· 이상돈 옮김, 『반역』, 경덕출판사, 2008, 69, 257쪽.

268) 이승만, 「공산당의 당부당」, 『태평양잡지』, 1923년 3월호(제5권 제1호), 16~18쪽. 손세일, 「이승만과 김구(41): 한인기독학원 학생들의 고국방문」, 『월간조선』, 2005년 8월호에서 재인용.

269) 유영익, 앞의 책, 129, 132쪽.

270) 손세일, 「이승만과 김구(44): 호놀룰루 태평양회의의 한국대표단」, 『월간조선』, 2005년 11월호.

271) 조갑제, 『공산주의를 허문 8인의 결단』, 조갑제닷컴, 2012, 74쪽.

272) 이한우, 앞의 책, 154~155쪽.

273) 손세일, 「이승만과 김구(72): 원자폭탄 투하와 소련의 대일 참전」, 『월간조선』, 2008년 3월호.

274) 이주천, 앞의 자료, 122~123쪽.

275) 이주천, 앞의 자료, 123쪽.

276) 이하 앨저 히스와 휘태커 챔버스를 비롯한 미국 내의 소련 간첩 관련 내용은 앤 코울터 지음, 최일성·이상돈 옮김, 『반역』, 경덕출판사, 2008, 43~101쪽 참조.

277) 앤 코울터, 앞의 책, 45쪽

278) 스테펜 펠츠, 「미국의 대한정책 결정, 1943~1953」, 『한국전쟁과 한미관계』, 도서출판 청사, 1987, 164쪽.

279) 앤 코울터, 앞의 책, 57~58쪽.

280) 앤 코울터, 앞의 책, 69쪽.

281) 앤 코울터, 앞의 책, 45~46쪽.

282) 이주천, 앞의 자료, 119쪽.

283) 앤 코울터, 앞의 책, 46~50쪽 참조.

284) 유리 모딘 지음, 조성우 옮김, 『나의 케임브리지 동지들』, 도서출판 한울, 2013, 262~267쪽 참조.

285) 이하 베노나 프로젝트 관련 내용은 앤 코울터, 앞의 책, 73~102쪽 참조.

286) 앤 코울터, 앞의 책, 76쪽.

287) 『내가 만난 이승만 대통령 : 문봉제편』, 건국대통령 이승만박사 기념사업회, 2013, 88쪽.

288) 일정한 조직체계에 의하지 않는 비정규군의 별칭. 스페인어에서 유래한 게릴라(소규모 전투)와 거의 같은 뜻으로 사용된다. 정규군과는 별도로 적의 배후에서 통신소, 경비가 허술한 기지, 병기 · 연료 · 탄약 등 물자 저장소나 교통의 요지를 주로 공격한다. 한국의 빨치산은 6 · 25 전후에 지리산 부근을 근거지로 활동했던 공비를 일컫는다.

289) 『동아일보』, 1949년 4월 30일.

290) 유영익, 앞의 책, 135~137쪽.

291) 「대통령 이승만박사 담화집」(1), 공보처, 1953, 129~136쪽.

292) 로버트 올리버, 『이승만 없었다면 대한민국 없다』, 동서문화사, 2008, 462쪽.

5. 국군에게 무기를 달라!

293) 1894년 경기도 광주 출생. 독립운동가, 교육자, 정치인. 3·1 만세 운동에 참여한 후 중국으로 망명하여 상하이 임시정부 창설에 가담. 중화민국 육군 중장, 대학 교수 등을 지냈고, 임정 초대 법무부 차장, 외무부 차장, 내무부장 등을 지냄. 1945년 12월 귀국 후 반탁운동과 우익 정치인으로 활동하다가 김구, 김규식의 남북협상론에 반대하여 이승만의 단정수립에 참여. 미군정기 한국의 정치결사단체인 백의사와 정치공작대 지휘자. 초대 국회부의장에 선출되었으며 이승만이 대한민국 대통령이 되자 국회의장직 계승. 1955년 5월 제3대 대통령 후보로 출마, 선거 유세 중 열차에서 사망.

294) 유영익, 앞의 책, 231쪽.

295) 1869년 서울 출생. 한일합병 후 남만주에 사재로 신흥무관학교를 설립, 조국 해방을 위한 독립군 양성에 전력을 기울임. 1912년 학교를 통화현(通化縣)으로 이전 확충. 상하이 임시정부를 조직하고 법무총장·재무총장 등을 역임. 1929년 한국독립당 창당에 참가, 초대 감찰위원장. 1933년 임시정부 직제개정 때 국무위원 겸 법무위원, 1942년 재무부장으로 피선. 8·15 해방 이후 대한독립촉성국민회 위원장, 1948년 초대 부통령, 1951년 부통령직 사임. 1953년 4월 피난지 부산에서 작고.

296) 이날 이승만은 다음과 같은 취임사를 발표했다.

"여러 번 죽었던 이 몸이, 하느님의 은혜와 동포의 애호로 지금까지 살아 있다가, 오늘에 이와 같이 영광스러운 추대를 받는 나로서는 일변 감격한 마음과 일변 감당키 어려운 책임을 지고 두려운 생각을 금하기 어렵습니다. 기쁨이 극(極)하면 웃음으로 변하여 눈물이 된다는 것을 글에서 보고 말을 들었던 것입니다…. 여러분이 나에게 맡기는 직책은 누구나 한 사람의 힘으로 성공할 수는 없는 것입니다. 이 중대한 책임을 내가 용감히 부담할 때에, 내 기능이나 지혜를 믿고 나서는 것이 결코 아니며, 전혀 애국남녀의 합심합력으로만 진행할 수 있는 것을 믿는 바입니다….

우리가 정부를 조직하는데, 제일 중대히 주의할 바는 두 가지입니다. 첫째는 일할 수 있는 기관을 만들 것입니다. 둘째로는 이 기관이 견고해져서 흔들리지 않게 해야 될 것입니다. 그러므로 사람이 사회 명예이나 정당단체의 노력이나 또 개인사정상 관계로나를 다 초월하고, 오직 기능 있는 일꾼들이 함께 모여 앉아서, 국회에서 정한 법률을 민의대로 진행해 나갈 그 사람끼리 모여서 한 기관이 되어야 할 것이니, 우리는 그분들을 물색하는 중입니다….

기왕에도 누가 말한 바와 같이 우리는 공산당을 반대하는 것은 아닙니다. 공산당의 매국주의를 반대하는 것이므로 이북의 공산주의자들은 절실히 깨닫고 일제히 회심개과해서 우리와 같은 보조를 취하여 하루바삐 평화적으로 남북을 통일해서 정치와 경제상 모든 복리를 다 같이 누리게 하기를 바라며 부탁합니다. 만일 종시 깨닫지 못하고 분열을 주장해서 남의 괴뢰가 되기를 감심(甘心)할진대 인심이 결코 방임치 않을 것입니다.

대외적으로 말하면 우리는 세계 모든 나라와 친선해서 평화를 증진하며 외교 통상에 균평(均平)한 이익을 같이 누리기를 절대 도모할 것입니다. 교제상 만일 친선에 구별이 있으면 이 구별은 우리가 시작하는 것이 아니요 타동적으로 되는 것입니다. 다시 말하자면 어느 나라든지 우리에게 친선히 한 나라는 우리가 친선히 대우할 것이요, 친선치 않게 우리를 대우하는 나라는 우리도 친선히 대우할 수 없을 것입니다…." 『대통령 이승만박사 담화집』(1), 공보처, 1953, 3~6쪽.

297) 김일영, 앞의 책, 78쪽.

298) 초대 주한 미국대사로서 1949년 4월 20일부터 1952년 11월까지 재임하면서 이승만에게 숱한 구박과 질책을 받았다. 한국에 부임할 때 48세의 노총각이었던 무초 대사는 1953년 결혼했고, 1973년 한국을 다시 방문해 이승만 묘소를 참배하고 이화장에 거주하던 프란체스카 여사를 찾아 인사를 했다.

299) 유영익, 앞의 책, 159쪽.

300) 학자들의 연구에 의하면 우리가 '민족'이라는 의식을 갖게 된 것은 20세기 초 조선왕조가 멸망의 위기에 처하면서부터라고 한다. 그 전에는 민족이라는 말 자체가 존재하지 않았고, 그런 의식도 존재하지 않았다. 이영훈, 앞의 책, 29쪽.

301) 온종림, 「건국사 바로보기, 자랑스러운 대한민국 만들기」, 인보길 엮음, 『이승만 다시 보기』, 기파랑, 2011, 85~86쪽.

302) 김광동, 「소련 위성국 막아낸 세계 유일의 인물」, 인보길 엮음, 『이승만 다시 보기』 기파랑, 2011, 134쪽.

303) 유영익, 「대한민국 발전의 비결」, 대한민국 건국 60주년 기념 국제학술회의 기조연설문, 2008년 7월 23일 국립중앙박물관. 이인호·김영호·강규형 편, 『대한민국의 재인식』, 기파랑, 2009, 389~390쪽에서 인용.

304) 김영명, 『대한민국 정치사』, 일조각, 2013, 60~61쪽.

305) 이춘근, 앞의 책, 50쪽.

306) 양동안, 「대한민국과 임시정부와의 관계」, 이인호·김영호·강규형 편, 『대한민국 건국의 재인식』, 기파랑, 2009, 162쪽.

307) 이주천, 「건국초기 미국의 대한정책과 이승만의 대응책(1948~1950)」, 『서양사학연구』 19, 2008, 93쪽.

308) 허동현, 「대한민국의 건국외교와 유엔」, 『숭실사학회』, 제30집(2013, 6월), 263~265쪽.

309) 한국명 방일은. 1923년 5월 10일 한국에 입국하여 평안도 지역에서 포교 활동 시작. 교황청은 1927년 3월 17일 평양지목구를 설정하고 초대 지목구장으로 번 신부를 임명했다. 1928년 귀국했다가 1947년 8월 12일 교황청으로부터 초대 주한 교황사절로 임명되어 그 해 10월 9일 입국하는 즉시 "한국을 합법적인 독립 국가로 인정한다"는 교황청 문서를 발표, 교황청이 세계 최초로 한국이 독립국가임을 천명했다. 번 신부는 1948년 12월 12일 유엔 총회에서 정식으로 한국이 합법적인 독립국가로 승인 받을 수 있도록 적극 노력했다. 6·25 동란이 발발하자 번 주교는 외국인 성직자들을 일본으로 피신시킨 뒤 교황 대사관을 지키다가 7월 11일 보좌 부드 신부와 함께 공산군에 체포돼 인민재판에서 사형 선고를 받았다. 번 주교는 이후 평양감옥, 만포, 고산진, 초산진, 중강진 하창리 수용소를 잇는 '죽음의 행진'을 겪으며 극심한 고문과 수난을 당하다 1950년 11월 25일 62세 나이로 수용소에서 순교했다. 그의 유해는 동료 성직자들에 의해 하창리 마을 밖에 안장됐다.

310) 유태호, 「운석 장면 선생 탄신 백주년 기념 학술회의」 발표문(1999년 8월 27일), 31~33쪽.

311) 프린스턴대학교, 조지워싱턴대학교에서 국제법을 전공했다. 이승만 대통령과 프린스턴, 조지워싱턴대학교 동문이다. 1946년과 1947년, 1950년에 국제연합 회의에 미국 대표. 뉴욕 주 상원의원. 1950

년 4월 19일 트루먼 정권의 딘 애치슨 국무장관 고문에 취임, 같은해 5월 18일에는 대일강화조약 체결 담당 대통령 특사. 1950년 6월 국무장관 고문 자격으로 한국을 방문하여 대한민국 제2대 국회 개원식에 참석(19일)하고, 다음날 38선을 시찰했다. 1953년부터 1959년 5월 24일에 사망할 때까지 아이젠하워 대통령 아래에서 제52대 국무장관을 지내면서, 강력한 공산주의 반대자로 명성을 얻었다.

312) 홍순호, 「장면 외교의 명암」, 『경기사학』(5), 2001, 155쪽.

313) 이승만과 덜레스 국무장관과의 인연은 이호, 앞의 책(하), 64~67쪽 참조.

314) 이주천, 앞의 자료, 94쪽.

315) 정병준, 「대한민국의 성립」, 『한국전쟁: 38선 충돌과 전쟁의 형성』, 국사편찬위원회, 2006.

316) 김일영, 앞의 책, 74~75쪽.

317) 박홍순, 「대한민국 건국과 유엔의 역할」, 이인호·김영호·강규형 편, 『대한민국 건국의 재인식』, 기파랑, 2009, 93쪽.

318) 해롤드 노블 지음, 박실 옮김, 『이승만 박사와 미국대사관』, 정호출판사, 1982, 254쪽.

319) 박홍순, 「대한민국 건국과 유엔의 역할」, 이인호·김영호·강규형 편, 앞의 책, 124~125쪽.

320) 박홍순, 「대한민국 건국과 유엔의 역할」, 이인호·김영호·강규형 편, 앞의 책, 122쪽.

321) 김일영, 앞의 책, 97쪽.

322) 김세중, 「건국과 산업화와 민주화의 갈등과 상호의존」, 『시대정신』 2009년 겨울호, 77쪽.

323) 김충남, 『대통령과 국가경영 2: 노무현과 이명박 리더십의 명암과 교훈』, 도서출판 오름, 2011, 32~33쪽.

324) 그렉 브라진스키 지음, 나종남 옮김, 『대한민국 만들기 1945~1987』, 책과 함께, 2012, 419쪽.

325) 그렉 브라진스키, 앞의 책, 420쪽.

326) 이주천, 「건국 초기 미국의 대한정책과 이승만의 대응책(1948~1950)」, 『서양사학연구』(19), 2008, 86쪽.

327) 김충남, 「한국 국가건설의 도전과 이승만의 응전: 한국 현대정치사 해석의 새로운 시도」, 이인호·김영호·강규형 편, 『대한민국 건국의 재인식』, 기파랑, 2009, 447~448쪽. 다른 자료에 의하면 같은 기간 세금으로 거둬들인 예산 규모는 10.8%로 되어 있다(김동호, 『대통령 경제사 1945~2012』, 책밭, 2012, 29~30쪽 참조).

328) 김세중, 「군통수권자로서의 이승만 대통령」, 유영익 편, 『이승만 대통령 재평가』, 연세대학교 출판부, 2007, 243쪽.

329) 1949년 5월 5일 해군 내에 해병대를 설치했고, 같은 해 10월 1일 육군에 예속되어 있던 항공부대를 공군으로 독립시킴으로써 육해공군 3군 체제를 갖추게 되었다.

330) 로버트 올리버 지음, 박일영 옮김, 『이승만 없었다면 대한민국 없다』, 동서문화사, 2008, 239~240쪽.

331) 친일파 문제 관련 내용은 이정식, 『대한민국의 기원』, 일조각, 2011, 131~140쪽 참조.

332) 1894년 갑오개혁 때 설치된 내각의 자문기관. 한일합병 이후에는 일제 침략에 적극 협력했던 친일주구배, 협력자 및 그 추종자들의 집합기관으로 변질되었다. 의장은 총독부의 정무총감이 맡았고, 부의장과 고문은 한일합병에 공을 세운 대한제국의 친일대신, 관료층, 일본 장기체류인사들이 주로 임명되었다.

333) 손세일, 「이승만과 김구(104): 남북 공산주의자들의 도전 속에서」, 『월간조선』 2012년 12월호.

334) 류석춘·김광동, 「북한 친일청산론의 허구와 진실」『시대정신』, 통권 58(2013년 봄 호), 244~252쪽 참조.

335) 류석춘·김광동, 앞의 자료, 252~257쪽.

336) 제헌의회 구성을 위한 선거법 제2조는 1)일본 정부로부터 작위를 받은 자, 2)일본 제국의회의 의원이 되었던 자 등은 선거권이 없다고 규정했다. 또 선거법 제3조는 1)일제시대 판임관 이상의 경찰관 및 헌병보 또는 고등경찰의 직에 있었던 자 및 밀정행위를 한 자, 2)일제시대 중추원의 부의장·고문 또는 참의가 되었던 자, 3)일제시대에 부 또는 도의 자문 혹은 의결기관의 의원이 되었던 자, 4)일제시대에 고등관으로서 3등급 이상의 지위에 있었던 자 또는 훈 7등 이상을 받은 자 등은 피선거권이 없다고 규정했다(단 기술관 및 교육자는 제외). 이상 류석춘·김광동, 앞의 자료, 257쪽 참조.

337) 류석춘·김광동, 앞의 자료, 257~258쪽.

338) 김영훈, 앞의 책, 195쪽.

339) 임문환, 『재계회고』(7), 한국일보사, 1984, 72쪽.

340) 존 메릴 지음, 이종찬·김충남 공역, 앞의 책, 98쪽.

341) 존 메릴 지음, 이종찬·김충남 공역, 앞의 책, 106~107쪽.

342) 존 메릴 지음, 이종찬·김충남 공역, 앞의 책, 127쪽.

343) 존 메릴 지음, 이종찬·김충남 공역, 앞의 책, 134쪽.

344) 『경향신문』, 1948년 10월 21일.

345) 존 메릴, 앞의 책, 152~153쪽.

346) 이정식 지음·허동현 엮음, 『21세기에 다시 보는 해방 후사』, 경희대 출판문화원, 2012, 127쪽.

347) 존 메릴 지음, 이종찬·김충남 공역, 앞의 책, 263쪽.

348) 정병준, 「1949~50년 38선 충돌과 북한의 한국전쟁계획」, 한국역사연구회 한국전쟁 50주년 학술심포지엄 발표 자료집. 『한국전쟁의 재인식: 분단을 넘어 통일로』, 2007.

349) 존 메릴 지음, 이종찬·김충남 공역, 앞의 책, 185~186쪽.

350) 강태무는 월북한 후 김일성의 특별명령에 의해 인민군에 편입되어 후에 인민군 중장까지 승진했으며, 함경도 노동당 부위원장을 지냈다. 김영훈, 앞의 책, 237쪽 참조.

351) 존 메릴 지음, 이종찬·김충남 공역, 앞의 책, 187쪽.

352) 이정식 지음·허동현 엮음, 『21세기에 다시 보는 해방 후사』, 경희대 출판문화원, 2012, 135쪽.

353) 이주천, 앞의 자료, 109~111쪽.

354) 로버트 올리버, 앞의 책, 273~275쪽.

355) 조셉 굴든, 앞의 책, 27, 33쪽.

356) 한표욱, 『이승만과 한미외교』, 중앙M&B, 1996, 73~74쪽.

357) 로버트 올리버, 앞의 책, 302~303쪽.

358) 김남식, 『실록 남로당』, 신현실사, 1975, 487쪽.

359) 존 메릴 지음, 이종찬·김충남 공역, 앞의 책, 204쪽.

360) 제주 4·3 사건, 여순 14연대 반란사건 등의 수습 과정에서 전향자들을 보호, 관리, 감시하기 위해 만

든 단체. 초대 간사장은 민족주의민족전선 조직부장 출신인 박우천이, 초대 회장은 공산주의 운동가이며 북한에서 내려왔다가 전향한 정백이 맡았다. 전향자들이 의무적으로 가입하게 되어 있었으며, 연맹원들은 지하의 좌익분자 색출과 자수 권유, 반공대회와 문화예술행사 개최를 통한 사상운동 등을 전개했다.

361) 존 메릴 지음, 이종찬·김충남 공역, 앞의 책, 211쪽.

362) 존 메릴 지음, 이종찬·김충남 공역, 앞의 책, 231~232쪽.

363) 존 메릴 지음, 이종찬·김충남 공역, 앞의 책, 236쪽.

364) 손세일, 「이승만과 김구(71): 아! 왜적이 항복을!」, 『월간조선』, 2008년 2월호.

365) 조셉 굴든, 앞의 책, 26쪽.

366) 이정식 지음·허동현 엮음, 『21세기에 다시 보는 해방 후사』, 경희대 출판문화원, 2012, 150쪽.

367) 남정옥, 『미국은 왜 한국전쟁에서 휴전할 수밖에 없었을까』, 한국학술정보, 2010, 81쪽.

368) 매튜 리지웨이, 『한국전쟁』, 정우사, 1984, 24쪽.

369) 조셉 굴든, 앞의 책, 21~22쪽.

370) 브루스 커밍스, 「한미관계의 경과 1943~1953」, 『한국전쟁과 한미관계』, 도서출판 청사, 1987, 45~46쪽.

371) 남정옥, 『미국은 왜 한국전쟁에서 휴전할 수밖에 없었을까』, 한국학술정보, 2010, 120쪽.

372) 1891년 경남 의령 출생. 1910년 보성전문학교 졸업 후 중국 난징(南京)해양대학, 런던 항해대학을 졸업하고 1등 항해사 자격을 취득하여 영국 상선의 선장으로 근무. 제2대 내무부장관, 1949년 3월 국방부장관에 취임하여 6·25 전쟁을 맞았다. 1951년 거창 양민학살사건, 국민방위군 사건으로 국방장관직에서 해임. 1960년 작고.

373) 로버트 올리버, 『신화에 가린 인물 이승만』, 건국대 출판부, 2002, 314~315쪽.

374) 로버트 올리버, 앞의 책, 315~316쪽.

375) 로버트 올리버, 앞의 책, 317쪽.

376) 김종오, 『현대사의 실상』(상), 도서출판 북소리, 1989, 265~266쪽.

377) 온창일, 「전쟁지도자로서의 이승만 대통령」, 유영익 편, 『이승만 대통령 재평가』, 연세대학교 출판부, 2007, 209쪽.

378) 북진통일 관련 내용은 김일영, 앞의 책, 98~99쪽 참조.

379) 김일영, 앞의 책, 100쪽.

380) 왕수쩡(王樹增) 지음, 황선영·나진희 옮김, 『한국전쟁』, 글항아리, 2013, 42~43쪽.

381) 왕수쩡, 앞의 책, 43쪽.

382) 허동현, 「좌·우파가 서로 자기 입맛대로 해석한 애치슨 라인」『중앙일보』,2010년 1월 11일.

383) 김영명, 『대한민국 정치사』, 일조각, 2013, 56쪽.

384) 존 메릴 지음, 이종찬·김충남 공역, 앞의 책, 236쪽.

385) 온창일, 「전쟁지도자로서의 이승만 대통령」, 『이승만 대통령 재평가』, 연세대학교 출판부, 2007, 205쪽.

386) 매튜 리지웨이, 앞의 책, 25쪽.

387) 왕수쩡, 앞의 책, 45쪽.

388) 이정식 지음·허동현 엮음, 『21세기에 다시 보는 해방 후사』, 경희대 출판문화원, 2012, 119쪽.

389) 이정식 지음·허동현 엮음, 『21세기에 다시 보는 해방 후사』, 앞의 책, 226쪽.

390) 로버트 올리버, 앞의 책, 329~331쪽.

391) 김중생, 『조선의용군의 밀입북과 6·25 전쟁』, 명지출판사, 2000, 142쪽.

392) 김중생, 앞의 책, 159쪽.

393) 김중생, 앞의 책, 29쪽.

394) 주지안롱(朱建榮) 지음, 서각수 옮김, 『모택동은 왜 한국전쟁에 개입했을까』, 도서출판 역사넷, 2005, 41쪽.

395) 박갑동, 앞의 책, 67쪽.

396) 존 메릴 지음, 이종찬·김충남 공역, 앞의 책, 198~199쪽.

397) 김영명, 앞의 책, 57쪽.

398) 매튜 리지웨이, 『한국전쟁』, 정우사, 1984, 21쪽.

399) 이정식, 앞의 책, 210~211쪽.

400) 주지안롱(朱建榮), 앞의 책, 61쪽.

401) 류제승, 앞의 책, 60쪽.

402) 조갑제, 앞의 책, 30~31쪽.

403) 류제승, 앞의 책, 151쪽.

404) 류제승, 앞의 책, 131쪽.

405) 정일권, 『정일권 회고록』, 고려서적, 1996, 130쪽.

406) 조셉 굴든, 앞의 책, 46~47쪽.

407) 매튜 리지웨이, 앞의 책, 27쪽.

408) 남정옥, 앞의 책, 56쪽.

409) 정일권, 앞의 책, 132~133쪽.

410) 1939년 5월 11일 몽골과 만주의 국경지대에서 일어난 일본군과 소련·몽골 연합군의 대규모 무력충돌 사건. 일본군 보병이 전차와 포병, 대규모 자동차 수송부대의 지원을 받는 소련군에게 대패했다. 기동력 혁신이 전투의 승패를 좌우함으로써 현대전의 대변혁을 예고한 전투로 유명하다.

411) 정일권, 앞의 책, 133~134쪽.

412) 정일권, 앞의 책, 134쪽.

413) 온창일, 「전쟁지도자로서의 이승만」, 유영익 편, 앞의 책, 211쪽.

414) 온창일, 「전쟁지도자로서의 이승만」, 유영익 편, 앞의 책, 211쪽.

6. "이 총으로 내 처를 쏘고…"

415) 홍일식 전 고려대 총장의 견해에 의하면 전쟁의 전(戰)은 대등한 입장에서 싸울 때를 지칭하는 용어이기 때문에 6·25를 전쟁이라고 공식화할 수는 없다. 처음엔 6·25가 '졸지에 일어난 변고'라는 뜻의 사변(事變)이라고 칭하다가 휴전 후 이승만 대통령이 최남선을 비롯한 원로들에게

문의한 결과 동란(動亂)이라는 용어에 합의했다고 한다. 난(亂)이란 정통 질서에 비정통이 반역하는 것을 지칭하는 용어다. 1592년 일본과의 싸움을 임진왜란이라고 하지 전쟁이라고 하지는 않는다. 6·25 명칭 관련 내용은 특집좌담 「국민통합과 선진화 및 통일」『시대정신』, 통권 58호(2013년 봄호), 22~23쪽 참조.

416) 남정옥, 「통일 기회 왔다. 오로지 북진통일!」, 인보길 엮음, 『이승만 다시 보기』, 기파랑, 2011, 138~139쪽.

417) 프란체스카, 앞의 책. 23~24쪽.

418) 남정옥, 「통일 기회 왔다. 오로지 북진통일!」, 인보길 엮음, 『이승만 다시 보기』, 기파랑, 2011, 140쪽.

419) 프란체스카, 앞의 책. 24~25쪽.

420) 6월 27일 새벽에 인민군 탱크가 청량리에 들어왔다는 보고는 잘못된 것이었다.

421) 황규면의 증언 내용은 『경무대 사계』(중앙일보사) 중 황규면 부분 참조.

422) 강성학, 『시베리아 횡단열차와 사무라이-러일전쟁의 외교와 군사전략』, 고려대 출판부, 2000, 360쪽.

423) 프란체스카, 앞의 책. 30쪽.

424) 정일화, 『아는 것과 다른 맥아더의 한국전쟁』, 미래한국신문사, 2007, 24쪽.

425) 메튜 리지웨이, 앞의 책, 5쪽.

426) 미국 참전 결정 관련 내용은 이정식 지음·허동현 엮음, 『21세기에 다시 보는 해방 후사』, 경희대 출판문화원, 2012, 196쪽 참조.

427) 김충남·문순보 공저, 『민주시대 한국안보의 재조명』, 도서출판 오름, 2013, 238쪽.

428) 스테펜 펠츠, 「미국의 대한정책 결정」, 『한국전쟁과 한미관계』, 도서출판 청사, 1987, 157쪽.

429) 스테펜 펠츠, 앞의 자료, 159쪽.

430) 스테펜 펠츠, 앞의 자료, 156~159쪽 참조.

431) 빌리 그레이엄 목사의 한국전 참전 관련 내용은 정일화, 『아는 것과 다른 맥아더의 한국전쟁』, 앞의 책, 24~26쪽 참조.

432) 덜레스의 방한 관련 내용은 이호, 앞의 책(하), 66~67쪽 참조.

433) 존 메릴 지음, 이종찬·김충남 공역, 앞의 책, 44쪽.

434) 조갑제, 『트루먼과 스탈린의 한반도 게임 비사』, 조갑제닷컴, 2013, 19~22쪽 참조.

435) 김중생, 앞의 책, 173~174쪽.

436) 김중생, 앞의 책, 177~179쪽.

437) 맥아더는 회고록에서 스미스 부대의 투입은 부산 교두보 확보를 위한 피할 수 없는 죽음의 작전이었다고 말했다. 당시 인민군은 소련 고문관들의 전쟁지침에 따라 소련 전법으로 공격을 해 왔다. 소련군의 전법은 전선의 어느 한 곳에 돌연변수가 생기면 전 전선의 전투행위를 멈추게 하고 그 변수에 대한 재평가를 실시한 후 새 명령을 내리는 것으로 되어 있다. 맥아더가 스미스 부대를 죽미령 고개에 들여보낸 것은 확실히 커다란 변수였다. 인민군은 스미스 부대가 나타나자 전 전선의 진군을 멈추고 새 전략을 구상하는 데만 3일이 걸렸다. 이 3일의 시간은

부산에 미군을 상륙시키는 데 결정적인 역할을 했다는 것이다. 스미스 부대는 적은 병력이 죽음을 두려워하지 않고 인민군 부대와 장렬히 전투를 벌임으로써 미군이 부산에 상륙할 수 있는 사흘이라는 시간을 벌어준 것이다. 이상 정일화, 『아는 것과 다른 맥아더의 한국전쟁』 앞의 책, 32~33쪽 참조.

438) 김중생, 앞의 책, 193~194쪽.

439) 이승만이 배재학당 재학 시절 스승이었던 윌리엄 아더 노블의 아들.

440) 해롤드 노블 지음, 박실 옮김, 『이승만 박사와 미국대사관』, 정호출판사, 1982, 26~27쪽.

441) 해롤드 노블, 앞의 책, 104쪽.

442) 로버트 올리버 지음, 황정일 옮김, 『신화에 가린 인물 이승만』, 건국대 출판부, 2002, 320~321쪽.

443) 윤치영, 『윤치영의 20세기』, 삼성출판사, 1991, 250쪽.

444) 해롤드 노블, 앞의 책, 94~95쪽.

445) 바탄은 필리핀 루손 섬의 서남부에 있는 주의 이름이다. 제2차 세계대전 당시 맥아더의 부대는 바탄 전투에서 패해 미군 7만 명이 일본군에 투항했다. 포로 가운데 1만여 명이 일본군의 학대로 사망했다. 맥아더는 당시의 패전을 잊지 않기 위해 자신의 전용기 이름을 바탄 호라고 명명했다.

446) 정일권, 앞의 책, 146~147쪽.

447) 정일화, 『아는 것과 다른 맥아더의 한국전쟁』, 미래한국신문, 2007, 21쪽.

448) 정일권, 앞의 책, 142~143쪽.

449) 프란체스카, 앞의 책. 31~32쪽.

450) 해롤드 노블, 앞의 책, 126쪽.

451) 프란체스카, 『이승만 대통령의 건강』, 도서출판 촛불, 2007, 41쪽.

452) 한국군에 대한 작전 지휘권은 1978년 11월 한미연합사령부가 발족하면서 유엔군사령관에서 한미연합사령관으로 이관되었으며, 1994년 12월 1일 평시 작전권은 한국의 합참의장에게 반환되고 현재는 전시 작전 지휘권만 한미연합사령관이 가지고 있다.

453) 이춘근, 앞의 책, 100쪽.

454) 남정옥, 『이승만 대통령과 6·25 전쟁』, 이담출판사, 2010, 179쪽.

455) 1912년 전남 광양 출생. 1940년 조선 변호사 시험, 일본 고등문관시험 사법과 합격. 일본 주오대(中央大) 중퇴. 일제시대 판사 · 부장검사 지냄. 1950년 경북지사, 3~4대 민의원, 내무부 장관, 6대 국회의원, 1964년 민주당 총재 역임. 1970년 작고.

456) 프란체스카, 앞의 책, 84~85쪽.

457) 1942년 뉴욕 헤럴드 트리뷴 기자로 입사한 마거리트 히긴스는 1944년 유럽특파원으로 노르망디 상륙작전에 성공한 미군을 따라 독일까지 진격하는 과정을 취재했고, 1947년 베를린 지국장으로 근무하다 6 · 25전쟁 발발 한 달 전 도쿄의 극동지국장으로 부임했다. 그녀는 전쟁 체험 경험을 담아 1951년 전쟁 비망록 『한국전쟁』(War In Korea)을 출간했고, 이 책으로 여성 최초로 퓰리처상을 받았다. 그녀는 종군 경험을 바탕으로 한국에 대한 각별한 애정을 내보이

며 미국의 참전을 적극 옹호했다. 히긴스 기자는 한국 해병대의 마산 진동리와 통영 전투를 취재한 후 '귀신 잡는 해병'이라는 애칭을 기사를 통해 전 세계에 알렸다. 미군 장병들로부터 '드레스보다 군복이 더 어울리는 여자', '화장품 대신 진흙을 바른 여자'라는 평을 들었던 히긴스는 베트남전 취재 도중 풍토병을 얻어 1966년 워싱턴의 미 육군병원에서 마흔다섯의 삶을 마감했다. 미국 정부는 종군기자로서 그녀의 업적을 기려 알링턴 국립묘지에 안장했다. 우리 정부는 2010년 9월 2일 히긴스 기자에게 외교 훈장을 추서했다. 마거리트 히긴스 기자 관련 내용은 인터넷 사이트 『아! 6·25』의 '6·25 전쟁 숨겨진 이야기' 참조(http://blog.naver.com/kimseogk?Redirect=Log&logNo=140104563054)

458) 프란체스카, 앞의 책. 38쪽.

459) 윤치영, 앞의 책, 257쪽.

460) 6·25 당시 미 제5공군 사령관.

461) 로버트 올리버, 앞의 책, 362~363쪽.

462) 로버트 올리버, 앞의 책, 363쪽.

463) 프란체스카, 앞의 책, 69쪽.

464) 제2차 세계대전에 참전했던 딘 소장은 미군정 시절 군정청 군정장관을 지내며 대한민국 정부를 탄생시키는 역할을 했다. 대전 방어전을 치르던 중 남한 주민의 밀고로 인민군에게 포로가 되어 억류생활을 하다 1953년 9월 4일 포로교환 때 귀환했다. 딘 소장이 인민군에 포로가 된 1950년 8월 25일은 그의 결혼기념일이었다.

465) 미 육사를 졸업하고 제2차 세계대전에서 3기갑사단장, 패튼 장군 휘하에서 20군단장을 역임했다. 북아프리카 전선에서 롬멜의 기갑부대와 맞서 전공을 세워 중장으로 승진한 뛰어난 야전지휘관이었다. 6 · 25 전쟁이 발발하자 미8군 사령관으로서 낙동강 전투, 인천상륙작전을 지휘. 1950년 12월 의정부 전선에서 자동차 사고로 전사.

466) 정일권, 앞의 책, 190~192쪽.

467) 정일권, 앞의 책, 192쪽.

468) 정일권, 앞의 책, 181~182쪽.

469) 정일권, 앞의 책, 183쪽.

470) 워커 사령관의 전투 지휘 관련 내용은 정일화, 『아는 것과 다른 맥아더의 한국전쟁』, 앞의 책, 43~44쪽 참조.

471) 마이켈리스는 후에 4성 장군으로 진급하여 주한 유엔군사령관이 되었다.

472) 프란체스카, 앞의 책. 98쪽.

473) 정일권, 앞의 책, 189~190쪽.

474) 박명림, 「한국전쟁의 전개과정」, 『한국전쟁연구』, 태암출판사, 1990, 94쪽.

475) 정일권, 앞의 책, 238쪽.

476) 1947년 12월 1일에 부산에서 조선경비대 3여단으로 창설되었다. 사단으로 승격된 것은 1949년 5월 12일이다. 명칭은 백골부대이며 서북청년단원들이 사단 예하 18연대에 자진 입대하면서 죽어 백골이 되어서라도 고향땅을 되찾겠다는 뜻으로 철모에 백골을 그려 넣은 데서 부대

이름이 유래되었다고 전해진다. 한국전쟁 때 용맹하게 싸워 전설과 같은 신화를 많이 남겼다. 1950년 10월 1일 수도사단 예하 23연대 3대대 10중대가 38선을 전군 최초로 돌파하였으며, 이날을 기념하여 국군의 날이 제정되었다.

477) 백골부대장 임충식 대령은 후에 육군 대장으로 진급했으며 합참의장, 국방부장관을 역임했다.

478) 정일권, 앞의 책, 217쪽.

479) 정일권, 앞의 책, 218쪽.

480) 박갑동, 앞의 책, 102~104쪽.

481) 박갑동, 앞의 책, 106쪽.

7. 대한민국 국군은 북진하라

482) 데이비드 핼버스탬 지음, 이윤진·정은미 옮김, 『콜디스트 윈터-한국전쟁의 감추어진 역사』, 도서출판 살림, 2009, 512~513쪽.

483) 정일권, 앞의 책, 249~250쪽.

484) 정일권, 앞의 책, 256~257쪽.

485) 『대통령 이승만 박사 담화집』(1), 공보처, 1953, 85~92쪽.

486) 정일화, 앞의 책, 105쪽.

487) 정일화, 앞의 책, 77쪽.

488) 왕수쩡(王樹增), 앞의 책, 138쪽.

489) 정일화, 앞의 책, 61쪽.

490) 프란체스카, 앞의 책. 164쪽.

491) 프란체스카, 앞의 책, 164~165쪽.

492) 정일권, 앞의 책, 253쪽.

493) 프란체스카, 앞의 책, 165~166쪽.

494) 정일권, 앞의 책, 262쪽.

495) 정일화, 앞의 책, 94~95쪽.

496) 김일영, 앞의 책, 143~144쪽.

497) 김일영, 앞의 책, 144~145쪽.

498) 김일영, 앞의 책, 146쪽.

499) 왕수쩡, 앞의 책, 146쪽.

500) 정일권, 앞의 책, 286~287쪽.

501) 1913년 6월 함경남도에서 태어난 남일은 우즈베키스탄의 타슈켄트 사범대학을 졸업하고 소련군에 입대했다. 제2차 세계대전 때 소련군 육군 대위로 스탈린그라드 전투에 참전했다. 이어 독일과 소련의 전차 6300여 대가 맞붙은 사상 최대의 기갑전인 쿠르스크 전투, 바그라티온 작전(동부 폴란드와 벨라루스의 독일 중앙 집단군 섬멸작전)에 참가하여 전공을 세웠다. 남일은 바르샤바 해방전쟁, 베를린 공방전에서 크게 활약하여 훈장을 받았다. 전쟁이 끝난 후 제대하고 고향으로 돌아와 북조선 임시인민위원회 교육국 차장, 교육성 부상 등을 지냈다. 한국전쟁

이 발발하자 인민군 총참모장을 맡았으며, 전쟁이 한창일 때는 조선인민군 육군사령관, 후반에는 외무상, 휴전협상 때는 군사정전위원회 북조선측 수석대표로 활동했다. 1957년 부수상, 1966년 철도상, 1972년 정무원 부총리 겸 경공업위원회 위원장직을 맡았고, 1976년 3월 7일 김일성에 의해 숙청당했다.

502) 프란체스카, 앞의 책. 168~169쪽.

503) 로버트 올리버 지음, 박일영 옮김, 『이승만 없었다면 대한민국 없다』, 동서문화사, 2008, 385~387쪽.

504) 로버트 올리버, 앞의 책, 393쪽.

505) 프란체스카, 앞의 책, 229~230쪽.

506) 박갑동, 앞의 책, 130쪽.

507) 김중생, 앞의 책, 219~220쪽.

508) 왕수쩡(王樹增), 앞의 책, 6쪽.

509) 데이비드 핼버스탬, 앞의 책, 485쪽.

510) 왕수쩡, 앞의 책, 5~6쪽.

511) 왕수쩡, 앞의 책, 13쪽.

512) 주지안롱(朱建榮) 지음, 서각수 옮김, 『모택동은 왜 한국전쟁에 개입했을까』, 도서출판 역사넷, 2005, 97쪽.

513) 조갑제, 앞의 책, 114쪽.

514) 왕수쩡, 앞의 책, 241쪽.

515) 박갑동은 자신의 저서 『한국전쟁과 김일성』에서 중공군의 전투손실이 90만 명이었다면서 실제 한반도에 온 병력 수는 200만이 넘을 것으로 추정하고 있다.

516) 주지안롱, 앞의 책, 23~24쪽.

517) 주지안롱, 앞의 책, 24쪽.

518) 정일권, 앞의 책, 282쪽.

519) 정일권, 앞의 책, 282쪽.

520) 정일화, 앞의 책, 111~112쪽.

521) 왕수쩡, 앞의 책, 214쪽.

522) 매튜 리지웨이, 앞의 책, 64~65쪽.

523) 매튜 리지웨이, 앞의 책, 79쪽.

524) 데이비드 핼버스탬, 앞의 책, 564~569쪽 참조.

525) 정일권, 앞의 책, 284~285쪽.

526) 정일권, 앞의 책, 285쪽.

527) 정일권, 앞의 책, 287~288쪽.

528) 정일권, 앞의 책, 308~309쪽.

529) 정일화, 앞의 책, 228~232쪽.

530) 정일화, 앞의 책, 232~233쪽.

531) 윌리엄 스튜에크, 「압록강까지의 진군: 워싱턴의 시각」, 『한국전쟁과 한미관계』, 청사, 1987, 277쪽.

532) 정일권, 앞의 책, 304~305쪽.

533) 정일권, 앞의 책, 305쪽.

534) 정일권, 앞의 책, 305~306쪽.

535) 정일권, 앞의 책, 323~324쪽.

536) 프란체스카, 앞의 책. 206~207쪽.

537) 정일권, 앞의 책, 307~308쪽.

538) 정일화, 앞의 책, 244쪽

539) 정일화, 앞의 책, 265~266쪽.

540) 이정식 지음·허동현 엮음, 『21세기에 다시 보는 해방 후사』, 경희대 출판문화원, 2012, 208~209쪽.

541) 워커 장군은 1950년 12월 23일 한국전에 함께 참전했던 아들 셈 워커 대위가 전투에서 큰 공을 세워 이를 표창하기 위해 서부전선을 방문하던 중 불의의 교통사고로 숨졌다. 당시 워커의 사고지점이 현재 서울의 워커힐 호텔 자리다. 호텔은 그의 이름을 따 워커힐이라고 이름을 지었다. 워커힐 호텔 내에 세워진 기념비에는 '오늘 우리가 장군을 특별히 추모하는 것은 한국전쟁 초기 유엔군의 전면 철수를 주장했던 미국 조야의 지배적인 분위기 속에서 유독 장군만이 홀로 한반도 고수를 주장하여 전쟁을 승리로 이끌었을 뿐만 아니라 한반도의 공산화를 방지하여 우리의 오늘을 가능케 한 그 공덕을 잊을 수 없기 때문입니다'라고 적혀 있다. 1951년 1월 2일 미국 정부는 그를 중장에서 대장으로 추서했다.

542) 정일권, 앞의 책, 336쪽.

543) 프란체스카, 앞의 책, 380~381쪽.

544) 정일권, 앞의 책, 361~362쪽.

545) 『대통령 이승만박사 담화집』(1), 공보처, 1953, 109~111쪽.

546) 김일영, 앞의 책, 147~148쪽.

547) 정일화, 앞의 책, 196쪽.

548) 1951년 4월 미8군 사령관으로 부임하여 1년 10개월 동안 연합군을 이끌며 혁혁한 전과를 올렸다. 미 육사(웨스트포인트) 출신인 그는 한국의 4년제 육군사관학교 창설, 한국군을 20개 사단으로 늘렸다. 밴 플리트 장군의 아들 밴 플리트 2세 공군 중위는 폭격기 조종사로 한국전에 참전했는데, 1952년 3월 19일 북한 지역에 대한 야간폭격작전에 나섰다가 실종됐다.

549) 매튜 리지웨이, 앞의 책, 164쪽.

550) 소환명령서의 주요 내용은 다음과 같다. '우리가 당면하고 있는 문제는 공산주의자들의 침략 정책을 어떻게 하면 전면전 없이 저지시킬 수 있는가 하는 것이다. 우리 정부와 또 유엔에서 우리와 함께 협력한 다른 나라가 전면전 없이 공산주의와 계략을 저지시킬 수 있는 최선의 길은 바로 한국에서 적의 공격에 대항하여 적을 쳐부수는 것이라고 믿는다. 이것이 우리가 해오고 있는 것으로, 그 일은 힘들고 고된 임무이다. 그러나 지금까지 우리는 훌륭하게 성공적으로

해 오고 있으며, 제3차 세계대전을 막아 왔다. 나는 다음과 같은 이유에서 한국전쟁이야말로 제한전을 해야 한다고 믿는다. 즉 군인들의 귀중한 생명을 보호하고 우리나라와 자유를 사랑하는 국가들의 안보가 무모한 행동으로 인하여 위험 속에 빠져들지 않도록 하기 위하여, 그리고 3차 대전을 방지하기 위하여, 나는 맥아더 장군이 이러한 정책에 동의하지 않는다는 것을 수많은 사건을 통해 알고 있다. 따라서 나는 맥아더 장군을 해임시키는 것이 당연하며, 그 결과 우리 정책의 목적에는 아무런 의심과 혼동이 없게 될 것이라는 점을 생각해 왔다….'

551) 앤 코울터, 『반역』, 경덕출판사, 2008, 252~253쪽.

552) 정일권, 앞의 책, 373~374쪽.

553) 정일권, 앞의 책, 394쪽.

554) 정일권, 앞의 책, 395쪽.

555) 매튜 리지웨이, 앞의 책, 177쪽.

556) 데이비드 핼버스탬, 앞의 책, 17쪽.

557) 『가디언』, 1951년 7월 13일.

558) 『맨체스터 가디언』, 1951년 7월 9일.

559) 『아이리시 타임스』, 1951년 7월 2일.

560) 정일화, 앞의 책, 234~235쪽.

561) 로버트 올리버 지음, 박일영 옮김, 『이승만 없었다면 대한민국 없다』, 동서문화사, 2008, 444쪽.

8. 한미상호방위조약 체결하다

562) 김일영, 앞의 책, 185쪽.

563) 조갑제, 「이승만 대통령 제거계획」, 『월간조선』, 1984년 6월호.

564) 호는 운석(雲石). 1899년 인천 출생. 수원고등농림학교, 미국 맨해튼 가톨릭대학, 영국 포덤대학, 미국 시턴홀대학에서 법학박사. 제헌국회의원, 파리 유엔총회 한국 수석대표, 초대 주미대사, 제2대 국무총리, 1956년 부통령 당선, 제2공화국 국무총리 역임. 1966년 작고.

565) 호는 창랑(滄浪). 1893년 경북 칠곡 출생. 영국 에든버러대학 졸업, 초대 수도경찰청장, 외무부장관, 국무총리 역임. 1969년 작고.

566) 호는 인촌(仁村). 1891년 전북 고창 출생. 와세다대 정경학부 졸업. 중앙학교 설립, 경성방직 설립, 동아일보 창간, 보성전문학교 인수. 제2대 부통령 역임. 1955년 작고.

567) 호는 유석(維石). 1894년 충남 천안 출생. 연희전문학교, 컬럼비아대 경제학과 졸업. 컬럼비아 대학원에서 철학박사. 신간회 창립위원, 미군정 경무부장, 내무부장관으로 대구방어전 적극 지원. 민주당 대표, 1960년 대통령 후보 출마 중 미국에서 신병 치료 중 작고.

568) 1900년 출생. 1919년 만주에서 신흥무관학교와 북로군정서 등지에서 항일 독립활동. 북로군정서 연성대장으로 청산리 전투에 참전. 대한민국 임시정부 한국광복군 중장으로 광복군 참모장과 제2지대장 역임. 귀국 후 안호상과 함께 조선민족청년단을 결성하여 활동. 제1대 국무총리 역임, 국방부 장관 겸임. 주중국 대사, 내무부 장관, 1956년 제3대 부통령 후보로 출마하여 낙선.

569) 김일영, 앞의 책, 187쪽.
570) 로버트 올리버, 앞의 책, 334쪽.
571) 로버트 올리버, 앞의 책, 459~460쪽.
572) 조갑제, 『공산주의를 허문 8인의 결단』, 조갑제닷컴, 2012,
573) 조갑제, 앞의 책, 97쪽 참조.
574) 김일영, 앞의 책, 192~193쪽.
575) 김일영, 앞의 책, 194~195쪽.
576) 김충남·문순보 공저, 『민주시대 한국안보의 재조명』, 도서출판 오름, 2013, 239쪽.
577) 온창일, 『한민족 전쟁사』, 집문당, 2001, 103쪽.
578) 이호, 『하나님의 기적 대한민국 건국』, (하) 도서출판 복의 근원, 2013, 98쪽.
579) 반공포로 석방 내용은 『경무대 사계』(중앙일보사) 중 황규면 비서 증언 내용 참조.
580) 존 코치, 「미국의 대한 안보 공약의 기원」, 『한국전쟁과 한미관계』, 도서출판 청사, 1987, 289쪽.
581) 존 코치, 앞의 책, 293쪽.
582) 존 코치, 앞의 책, 297쪽.
583) 온창일, 「전쟁지도자로서의 이승만」, 유영익 편, 『이승만 대통령 재평가』, 연세대학교 출판부, 2007, 228쪽.
584) 차상철, 「외교가로서의 이승만」, 연세대 현대한국학연구소 학술회의 논문집.
585) 로버트 올리버 지음, 박일영 옮김, 『이승만 없었다면 대한민국 없다』, 동서문화사, 2008, 488쪽.
586) 로버트 올리버, 『이승만 없었다면 대한민국 없다』, 동서문화사, 2008, 505~507쪽.
587) 1954~58년간 72만 명 수준이었던 국군의 병력 규모는 이승만 집권 말기인 1958년 11월 한미간에 합의한 한국군 감축계획에 의해 63만 명 수준으로 하향 조정되었다.
588) 로버트 올리버, 앞의 책. 507~08쪽.
589) 1892년 경기 출생. 만주 신흥학교, 고려대 교수, 1951년 외무부장관, 1954년 제네바 정치협상회의 한국 측 대표, 국무총리, 서울대 · 고려대 교수 역임.
590) 한미상호방위조약 관련 내용은 김일영, 『건국과 부국』 기파랑, 2012, 155~162쪽 참조.
591) 유영익, 「이승만 대통령의 업적」, 유영익 편, 『이승만 대통령 재평가』, 연세대학교 출판부, 2007, 532쪽.
592) 이호, 앞의 책(하), 113쪽.
593) 이승만의 외교술 관련 내용은 『경무대 사계』(중앙일보사) 중 황규면 비서 부분 참조.
594) 허문도, 「한민족의 모세, 이승만 부활시키자」, 인보길 편, 『이승만 다시 보기』, 기파랑, 2011, 102쪽.
595) 이완범, 「이승만 대통령의 한미상호방위조약 추진배경과 협상과정」, 『이승만과 6 · 25 전쟁』, 연세대 출판문화원. 85~86쪽.
596) 이춘근, 앞의 책, 33쪽.
597) 남정옥, 앞의 자료. 203~220쪽 참조.
598) 김충남·문순보 공저, 『민주시대 한국안보의 재조명』, 도서출판 오름, 2013, 242쪽.

599) 서인한, 『대한제국의 군사제도』, 혜안, 2000, 290~291쪽.

600) 이정식 지음·허동현 엮음, 『21세기에 다시 보는 해방 후사』, 경희대 출판문화원, 2012, 156쪽.

601) 이병태, 「국군의 장교 충원과정: 1945~1953」, 『한국전쟁의 새로운 연구(1)』, 394쪽.

이승만의 국가건설

602) 김광동, 「'소련 위성국' 막아낸 세계 유일의 인물」, 인보길 엮음, 『이승만 다시 보기』 기파랑, 2011, 135쪽.

603) 김광동, 「'소련 위성국' 막아낸 세계 유일의 인물」, 인보길 엮음, 앞의 책, 136쪽.

604) 매튜 리지웨이, 앞의 책, 266쪽.

605) 데이비드 핼버스탬, 앞의 책, 12쪽.

606) 남정옥, 앞의 책, 17쪽.

607) 로버트 올리버 지음, 황정일 옮김, 『신화에 가린 인물 이승만』, 건국대 출판부, 2002, 334쪽에서 재인용.

608) UNCURK 1950~51년도 보고서.

609) 김일영, 앞의 책, 163쪽.

610) 국가가 민간부문과 시장을 통제하고 이끄는 국가. 자유민주주의와 시장경제를 바탕으로 한 자유방임적 경제운영이 아니라, 사회주의 계획경제와 유사하게 정부가 시장과 민간부문에 개입하여 계획을 수립, 통제하고 선도하는 경제운영 방식이다.

611) 김일영, 앞의 책, 169쪽.

612) 미국 조지아대학교 사학과 석좌교수.

613) 윌리엄 스톡, 「한국의 분단, 1945~1948: 미국의 책임에 대한 평가」, 이인호·김용호·강규형 편, 『대한민국 건국의 재인식』, 기파랑, 2009, 51~53쪽.

614) 이영훈, 앞의 책, 215쪽.

615) 김충남, 앞의 책, 2012, 181쪽.

616) 김충남, 앞의 책, 181~182쪽.

617) 니콜로 마키아벨리, 강정인 · 안선재 역, 『로마사 논고』, 한길사, 2003, 108쪽.

618) 전상인, 「이승만의 사회사상·사회운동·사회개혁」, 유영익 편, 앞의 책, 403쪽.

619) 유영익, 「1950년대를 보는 하나의 시각」, 『한국근현대사론』, 일조각, 1992, 262쪽.

620) 이정식 지음·허동현 엮음, 『21세기에 다시 보는 해방 후사』, 경희대 출판문화원, 2012, 160쪽.

621) 유영익, 앞의 책, 196쪽.

622) 유영익, 「이승만 대통령의 업적」, 유영익 편, 『이승만 대통령 재평가』, 연세대학교 출판부, 2007, 555~556쪽.

623) 유영익, 앞의 책, 196~199쪽.

624) 그렉 브라진스키, 앞의 책, 19쪽.

625) 김입삼, 「김입삼 전경련 상임고문의 경제개발 비사」, 『월간조선』, 1999년 4월호.

626) 박정희 정부 시절 국무총리 역임. 2007년 작고.

627) 이대근, 『해방 후-1950년대의 경제』, 삼성경제연구소, 2002, 507쪽.

628) 유영익, 앞의 책, 201, 205쪽.

629) 이호, 『하나님의 기적 대한민국 건국(하)』, 도서출판 복의 근원, 2013, 134쪽.

참고문헌

강성학, 『시베리아 횡단열차와 사무라이－러일전쟁의 외교와 군사전략』, 고려대 출판부, 2000
고지마 노보루 지음·유승호 옮김, 『한국전쟁 전모』, 송산출판사, 1988
공보처 편, 『대통령 이승만 박사 담화집』(1~3권), 1953－1959.
그렉 브라진스키 지음·나종남 옮김, 『대한민국 만들기 1945~1987』, 책과 함께, 2012
김남식, 『실록 남로당』, 신현실사, 1975
김세중, 「건국과 산업화와 민주화의 갈등과 상호의존」, 『시대정신』, 2009년 겨울호
김영명, 『대한민국 정치사』, 일조각, 2013
김영훈, 『분단과 전쟁』, 도서출판 다나, 1994
김인철, 『38선에서 휴전선까지』, 보문당, 1992
김일영, 『건국과 부국』, 기파랑, 2012
김입삼, 「김입삼 전경련 상임고문의 경제개발 비사」, 『월간조선』 1999년 4월호
김입삼, 「초근목피에서 선진국으로의 증언」『한국경제신문』 2003
김종오, 『한국현대사의 실상』(상 · 하), 도서출판 종소리, 1989
김주환 엮음, 『미국의 세계전략과 한국전쟁』, 도서출판 청사, 1989
김중생, 『조선의용군의 밀입북과 6·25 전쟁』, 명지출판사, 2000
김철범, 『진실과 증언』, 을유문화사, 1990.
김충남, 『대통령과 국가경영(2): 노무현과 이명박 리더십의 명암과 교훈』, 도서출판 오름, 2011
김충남, 『대통령과 국가경영』, 서울대학교 출판문화원, 2012
김충남, 『성공한 대통령 실패한 대통령』, 도서출판 둥지, 1998
김충남·문순보 공저, 『민주시대 한국안보의 재조명』, 도서출판 오름, 2013
나콜로 마키아벨리 지음, 강정인 · 안선재 역, 『로마사 논고』, 한길사, 2003
남광규, 「미소공위와 미소의 조선임시정부 수립대책」, 『국제정치논총』 (47－3), 2007
남정옥, 『미국은 왜 한국전쟁에서 휴전할 수밖에 없었을까』, 한국학술정보, 2010
남정옥, 『이승만 대통령과 6·25 전쟁』, 이담출판사, 2010
데이비드 핼버스탬 지음, 이윤진·정은미 옮김, 『콜디스트 윈터－한국전쟁의 감추어진 역사』, 도서출판 살림, 2009.

도고 시게노리 지음, 김인호 옮김,『격동의 세계사를 말한다』, 학고재, 2000
로버트 올리버 지음, 박일영 옮김, 『대한민국 건국의 비화』, 계명사, 1990
로버트 올리버 지음, 황정일 옮김, 『신화에 가려진 인물 이승만』, 건국대학교 출판부, 2002,
로버트 올리버 지음, 박일영 옮김, 『이승만 없었다면 대한민국 없다』, 동서문화사, 2008.
류석춘·김광동, 「북한 친일청산론의 허구와 진실」, 『시대정신』 통권 58(2013년 봄호)
말콤 카글 · 프랭크 맨슨 지음, 신형식 옮김, 『한국전쟁 해전사』, 21세기군사연구소, 2003
매튜 리지웨이, 『한국전쟁』, 정우사, 1984
박갑동, 『한국전쟁과 김일성』, 도서출판 바람과 물결, 1988
박명림, 『한국전쟁의 전개과정』, 『한국전쟁연구』, 태암출판사, 1990
박명림, 『한국전쟁의 발발과 기원』(Ⅱ), 나남출판, 1996
박성수, 『독립운동사 연구』, 창작과 비평사, 1980
박승수 편저, 『한국전쟁』(1~3권), 금강서원, 1990
박용만, 『제1공화국 경무대 비화』, 내외신서, 1986
박일원, 『남로당의 조직과 전술』, 세계출판사, 1984
백두진 외, 『재계회고』(1~10권), 한국일보사, 1984
베빈 알렉산더 지음, 함규진 옮김, 『히틀러는 왜 세계정복에 실패했는가』, 홍익출판사, 2001
브루스 커밍스 외, 『분단전후의 현대사』, 일월서각, 1983
브루스 커밍스 외, 『한국전쟁과 한미관계』, 도서출판 청사, 1987
서인한, 『대한제국의 군사제도』, 혜안, 2000
서희건, 이승만 전 대통령 외교고문 로버트 올리버 박사 인터뷰, 「한국 번영 보니 이 박사 옳았다」, 『조선일보』, 1995년 2월 26일
손세일, 「이승만과 김구(41): 한인기독학원 학생들의 고국방문」, 『월간조선』, 2005년 8월호
손세일, 「이승만과 김구(44): 호놀룰루 태평양회의의 한국대표단」, 『월간조선』,2005년 11월호
손세일, 「이승만과 김구(63): 미-일 전쟁으로 슬픔의 눈물은 끝났다!」, 『월간조선』, 2007년 6월호
손세일, 「이승만과 김구(66): 임시정부의 좌우합작과 한인 게릴라부대 창설 계획」, 『월

간조선』, 2007년 9월호
손세일, 「이승만과 김구(67): 적당한 시기에 한국을 독립시키기로」, 『월간조선』, 2007년 10월호
손세일, 「이승만과 김구(70): 독수리작전과 냅코작전」, 『월간조선』, 2008년 1월호
손세일, 「이승만과 김구(71): 아! 왜적이 항복을!」, 『월간조선』, 2008년 2월호
손세일, 「이승만과 김구(72): 원자폭탄 투하와 소련의 대일 참전」, 『월간조선』, 2008년 3월호
손세일, 「이승만과 김구(73): 건국준비위원회 3주일」, 『월간조선』, 2010년 4월호
손세일, 「이승만과 김구(75): 미군 진주와 양분되는 정국」, 『월간조선』, 2010년 6월호
손세일, 「이승만과 김구(76): 조선인민공화국의 주석과 내무장관」, 『월간조선』, 2010년 7월호
손세일, 「이승만과 김구(80): 미군 정부의 국가비상사태 선언을 지원하다」, 『월간조선』, 2010년 11월호
손세일, 「이승만과 김구(87): 이승만의 정읍발언과 민족통일총본부 설치」, 『월간조선』, 2011년 7월호
손세일, 「이승만과 김구(104): 남북 공산주의자들의 도전 속에서」, 『월간조선』, 2012년 12월호
송건호, 「이승만」, 『한국현대인물사론』 한길사, 1984
I. F 스토운 지음, 백외경 옮김, 『비사 한국전쟁』, 신학문사, 1988
안천, 『남침유도설 해부』, 교육과학사, 1993
앤 코울터 지음, 최일성·이상돈 옮김, 『반역』, 경덕출판사, 2008
양동안, 『대한민국 건국사』, 건국대통령 이승만박사 기념사업회, 1998,
양소전 · 이보온, 『조선의용군 항일전사』, 도서출판 고구려, 1995
양호민, 『38선에서 휴전선으로』, 생각의 나무, 2004
온창일, 『한민족 전쟁사』, 집문당, 2001
왕수쩡(王樹增) 지음, 황선영·나진희 옮김, 『한국전쟁』, 글항아리, 2013
원영희·최정태 편, 『뭉치면 살고…』, 조선일보사, 1995
유리 모딘 지음, 조성우 옮김, 『나이 케임브리지 동지들』, 한울, 2013
유영익 편, 『이승만 대통령 재평가』, 연세대학교 출판부, 2007
유영익, 「1950년대를 보는 하나의 시각」, 『한국근현대사론』, 일조각, 1992
유영익, 『건국대통령 이승만』, 일조각, 2013
유영익, 『이승만의 삶과 꿈-대통령이 되기까지』 중앙일보사, 1996

유태호, 운석 장면 선생 탄신 백주년 기념 학술회의 발표문(1999년 8월 27일)
윤치영, 『윤치영의 20세기』, 삼성출판사, 1991
이근미, 「이승만 대통령 내외와 14년 간 생활한 방재옥 인터뷰」, 『월간조선』, 2001년 3월호.
이대근, 『해방 후-1950년대의 경제』, 삼성경제연구소, 2002
이병태, 「국군의 장교 충원과정: 1945~1953」, 『한국전쟁사의 새로운 연구(1)』
이병형, 『대대장』, 병학사, 1994
이상재 외, 『내가 만난 이승만 대통령』 (사)건국대통령 이승만박사 기념사업회, 2013
이선교, 『한국전 다시 써야 한다』, 가람문학사, 1992
이승만, 『독립정신』, 동서문화사, 2010.
이연식, 『조선을 떠나며-1945년 패전을 맞은 일본인들의 최후』 역사비평사, 2013
이영훈, 『대한민국 역사』, 기파랑, 2013
이완범, 「이승만 대통령의 한미상호방위조약 추진배경과 협상과정」, 『이승만과 6·25 전쟁』, 연세대 출판문화원, 2012
이원순, 『인간 이승만』, 신태양사, 1988
이인호·김영호·강규형 편, 『대한민국 건국의 재인식』, 기파랑, 2009
이정식 지음·허동현 엮음, 『21세기에 다시 보는 해방후사』, 경희대 출판문화원, 2012
이정식, 『대한민국의 기원』, 일조각, 2011
이주천, 「건국 초기 미국의 대한정책과 이승만의 대응책(1948~1950)」, 『서양사학연구』 19, 2008
이주천, 「앨저 히스 간첩사건에 대한 연구사적 검토」, 『미국사연구』 제22집 별책. 한국미국사학회, 2005
이주천, 『루스벨트의 친소정책』, 신서원, 1998
이철승 · 박갑동, 『대한민국, 이렇게 세웠다』, 계명사, 1998
이춘근, 『미국에 당당했던 대한민국의 대통령들』, 글마당, 2012
이한우, 『거대한 생애 이승만 90년』(상·하), 조선일보사, 1995
이현희, 『이야기 이승만』, 신원문화사, 1995
이호, 『하나님의 기적 대한민국 건국』(상·하), 도서출판 복의 근원, 2013,
이호재, 『한국외교정책의 이상과 현실: 이승만 외교와 미국』, 법문사, 1975
인보길 엮음, 『이승만 다시 보기』, 기파랑, 2011,
장 면, 『한알의 밀알이 죽지 않고는』, 가톨릭출판사, 1967
정병준, 「1949~50년 38선 충돌과 북한의 한국전쟁계획」, 한국역사연구회 한국전쟁 50

주년 학술심포지엄 발표자료집, 『한국전쟁의 재인식 : 분단을 넘어 통일로』 2007
정병준, 「대한민국의 성립」, 『한국전쟁: 38선 충돌과 전쟁의 형성』, 국사편찬위원회, 2006
정일권, 『정일권 회고록』, 고려서적, 1996
정일화, 『아는 것과 다른 맥아더의 한국전쟁』, 미래한국신문, 2007
제임스 브래들리 지음, 송정애 옮김, 『임페리얼 크루즈-대한제국 침탈 비밀외교 100일의 기록』, 도서출판 프리뷰, 2010
조갑제, 「이승만 대통령 제거계획」, 『월간조선』, 1984년 6월호
조갑제, 『공산주의를 허문 8인의 결단』, 조갑제닷컴, 2012
조갑제, 『트루먼과 스탈린의 한반도 게임 비사』, 조갑제닷컴, 2013
조셉 굴든 지음, 김병조 옮김, 『한국전쟁 비화』, 청문각, 2002
조이제 외, 『한국 근대화 기적의 과정』, 월간조선사, 2005
존 메릴 지음, 이종찬·김충남 공역, 『한국전쟁의 기원과 진실』, 두산동아, 2004
존 메릴 지음, 신성환 옮김, 『침략인가 해방전쟁인가』, 과학과 사상, 1988
주지안롱(朱建榮) 지음, 서각수 옮김, 『모택동은 왜 한국전쟁에 개입했을까』, 도서출판 역사넷, 2005
중앙일보 특별취재반, 『비록 조선민주주의인민공화국』, 중앙일보사, 1992
중앙일보 현대사연구팀, 『발굴 자료로 쓴 한국현대사』, 중앙일보사, 1996
차상철, 「외교가로서의 이승만」, 연세대 현대한국학연구소 학술회의 논문집
최상오·홍선표 외 지음, 『이승만과 대한민국 건국』, 연세대학교 출판부, 2010
최장집 편, 『한국전쟁연구』, 태암출판사, 1990
특집좌담 「국민통합과 선진화 및 통일」, 『시대정신』 통권 58호, 2013년 봄호
폴 콜리어 외, 『제2차 세계대전』, 플래닛미디어, 2009
프란체스카, 『6·25와 이승만』, 기파랑, 2012
프란체스카, 『이승만 대통령의 건강』, 도서출판 촛불, 2007
하비 클레어 외 지음, 이주천 옮김, 『미국공산주의의 비밀세계』, 원광대 출판국, 1999
한국정치연구회 편, 『한국전쟁의 이해』, 역사비평사, 1990
한도 가즈토시 지음, 박현미 옮김, 『쇼와사』(1~2), 루비박스, 2010
한철호, 『미국의 대한정책 1834~1950』, 한림대 아시아문화연구소, 1998,
한표욱, 『이승만과 한미외교』, 중앙M&B, 1996
한표욱, 『한미외교 요람기』, 중앙일보사, 1984

해롤드 노블 지음, 박실 옮김, 『이승만 박사와 미국대사관』, 정호출판사, 1982
허동현, 「대한민국의 건국외교와 유엔」, 『숭실사학회』, 제30집, 2013년 6월
허동현, 「좌·우파가 서로 자기 입맛대로 해석한 애치슨 라인」, 『중앙일보』, 2010년 1월 11일
허정, 『내일을 위한 증언』, 샘터, 1979
허종, 『반민특위의 조직과 활동: 친일파 청산, 그 좌절의 역사』, 선인출판사, 2003
홍순호, 「장면 외교의 명암」, 『경기사학』 (5), 2001
「레베데프 비망록」(11), 『부산일보』, 1995년 2월 17일
「레베데프 비망록」(15), 『부산일보』, 1995년 3월 3일
「레베데프 비망록」(16), 『부산일보』, 1995년 3월 7일
「레베데프 비망록」(18), 『부산일보』, 1995년 3월 14일
『제1공화국 국무회의록』

연세대학교 이승만연구원 교양총서 2

이승만의 네이션빌딩

–대한민국의 건국은 기적이었다

초판 1쇄 발행 2014년 6월 20일
초판 2쇄 2015년 8월 25일

지은이 | 김용삼

펴낸곳 | 북앤피플
대 표 | 김진술
펴낸이 | 맹한승
디자인 | 박원섭

등 록 | 313-2012-117호
주 소 | 서울시 마포구 신촌로 196-1 이화빌딩 502호
전 화 | 02-2277-0220
팩 스 | 02-2277-0280
이메일 | jujucc@naver.com

ISBN 978-89-97871-13-1 03340